Deutsche Abschiede

Herausgegeben von
Gerhard Hay
Mit einem Essay von
Fritz J. Raddatz

Winkler Verlag München

Verlegt 1984 im Winkler Verlag München. Der Abdruck
der urheberrechtlich geschützten Texte erfolgt
mit Genehmigung der Rechtsinhaber.
Gesamtherstellung: Friedrich Pustet, Regensburg.
Schutzumschlaggestaltung: Meike Harms, unter Verwendung
eines Gemäldes von Fernand Khnopff »I lock my door
upon myself«, Bayerische Staatsgemäldesammlungen.
Foto: Blauel, Artothek. Printed in Germany
ISBN 3 538 06580 2

CIP-Kurztitelaufnahme der Deutschen Bibliothek
Deutsche Abschiede / hrsg. von Gerhard Hay. Mit e. Essay
von Fritz J. Raddatz. – München : Winkler, 1984.
ISBN 3-538-06580-2 NE: Hay, Gerhard [Hrsg.]

VORBEMERKUNG

Von Fritz J. Raddatz

Dies seltsame Buch sind mehrere Bücher: Zum einen lesen wir eine veritable Literaturgeschichte – von Luther bis Peter Weiss; lauter Miniaturen, Miniporträts, ob von Goethe oder Büchner, Herder oder Kleist, Storm, Keller, Fontane oder Ingeborg Bachmann. Allein das ist eine Schatzkiste.

Zum zweiten begegnen wir einer Galerie von Selbstporträts; fast jeder Schriftsteller, der hier über einen Freund, Weggefährten oder auch Gegner – wie Heine »über« Börne – sinniert, skizziert zugleich sich selber: eigene Lebenslinien, Sehnsüchte, zerbrochene Hoffnungen, Lüste und Ängste. Diese letzte Begegnung mit einem anderen ist stets ein helles Stück Selbsterkenntnis. Auf verwinkelte Weise spricht ja jeder Schriftsteller in seinen Figuren von sich – vom »Werther« bis zur »Erinnerung an die Marie A.«; und ist doch nie *identisch* mit seinen Geschöpfen. Man kennt ja die schöne Szene aus Thomas Manns Schmerzensbuch »Lotte in Weimar«, in der Goethes Sohn, den Vater an der Arbeit an »Dichtung und Wahrheit« wähnend, die Bibliothek betritt und auf seine Frage die eher unwirsche Antwort erhält: »Lebensgeschichte ist's immer.«

Das also ist die zweite Dimension dieses Buches, jenes Element des Autobiographischen im Spiegel des jeweils Anderen; übrigens insofern noch doppelt gebrochen, als man noch eben Herder über Lessing las, um wenig später Jean Paul über Herder zu hören und wiederum darauf Börne über Jean Paul. So Goethe über Wieland, kurz darauf Friedrich v. Müller über Goethe (dessen Rede auf Wieland zitierend). Kaum hat Heine vor Börne den Degen gesenkt, spricht Heinrich Laube:

»Heines ›Buch der Lieder‹ wird emporragen in unserm

Jahrhundert, wie ›Die Leiden des jungen Werther‹, wie ›Die Räuber‹ emporragen im vorigen Jahrhundert.«

Verflochtene Lebensläufe? Todesläufe?

Das ist die dritte, die entscheidende Dimension dieser Anthologie. Auf so unfeierliche wie unschnöde Weise nähert sie sich – mit Kurven, Umwegen und Verschränkungen, auch Abwehrreaktionen – dem Tabu-Thema Tod. Es ist jene Zone, die der Normalbürger meidet, und in der der Künstler haust sein lebelang. Neben der Kraft und dem Hochmut des Schöpferischen wohnt allemal der Zweifel, das große Vergebens: Vom mittelalterlichen »Frau-Welt«-Bildnis, das vorne das verlockende Weib zeigt und hinten Verwesung, Fäulnis, Gerippe, bis zu Günter Grass' Rede auf Dürers »Melencolia« – es ist *das* große Thema der Kunst. Kein kreativer Mensch, der nicht ganz früh, ganz intensiv mit Gevatter Tod lebte, ihn bannte, indem er einen »Werther« schrieb, ihn überwand nach Selbstmordversuchen (wie Johannes R. Becher oder Aragon), ihn suchte und fand wie Stefan Zweig, Klaus Mann oder Ernest Hemingway. Schreiben – das heißt nicht nur »sein Herz waschen«, wie es Thomas Mann einmal nannte; das heißt auch ankämpfen gegen das ausrinnende Stundenglas – und wissen »für uns ist der Tisch nicht gedeckt / . . . von uns bleibt bloß / etwas Liebe / ein Kind / und ein Lied / von uns bleibt bloß / jene Rose, die auf uns verblüht / von uns bleibt bloß / etwas Staub auf den Schuhn / und ein Lied.« Diese Verse Günther Weisenborns in der unvergeßlichen Vertonung durch Boris Blacher benennen den Vorgang: was – vielleicht – bleibt, ist »ein Lied«. Das Kunstwerk als dem Tode abgetrotzt. Da liegt ein schwer zu entschlüsselndes Geheimnis; nicht nur die auffällige Metapher »Rose«, die immer und immer wieder auftaucht, geht die Rede vom Tod – berühmtestes Beispiel der von Rilke selbstgewählte Grabspruch:

»Rose, oh reiner Widerspruch, Lust,
Niemandes Schlaf zu sein unter soviel
Lidern«

Der ganz und gar abgründige, nahezu fetisch-hafte Umgang mit Tod ist in einem Bild Hundertwassers (und seiner Entschlüsselung durch den Maler) manifest geworden – das Bannen des Todes, indem man ihn künstlerisch »dingfest« macht und sein Herbeirufen zugleich, wie durch einen Zauberspruch; durch das Formalisieren ist er auch »angehalten« – der Prozeß zu Verfall und Staub ist auf magische Weise zum Stillstand gezwungen: der gemalte Tod findet sozusagen gar nicht statt. Es ist jenes Beschwörungsritual, das wir etwa aus dem »Laokoon« kennen, jene heikle Balance aus Bewegung und Stillstand.

Der Maler Hundertwasser – der so gut wie nie Porträts entwirft – porträtierte seinen Freund, den neosurrealistischen Wiener Dichter Konrad Bayer. Zu Lebzeiten als Leiche. Hundertwasser schildert diese Bildzeremonie:

»Die Nasenblume

Dieses Bild hatte ich vorläufig HANA NO HANA genannt. Die Nase heißt auf japanisch HANA und die Blume heißt auch HANA.

[...] Konrad war am 6. September bei mir in Venedig.
Ich habe ihm das fertige Bild gezeigt. Es hat ihm gefallen.
Er wußte nicht, daß es seinen Tod darstellt. Ich auch nicht.
Jetzt, da Konrad Bayer nicht mehr lebt, muß ich feststellen, daß dieses Bild seinen Tod vorausgenommen hat. Auch die Todesart.

Da ist in der Nase die Blume, deren giftiger Duft sich vom Gesichtserker aus in herrlichen Wellen langsam über das Gesicht ausbreitet. Ein Gesicht, das im Tode blaß und rosa und kalt und dick und flach und breit wird. Die Blume hat die Nase schon durchgefressen und wellt das Gesichtsfleisch nach außen. Das blaue Gas senkt sich wie Schnee auf die Augenlider. Die Augen werden schmal und bekommen die roten Todesringe. Die Nasenlöcher, wo der Duft eintrat, werden zu Toren ins Jenseits. Sie sind silber, gold und schwarz, so wie die Begräbnisfarben in Europa leider üblich sind. Auch die Pupillen werden zu kleinem

Gold und der Mund zu kleinem Silber, und die Nasenblume hat silberne Blätter.

Die Erde ist auch schon da und Mauers lila Priestergewänder und Kirchenfenster. Ich habe ein Farbfoto von Konrad Bayers Leiche gesehen. Sie war meinem Bild ähnlich. Sehr. Da waren die roten Wellen um Augen und Mund. Der Gesichtsteil unter der Nase war breiter angeschwollen wie darüber.

Die wunderbare Blume sah man nicht, denn die war innen. Es lag aber eine rote Rose auf der gefleckten Haut. Jetzt heißt das Bild KONRAD BAYERS TOD – HANA NO HANA – DIE NASENBLUME.«

Ein magischer Vorgang, der Traum und Realität zusammenzwingt. Der damit etwas fixiert, was in uns allen ist, von tausend Blendwänden aus Hybris, Attitude und manchmal auch Haltung verstellt: Angst. Denn welches Spiel wir auch inszenieren – das des Tom Sawyer, der listenreich bei der eigenen Beerdigung anwesend ist; das des Milliardärs Gulbenkian, der Scheck-reich der TIMES, die bekanntermaßen Nachrufe archivfertig vorliegen hat, ein Vermögen bot, seinen Nachruf lesen zu dürfen (beiläufig: vergebens); das des Sottisen-reichen Karl Marx, der noch nach seinem Tode des Freundes Heinrich Heine zu spotten wußte:

»Nur das für jetzt, daß das
›Sie aber schon um achte
Trank roten Wein und lachte‹
literally bei ihm eingetroffen. Seine Leiche stand noch im Sterbehaus – am Tag des Begräbnisses –, als der Maquereau der Mathilde mit ihrer Engelsmilde schon vor der Tür stand und sie in der Tat abholte«

– es sind das alles Versteckspiele. Weglaufen in selbstgefertigte Kulissen.

Eine dieser Kulissen, besonders Efeu-umrankt ausgemalt, trägt die Aufschrift »Trauer«. Um wen trauern wir eigentlich, wen beweinen wir gar, wenn ein geliebter Mensch starb? Um ihn oder um uns? Die Jahrtausende hindurch und quer über die Kontinente existieren alle erdenklichen Rituale – die Pyramiden für die Pharaonen oder Friedrich Engels' ins Meer gestreute Asche oder der aufschriftlose Findlingsstein in Arno Schmidts Garten; die Steine oder die Blumen; die schwarzen oder die weißen oder die zerrissenen Gewänder; der Leichenschmaus oder das Beerdigungsfasten; das Staatsbegräbnis oder das Feierlichkeitsverbot des Dichters Bertolt Brecht (der sich aber seine Grabnachbarn sorgfältig auswählte): was verbirgt sich hinter diesen Ritualen? Sind sie Form, um das Formlose – nämlich das Nichts bewältigen zu können? Trauer als Schneckenhaus, kunstvoller Fluchtbau?

Vermutlich ist es so. Deshalb weinen wir um *uns*, wenn wir den geliebten Toten beweinen – um ein Stückchen Glück, ein Teilchen Gemeinsamkeit und das große Loch Einsamkeit. »Wenn wir einen Freund begraben, begraben wir ein Stück unseres Lebens«, sagte Hermann Kesten am Grabe Erich Kästners. Von der »Rasenbank am Elterngrab« bis zur »stolzen Trauer« – es sind Abschirmdienste. Hinter denen verbergen sich die Ängste um den eigenen Tod.

Deshalb auch – »Nekrolügen« heißt es bei nachrufgeplagten Agenturjournalisten – das unaufrichtige »de mortuis nil nisi bene«. Damit setzt man sich eigener Not nicht aus. Man zahlt sich selber einen Vorschuß auf das bißchen Gnade, das man sich erhofft. Im vorliegenden Band ist für derlei Marmor – kühl, schön und glatt – Goethes Rede auf Wieland ein hervorragendes Beispiel, später dann die von Johannes R. Becher auf Brecht; oder auch der Zierlichkeitsschliff von Thomas Manns »Memoriam für Hugo von Hofmannsthal«. Für diese steife »Denn er war unser«-Haltung möchte man ein neues Wort finden: Anteilnahmslosigkeit. Da ist Johann Bugenhagens Predigt für Martin Luther schon ein ander Ding:

»... was aber, oder wie soll ich reden, so ich für weinen nicht wohl kan ein Wort machen? Und wer soll euch trösten, so ich euer Pfarrherr und Prediger nicht reden kan? Wohin kan ich mich von euch wenden? Ich werde ohnzweiffel mit meiner Rede mehr Heulens und Traurens machen.«

Das ist lange her. Die europäische Welt hatte einen Säkularisierungsprozeß durchgemacht und »Lacrimae Christi« heißt nun ein Tafelwein. Gott ist verabschiedet, der Mensch ist aufgeklärt. Einer der Großen, die Licht in die Köpfe der Menschen bringen wollten, hatte ein besonders kompliziertes (Nicht-)Verhältnis zum Tod: Karl Marx. Selbst die große Lebensfreundschaft mit Engels wäre daran fast zerbrochen – als nämlich Friedrich Engels' erste Lebensgefährtin, Mary Burns, starb. Marx hatte am 8. Januar 1863, einen Tag nach dem Erhalt der Todesnachricht, die Engels' große Verzweiflung ausdrückte, mit unbegreiflicher Kühle und Unbeteiligtheit reagiert. In einem einzigen Satz gab er sich überrascht und bestürzt – »sie war sehr gutmütig, witzig ...« –, ansonsten ist der eineinhalb Seiten lange Brief nur voller Klagen über seine vermaledeite Finanzsituation und meldet das sonderbare Bedauern an, warum nicht besser seine Mutter (auf deren Erbe er wartete) gestorben sei. Engels war vollkommen verstört:

»Lieber Marx,

Du wirst es in der Ordnung finden, daß diesmal mein eigenes Pech und Deine frostige Auffassung desselben es mir positiv unmöglich machten, Dir früher zu antworten.

Alle meine Freunde, einschließlich Philisterbekannte, haben mir bei dieser Gelegenheit, die mir wahrhaftig nahe genug gehen mußte, mehr Teilnahme und Freundschaft erwiesen, als ich erwarten konnte. Du fandest den Moment passend, die Überlegenheit Deiner kühlen Denkungsart geltend zu machen. Soit!«

Es ist das einzige Mal, daß Marx sich bei einem Menschen entschuldigt hat. Engels nahm diese Entschuldigung an.

Es geht bei diesem Vorgang aber nicht lediglich um den taktlosen Ausrutscher eines Egomanen, der kühl und am Schicksal selbst seines engsten Freundes desinteressiert ist, vielmehr um eine sehr wichtige psychologische wie ideologische Tatsache: Karl Marx' Verhältnis zum Tod ist das einer Abwehrstellung. Mit dem Zynismus, den er sich im Entschuldigungsbrief an Engels selber bescheinigt und hinter den er sich fast regelmäßig angesichts des Phänomens Tod verkriecht, weist er den Gedanken vom Schicksal des Individuums von sich; nicht *der* Mensch, sondern *die* Menschen. Das Individuum ist Teil einer Gesamtheit. Wer nicht teilhat am Leben des anderen, am allgemeinen Leben, muß sich bedroht sehen durch das Verlöschen des Lebens, eben diesen *seinen* Tod. In seinen Arbeiten zu Plutarch hat der Student Marx den Satz formuliert:

»Allein das Leben vergeht ja nicht, sondern dieses einzelne Sein.«

Dieses Menschenbild, das marxistisches Denken prägt bis hin zum Credo des kommunistischen Schriftstellers Louis Aragon »man stirbt nicht, denn es gibt die anderen«, birgt zweierlei in sich: Praxispostulat und Menschenverachtung. Die Hinwendung zum Tun als letztem Ziel der Weisheitserschreitung ist bereits Gebot des Talmud – »hierauf, nur hierauf kommt es letztlich an: auf das Tun« – und ist Bestandteil des Gestus der Prophetie; denn das Gefühl, Kinder der Väter zu sein und Ahnen der Enkel, erhöht und reduziert den Einzelnen zugleich: er ist Stafettenträger einer Mission und entbehrliches Glied einer Kette. Dem Vagen der Prophetie entspricht die Unterordnung des Einzelnen.

Auch ein Brief Marx' an Engels, in dem er 1873 die Möglichkeit des Selbstmords als »anständigste Manier ... wodurch ein Mann sich aus der Welt schaffen könnte« erwägt, ist in diesem Sinne zu verstehen: das Individuum, das seine Tätigkeit, sein Werk hinter sich hat, ist überflüssig. Das Leben des Menschen erschöpft sich *hier,* sein Gesetz ist Diesseitserkämpfen, nicht Jenseitserwartung.

Dies ist die Ursache für eine der erschreckenden Leerstellen sozialistischer Literatur. Tod als bestürzende Endgültigkeit, Existenz als Leben zum Tode hin gibt es nicht. Tod als Tötung, Sterben als Zu-Tode-Kommen, Ende als Opfer – das ja. Bedrohung und Vergeblichkeit – das nicht. Von Maxim Gorkijs Drama »Die Feinde« aus dem Jahre 1903, in dem der Genosse, der einen Fabrikbesitzer erschoß, für »wichtiger und wertvoller« erklärt und statt seiner ein junger – also »unwichtiger« und »wertloser« – Genosse dazu bestimmt wird, sich als Täter zu melden, bis zu Bertolt Brechts Stück »Die Maßnahme«, das genau dieses Thema des ›verordneten‹ Todes aufnimmt: der Einzelne gilt nicht. Wie Eros auf Fortpflanzung reduziert wird, so Tod auf das Ende des Aktionsradius.

Marx ging zu Ende gegangenes Leben sozusagen nichts an. Nur einmal, ein einziges Mal, schrie er förmlich auf: als sein Sohn Edgar starb. Er schreibt an Lassalle:

> »Bacon sagt, daß wirklich bedeutende Menschen so viel Relationen zur Natur und der Welt haben, so viel Gegenstände des Interesses, daß sie jeden Verlust leicht verschmerzen. Der Tod meines Kindes hat mir Herz und Hirn tief erschüttert, und ich fühle den Verlust noch so frisch wie am ersten Tag.«

Das Leben des Achtjährigen war ein uneingelöstes Versprechen; dieses eine Mal brach Marx zusammen.

Beginnt damit die Moderne? Mit der Ablösung der Eschatologie durch irdische Verheißung, auch Utopie genannt? Oder wird die »Entfremdung« – wie es bei Marx bald heißen soll – also: Vergewaltigung des Ich durch eine feindselig-räuberisch gewordene Welt – schon wesentlich früher erfahren; etwa als »geschmackloses Leben«, wie es schon 1811 im Nachruf auf Kleist heißt? Er ist immerhin der erste, der keinen Werther *schrieb*, sondern ihn lebte. Will sagen: starb. Der aufmuckende preußische Offizier außer Diensten erhielt den gnadenlosesten, kürzesten, kunstfeindlichsten »Nachruf«, den je ein deutscher Dichter bekam; nachdem er sich, die blanke Not vor Augen, um einen Redakteursposten beworben hatte, nahm niemand anders als Hardenberg selber sich des Vorgangs an – und hielt ihn hin. Nach Kleists Selbstmord schreibt der Staatsmann an den Rand der Bittschrift: »Zu den Akten.«

Damit hat die Moderne begonnen. Verlust des Hoffnungshorizonts – entfremdete Welt – Vereinsamung des von der Gesellschaft ausgestoßenen Individuums: der Todesgedanke als Gesetz des Lebens. Hier hat sich etwas Fundamentales umgekehrt – der Tod ist nicht mehr »Erlösung«; er ist *Ende.* Er ist damit viel schärferer, präsenterer, definitiverer Bestandteil unseres Lebens. Der nun gänzlich säkularisierte Begriff von Leben gibt dem Tod neue – gräßliche, am Rande der Sinnlosigkeit wuchernde – Bedeutung. Diese total veränderte Bedeutung des Todes ist die Geburt des Individuums – seiner Totalität. Seines Totalitarismus auch?

Günter Kunert formuliert nicht zufällig diesen Satz heikelster Dialektik in seiner Kleist-Studie:

> »Unser Jenseits ist inzwischen zur Zukunft verweltlicht worden, ohne uns damit aber einen Meter näher gerückt zu sein.«

Das Zeitalter der Gewalt beginnt. Da dieses Buch auch ein Querschnitt ist durch Geschichte kann man diesen Unheilsprozeß wie an einer Tabelle ablesen: auf Kleist folgt der erste Emigrant Georg Büchner, rasch – Börne, Heine – folgen andere. Mord, Selbstmord, unselige (doch nicht »geschichtsfreie«) Unfälle geben gleichsam einen Zeitraffer: Trakl – »beim Begräbnis war der Bergarbeiter Matthias der einzige Anwesende« – verreckte 1914 in Galizien; Maximilian Harden – »Das Mordattentat, das deutsche Offiziere auf ihn verübt hatten, war der Anlaß seines letzten Schweigens« – starb 1927 als Femeopfer; Stefan George – »diese Gestalt stieg auf als Idyll und endete als Revolution« – verbat sich, 1934, in deutscher Erde begraben zu werden; Kurt Tucholsky – »Man hat Ihnen den Empfang durch Ausbrüche zügellosen Hasses bestätigt« – nahm sich 1935 im schwedischen Exil das Leben; Ödön von Horváth – »Du wußtest Dich einem Orden eingeschworen: der Wahrheit« – wurde 1938 in der Pariser Emigration von einem Baum erschlagen; Stefan Zweig – »lebte in ihm die Vision einer so fruchtbaren Zukunft?« – ging im brasilianischen Exil gemeinsam mit seiner jungen Frau

1942 aus dem Leben: so könnte man die zweite Hälfte dieses Buches durchbuchstabieren. Von Beginn des 20. Jahrhunderts an versammelt der Band dreißig Autoren. Siebzehn von ihnen waren Emigranten und schrieben *über* Emigranten – elf insgesamt. Nur drei von ihnen – Heinrich Mann, Johannes R. Becher, Bertolt Brecht – liegen in Deutschland beerdigt. Nicht in der Bundesrepublik, übrigens.

Sie alle starben im »Elend«. Hans Mayer benutzt dieses Wort »in seinem ursprünglichen Sinn: als Ausdruck des Verbanntseins, eines Zustands der Heimat – und der Heimatlosigkeit«. Das Wort erinnert – beim Bloch-Schüler Mayer gewiß absichtlich – an jenen Schluß von Ernst Blochs großem Entwurf »Das Prinzip Hoffnung«, in dem nun wiederum Karl Marx' Wort »Radikal sein ist die Sache an der Wurzel fassen. Die Wurzel für den Menschen ist aber der Mensch selbst« paraphrasiert wird.

Bei Bloch heißt das, 100 Jahre später, nun:

> »Der Mensch lebt noch überall in der Vorgeschichte, ja alles und jedes steht noch vor Erschaffung der Welt, als einer rechten. *Die wirkliche Genesis ist nicht am Anfang, sondern am Ende*, und sie beginnt erst anzufangen, wenn Gesellschaft und Dasein radikal werden, das heißt sich an der Wurzel fassen. Die Wurzel der Geschichte aber ist der arbeitende, schaffende, die Gegebenheiten umbildende und überholende Mensch. Hat er sich erfaßt und das Seine ohne Entäußerung und Entfremdung in realer Demokratie begründet, so entsteht in der Welt etwas, das allen in die Kindheit scheint und worin noch niemand war: Heimat.«

Diese »Summa Theologica« birgt aber beides: Aufbruch wie Absturz. Hybris wie Zerbrechen. Dieser »überholende Mensch« nämlich ist stets auch in Gefahr, sich selber zu »überholen« – in Riesensprüngen vor seinem Schatten herzujagen; das heißt, Wertmaßstäbe zu verlieren, zu verleugnen oder zu vernichten. Es gibt nur zwei Zustände, in denen der Mensch »schattenlos« ist: die totale Einsamkeit und der Tod.

Von dem berichtet dieses Buch; in ihm finden wir Hermann Hesses Gedicht über die Einsamkeit:

Seltsam, im Nebel zu wandern!
Einsam ist jeder Busch und Stein,
kein Baum sieht den andern,
jeder ist allein.

Voll von Freunden war mir die Welt,
als noch mein Leben licht war;
nun, da der Nebel fällt,
ist keiner mehr sichtbar.

Wahrlich, keiner ist weise,
der nicht das Dunkel kennt,
das unentrinnbar und leise,
von Allen ihn trennt.

Seltsam, im Nebel zu wandern!
Leben ist Einsamsein.
Kein Mensch kennt den andern,
jeder ist allein.

WALTHER VON DER VOGELWEIDE: REINMAR DER ALTE

(um 1210)

Deſt war reimar dv ruͥweſt mich
michels harter danne ich dich
ob dv lebteſt vnd ich wer erſtorben
ich wil es bi minen truͥwen ſagen
dich ſelben wolt ich luͥtzel klagen
ich klage din edelen kvnſt das ſi iſt verdorben
dv kvndeſt alder werlte froͤide meren
ſo dv es zegvͦten dingen wolteſ keren
mich ruͥwet din wol redender mvnt vnd din vil ſuͤſſer ſanc
das die verdorben ſint bi minen ziten
das dv niht eine wile mohteſt biten
ſo leiſt ich dir geſelleſchaft min ſingen iſt niht lang
din ſele mvͤſſe wol gevarn vnd habe din zvnge danc

Reinmar, fürwahr, dein Tod stimmt mich solenn.
Mehr als es dich getroffen hätte, wenn
du lebtest und mit mir wär es zu Ende.
Verzeihst du einmal einen offnen Ton?
Schmerzlicher als der Hingang der Person
ist der der Kunst, der ich mein Beileid spende.
Sie nahm der Welt so manche trübe Last,
wo du dich auf dein Bestes eingelassen hast.
Den Worten traure ich, den süßen Weisen hinterher.
Warum dies plötzliche Vondannenrennen?
Hättest du nicht noch etwas warten können,
bis ich Gesellschaft leistete? Lang sing ich auch nicht mehr.
Dank deinem Sang und deiner Seele Unbeschwer.

(Übers. v. Peter Rühmkorf)

JOHANN BUGENHAGEN: MARTIN LUTHER

1546

Wir wollen euch aber, lieben Brüder, nicht verhalten, von denen die da schlaffen, auf daß ihr nicht traurig seyd, wie die andern, die keine Hoffnung haben. Denn so wir gläuben, daß JEsus gestorben und auferstanden ist, also wird GOtt auch, die da entschlaffen sind, durch JEsum mit ihm führen.

Lieben Freunde! Ich soll ietzt und will gerne bey dem Begräbniß unsers hertzlieben Vaters, D. Martini seeligen, eine Predigt thun, was aber, oder wie soll ich reden, so ich für weinen nicht wohl kan ein Wort machen? Und wer soll euch trösten, so ich euer Pfarrherr und Prediger nicht reden kan? Wohin kan ich mich von euch wenden? Ich werde ohnzweiffel mit meiner Rede mehr Heulens und Traurens machen. Denn wie solten wir nicht alle hertzlich trauren, so GOtt uns dis Betrübniß zugeschickt, und den hohen theuren Mann, den Ehrwürdigen D. Martinum Luther, von uns weggenommen, durch welchen er uns allen, und allen Kirchen Christi in deutschen Landen, auch vielen in frembden Nationen, unaussprechliche Gaben und Gnade erzeiget hat, durch welchen er auch herrlich obgesieget hat, wider das Reich des Satans, wider so mancherley schändliche Abgötterey und Menschensatzung, ja wie es Paulus nennet, wider die Teuffels-Lehren in aller Welt, und hat uns offenbaret im Evangelio das hohe, grosse, himmlische Geheimniß, seinen lieben Sohn JEsum Christum (wie es zun Ephesern und Collossensern S. Paulus auch nennet), durch welchen unsern lieben Vater Christus sein Evangelium vertheidiget hat, wider den leidigen Pabst,

IMAGO D MARTINI LVTHERI, EO HABITV EXPRESSA, QVO REVERSVS EST EX PATHMO VVITEBERGAM, ANNO M. D. XXII.

und mancherley Rotten und Tyrannen, ja wider alle Pforten der Höllen, welchem theuren Mann er gegeben hat den Geist der Krafft und Stärcke, daß er niemand scheuete, wie groß und mächtig er wäre, und also freudig auf dem Evangelio und reiner Lehre hielte, daß es offte dafür angesehen ward, von der Welt, als wäre er mit straffen und schelten zu scharff, und thät ihm zu viel, wie auch die Jüden und Pharisäer, die bittern und gifftigen Ottern, Christo Schuld gaben, denn es schmertzet sie übel, und that ihnen wehe, daß sie gestrafft würden, durch die lautere Wahrheit, aber die heilsame Lehre nahmen sie gleichwohl nicht an.

Diesen hohen Lehrer und Propheten, und von GOtt gesandten Reformatorn der Kirchen, hat uns GOtt weggenommen, ach! wie können wir das Trauren und Weinen lassen? Wie können wir doch dem lieben Paulo hie gehorchen, da er saget, ihr solt nicht traurig seyn, über denen die da schlaffen? Aber er setzt gleichwohl dazu, wie die andern, die keine Hoffnung haben. Wir aber, die wir gläuben, wissen, daß die da entschlaffen sind in Christo, wieder zu einem bessern Leben erweckt werden, da wir wiederum werden mit jenen zusammen kommen, und ewig bey einander seyn.

Aber die Welt ists nicht werth gewesen, daß sie diesen theuren Mann GOttes länger haben solt, weiter ihn zu lästern und zu verfolgen, wiewohl doch dieselbe undanckbare Welt auch viel gutes durch diesen hohen Mann empfangen hat, besondern darin, daß sie erlöset ist von so mancherley Beschwerungen und Tyranney des leidigen Pabstthums; Also daß viel von Widersachern (bey welchen noch etwas Weißheit oder Verstand ist) lieber wollten, der theure Mann hätte noch lange sollen leben.

Dieses habe ich zum Eingange gesagt, daß wir ja grosse Ursache haben hertzlich zu trauren, dieweil wir einen solchen hohen theuren Mann verlohren haben. Und warlich, (so das etwas helffen mag) es trauren mit uns Christliche Könige, Fürsten und Städte, und alle, die da erkannt haben das Evangelium der Wahrheit, darum trauren wir ja nicht alleine, sondern viel tausend hin und wieder in der Christenheit mit uns. Es hat dem leidigen jetzigen Pabst, Cardinal, Meintz, oder Herzog Heinrich nicht gebühren mögen, über den Tod dieses Mannes (welche er alle mit der Wahrheit hefftig erzürnet hat) sich ie zu freuen, und ich hoffe, die Widersacher sollen sich nicht lange über seinen Tod freuen, denn die Person ist wohl in Christo verschieden, aber die gewaltige, selige, göttliche Lehre dieses theuren Mannes, lebet noch aufs allerstärckeste.

Denn er war ohne Zweiffel der Engel, davon in Apocalypsi 14. Cap. stehet, der da geflogen ist, mitten durch den Himmel, und hatte ein ewig Evangelium etc. Wie denn der Text saget.

Und ich sahe einen Engel fliegen mitten durch den Himmel, der hatte ein ewig Evangelium, zu verkündigen denen, die auf Erden sitzen und wohnen, und allen Heyden, und Geschlechtern und Sprachen, und Völckern. Und sprach mit lauter Stimme: Fürchtet GOtt, und gebet ihm die Ehre, denn die Zeit seines Gerichts ist kommen, und betet an den, der gemacht hat Himmel und Erden, und das Meer, und die Wasserbrunnen. Und ein ander Engel folget nach, der sprach: Sie ist gefallen, sie ist gefallen, Babylon, die grosse Stadt, denn sie hat mit dem Wein ihrer Hurerey geträncket alle Heyden.

Dieser Engel, der da saget: Fürchtet GOtt, und gebet ihm die Ehre, war D. Martinus Luther. Und daß hie stehet: Fürchtet GOtt, und gebet ihm die Ehre, das sind die zwey Stücke der Lehre D. Martini Luthers, das Gesetz und Evangelium, durch welche die ganze Schrifft geöffnet wird, und Christus erkannt wird unser Gerechtigkeit und ewiges Leben, zu welchen zweyen er auch dis Stücke hinzu gesetzt hat (die Zeit seines Gerichts ist kommen) und hat gelehret vom rechten Gebet und Anruffung gegen GOtt, dem himmlischen Vater, im Geist und der Wahrheit, wie der Engel Apocal. 14. auch saget: Betet an den, der da gemacht hat Himmel und Erden etc.

Denn nach der Lehre dieses Engels, wird folgen ein ander Engel, welcher Trost wird predigen der betrübten und angefochtenen Kirchen, und über die Widersacher Blitz und Donner, ewiges Gericht und Verdammniß, wie denn der ander Engel sprach: Sie ist gefallen, sie ist gefallen, Babylon, die grosse Stadt. Darumb werden die Widersacher von diesem unsern Betrübniß nicht lange sich freuen, wie auch Christus saget, Johann. 16. Euer Betrübniß soll zur Freude werden, denn dem Apocalypsi nach, im gemeldten 14. Cap. sehen wir, daß das vorher gangen ist, und noch gehet. Soll Apocalypsis etwas seyn, so wird ohne Zweifel das ander folgen.

Aber, ach! wie lauffe ich so weit mit meiner Rede, in diesem unserm Weinen und Betrübniß? Diß sey gnug von unserm billigen Trauren geredt, denn wir trauren ja billig, daß ein solcher theurer Mann, rechter Bischoff und Seelen-Hirte, von uns geschieden. Aber in diesem Betrübniß sollen wir auch billig erkennen GOttes Güte und Barmhertzigkeit gegen uns, und GOtt dancken, daß er nach hundert Jahren, von dem Tode des heiligen Johannes Huß (welcher um der Wahrheit willen getödtet ist Anno 1415.) balde uns erwecket hat, durch seinen Geist, diesen theuren Doctorem Martinum Lutherum, wider die Antichristische Lehre des leidigen Satanischen Pabsts, und wider die Teufels-Lehren, wie denn Johannes Huß von einem künfftigen Schwane selbst geprophecеyet hat, vor seinem Tode, denn Huß heißt auf Böhmisch eine Ganß, ihr bratet (saget Johann Huß) jetzt eine Ganß: GOtt wird aber einen Schwan erwecken, den werdet ihr nicht brennen noch braten, und da sie wider ihn viel schrien, daß er ihnen nicht könte antworten, soll er gesagt haben, nach hundert Jahren will ich euch antworten, das hat er redlich gethan, durch unsern lieben Vater, D. Lutherum, und eben angefangen, im folgenden Jahr nach hundert Jahren. Ja, wir sollen GOtt dancken, daß er den theuren Mann uns erhalten hat, und seiner Kirchen, in dem hefftigen Streiten, in so viel harten Kämpffen, und daß durch ihn Christus so offt obgesieget hat, nun fast biß in die 30. Jahr, dem HErrn CHristo sey Lob und Ehre in Ewigkeit, Amen.

Wir sollen uns aber auch mit unserm lieben Vater Luthero freuen, daß er also, in dem höchsten Apostel- und Propheten-Amt, in welchem er seinen Befehl treulich ausgericht, hin von uns gegangen und abgeschieden ist, zu dem HErrn CHristo, da denn sind die heiligen Patriarchen, Propheten, Apostel, und viele, denen er das Evangelium gepredigethat, alle heilige Engel, Lazarus, im Schooß Abrahä, das ist, in der ewigen Freude aller Gläubigen, wie das jetzt zugehe, biß auf den jüngsten Tag, das werden wir erfahren, wie Paulus sagt zum Philipp. am I. Ich habe Lust abzuscheiden, und bey Christo zu seyn, wie in den Geschichten der Aposteln auch Stephanus sagt: HErr JEsu, nimm auf zu dir meinen Geist, und Christus zum Schecher: Heute wirst du mit mir im Paradieß seyn.

Denn es hat keinen Zweifel, wie der Geist Christi war in den Händen des Vaters, da er gesagt hat: Vater, in deine Hände befehl ich meinen Geist, etc. biß zu der Auferstehung am Ostertage; Also werden unsere Geister in den Händen Christi seyn, biß zu unser Auferstehung, denn also lauten die Worte von Lazaro, jetzt aber wird er getröstet, du aber wirst gequälet.

Was mittler Zeit, biß an den jüngsten Tag, die Gläubigen für eine Ruhe oder Trost haben, oder die Gottlosen für eine Unruhe oder Quaal, das können wir aus der Schrifft nicht so eben sagen, die Schrifft saget, sie schlaffen, wie Paulus saget zum Thessal. Von denen, die da schlaffen. Gleich aber, wie im natürlichen Schlaffe die Gesunden in einem süssen Schlaffe ruhen, und dadurch erquicket, stärcker und gesünder werden, die Ungesunden aber, oder die Betrübten, und sonderlich die in Todes-Schrecken oder Furcht sind, schwerlich, mit schrecklichen Träumen und unruhig schlaffen, also, daß ihnen der Schlaff nicht eine Ruhe, sondern eine schreckliche und wüstere Unruhe ist, denn das Wachen, also ist ein Unterschied, zwischen der Gläubigen und Gottlosen Schlaff, aber hievon können wir nicht weiter reden oder schliessen, denn wie der Schrifft Wort lauten.

Unser lieber Vater, D. Martinus Luther, hat nun erlanget,

das er offte begehret hat, und wenn er jetzt wieder zu uns solte kommen, so würde er unser Trauren und Zagen straffen, mit dem Wort Christi, Johan. 16. So ihr mich lieb hättet, würdet ihr euch freuen, denn ich gehe zum Vater, und würdet mir gönnen die ewige Ruhe und Freude. Christus hat den Tod für uns überwunden, was zagen wir denn? Der Tod des Leibes ist uns ein Anfang des ewigen Lebens, durch JEsum Christum unsern HErrn, der für uns ein edel, theuer Opffer worden ist.

Ich gedencke noch, wenn der Ehrnwürdige, unser lieber Vater, D. Martinus Luther, etliche sahe süßiglich entschlaffen, im Bekenntniß Christi, daß er sprach: Gebe mir GOtt, daß ich auch so süßiglich entschlaffen möge, im Schoß Christi, und nicht mit langen Todes-Schmertzen der Leib gequälet werde, doch geschehe GOttes Wille.

Wie bey uns zu Wittenberg in der Universität war Magister Ambrosius Bernardus, von Güterboch, mein lieber Bruder, ein recht frommer Mann, welcher Christum lieb hatte, der lag etliche Tage für seinem Ende sehr schwach und kranck, biß in den Tod, und GOtt benahm ihm doch das Fühlen der Kranckheit, als ob er schon in einem andern Leben wäre gewesen, redet mit uns, wie er wolte zu uns kommen, und mit uns frölich seyn. Daß er so kranck war, und sterben muste, davon wußte er gar nichts, er sahe gewiß den Tod nicht, darum konte er nicht vor dem Tod erschrecken, ja er war nicht mehr in diesem Leben, ohn allein, wenn man von Christo redet, so bekennet er frey von Hertzen die grosse Gnade und Seeligkeit, die uns vom Himmlischen Vater in Christo wiederfahren ist. Denn er hatte Christum lieb und pflegte gerne zu beten, und GOtt den Vater anzuruffen im Geist und Wahrheit. Wenn man ihm denn (als einem, der zu sich selbst gekommen war) balde darauf wolte sagen von seinem geliebten Weibe, Kindern, Hause, Geld, Schuld etc. So war er wieder bald nicht bey sich selbst, sondern als in einer andern Welt (doch kannte er uns alle, und nennte uns mit Nahmen) redete frölich, mit lachen und lieblichen schertzen von andern Dingen, also, daß einer, der seine Phantasey nicht wuste, gedencken möchte, er wäre gar gesund, und müste sonst für die lange Weile im Bette liegen etc. Aber unser lieber HErr JEsus Christus nahm ihn aus diesem Leben zu sich, in solcher Phantasey, aber doch in guter Bekenntniß des Christlichen Glaubens, also, daß er schon todt war dieser Welt, etliche Tage zuvor, ehe denn er starb, denn er wuste gar nichts auf Erden, dafür er sorgen möchte. Ja, es war ihm alles aus dem Hertzen genommen, daß er auch seine Kranckheit nicht fühlete, bekümmerte sich nichts um den Tod, ja er sahe auch den Tod nicht, wie solte er denn für der Sünde und für dem Tode erschrecken? Also, daß wir in ihm für Augen sahen das Wort Christi, Johann. 8. welches allen Christgläubigen wiederfähret: So jemand mein Wort wird halten, der wird den Tod nicht sehen ewiglich. Denn ob sie nicht alle so leicht dahin sterben, als dieser Ambrosius, sondern mit grossem Schmertzen, wie der Sohn GOttes selbst am Creutze starb, doch wenn das liebe Stündlein kommt, sehen sie das Leben, und nicht den Tod, und sprechen alle: Vater, in deine Hände befehl ich meinen Geist, wie denn unsern hertzlieben Vater, Doctorem Martinum, unser lieber HErr JEsus Christus mit solchem seeligen Abschied aus diesem Jammerthal zu sich genommen hat. GOtt sey Lob und Danck in Ewigkeit.

In der Kranckheit Magistri Ambrosii, da ich sahe, daß er auch nicht schlieff, bat ich zween Doctores Medicinä, sie wolten ihm einen starcken Schlaff-Tranck zurichten, die antworteten mir: Solchs wäre fährlich, und man möchte ihnen die Schuld geben, so es übel geriethe. Ich sprach, ich wills verantworten, wenn er auch schon darüber bleiben würde, gebets ihm ein im Nahmen GOttes, als einem Desperato, wer weiß, es möchte helffen, solchen Tranck gaben ihm die Medici, aber nicht so starck, wie ich begehrete, denn sie besorgeten sich etwas, da kam ihm der Schlaff mit Gewalt, daß er bey zwo Stunden schlieff, aber da er aufwachete, fühlete er seine Wehe, und klagete darüber, und redet mit seinem Weibe von allerley Noth-Sachen verständiglich, aber bald darnach, ohngefehr noch anderthalber Stunde, war er wieder in seinem frölichen Wesen, wie zuvor, wuste nicht mehr von dieser Welt, biß daß er nach etlichen Tagen Christo den Geist aufgab.

Solche seelige und fröliche Historia, von Magistro Ambrosio, unserm lieben Bruder, habe ich jetzt gerne gesagt, um zweyerley Ursachen willen, zum ersten, daß ich euer Liebe damit ein wenig möchte aufhalten, von dem Heilen und Weinen, welches uns nun billig angekommen ist. GOtt hat uns betrübet, seine Gnade tröste uns wieder. Zum andern, daß solche Historia dienet zu unser Sachen, da wir jetzt von reden.

Denn dieser Magister Ambrosius, war Doctoris Martini Schwager, darum besucht er ihn so offt in seiner Kranckheit, und wenn er von Christo mit ihm redet, so redet Ambrosius auch von Christo, nach dem lieben Evangelio, wie gesagt, aber wenn er mit ihm wolte reden vom Weibe, Kindern, Gütern etc. So wuste Ambrosius nichts von solchen Sachen, sondern phantasiret balde frölich mit andern Worten, wie zuvor gesagt, besondern saget er mit lachen und dancksagen dem Doctor: Herr Doctor, Danck habet, daß ihr zu mir kommen seyd, ich will wiederum zu euch kommen, auf den Abend einmahl, da wollen wir zusammen gute Collation halten, und ich will denn von vielen frölichen Sachen mit euch reden. Zwar jetzt mögen sie beyde solches ausrichten im ewigen Leben, da sie beyde hingereiset sind. In diesem Leben haben sie auf die Weise nicht mögen zusammen kommen.

Da nun Doctor Martinus von ihm gieng, sprach der Doctor zu mir, der ist dahin, er weiß von keinem Tode, wenn wir ihm rathen wollen, wie er seine Sache soll bestellen, so weiß er nicht mehr von dieser Welt und Leben, sondern ist frölich, lachet, schläget uns andere Dinge für mit seiner frölichen Phantasey, spottet unser noch dazu mit solchen Worten, als wolte er sagen: Ich weiß nichts mehr auf Erden zu bestellen, oder zu besorgen, GOtt gebe mir doch auch kurtz solche stille und selige Todes-Stunde, was soll ich mehr auf Erden machen?

Da nun Magister Ambrosius im harten Winter begraben war, Anno 1542. im Monat Januario, gieng nicht lange darnach Doctor Martinus mit mir für dem Grabe über, da weiset er mit der Hand aufs Grab, und sprach: Der wuste nicht, daß er kranck war, er wuste auch nicht, daß er starb, und war doch nicht ohne Bekänntniß Christi, da liegt er, er weiß noch nicht, daß er todt ist. Lieber HErr JEsu Christe, nimm mich auch also aus diesem Jammerthal zu dir etc.

Solches mußte ich offt von meinem lieben Vater hören, und wenn er meinen Unwillen merckete, zu Zeiten auch wohl aus meinen Worten, so sprach er zu mir: Bittet doch unsern lieben HErrn GOtt, daß er mich kurtz von hinnen zu sich nehme, ich kan nichts mehr thun auf Erden, ich bin euch nichts mehr nütze, helfft mir mit eurem Gebet, bittet nicht, daß ich länger lebe. Nun kan ein jeglicher wohl gedencken, was ich meinem lieben Vater, unserm hertzlieben Doctor, auf solche Wort geantwortet habe. Das alles zeiget an, wie gerne er dieses Jammerlebens, in seinen letzten Tagen, wolte los sein, und mit Christo seyn, damit hat er auch sein *Consummatum est* gesungen, und dem himmlischen Vater seinen Geist in die Hände befohlen.

Es sind auch vorgehende Anzeigung gewesen, daß unser lieber Vater, Doctor Martinus, in ein besser Leben wandern würde, denn diß gantze Jahr durch hat er offte zu uns gesaget, er begehre an einen andern Ort zu ziehen, ist auch öffter in diesem Jahr, vor seinem Tode ausgezogen, denn zuvor in vielen Jahren, nemlich in sein Vaterland gen Mansfeld, zum Bischoffe gen Zeitz, gen Merseburg, gen Halle. Diß sind gleiche Anzeigung und Prophezeyhung gewesen, daß er diese selige Reise würde thun in ein besser Leben, daher hat sichs auch begeben, daß er bey denen Edlen und Wohlgebohrnen Grafen und Herren zu Mansfeld, in der Stadt Eißleben, da er gebohren und getaufft, aus diesem Leben abgeschieden und gereiset ist, nicht anders denn wie ers begehrt hat, ausgenommen, daß er die Zeit lieber hätte wollen bey uns, seinem lieben Weibe und Kindern seyn, aber GOtt hats anders geschickt.

Daß ihr aber auch einen kurzen Bericht habt, lieben Freunde, von unsers hertzlieben Vaters, Doctoris Martini, seligem Abschiede, da er mercket, daß seine Stunde kommen wäre, hat er also gebetet.

O mein himmlischer Vater, ein GOtt und Vater unsers HErrn JEsu Christi, du GOtt alles Trostes, ich dancke dir, daß du mir deinen lieben Sohn JEsum Christum offenbahret hast, an den ich glaube, den ich geprediget und bekannt habe, welchen der leidige Pabst, und alle Gottlosen schenden, verfolgen und lästern, ich bitte dich, mein HErr JEsu Christe, laß dir mein Seelchen befohlen sein. O! Himmlischer Vater, ob ich schon diesen Leib lassen, und aus diesem Leben hinweg gerissen werden muß, so weiß ich doch gewiß, daß ich bey dir ewig bleiben, und aus deinen Händen mich niemand reissen kan.

Und folgendes hat er dreymahl gesagt: In deine Hände befehl ich meinen Geist, du hast mich erlöset, du treuer GOtt.

Item, Johannis 3.

Also hat GOtt die Welt geliebet, daß er seinen eingebohrnen Sohn gab, aufdaß alle, die an ihn gläuben, nicht sollen verlohren werden, sondern das ewige Leben haben.

Und hat also seine Hände gefalten, und in feiner Stille seinen Geist Christo aufgegeben, darum sollen wir uns billig mit ihm freuen, so viel wir für Trauren können.

Hie muß ich gedencken des heiligen Bischoffs St. Martini, von welchem die Historia sagt, daß alle Ketzer erblaßten und erbleichten für seinem Nahmen. Item, daß ein groß Weinen und Trauren gewesen ist aller gläubigen und rechten Christen, über den Tod St. Martini. Item, daß ein Disputiren und Hadder worden ist unter etlichen Städten und Landen, welche den Leib St. Martini solten behalten, und bey sich begraben. Diß alles hat sich gleichergestalt, bey diesem heiligen Apostel und Propheten Christi, unserm Prediger und Evangelisten in Deutschen Landen, D. Martino zugetragen, aber davon will ich nicht nach der Länge reden. GOtt hat ihn nun selbst werth und lieb, und erhält ihn in seinem Schooß, der in diesem Leben, uns und die Kirchen Christi, sehr lieb gehabt, vergelte es unserm lieben Vater, GOtt in jenem Leben, da wir alle auch hoffen zu ihm zu kommen.

Gebe GOtt, daß auch auf die Nachkommen der Geist GOttes zweymal mehr zu reden sey, denn der hohe theure Mann geredt hat, und in der Kirchen, die der liebe Vater gepflantzet hat, wie denn der Prophet Elisa von dem Elia bittet, da er von dem Elisa in einem Wetter hinweg genommen ward.

So wir aber fürchten oder gedencken, daß GOtt den theuren Mann, um unser Sünde und Undanckbarkeit willen, weggenommen hat, so sollen wir unser Leben bessern, durch Christum GOtt unsern himmlischen Vater hertzlich anruffen, daß wir bleiben mögen in der seeligen reinen Lehre, vom Glauben, und beschützet werden durch Christum, wider die Rotten und Tyrannen, und wider alle Pforten der Höllen. Beschirme, HErr Christe, deine arme Christenheit, daß sie dich lobe in Ewigkeit. Hilff uns GOtt unser Heyland, und errette uns um der Ehren willen deines Nahmens, und sey gnädig unsern Sünden, um deines heiligen Nahmens willen. Erhalte in deiner Kirche treue und gute Prediger, gieb denselbigen Krafft und Stärkke, durch den Heiligen Geist, wie der 68. Psalm sagt, der HErr giebt das Wort mit grossen Schaaren Evangelisten.

Die unverschämten, greulichen, grossen Lästerungen der Widersacher, und der verstockten Pfaffen und Mönche, und dazu auch unser Undanckbarkeit, könnte wohl nun seyn in der Welt, grosses Unglücks und Straffe GOttes, Ursache. Aber wir sollen bitten GOtt den Vater im Namen des Sohns, unsers HErrn JEsu Christi, daß er um seines Nahmens willen thun wolle, und erfüllen und wahr machen, das Epitaphium und Prophecey, welches ihm unser lieber Vater D. Martinus selbst gemacht hat.

Pestis eram vivus, moriens tua mors ero, Papa.

Das ist auf Deutsch: Pabst, Pabst, da ich lebete, da war ich deine Pestilentz, wenn ich sterbe, so will ich dir dein bitter Tod seyn. GOtt sey gelobt in Ewigkeit, durch JEsum Christum unsern HERRN. Amen.

Last uns beten etc.

DANIEL CASPER VON LOHENSTEIN: CHRISTIAN HOFMANN VON HOFMANNSWALDAU

1679

Hochgebohrner Graf/ des Heil. Röm. Reichs Semper – Frey/ Hoch- und Wolgebohrne Grafen/ Hochwolgebohrne Freyherren/ HochEdelgebohrne/ WolEdle/ Gestrenge/ Hochbenambte/ Hochgelehrte/ Genädige und Hochgeehrte Herren/

Wie auch Hochgebohrnes/Hoch- und Wolgebohrnes/ Wolgebohrnes HochEdelgebohrnes/ WolEdles/HochEhr- und Tugendreiches/ Genädiges und Hochgeehrtes Frauenzimmer.

Der grosse Pan ist todt! Mit diesen Worten ruffte von dem Eylande Paxis/ zur Zeit des Keysers Tyberius/ eine heftige Stimme einem vorbeyschiffenden Egyptier Thamus zu; mit Befehl: Daß er diesen Tod bey dem Palodischen Ufer ferner kund machen solte. Dem Thamus standen hierüber die Haare zu Berge; alles/ was auf dem Schiffe war/ bebete; sonderlich/ als eine ungemeine Meerstille den Thamus nöthigte seinen Befehl bey Palodes zu vollziehen; und ihm vom Ufer ein erbärmliches Geschrey vieler tausend Wehklagenden antwortete.

Wolte GOTT! diese Unglücksstimme were nur auf dem das Jonische Meer durchstreichenden und längst verfaulten Egyptischen Schiffe gehöret/nicht aber den 18. April letzthin das Schif dieser Stadt durch ein Panisches Schrecken erschüttert worden. Wolte Gott! sage ich: Daß ich nicht in dieser hochansehnlichen Versammlung dem Palodischen Gestade/ oder vielmehr der seuffzenden Stadt Breßlau/ und dem mitleidenden Schlesien ein gleiches Kind der Stimme gebären/ oder nachschallen müste: Unser grosser Pan ist todt! nemlich/ der Weiland Hoch-Edelgebohrne Herr/ Herr Christian von Hofmannswaldau auf Arnolds-Mühle/ der Röm. Keyserl. auch zu Hungarn und Böheimb Königl. Meyst. Rath/ der Stadt Breßlau Raths-Praeses, wie auch des Königl. Burglehns zu Namßlau Director.

Wundere sich niemand: daß ich diesen grossen Mann einen Pan nenne/ welchen das Heidnische Alterthum vergöttert/ zu einem Bilde der gantzen Natur gemacht/ und mit einem Nahmen verehret hat/der so viel als Alles heisset.

Denn nachdem das Licht der Natur den Weltweisen die Unsterblichkeit der menschlichen Seelen gezeiget/ Thales oder Pherecydes aber das aus Assyrien oder Egypten/oder vielmehr aus der Jüdischen Synagoge geholete Amomum/ nemlich die Lehre von der Unsterbligkeit in Griechenland zu erst überbracht; gieng dieses zu weit/ und wurden die sterblichen Menschen mit Austheilung der Gottheiten so verschwenderisch: Daß sie so gar geschickte Fechter/ einen Erfinder der Sicheln/ einen Angeber gewisser Wagen/ ja alle Helden/ welche etwan einen kecken Feind/ oder eine Schlange getödtet/ ja fast ieden Bürger/ der sich ums gemeine Wesen halbicht/ und bey weitem nicht so wol/ als Unser seeligverstorbener Herr Praeses verdienet hatte/ zum Gotte machten/ oder unter die Sternen versetzten.

Warum solte Unser Pan aber nicht eben so wol/ als des Mercurius eines allererst nach Mosen gelebten Egyptischen Priesters Sohn ein Bild der Natur abzugeben würdig geschätzt werden? da doch ieder Mensch eine Mappe dieses grossen Alles/ eine kleine/ oder rechter zu sagen/ eine grössere Welt als die grosse abgiebt/ da unsere Seele ein rechtes

Ebenbild des grossen GOttes/ ihre Unsterbligkeit aber etwas so grosses ist; was weder der gestirnte Himmel/ noch die gantze Natur in ihrem unbegreifflichen Umbkreisse besitzet. Zugeschweigen: daß der heilige Augustin eine Fliege/oder einen kaum einen Punct machenden Wurm für ein edler Geschöpfe zu halten kein Bedencken hatte/ als der Almosen-Meister GOttes/ nemlich die Sonne ist.

Wem solte der Nahme Pan mit mehr Rechte zugeeignet werden/ als dem Hochschätzbaren Herren von Hofmannswaldau? in welchem die güttige Natur all ihr Vermögen/ wie der grosse Werckmeister des Samischen Labirynths Theodorus alle seine Kunst in einen vierbespannten Wagen/ welchen aber seiner Kleinigkeit halber eine Fliege bedeckte/ zusammen gezwängt hatte; der als der Mittelpunct unser Stadt in seiner Enge den gantzen Umbkreiß alles unsers Gutten in sich begrief; in dem als dem Haupte des Rathes sich alle heilsame Rathschläge und Anstalten für das gemeine Wesen/ wie alle fünff Sinnen im dem Haupte der Thiere vereinbarten.

Zwar ich würde der Göttlichen Versehung in die Speichen treten/ wenn ich den bißherigen Wolstand der Stadt ihm als einem einzelen Menschen alleine zuschriebe. Ich würde der Bescheidenheit unsers demüthigsten Verstorbenen zu nahe treten; welcher ihm am wenigsten zuschrieb/ wenn er das meiste gethan hatte: wenn ich hierdurch etwas dem Ruhme und Verdienste derer andern vornehmen Rathsglieder entziehen wolte. Aber ich weiß/ daß unter diesen keiner sey/ welcher sein Thun denen Verdiensten unsers unvergleichlichen Todten zu vergleichen verlange. Das Beyspiel Epamimondens aber/ für und nach welchem Thebe allezeit dienstbar und unglücklich gewest/ erhärtet: Daß ein Mann zuweilen mehr als ein gantzer Rath/ oder eine grosse Stadt sey/ und ein Monde mehr als tausend Sterne lichte mache.

Diesemnach were nun zwar meine Pflicht Unserm hochverdienten Pan alles/was an ihm löbliches war/ nachzurühmen. Denn wie Pan mit der Echo/oder dem Wiederschalle sol verheyrathet gewest seyn; also ist der Nachruhm eine Gemahlin der Tugend/ zwischen welchen auch der Tod keine Ehscheidung macht. Das Andencken ist die einige Wolthat/ welche Lebende hochverdienten Todten abstatten können. Aber des ruhmwürdigen ist zu viel/ die Zeit hierzu ist zu enge/ meine Zunge zu ungelehrt/ mein Gedächtnüs zu schwach/ und mein Hertze zu wehmüthig.

Ich weiß nicht: Ob ich ihm mehr als einen ehrlichen Mann/ oder als einen treuen Bürger/ oder als einen klugen RathsHerren/ oder als einen Gottseeligen Christen rühmen sol. Ich weiß nicht/ welche Jahre seines Alters denen andern fürzuziehen. Denn er war ein fruchtbarer Pomeranzenbaum; welcher im Frülinge so wol reiffe Früchte/ als im Herbste annehmliche Blüthen/ und also Nutz und Anmuth in iedem Alter zusammen trug.

Pan sol des klugen Mercur/ eines Gottes der Beredsamkeit/ und der keuschen Penelope Sohn gewest seyn. Jenen Nahmen/ und unser danckbares Andencken verdient auch unsers verstorbenen Pans ruhmwürdiger Herr Vater der weiland WolEdelgebohrne und Gestrenge Herr Hanß Hofmann von Hofmannswaldau/ der Römischen Keyserl. Meyst. Hochverdienter Schlesischer Cammer-Rath; diesen seine Hertzgeliebte Frau Mutter/ die WolEdelgebohrne/Hochtugendbegabte Frau Anna gebohrne Nagelin.

Alleine wir werden gezwungen Unserm edlen Todten mit Wahrheit den von Grichenland dem Timotheus gegebenen Preiß zu zueignen: Daß er durch seine Tugenden seines Vaters Conon Ehren-Ruhm/ wie die Morgen-Röthe die Sternen verdüstert habe.

Diese Verdüsterung aber leschet den Ruhm der Voreltern nicht aus. Ein Sohn/ der es seinen Ahnen zuvorthut/ giebet seinem Geschlechte vielmehr Licht/ als der künstliche Schatten einem Gemählde Zierrath. Hingegen schüttet ein seinem

Vater unähnlicher Sohn den Schimmel der Vergessenheit/ und den Staub der Schande auff die gläntzenden Ehren-Bilder seiner tapferen Voreltern: Sich aber macht er zu etwas wenigerm/ als die After-Geburth der doch so grossen Kamele ist. Denn der Adel ist eine Nulle; Wenn die Ziffer der Tugend dabey steht/ gielt sie viel/ wenn sie alleine steht/ nichts.

Unser beerdiger Herr Praeses aber ist keinmahl nichts/ sondern auch/ als er noch wenig war/ viel gewest. Denn in seiner Kindheit lernte er in einer Stunde mehr/ als andere in einer Wochen/ von ihm selbst so viel/ als andere von ihren Lehrern; bewehrte also dadurch: Daß ein Loth Mutterwitz mehr wiege als ein Zentner Schulwitz.

Jedoch liessen die wolverdienten Lehrer hiesiger Schulen/ besonders Major und Coler an ihm nichts erwunden seine ohne diß das Alter überfliegende Geschickligkeit auffs höchste zu bringen.

Nach allhier gelegten Grunde kam er nach Danzig zu Mochingern dem Preußischen Plato; daselbst lernte er die Weltweißheit und Staats-Wissenschafft. Er begrief die Welsche/ Französische und Nieder-Deutsche Sprache gleichsam spielende; machte sich also hierdurch bey Mochingern/ wie Dion beym Plato beliebt; und beweiste durch seine frühzeitige Herfürthuung: Daß auch unreiffe Granat-Aepfel Kronen trügen.

Opitz/ der berühmte Schlesier/ welcher die Deutsche Poesie auf den Fuß gebracht/ schätzte seine Gemein- und Freundschaft schon dazumal hoch; gleich/ als sähe er vorher: daß unser gelehrter Pan nicht einen schlechten Fichten- sondern drey Lorber-Kräntze zu tragen würdig seyn möchte. Sintemal diesem es die Deutsche Sprach zu dancken hat: Daß ihr Spanien mit seiner nachdencklichen/Welschland mit seiner scharffsinnigen/ Franckreich mit seiner lieblichen Feder nicht mehr überlegen ist. Denn Opitz that es den Alten und Ausländern nach/ Unser Herr von Hofmannswaldau aber zuvor.

Ich habe kein Bedencken einen Breßlauischen Praeses seiner Sinnreichen Getichte halber zu rühmen/ und ihn auch hierrinne dem Pan/ der die annehmliche Flöten erfunden haben sol/ zuvergleichen. Denn in der Poesie stecket die älteste Weltweißheit; Und hat weder der Africanische Scipio/ welcher die dem Terentius zugeeignete Lust-Spiele gemacht/ seinen Siegs-Rock; Keyser August/ der dem Drusius ein Grab-Getichte schrieb/ Tiberius/ Titus/ und andere Keyser ihren Purpur; noch der seine eigene Siege singende Germanicus die Römischen Bürgermeister-Beile/ und die güldenen Adler seiner Legionen dadurch beflecket. Ja Keyser Carl der grosse sol der Uhrheber der Deutsche Poesie gewest seyn. Bapst Urban der Achte aber hat durch seine liebliche Getichte gewiesen: Daß Poesie so wol den höchsten Würden/als Honigmachende Bienen ihren Wappen nicht unanständig sind.

Zwar nichts anders als tichten können/ ist eben so viel als ein Kleid allein von Spitzen tragen. Die Weißheit und ernste Wissenschafften müssen der Grund/ jenes der Ausputz seyn/ wenn ein gelehrter Mann einer Corinthischen Seule gleichen sol.

Diesen nun zu legen/ reisete Unser Seeliger über Lübeck und Hamburg in Niederland/ allwo damals alle Kriegs- und Friedens-Künste mit einander umb den Vorzug kämpften. Diesen lag er dreyzehn Monathe in Leyden unter der Wegweisung des Salmasius/ Voßius/ Boxhorns/ Barleens und Mesterzens/ welche Wunder der gelehrten Welt damals in einer Stadt versammlet waren/ mit nicht geringern Nutzen/ als Fleiß ob.

Weil er aber wol wuste: daß nützlich Reisen die beste Schule des Lebens were/ als da man täglich in dem grossen Buche der Welt etwas neues zu lernen aufkriegte/ wendete er sich in Begleitung des Fürsten Fremonville nach besehenen Niederlanden in Engelland/ begrief alldar die Englische Sprache; besahe zu Sandwich/ Rochester/ Londen/ Salisburg/ Bristol/ Oxfurth die merckwürdigsten Seltzamkeiten; wendete sich hierauf in Franckreich/ gerieht zu Paris in Kentnüs des grossen Grotius/ Thuanus/ der Puteanen/ Gothofredi/

Petavius/ und anderer führnehmer Leute; beobachtete also die dem in Grichenland reisenden Anacharsis gegebene gute Erinnerung des Toxaris: Er solte mit dem Solon sich bekant machen. Mit ihm würde er alles gesehen haben. Denn Solon were Athen/ ja gantz Grichenland. Dahingegen ihrer viel auf ihren Reisen sich nur nach prächtigen Pallästen/ wollüstigen Gärten/ seltzamen Springbrunnen umbsehen/und auser den Bereiter/ Fecht- und Tantz-Meister selten einen ehrlichen Mann in einer drey Millionen Seelen beherbergenden Stadt kennen lernen.

Hieran aber/ und daß er das gröste Theil Franckreichs besehen und ihm zu nütze gemacht hatte/ war es noch nicht genung; sondern weil er wuste: daß das aus der neuen in die alte Welt gereisete Gold von der niedrigsten Verachtung in den höchsten Preiß gestiegen war/ und sich zum Könige der Metallen gemacht hatte; die Gemeinschafft mit fremden Völckern/ die Untersuchung anderer Sitten und Weißheit einen Menschen gleichsam zu einem Halb-Gotte machte/ reisete er über Lyon in Welschland/ in dem die bey andern Völckern nur herbergende Klugheit zu Hause seyn sol. Genua/ Pisa und Siena hielten ihn eine geraume Zeit auf/ ehe er Rom das Wunder der alten und neuen Welt besuchte. Er sahe daselbst zwar zu seiner Ergötzligkeit die prächtigen Aeßer der Zeit/ und die Fußstapfen der Barbarn/ aus derer zerschmetterten Marmeln/ und zerschmeltzten Ertzte des Alterthums die Grossen neue Palläste bauten/ und durch Verjüngung dieses Grausses gleichsam dem Verhängnüsse obzusiegen bemüht waren; Er aber erbaute sich vielmehr aus der Gemeinschafft mit dem Naudeus/ Holstein/ und andern hochgelehrten Leuten.

Als nun mehr seine Freunde/ als er sich dem gemeinen Wesen zu dienen genungsam ausgearbeitet hielten; sintemal doch die geschicktesten Menschen nicht wie die Pilze bald in der Geburth/ und mit ihrem ersten Wachsthume reif sind/ drehete er dem väterlichen Befehle zufolge seine Deichsel dem Vaterlande zu; machte ihm aber im Rückwege alles/ was

Florenz schönes/ Bologna gelehrtes/ Ferrara denckwürdiges/ Venedig kluges; der Keyserliche Hof zu Wien grosses in sich hatte/ bekant und nütze.

Warumb sage ich aber ihm/ nicht dem damals in ärgster Kriegs-Flamme lodernden und seiner bedürftigen Vaterlande? Denn ob ihn zwar/ wie den Keyser Hadrian seine unersättliche Begierde reitzte alles/ was er von der Welt gelesen/ selbst in Augenschein zu nehmen/ und er mit dem Keyserlichen Gesandten dem Herren von Greiffenklau an den Türkischen Hof zu reisen vor hatte; hielten doch sein Herr Vater und vornehme Freunde ihm die nachdenckliche Lehre des Apollonius ein: Einem weisen Manne were Grichenland/ und dem Herren von Hofmannswaldau/ Breßlau die gantze Welt.

Hier ihn nun unbeweglich zu machen/ fanden sie kein sicherer Band/ als die Verknipfung mit der HochWolEdelgebohrnen/ Hoch-Ehr- und Tugendreichen Frauen Marien Gebohrner Weberßkyn/ welche/ wie sie mit ihrem Ehherren bey der so vieljährigen Eh zwey gegen einander gesetzte Spiegel abgegeben/ derer ieder in dem andern mehr als in ihm selbst ist; also nunmehr als höchstbestürtzte Wittib nach Eigenschafft der Turteltauben nicht weniger ihr übriges Leben/ als ihres Ehgatten Todt beweinet; wohl wissende: daß treumeinender Vermählten Stern und Unstern eben so wohl/ als zweyer beysammen stehender Palm-Bäume Wachsthum von eines ieglichen einzelem Stand oder Falle herrühre.

So viel diese nun itzt Thränen ausschüttet; so viel ist in dieser Eh noch Glückseeligkeit zu preisen/ theils weil unser auch noch grössern Glücks würdiger Todter sich nur einmal dieser gefährlichen Wahl unterwerffen dörffen; theils weil GOTT/ der die Eh noch in dem Stande der menschlichen Unschuld gestifftet/ selbte so fruchtbar seyn/ und ihn an beyden so wol-gerathenen und versorgten Herrn Söhnen zu höchsten Freuden sehen und erleben lassen/ wie beyde die Fußstapfen der väterlichen Tugenden so rühmlich inne hielten.

Denn ob ich wol weiß: daß der unvergleichliche Epaminondas einem/ der ihm für Mängel ausstellte/ daß er nicht heyrathete und Kinder zeugte/ zur Antwort gab: Seine einige und liebste Tochter were die bey Leuctra wieder die Spartaner gewonnene Schlacht. Diese würde ihn nicht nur überleben/ sondern auch unsterblich machen. So scheinet doch diß mehr ein Hochmuth/ oder zum minsten ein Mißtrauen gegen sich selbst oder GOTT zu seyn/ samb grosse Leute unmöglich ihres gleichen zeugen könten; da doch ieder/ welcher sein Vaterland vollkommen liebt/ solches auch mit Nachkommen zu vermehren verbunden ist.

Unser ruhmwürdigster Herr Praeses liebte zwar auch seine Söhne; die Stadt Breßlau aber blieb doch sein liebstes Kind; dieser setzte er alles/ seine Kinder/ und sich selbst nach; stimmte also mit dem den Persen Diomedon/ der ihm bestechen wolte/ abwürtzenden Epaminondas ein: daß aller Welt Güter nicht der Vaterlands-Liebe die Wage hielten.

Diese ließ er nebst seiner Fähigkeit bald bey seiner ersten Rückkunft so nachdrücklich blicken: daß er aller Menschen Gewogenheit/ und bey Gelehrten das gröste Ansehen gewann; also: Daß es ihm iedermann nachzuthun sich befließ/ niemand aber ihm aus Eyversucht vorzukommen getraute. Diesem nach ward er in den Hertzen der Bürgerschafft ehe zum Raths-Herren erkieset/ ehe für drey und dreißig Jahren das Verhängnüs ihm eine Stelle eröfnete. Jedermanns Wunsch kam der Zeit und Wahl vor; weil er sich allen/ seinem Nahmen nach/ an Höfligkeit überlegen zu seyn bemüht war.

Etliche Menschen bringen das Maal der Verdrüßligkeit mit auf die Welt/ wie Tieger Flecken/ Wermuth die Bitterkeit/und Schleen ihre Säure. Sie vermählen sich mit eitel Galle; Daß sie auch mit ihren Liebkosen beschwerlich sind. Aber Unser freundlichster Herr Praeses, welcher wol wuste: daß im Regimente man mit einem Gran Liebe mehr/ als mit einem Pfunde Furcht ausrichtete/ war die selbstständige Anmuth. Er redete mit iedem Bürger wie mit seines Gleichen/ und mit dem geringsten aus dem Pöfel/ wie mit seinen

Kindern. Wenn ihm auch sein Ampt zuweilen einige Empfindligkeit abnöthigte/ vergüldete und verzuckerte er seine Straf-Worte/ wie kluge Aertzte ihre herbe Pillen.

Diese Freundligkeit aber benam/ wie die des Miltiades/ seinem Ansehn nichts/ und diese jener so wenig/ als die Schärffe der Granat-Aepfel-Kerne der Süssigkeit ihres Safftes. Er vermischte Ernst und Holdseeligkeit so wunderbar mit einander: daß es schwer zu urtheilen war: ob Freunde und Bürger ihn mehr liebten/ oder mit mehr Ehrerbietigkeit verehrten.

Diese Freundligkeit aber schwamm ihm nicht nur auf den Lippen; Sie sahe ihm nicht allein aus den Augen; sondern sie war auch in seinem Hertzen gewurtzelt. Darumb kan ohne Heucheley ihm eben so wol/ als dem Atticus nachgerühmet werden: Daß er sein Lebtage mit niemanden keine Feindschafft gehegt/ alles empfangene Unrecht lieber vergessen; als empfunden/ lieber verhüllet/ als gerochen; ja sein Lebtage keinen Menschen vorsetzlich beleidiget habe.

Der von dem Pyreneischen Frieden hochberühmte grosse Staats-Diener in Spanien Louis de Haro rühmte sich zwar auch: Er hätte niemals iemanden böses gethan. Aber setzte ihm einander entgegen/ auch niemanden nichts guttes. Alleine Unser güttiger Herr Praeses war so begierig iedermann/ auch denen/ die es umb ihn nie verdienet/ oder ihn gar beleidiget hatten/ wol zu thun; wol wissende: daß die Tugend durch ihre auch Unwürdigen geleistete Wolthaten so wenig/ als die Sonnen-Stralen von Bescheinung stinckender Misthauffen befleckt würden.

Wenn er iemanden behülflich war/ ließ er es ihm wie sein eigen Geschäffte angelegen seyn; und war so bemüht umb gutter Freunde Vergnügung: Daß er seines eigenen Schadens darbey nicht achtete; also wie ein Balsam-Baum seine Verwundung gerne vertrug/ nur daß andern dadurch geholffen ward.

Fürnehmlich aber spannte er alle seine Kräften an/ gelehrten Leuten wolthätig und beförderlich zu seyn. Er war gleichsam ein Probirstein aller von hohen Schulen und Reisen zurückkommender jungen Leute; welche sich seiner leutseeligen Prüfung zu unterwerffen/ und ihm von ihrem Studiren gleichsam Rechenschafft zu geben so viel williger schuldig hielten/ weil sie durch sein vortheilhafftes Urthel der gantzen gelehrten Welt Beyfall zugewinnen getrauten. Mit einem Worte: weil er alle seine Bemühungen der Stadt und den Musen zutheilte/ war er der allgemein Brunn in Breßlau/ woraus das gemeine Wesen heilsame Rathschläge/ die Bekümmerten Trost/ die Gelehrten Wolthaten schöpften. Ja in ihm lebte gleichsam die Seele des Römischen Mecenas. Daher künftig alle Mecenaten in Breßlau billich Hofmannswaldauer genennet werden solten.

So groß nun gleich seine Wolthaten waren/ war er doch derselben wenigere Zeit indenck/ als der/ welcher sie genossen hatte/ oder zum längsten/ so lange es diesem beliebte danckbar zu seyn. Die genossenen aber/ wie geringe sie gleich waren/ vergaß er sein Lebtage nicht.

Und wormit er ein vollkommenes Ebenbild des Mecenas were/ enteuserte er sich vieler Vortheile/die er mit Ehren und Rechte annehmen konte/ umb sich allein an seiner unfruchtbaren Wolthätigkeit zu sättigen. Denn er hielt die Vergnügung seines Gemüttes unschätzbar höher/ als alle Schalen/ woraus die Welt so viel Wesens/ und doch keinen Kern macht.

Aus allem seinem Thun suchte er keinen andern Gewien/ als einen gutten Nahmen/ nicht die Verbesserung seines Vermögens/ gab also einen andern Thrasybul ab/ der an statt der von den Mitilenern ihm angetragenen Land-Gütter nur zwey Oel-Zweige zu einem Krantze annam/ den ihm niemand beneidete; weil ihn ihm kein Hochmuth/ sondern die Liebe der Bürger aufsetzte.

Nicht anders erlangte auch unser gutthertziger Herr von Hofmannswaldau seine Ehren-Kräntze und den Nahmen: Daß er ein Feind alles Eigennutzes were/ und sich mit dem Atticus rühmen könte: Er hette niemals von einigem Bürger Zinsen genommen; noch was auf dem Rathhause zu feilem Kauffe stand/ an sich bracht. Hingegen hatte er mit ihm auch ein gleichmäßig Gelücke: Daß ihn niemand ins Recht forderte/ noch er in eigener Sache iemals Recht und Richter leiden dörffen.

Diese Wolthätigkeit aber bezeugte er nicht nur eintzelen Menschen; sondern mit grösserem Ubermasse ins drey- und dreißigste Jahr dem gemeinen Wesen. Es giebt stattliche Leute/ oft aber mit diesem Fehler: daß sie wie des Alcmenes Bilder nur im Niedrigem vollkommen sind; wenn sie aber auf hohe Seulen oder Gibel kommen/ von denen fürs ferne Auge vom Phidias gemachten Bildern als ungeschickte Zwerge beschämt werden. Aber unser unschätzbarer Herr Praeses war vermögend nicht nur iedermanne viel guttes zuzutheilen; sondern sein Verstand überstieg alle Höhen der Geschäffte/ sein Fleiß alle Schwerigkeiten; und also war es ihm leichte die Stadt in wichtigsten Angelegenheiten mit seinen Verdiensten zu überschütten.

Bey jenen stellte er eine lebhafte Aufrichtigkeit für. Die in gestirnten Wider tretende Sonne theilte nicht gleicher Tag und Nacht ab/ als bey ihm Hertz und Mund/ Worte und Wercke übereinstimmten. Hier verdiente er durch seine Klugheit in Rathschlägen/ durch seine Emsigkeit in derselben Ausübung/durch seine Wachsamkeit gegn alle Gefahr und Eingrieffe/ durch seine Glückseeligkeit in seinen an unsere Allergenädigste Keyser viermaligen Absendungen/ und durch seine Gerechtigkeit in Urtheilen Unserer Stadt/wie Aristides Grichenlands Glückseeligkeit genennt zu werden.

Diesemnach war es kein Wunder: daß der jedermann liebende Herr von Hofmannswaldau von allem Volcke so durgehends und beständig geliebt ward; da doch ins gemein die Liebe des Volckes/ welche sich anfangs einäschern wil/ hernach in mehr Gefahr zuerfrieren als zu verbrennen geräthet; Und unter so vielen tausenden es leicht etliche unarthige Menschen geben kan; welchen die Tugend wie den Geyern der sie verjagende Balsam stinckt/ ein stinckendes Aas der Laster aber sie an sich lockt.

Diese Liebe aber brennte nicht nur in irrdenen Geschirren und Hertzen gemeiner Leute; sondern durch seine freindliche Aufrichtigkeit/ und durch seine bescheidene Klugheit als die zwey heilsamsteñ Bezauberungen Menschlicher Gemütter/ welche wie der Magnet auch das härteste Ertzt an sich ziehen/ gewann er so wol Ansehen als Gewogenheit bey den Fürsten des Landes/ bey den Grossen des Hofes/ bey den Hohen im Vaterlande; Loredan und andere berühmte Ausländer verehrten ihn mit ihren Briefen: ja Franckreich und Welschland lernte nunmehr ihm zu Ehren glauben: Daß nicht alle Deutschen ihre Schriften mehr nach dem Gewichte schätzten/ und nach dem Pfunde verkauften. Wordurch er denn abermals dem Pan gleiche kam/ welcher an höchsten im Lyceum und von dem Mänalischen Gebürge verehret ward; ja als er sich in einen schneeweissen Wider verwandelt/ den Mohnden selbst zu seiner Buhlschafft gehabt haben sol.

Seine Treue versetzte ihn in Genade und Hold zweyer Römischen Keyser; Daher er schon für zwey- und zwanzig Jahren von der itzt regierenden Keyser- und Königl. Meyst. eigenbeweglich zu Dero Rath erkieset/ und mit unterschiedenen/ auch noch kurz für seinem Tode erlangten Genadens-Bezeugungen erfreuet ward.

Also stand unser hochberühmter Herr Praeses mit den Menschen/ viel besser aber mit GOtt. Denn weil er die Spitze seines Herzens wider den gemeinen Stand/ wie die Zedern-Blätter auf dem Berge Libanon/ iederzeit durch Andacht gegen den Himmel kehrte/die Gottesfurcht aber das festeste Freindschaffts-Band zwischen GOTT und einer frommen Seele ist; war er sonder Zweiffel bey GOtt beliebter und mehr gesehen/ als bey den Menschen/ welche meist ihre Feindschafft mit Heucheley überfirnßen/ wie die Schwanen ihr schwartzes Fleisch mit den weissesten Federn verdecken.

Aber/ alles dis ist unser Hochverdienter Herr Praeses nur gewesen; Er ist es aber nicht mehr. Unser grosser Pan ist todt! das Licht unserer auf sein noch vieljähriges Leben gethürmeten Hofnung ist den achtzehenden April früh mit der Nacht verschwunden. Wir sehen von ihm eben so wenig/ als Thamus von Pan/ nach dem wir heute seine sichtbare Uberbleibung/ nemlich die Hülsen seines Leibes in den alles verdäuenden Magen der finsteren Erde versencket haben. Gantz Breßlau netzet zwar sein Grab mit bitteren Thränen/ und würde ihn gerne mit den Nägeln wieder ausscharren: Alleine jene sind nur ein unfruchtbares Opfer der Wehmuth: Dieses ein eiteler Rauch grosser Liebes-Flamme.

Unser Pan/ unser Vater/ unser Salomo ist todt! Es ist wahr: Der Tod hat an ihm allein eine fette Hecatombe zum Opfer bekommen. Allein nur sein geringstes Theil ist todt; nemlich diß/ was der Verstorbene in seinem Leben schon fürlängst hatte sterben sehen. Er ist hin; aber nur in unsern Augen. Denn sein Beyspiel bleibet ein vollkommenes Vorbild aller folgenden Raths-Herren zu Breßlau. Seine Verdienste leben noch in vielen tausend Hertzen; und alle Breßlauische Nachkommen/ welche nicht Feinde der Tugend/ und des heßlichsten Undancks schuldig seyn wollen; müssen ihm in ihren Zeit-Registern ein unausleschliches Gedächtnüs/ wie die Arcadier in ihren Tempeln ihrem Pan ein ewiges Feuer anzünden.

Die gelehrte Welt wird in ihren Schrifften ihm so viel mehr Ehren-Seulen aufrichten; so viel weniger er derselben in seinem Leben verlangte. Ich habe selbst einige in meinen

Händen/ welche hohe Standes-Personen ihm schon für geraumen Jahren aufrichteten. Ja seine eigene Wercke/ welche seine Bescheidenheit/ nicht die Mißgunst bißher der Welt vorenthalten/ dienen allein zu unversehrlichen Denckmahlen. Denn scharfsinnige Bücher werden von keinen Würmern gefressen.

Aber auch dieses Leben des Nachruhms ist ein blosser Wiederschall/ eine verschwindende Eitelkeit; welche zwar eines verstorbenen Enckeln/ nicht aber den Todten zustatten kommt. Die Ehren-Seulen werden eingeäschert; Die gelehrtesten Bücher werden verlohren; Die danckbarste Nachwelt verstummet; wie des Pans in Arcadien wahrsagende Priesterin Erato/ und alle Heidnische Wahrsager-Geister an dem Tage des sterbenden allergrösten Pans verstummet seyn sollen; Sintemal nach etlicher Kirchen-Väter Meinung an eben dem Tage/ da Thamus den Todt des grossen Pans vernommen/ unser grosser Seelen-Hirte Christus JEsus am Kreutze verschieden seyn sol.

Unser Breßlauischer Pan ist zwar an dem Tage/ welcher der letzte seines Lebens/ iedoch der erste seiner Ewigkeit war/ auch verstummet/ nach dem die Stimme des grossen GOttes ihn aus der Welt geruffen. Weil er aber in seinem Christenthume mit dem ewigen Worte sich durch Glauben und Andacht unzertrennlich vereinbart hatte/befindet sich seine Seele ungezweifelt unter der Zahl derer tausendmal-tausend Himmlischer Sänger; welche dem durch sein Blutt überwindenden Lamme in Ewigkeit Ehre/Ruhm und Preiß zuruffen. Und wenn die Donner-Stimme des grossen Welt-Richters die Todten aufbitten/ und denen Gottsfürchtigen erst die rechte gelehrte Zunge geben wird: so wird die itzt faulende Zunge unsers seeligen Todten erst recht feurig/ und eine Harffe GOttes/ sein itzt kaltes Hertze eine Lampe Göttlicher Liebe/ seine Himmlischen Lobelieder auch scharfsinniger/ als alle irrdische seyn.

Daß aber Eur. Hochgräfl. Excellenz, Eur. Hochgräfl. und Freyherrl. Gnaden/ wie auch samtliche Hochansehnlich Versammlung auch nach dem Tode ihre Liebe gegen den nichts mehr zuerwiedern vermögenden Todten/ ihr hertzliches Mitleiden gegen die hochbekümmerten Leidtragenden durch Beehrung heutigen Hoch-Adelichen Leichbegängnüsses bestetigen wollen; dieses nehmen sie für ein unverfälschtes Merckmahl ihrer hohen Genade/ Gunst und Gewogenheit; für sich aber zu einer festen Verbindlichkeit auf/ solches mit gehorsamen und willigsten Diensten abzuschulden.

Also schlüssen Wir nun mit weniger Wehmuth/ als Wir angefangen. Denn wir sind versichert: daß unser Himmlischer Herr von Hofmannswaldau so wenig/ als ein zu fallen scheinender Stern gefallen sey. Wir wissen: daß unser unvergleichlicher Herr Praeses wie ein sich mit dem Meere vermählender Fluß am Ende noch grösser worden. Itzt nehmen Wir nur noch die Rosen aus seinem Wappen/ und streuen sie auf sein Grab. Die Federn daraus geben Wir der gelehrten Welt/ seine in Ertzt und Marmel gehörigen Verdienste damit aufzuzeichnen. Den Ancker aber hat unser seeliger Todte noch bey seinen Lebtagen durch Wunsch und Bemühung als ein Befestigungs-Bild der gemeinen Wolfarth schon Unserm Rathhause zugeeignet.

ABRAHAM GOTTHELF KÄSTNER: JOHANN CHRISTOPH GOTTSCHED

1767

Gottscheds Name ist in der neuen deutschen Literatur einer der bekanntesten; bekannt mag nun berühmt oder berüchtigt heißen. Da ich diesen Gelehrten lange Zeit genau gekannt und selbst seinen Unterricht genossen habe, so wird man vielleicht einigen Betrachtungen, die ich über ihn aufstellen will, eine kurze Aufmerksamkeit gönnen. Ich verspreche bloß einzelne Betrachtungen, keine vollständige Ausführung, weder seines Lobes noch seines Tadels.

Er selbst glaubte, und andere mit ihm, er habe große Verdienste um den guten Geschmack in der deutschen Dichtkunst und Beredsamkeit. Man kann sagen, daß Deutschland eine Zeitlang ihm diesen Ruhm ziemlich einstimmig gegeben hat, daß nach und nach die Meinungen über ihn sind geteilt, und endlich beinahe auch ziemlich einstimmig das Gegenteil von ihm ist gesagt worden.

Diese Widersprüche lassen sich vereinigen. *Gottsched* machte sich zu einer Zeit bekannt, da Deutschlands Geschmack im höchsten Grade verderbt war. Der schwülstige *Lohenstein*, der Ziebet- und Ambrareiche *Hofmannswaldau*, der politische *Weise*, waren die Muster der deutschen schönen Geister, und wenn diese Muster bei ihren Fehlern auch noch ein und das andere Gute hatten, so wurden doch nur ihre Fehler nachgeahmt. Galante Leute redeten ein Deutsch, davon die Hälfte französisch war, oder doch sein sollte, und die Gelehrten – ja! die redeten damals noch Latein. Von so viel Wuste die deutsche Sprache, Beredsamkeit und Dichtkunst zu reinigen, das war ja wohl eine Herkulische Arbeit! Wem dieser Ausdruck zu stolz vorkommt, dem kann ich versi-

chern, daß mein Held noch zu einer andern Arbeit des Herkules, zu der dreizehnten, stark war.

Durch Satiren, die uns jetzt zum Teil weniger belustigen, weil sie ganz vergessene Gegenstände betreffen, durch Schriften, die für ihre Zeiten keineswegs verwerflich sind, brachte *Gottsched* es dahin, daß die Deutschen wieder anfingen deutsch und vernünftig zu schreiben. Ich möchte den unter unsern großen Genies und feinen Geistern sehen, der es in eben den Umständen sogleich viel weiter gebracht hätte. Denn, wie *Horaz* sagt:

»Der Weisheit erster Grad ist frei von Torheit sein.«

Die Torheit erinnert mich an den *Harlekin*, oder wie es in unserer deutschen Übersetzung lautet, den *Hans Wurst*. *Gottsched* verbannte ihn von unsern Schauplätzen, und führte die französische Regelmäßigkeit ein. *Darin allein bestehen Gottscheds eigene Verdienste um das deutsche Theater*, wie sehr richtig bemerkt wird. Nun kann man aber wohl erwarten, daß derjenige, der dieses bemerkt hat, das deutsche Theater nach desselben jetzigen Verfassung durch seine dramatischen Arbeiten um eben so viel verbessert, um so viel es *Gottsched* damals verbessert hat.

Von denen, die *Gottscheds Kritische Dichtkunst* verächtlich nennen, ohne sie je gelesen zu haben, hätte einer wohl was Besseres zu der Zeit geschrieben, da *Hübners Poetisches Handbuch* und *Uhsens Wohl informierter Poet* klassisch waren? da *Neukirch*, nachdem er lange als ein Dichter berühmt gewesen war, den man *Opitzen* vorzog, mit Betrübnis ausrief:

Ach grausamer Horaz! was hat dich doch bewegt,
Daß du uns solche Last im Dichten aufgelegt?
Seit dem daß ich dein Buch mit Nutz und Ernst gelesen,
Ist bei mir alle Lust zum Dichten hin gewesen.

Zu diesen Zeiten war es wirklich ein Beweis von nicht gemeiner Einsicht, und ein Verdienst, den Deutschen zu sagen, daß sie aus den Alten und aus den Franzosen was anders als die Sprache lernen könnten, und ein Buch, das aus diesen Vorgängern gänzlich gesammelt war, und alles auf den Grundsatz brachte: *Poesie sei Nachahmung der Natur*, das kann schwerlich den Geschmack verderbt haben, sonst haben ihn auch *Horaz* und *Boileau* verderbt. Denn was in beiden zur Kritik der Dichtkunst gehörte, ist in dieses Buch völlig eingerückt.

Aber so vollkommen machte es den Geschmack vielleicht nicht, als er werden konnte. Dieses scheint der Fehler zu sein, der das meiste zu *Gottscheds* Falle beigetragen hat. Er blieb bei den Einsichten stehen, die er sich in seinen jüngern Jahren erworben hatte. Um 1730, als die *Kritische Dichtkunst* zuerst herauskam, gaben ihm die Einsichten vielleicht einen Vorzug; allein diesen zu behalten, sollte er sie beständig erweitern, und selbst das nicht aus der Acht lassen, daß es in Künsten, die zum Putz der Gelehrsamkeit gehören, veränderliche Moden geben muß. Diese natürlichen Betrachtungen anzustellen war er so weit entfernt, daß er nicht einmal begreifen konnte, wie seiner Schüler Arbeiten jetzt besser als die seinigen gefielen, da er doch zwanzig Jahre vor seinen Schülern mit allgemeinem Beifall geschrieben hatte. Er hatte doch im *Hagedorn* gelesen:

> Ein freies Weib von zwanzig Jahren
> Spricht zwar von vielem unerfahren,
> Doch was sie sagt, gefällt:
> Gebt ihr noch zwanzig Jahre drüber,
> So hört man ihre Tochter lieber,
> Das ist der Lauf der Welt.

Diese Nachlässigkeit und Unbiegsamkeit begehre ich nicht zu verteidigen. Vielleicht ist sie aber auch durch die Art, wie man mit ihm verfahren hat, oft vergrößert worden. Er dachte ohne Zweifel zu vorteilhaft von sich, aber seine Gegner dachten auch viel zu schlecht von ihm; und wenn man es unparteiisch beurteilen will, so war er nur heftig, und sie vielmals grob und ungerecht. Zwischen ihm und seinen ersten

Bestreitern, den *Zürichern,* ward offenbar, aus *Seckendorfs Lucan* zu reden, *der Bund ums Reich getrennt. Bodmer* wäre gar zu gern *Cäsar* gewesen, wenn sich die Deutschen so leicht einen Diktator aufdringen ließen, als die Römer. Dieser Krieg, den einige Historici ganz unrichtig als einen helvetischen Krieg beschreiben, da doch der Canton *Bern* in der Streitigkeit viel billiger gedacht hat, und die katholischen Eidgenossen gar nicht daran gedacht haben; dieser Krieg, sage ich, entbrannte am heftigsten zu den Zeiten der *Belustigungen.* Ich habe in dieser Monatsschrift sehr viele Aufsätze einrücken lassen, die *Gottscheden* höchst mißfällig waren. Ich billigte nebst vielen Mitarbeitern die Beiträge dazu gar nicht, in denen über die *Züricher* gelacht ward, aber bei diesen Gesinnungen konnte ich doch nichts anders sehen, als daß man über sie nur lachte (gerecht oder ungerecht, davon entscheide ich jetzt nichts) und sie dagegen schimpften. In dieser Monatsschrift haben sich *Gellert, Rabener, Gärtner, Ebert, Zachariä, die Schlegel, Gieseke, Spalding, Cramer, Schmidt,* so gewiesen, daß Deutschlands Beifall sie ermunterte, das zu werden, was sie nachgehends geworden sind. Diese alle nun, und mehre, nicht sogar verächtliche Schriftsteller, die ein frühzeitiger Tod, oder andere Geschäfte dem deutschen Witze entrissen haben, wie z. B. *Pitschel, Zernitz, Mylius, Hommel, Straube,* waren nichts weniger, als *Gottschedianer;* aber weil sie eine periodische Schrift unterstützten, die den *Zürichern* verhaßt war, hießen sie so inter ceteros: *Belustiger.* Wenn in den *Kritischen Beiträgen* von *Gottsched* oder seinen Gehülfen ein elender Schriftsteller verurteilt ward, so fand er seine sichere Zuflucht in Zürich. An einem Beispiel hiervor habe ich selbst teilgehabt. Ein witziger Kopf in Dresden hatte aus *Neukirchs Telemach* eine Tragödie gemacht, und, dieses auszuführen, *Neukirchs* Verse mit seinen eigenen untermengt, die noch viel! viel! schlechter waren. Ich züchtigte ihn dafür in den kritischen Beiträgen. Der ehrliche Mann forschte nicht nach der Hand, von der die Schrift kam, er hätte es sonst leicht erfahren. Denn ich habe es allemal für niederträchtig gehalten, etwas zu schreiben, dazu ich mich nicht bekennen wollte. Statt dessen schickte er eine Schmähschrift auf *Gottsched* nach *Zürich*, und sie ward da mit Beifall bekannt gemacht. Die *Züricher* richteten sich in allen solchen Fällen nach den Rechtsgutachten jenes römischen Juristen, der gefragt ward: an nux pinea pomam sit? Er verstand die Absicht und sagte: si in vatinium ieceris.

Soviel wird wohl genug sein, jemanden vorsichtig zu machen, der *Gottscheds* Verdienste lediglich aus dem, was die *Züricher* von ihm gesagt haben, beurteilen wollte. Jetzt stehen die beiderseitigen Streitschriften in den Büchersälen ruhig beisammen voll Staub.

Von seinen übrigen Gegnern waren ihm viele, nicht nur für seinen Unterricht, sondern auch für andere Gefälligkeiten verbunden. Seinen Empfehlungen, den Gelegenheiten, die er ihnen verschafft hatte, bekannt zu werden, hatten sie oft den Anfang ihres Glückes zu danken. Sie mußten deswegen nicht seine Meinungen annehmen, sie mochten solche selbst widerlegen, aber seine Person mehr zu schonen, wäre möglich und anständig gewesen.

Noch eine Art von Gegnern, die dergleichen Verbindlichkeiten nicht hatten, kannten ihn nur aus seinen letzten Schriften, bei deren Verfassung er lange zu studieren aufgehört hatte, und nach Gemütsbewegungen schrieb, die Leute, welche so viel klüger sein wollten, als er, nicht so viel hätten reizen sollen. Wer eine vollständige Bibliothek von den Schriften wider *Gottsched* sammeln wollte, würde darin ungemein wenig Lehrreiches für den Liebhaber der schönen Wissenschaften, fast lauter persönliche Satiren haben.

Ihre sinnreichen Verfasser glaubten, ganz Deutschland bewundere ihren Witz, und ganz Deutschland las sie nur, weil es *Gottsched* kannte. Schon in den letzten Jahren seines Lebens kam er in Vergessenheit, und mit ihm die Schriften wider ihn. Was für eine Demütigung für diese Schriftsteller! Sie hatten ihren Ruhm nur dem zu verdanken, den sie verspotteten.

Man wird mich hoffentlich für keinen Anhänger von *Gottsched* halten. Wer sich so irrte, den würde ich durch eine Sammlung von gedruckten und ungedruckten Aufsätzen widerlegen, die wenigstens zwei Stücke des *Neuesten aus der anmutigen Gelehrsamkeit* füllen könnten. Weil ich aber von anderer Aufsätzen auf die nur erwähnte Art urteilte, so habe ich aus den meinigen nichts weiter gemacht, als Belustigungen guter Freunde, oder Züchtigungen für Torheiten, die mit dem Andenken dieser Torheiten zugleich vergehen sollten. Auch befand ich mich zu unbequem in dem Gedränge der witzigen Jugend, die über *Gottsched* herfiel. Es erinnerte mich an eine Gewohnheit bei dem Stiergefechte. Wenn der Stier in den letzten Zügen liegt, eilt eine Menge beherzter Spanier hinzu, an ihm die Schärfe ihrer Klinge zu zeigen.

Nach dieser Erklärung wird man mich wohl wenigstens nicht ungehört verdammen, wenn ich behaupte, daß *Gottsched* der deutschen Literatur viel Nutzen gebracht hat. Er hat die Schriften der Alten und der Ausländer durch Anpreisen und durch Übersetzungen bekannt gemacht: freilich nicht allemal auf das vollkommenste. Allein, statt einer Haupt- und Staatsaktion die vergottschedete *Iphigenia* auf das Theater zu bringen, war doch schon eine Verbesserung.

Gottsched machte Deutschland von neuem auf die schönen Wissenschaften und auf die Ehre der deutschen Sprache und des deutschen Witzes aufmerksam. Er bereitete es vor, die schönen Geister zu verehren, die seinen Ruhm verdunkelt haben. Die Sprache selbst bekamen sie von ihm regelmäßiger, zierlicher, biegsamer. Aus der Menge junger Schriftsteller, die er unmittelbar oder mittelbar aufmunterte, erhoben sich viele, die Deutschland Ehre machen; wer der übrigen wegen *Gottsched* gänzlich verurteilt, der denkt nicht, daß große Künstler allemal aus einem Haufen mittelmäßiger und schlechter empor steigen, daß Nürnberg keine *Preißler* und *Tyroffe* hätte, wenn es nur *Preißler* und *Tyroffe* haben wollte.

Dichterglut fühlte er nicht, aber gute Gedanken in fließenden Versen vorzutragen, diese Geschicklichkeit hätte er zur Ausbreitung nützlicher Wahrheiten mehr ausbessern können. Er hätte Gedanken und Auszierungen eben so gut zusammenschreiben können, als sein Gegner, und seine Reime hätten sich immer noch besser lesen lassen, als des andern Hexameter. Hätte er aber vollends so viel Selbsterkenntnis gehabt, daß er sich nur mit Kritik und Literatur beschäftigt hätte, und zufrieden gewesen wäre, daß die Carmina, die er vordem um die Gebühr gemacht hatte, einmal bezahlt, gedruckt, und verbraucht waren, o so wäre er weiser gewesen, als der Schöpfer der *Patriarchaden.*

Gottscheds Verdienste schränken sich nicht auf deutsche Sprache, Literatur, und, wenn man es mir in der erklärten Bedeutung zu sagen verstattet, Beredsamkeit und Dichtkunst ein; auch ernsthafte Wissenschaften haben ihm, wo nicht Vermehrung, aber Ausbreitung zu verdanken. Sein philosophisches Handbuch hieß bei vielen Gelehrten eine *Frauenzimmerphilosophie:* es kann wohl sein, daß ein Frauenzimmer dieses Buch mit mittelmäßiger Aufmerksamkeit und Geduld versteht, und daraus viel Vernünftiges lernt, wenn die Schüler manches tiefsinnig redenden Weltweisen nur seine Töne nachsprechen. Auch hat man, lange, nachdem *Gottscheds* Philosophie vergessen ist, ein und das andere philosophische Lehrbuch bekommen und bewundert, das in Vergleichung mit dem Gottschedischen gar eine *Kleinemädchenphilosophie* heißen möchte.

Den deutschen Philosophen zeigte *Gottsched*, glaube ich, zuerst, daß man Philosophie und schöne Wissenschaften verbinden könne. Denn weil die damaligen Philosophen nur dachten, oder eigentlich: zu denken glaubten, und nicht empfanden, so hatten sie diese Wahrheit in *Leibnitzens* Schriften nicht gefühlt, und in *Wolfs* Metaphysik entdeckte erst lange darnach ein scharfsinniger Geist die Anfangsgründe der Ästhetik. Diese Verbindung der strengern und angenehmen Wissenschaften war unsern Vätern so neu, daß *Gott-*

sched der deutsche *Fontenelle* hieß, ob er wohl dem Secretair der Akademie weder an tiefsinniger Kenntnis, noch am Witze glich, und nur einige seiner leichtern Schriften übersetzt hatte. Nachdenkliche Wahrheiten faßlich und selbst angenehm vorzutragen, ist seit ihm gewöhnlicher geworden. Auch in andern Teilen der Gelehrsamkeit änderte sich die Einkleidung, selbst der Kanzleistil ward deutscher; und geistliche Reden, die es sind, und die es sein sollen, würden wir schwerlich jetzt so viele haben, wenn nicht *Gottsched*, unbesorgt, ob die Homileten ihn verketzerten, behauptet hätte, daß der Lehrer der Beredsamkeit den Prediger bilden müsse.

Endlich hat man ihm nicht nur für seine eigenen Arbeiten zu danken, sondern auch für solche, die er veranstaltete, unterstützt, dazu angetrieben hat. Ich kenne keinen Gelehrten, der anderer Fleiß zu befördern so eifrig gewesen wäre, und dieser Eifer schien mir, soviel ich ihn habe beurteilen können, keine unedlen Bewegungsgründe zu haben. Er war Ältester der *Leipziger deutschen Gesellschaft*, die seinen Bemühungen gewiß das Ansehen zu danken hatte, in welchem sie damals stand. Man hat mir erzählt (denn ich war damals noch in keiner Verbindung mit ihr), unter den Verdrüßlichkeiten, die ihn veranlaßten, sich von ihr abzusondern, wären die meisten daher gekommen, daß er die Mitglieder zu mehrerem Fleiße anstrengen wollen, als ihnen gefällig gewesen: ein Beispiel, an dem sich jeder Ältester einer deutschen Gesellschaft spiegeln mag. In den *Kritischen Beiträgen* und den *Sammlungen der Gesellschaft der freien Künste* finden Liebhaber der deutschen Gelehrsamkeit allemal viel Unterrichtendes, deswegen sie dem Herausgeber das Schlechte verzeihen, das er vielleicht nicht allemal billigte, aber da er sich vorgesetzt hatte, viel drucken zu lassen, nicht entbehren konnte. Seine *Neuen Monatsschriften* sind ohne Zweifel auch mit deswegen viel schlechter, als die alten, weil er bei so sehr gefallener Achtung keine gute Gehülfen mehr bekam – und doch sein Wappen nicht ändern wollte: es war ein redendes Wappen, ein Pegasus, den der Gott der Handlung leitete. Ich kenne einige berühmte schöne Geister, die es jetzt, da es von niemand mehr geführt wird, wohl für sich nehmen möchten, und die, wenn sie auch sonst nichts von *Gottsched* zu lernen haben, doch gewiß aus seinen Fehlern viel nützliche Warnungen ziehen könnten.

JOHANN GOTTFRIED HERDER: GOTTHOLD EPHRAIM LESSING

1781

Und so ist Lessing auch aus unsrer Mitte weggerückt! – Das ist nun der vierte große Verlust, den das gelehrte Deutschland im Lauf von drei Jahren erlitten hat, und mir, ich gestehe es, der empfindlichste. *Haller – Lambert – Sulzer* – nun auch Lessing! – Dieser letzte Schlag hat mich betäubt; aber mit jedem Tage fühl ich's schmerzlicher, was wir an diesem seltnen Manne verloren haben. Denn o! wie selten werden so viele, so manchfaltige, so große Talente in *einer* Person vereinigt! – Und wenn ich überdenke, was ein einziges Werk, wie Nathan der Weise, ist – was es für mich, für jeden, der einen Sinn für Vollkommenheit in Werken des Geistes hat, ist – was nur etliche solche Bogen, wie die Erziehung des Menschengeschlechts, für mich waren – welch ein Gewinn, welche Entschädigung für ganze Jahre von Dürre, Mangel und Mißwachs! – und mir dann sagen muß: Er ist nicht mehr, der meinem Geist und Herzen solche Feste geben konnte! Von dem ich noch so viel hoffen konnte! Diese Quelle von Licht und Kraft ist nun auf immer verstopft! – Es ist traurig, liebster Freund, traurig, so die Besten seines Volks und seiner Zeit zu überleben – und traurig, zu sehen, wie wenige die Größe eines solchen Verlusts nur zu fühlen fähig sind. Und doch, da er nun den Neid nicht mehr reizen, die Dummheit nicht mehr in Verlegenheit setzen, die Tartüffen nicht mehr beunruhigen, und keinem der wohlmeinenden Leute, die wider ihn geschrieben haben oder noch schreiben werden, mehr Antwort geben kann – nun werden Sie sehen wie sich alle Stimmen vereinigen werden, die Größe des Mannes – den so wenige zu würdigen im Stande sind – anzuerkennen. Man wird sich umsehen, nach einem der diesen leergewordnen Stuhl an der kleinen Tafelrunde der Weisen ausfüllen könnte – Man wird sich fragen: wo ist nun der Denker, der helle, tiefblickende, weitumschauende philosophische Denker, der uns *diesen* Denker – wo ist der Schriftsteller, der uns *diesen* Meister in der Kunst der Komposition und Darstellung – wo ist der Kenner der menschlichen Natur, der uns diesen Menschenkenner – wo ist der Mann von Geschmack und feinem, scharfen, sichern Urteil, der uns *diesen* Mann ersetzen könne? und man wird sich keine Antwort geben können. Wie klein ist selbst die Zahl derer, die noch übrig sind uns wegen eines solchen Verlusts zu trösten! Und doch, glücklich daß wir noch so manche haben, deren Tod einst alle Edeln und Guten ebenso betrüben, deren Verlust ebenso unersetzlich sein wird! Denn Ihn selbst – den Lichtgeist, der in diesem dumpfichten Nebellande so sehr außer seinem wahren Elemente lebte – Ihn bedauren wir nicht. Ohne Zweifel gilt nun von Ihm, was der große *Leibniz* einst auf den Mann, dem er die Veranlassung zu seiner *Theodicee* zu danken hatte, und dem unser Freund an Scharfsinn, Freiheit des Geistes, Umfang der Kenntnisse, und dem Talent zum Schreiben, so ähnlich war, anwendete:

Candidus insuetum miratur limen Olympi
Sub pedibusque videt nubes et sidera Daphnis. –
– – – Illic postquam se lumine vero
implevit – – –
– – – vidit quanta sub nocte jaceret
nostra dies.

Mit süßem Wunder staunt er nun den Bau
des neuen Himmels an, tief unter ihm
die Wolken und der Sterne wandelnd Heer,
und, wahren Lichtes aus dem Urquell voll,
blickt er herunter auf die dicke Nacht
die unsern Tag erdrückt.

JERECZEMBSKI: JACOB MICHAEL REINHOLD LENZ

1792

Sohn des Generalsup. *Lenz* in *Riga*, in seinem 43sten Jahre. In seinen Universitätsjahren, die er zum Teil in *Straßburg* zubrachte, und in der nächst darauf folgenden Periode war er mit einigen Dichtern in freundschaftlicher Verbindung, die nachher sehr berühmt geworden sind. Schon das läßt auf Geist und Talente schließen, die ihm eigen waren; und dies wird durch seine gedruckten schriftstellerischen Arbeiten bestätigt, besonders durch sein Schauspiel: der Hofmeister. Seine Liebe zum Theater war Enthusiasmus. Der Mangel an einem nützlichen Beruf, für den er sich hätte bestimmen sollen, verursachte, daß seine schätzbaren Talente ungenutzt blieben, und ihn im geistigen und körperlichen Elend verschmachten ließen. Eine zweckmäßige Nachricht von seinem Leben, seinen Schicksalen und seiner Denkungsart in seiner frühern rosenfarbenen, und in seiner spätern traurigen Lebensperiode müßte sehr interessant und lehrreich in philosophischer und moralischer Hinsicht sein. Derjenige, der Lenzens Tod in der A. L. Z. 1792 Int. Bl. No. 99 anzeigte, macht Hoffnung, daß, wenn es ihm Zeit und Geschäfte erlaubten, er dies in Absicht auf die letzten Lebensjahre des Verstorbenen leisten wolle. Es wäre zu wünschen, daß er diesen Beitrag lieferte, woraus, wenn noch Nachrichten über die frühern Jahre des sonderbaren Mannes hinzukämen, ein sehr unterrichtendes Gemählde zum Nutzen junger feuriger Freunde der schönen Literatur entstehen könnte. Schon das wenige, was in jener Anzeige gesagt werden konnte, läßt auf das Interesse schließen, welches eine reichhaltigere Nachricht und Schilderung nothwendig haben müßte. »Er starb, heißt es, von wenigen betrauert und von keinem vermißt. Dieser unglückliche Gelehrte, den in der Mitte der schönsten Geisteslaufbahn eine Gemütskrankheit aufhielt, die seine Kraft lähmte, und den Flug seines Genies hemmte, oder demselben wenigstens eine unordentliche Richtung gab, verlebte den besten Teil seines Lebens in nutzloser Geschäftigkeit, ohne eigentliche Bestimmung. Von allen verkannt, gegen Mangel und Dürftigkeit kämpfend, entfernt von allem, was ihm teuer war, verlor er doch nie das Gefühl seines Wertes; sein Stolz wurde durch unzählige Demütigungen noch mehr gereizt, und artete endlich in jenen Trotz aus, der gewöhnlich der Gefährte der edlen Armut ist. Er lebte von Almosen, aber er nahm nicht von jedem Wohltaten an; – und wurde beleidigt, wenn man ihm ungefordert Geld oder Unterstützung anbot; da doch seine Gestalt und sein ganzes Äußeres die dringendste Aufforderung zur Wohltätigkeit waren. Er ist auf Unkosten eines großmütigen russischen Edelmanns, in dessen Hause er auch lange Zeit gelebt hat, begraben worden.«

LUDWIG TIECK: NOVALIS

1801

So starb, ehe er noch das neunundzwanzigste Jahr vollendet hatte, unser Freund, an dem man ebensosehr seine ausgebreiteten Kenntnisse, sein philosophisches Genie wie sein Dichtertalent lieben und bewundern muß. Da er seiner Zeit so vorgeeilt war, so durfte sich das Vaterland außerordentliche Dinge von ihm versprechen, wenn ihn dieser frühe Tod nicht übereilt hätte; doch haben seine unvollendeten nachgelassenen Schriften schon viel gewirkt, und viele seiner großen Gedanken werden noch in Zukunft begeistern, und edle Gemüter und tiefe Denker werden von den Funken seines Geistes erleuchtet und entzündet werden.

Novalis war groß, schlank und von edlen Verhältnissen. Er trug sein lichtbraunes Haar in herabfallenden Locken, welches damals weniger auffiel, als es jetzt geschehen würde; sein braunes Auge war hell und glänzend und die Farbe seines Gesichtes, besonders der geistreichen Stirn, fast durchsichtig. Hand und Fuß war etwas zu groß und ohne feinen Ausdruck. Seine Miene war stets heiter und wohlwollend. Für denjenigen, der nur die Menschen nach dem Maß unterscheidet, in welchem sie sich vordrängen, oder durch gesuchten Anstand, durch das, was die Mode verlangt, zu imponieren oder aufzufallen suchen, verlor sich Novalis in der Menge; dem geübteren Auge aber bot er die Erscheinung der Schönheit dar. Der Umriß und der Ausdruck seines Gesichtes kam sehr dem Evangelisten nahe, wie wir ihn auf der herrlichen Tafel von A. Dürer sehen, die Nürnberg und München aufbewahrt.

Sein Gespräch war lebhaft und laut, seine Gebärde großartig, ich habe ihn nie ermüdet gesehen; wenn wir die Unterhaltung auch tief in die Nacht hinein fortsetzten, brach er nur willkürlich ab, um zu ruhen, und las auch dann noch, ehe er einschlief. Langeweile kannte er nicht, selbst in drückenden Gesellschaften unter mittelmäßigen Köpfen, denn er entdeckte gewiß irgendeine Person, die ihm eine noch fremde Kenntnis mitteilte, die er brauchen konnte, so geringfügig sie auch sein mochte. Seine Freundlichkeit, seine offene Mitteilung machten, daß er allenthalben geliebt war; seine Virtuosität in der Kunst des Umganges war so groß, daß geringere Köpfe es niemals wahrgenommen haben, wie sehr er sie übersah. Wie er auch am liebsten die Tiefen des Gemütes im Gespräch enthüllte, als begeistert von den Regionen unsichtbarer Welten sprach, so war er doch fröhlich wie ein Kind, scherzte in unbefangener Heiterkeit und gab sich selbst den Scherzen der Gesellschaft hin. Ohne Eitelkeit, gelehrten Hochmut, entfremdet jeder Affektation und Heuchelei, war er ein echter, wahrer Mensch, die reinste und lieblichste Verkörperung eines hohen unsterblichen Geistes.

Seine eigentlichen Studien waren seit vielen Jahren Philosophie und Physik gewesen. In der letzten sind seine Wahrnehmungen, Kombinationen und Ahnungen oft seiner Zeit vorausgeeilt. In der Philosophie hatte er vorzüglich Spinoza und Fichte studiert; aber er suchte nachher eine eigene Bahn, die Philosophie mit der Religion zu vereinigen, und so wurden ihm, was wir von den Neuplatonikern besitzen, so wie die Schriften der Mystiker, sehr wichtig. Seine Kenntnisse in der Mathematik, wie in den Künsten der Mechanik, vorzüglich aber in der Bergwerkskunde waren ausgezeichnet; dagegen hatte er sich nur wenig für die eigentlichen Künste interessiert. Die Musik liebte er sehr, obgleich er nur oberflächliche Kenntnis von ihr hatte; zur Skulptur und Malerei ward sein Gemüt nur wenig hingezogen, ob er gleich über alle diese Künste die originellsten Ideen und die höchsten Ahnungen aussprechen konnte. So erinnere ich mich z. B. eines Streites über die Landschaftsmalerei, in welchem ich seine Ansicht nicht fassen konnte, die aber nachher aus eignem reichen poetischen Gemüt der vortreffliche Landschaftsmaler Friedrich in Dresden großenteils wirklich gemacht hat. In der Poesie war er eigentlich ebenso Fremdling, er hatte nur wenige Dichter gelesen und sich mit der Kritik und den hergebrachten Systemen der Dichtkunst nicht beschäftigt. Goethe war lange sein Studium gewesen, vor allen anderen Werken hatte er den »Wilhelm Meister« geliebt, so wenig man dies auch aus seinem strengen Urteil über dieses Werk in seinen Fragmenten schließen sollte. Er verlangte von der Poesie das Nächste, Gemüt und Begeisterung, und daher kam es, daß, wie ihm viele Meisterwerke unbekannt waren, er auch nicht an Nachahmung oder fremder Autorität litt; so wie ihm viele Schriften, die der Kenner nicht hoch stellen kann, lieb und teuer sein konnten, weil er in ihnen, wenn auch mit schwachen Farben, jenes Ursprüngliche, Nächste und Bedeutungsvolle sah, dem er vorzüglich nachstrebte. Jene Erzählungen, die wir in neuern Zeiten Märchen genannt haben, kamen mit ihrer wunderlichen Weise seinen Vorstellungen am meisten entgegen; er sah in ihnen tiefern Sinn und suchte ihn auf die vielseitigste Art in eigenen Dichtungen auszusprechen. Ihm war es zur natürlichsten Ansicht geworden, das Gewöhnlichste, Nächste als ein Wunder und das Fremde, Übernatürliche als etwas Gewöhnliches zu betrachten; so umgab ihn das alltägliche Leben selbst wie ein wundervolles Märchen, und jene Region, die die meisten Menschen nur als ein Fernes, Unbegreifliches ahnen oder bezweifeln wollen, war ihm wie eine liebe Heimat. So erfand er, von Beispielen unbestochen, einen neuen Weg der Darstellung; und in der Vielseitigkeit der Beziehung, in der Ansicht der Liebe und dem Glauben an sie, die ihm zugleich Lehrerin, Weisheit und Religion ist, darin, daß ein einziger großer Lebens-Moment und ein tiefer Schmerz und Verlust das Wesen seiner Poesie und Anschauung wurde, gleicht er unter den Neuern allein dem erhabenen Dante und singt uns wie dieser einen unergründlichen mystischen Gesang, sehr verschieden von jenem mancher Nachahmer, welche die Mystik wie ein Ornament glauben an- und ablegen zu können. Daher ist, auch sein Roman [Heinrich von Ofterdingen], bewußt und unbewußt, nur Darstellung seines Gemüts und Schicksals, wie er denn selbst seinen Heinrich im Fragment des zweiten Teiles sagen läßt: – »Daß Schicksal und Gemüt Namen eines Begriffes sind.«

JEAN PAUL:
JOHANN GOTTFRIED HERDER
1803

Höre mich, lieber Jüngling, jetzo willig über ihn! Die Sterne kommen meinen Worten zu Hilfe. Sein himmlisch-gestimmtes Lied an die Nacht:

> Kommst du wieder, heilge stille Mutter
> Der Gestirn' und himmlischer Gedanken ...

hör ich diesen Abend in einem fort in meinem Innern singen. Ich kann nur einiges über ihn sagen: unzulänglich ist's ohnehin; ein Mensch, der in Worte aufzulösen wäre, würde ein alltäglicher sein; den Sternenhimmel malt keine Sternkarte, obgleich ein Gemälde etwa eine Landschaft. Du sprachst von seiner neueren Veränderung als einer Hinabänderung. Gewiß mutest du nicht, wie das Vorurteil, dem Schriftsteller im ewig nur reifenden Leben die gemeine schwere Unveränderlichkeit zu, die man doch den Zeiten erläßt oder, wenn sie erschiene, verdächte – wenn nur das Göttliche im Menschen sich nicht verändert oder (weil dies eins ist) nicht vernichtet; ebenso läßt die göttliche Ewigkeit den Zeitenstrom unverändert über sich fließen. Der Mensch *scheint* oft veränderlich, weil die Zeit es ist. Der Pfeiler, der in den Wellen steht, scheint sich hin und her zu brechen, bloß weil sich diese brechen, oft an ihm selber. Warum findet man ihn nicht darin Lessing gleich? Ein *Vater* und Schöpfer der Zeit wird sehr bald deren Zuchtmeister und Feind, indes ihr bloßer *Sohn* nur ihr Schüler und Schmeichler wird. – Bloß für Jugend oder Schwäche rundet sich die Gegenwart zu, ohne Bedarf einer Zukunft; aber ein Sieger und Gegenfüßler irgendeiner Gegenwart ist auch einer für jede. So glich der geliebte Geist den Schwänen, welche in der harten Jahreszeit die Wasser offen erhalten durch ihr Bewegen.

Noch hab ich nicht das vollste Wort von ihm gesagt, Jüngling. War er kein *Dichter* – was er zwar oft von sich selber glaubte, eben am Homerischen und Shakespearischen Maßstab stehend, oder auch von sehr berühmten anderen Leuten –, so war er bloß etwas Besseres, nämlich ein *Gedicht*, ein indisch-griechisches Epos, von irgendeinem reinsten Gott gemacht. Du verstehst die starke Rede. Sie ist wahr, und ich meinte ihn vorhin sehr im Hin- und Hermalen der höchsten Poesie.

Aber wie soll ich's auseinandersetzen, da in der schönen Seele, eben wie in einem Gedichte, alles zusammenfloß und das Gute, das Wahre, das Schöne eine unteilbare Dreieinigkeit war? Griechenland war ihm das Höchste, und wie allgemein auch sein episch-kosmopolitischer Geschmack lobte und anerkannte – sogar seines Hamanns Stil – so hing er doch, zumal im Alter, wie ein vielgereister Odysseus nach der Rückkehr aus allen Blütenländern, an der griechischen Heimat am innigsten. Er und Goethe allein (jeder nach seiner Weise) sind für uns die Wiederhersteller oder Winkelmanne des *singenden* Griechentums, dem alle Schwätzer voriger Jahrhunderte nicht die Philomelen-Zunge hatten lösen können.

Herder war gleichsam nach dem Leben griechisch gedichtet. Die Poesie war nicht etwa ein Horizont-Anhang ans Leben, wie man oft bei schlechtem Wetter am Gesichtskreise einen regenbogenfarbigen Wolkenklumpen erblickt, sondern sie flog wie ein freier leichter Regenbogen glänzend über das dicke Leben als Himmelspforte. Daher kam seine griechische Achtung für alle Lebensstufen, seine zurechtlegende epische Weise in allen seinen Werken, welche als ein philosophisches Epos alle Zeiten, Formen, Völker, Geister mit der großen Hand eines Gottes unparteiisch vor das säkularische Auge (das Jahre nur am Jahrhundert ausmißt) und also auf die weiteste Bühne führt. Daher kam sein griechischer Widerwille gegen jedes Überschlagen der Waage auf die eine oder andere Seite; manche Sturm- und Foltergedichte konnten seine geistige Marter bis zur körperlichen treiben; er wollte die Opfer der Dichterkunst nur so schön und unverletzt erblicken, als der Donner des Himmels die getroffenen Menschen läßt. Darum zog er, wie ein griechisches Gedicht, um jede, auch schönste Empfindung, zum Beispiel um die Rührung, oft durch die Gewalt des Scherzes, früh die Grenze der Schönheit. Nur Menschen von flachen Empfindungen schwelgen in ihnen; die von tiefer fliehen ihre Allmacht und haben darum den Schein der Kälte. Eine große dichterische Seele wird leichter alles auf der Erde als glücklich; denn der Mensch hat etwas von der Lavatere, welche Jahre lang jedem Winter trotzt, aber zart wird und vergeht, sobald sie Blumen trägt. Freilich ist der Dichter ein ewiger Jüngling, und der Morgentau liegt durch seinen Lebenstag hindurch; aber ohne Sonne sind die Tropfen trübe und kalt.

Wenige Geister waren auf die große Weise gelehrt wie er. Die meisten verfolgen nur das Seltenste, Unbekannteste einer Wissenschaft; er hingegen nahm nur die großen Ströme, aber aller Wissenschaften, in sein himmelspiegelndes Meer auf, das ihnen aufgelöst seine Bewegung von Abend gegen *Osten* aufdrang. Viele werden von der Gelehrsamkeit umschlungen wie von einem austrocknenden Efeu, er aber wie von einer Traubenrebe. Überall das Entgegengesetzte organisch-dichtend sich anzueignen, war sein Charakter; und um das trockne Kernhaus eines Lamberts zog er eine süße Fruchthülle. So verknüpfte er die kühnste Freiheit des Systems über Natur und Gott mit dem frömmsten Glauben, bis sogar an Ahnungen. So zeigt' er die griechische Humanität in der zärtlichsten Achtung aller reinmenschlichen Verhältnisse und in einem Lutherischen Zorn gegen alle von Religionen oder Staat geheiligten Gifte derselben. So war er ein Festungswerk voll Blumen, eine nordische Eiche, deren Äste Sinnpflanzen waren. Wie herrlich, unversöhnlich entbrannte er gegen jede kriechende Brust, gegen Schlaffheit, Selbstzwist, Unredlichkeit und poetische Schlammweiche, sowie gegen deutsche kritische Roheit und gegen jeden Szepter in einer Tatze, und wie beschwor er die Schlangen der Zeit! Aber wolltest du, Jüngling, die süßeste Stimme hören, so war es seine in der Liebe, es sei gegen ein Kind oder ein Gedicht oder die Musik, oder in der Schonung gegen Schwache. Er glich seinem Freunde Hamann, diesem Heros und Kinde zugleich, der wie ein elektrisierter Mensch im Dunkeln mit dem Heiligenschein um das Haupt sanft dasteht, bis eine Berührung den Blitz aus ihm zieht ...

Er wurde überhaupt wenig, nur im einzelnen statt im ganzen gewogen und erwogen; und erst auf der Demantwaage der Nachwelt wird es geschehen, auf welche die Kiesel nicht kommen werden, womit rohe Poetiker ihn halb steinigen, halb erleuchten wollen.

Die reine geister-verwandte Seele war selber der Erde eine Geister-Erscheinung, und vergaß nie ihr Reich; ihr Leben war die glänzende Ausnahme vom zuweilen befleckten genialen; sie opferte, wie die alten Priester, auch am Musenaltare nur weiß gekleidet.

Ich sage dir, er kommt mir jetzo, so sehr auch sonst der Tod die Menschen in eine heilige Verklärung hineinhebt, in seiner Ferne und Höhe nicht glänzender vor, als sonst hier unten neben mir; ich denke mir ihn drüben hinter den Sternen gerade an seinem rechten Orte und nur wenig verändert, die Schmerzen ausgenommen. – Nun, so feiere nur recht drüben Dein Erntefest, du Reiner, du Geisterfreund! Dein schwerer Ährenkranz erblüht Dir auf Deinem Haupte zur leichten Blumenkrone, du Sonnenblume, endlich auf Deine Sonne versetzt!

Sieh hinauf, Jüngling, zu dieser Sternennacht, jetzt steht sie anders, kälter über seine Hülle, die Todesnacht hat die große Blume geschlossen! Vergib, mein Mensch! Ach wer ihn nur gelesen, hat ihn kaum verloren, aber wer ihn gekannt und geliebt, den kann nicht *seine* Unsterblichkeit mehr trösten, sondern nur die *menschliche.* Gäb es keine; ist alles hiesige Leben nur eine Abenddämmerung vor der Nacht, keine Morgendämmerung; wird der hohe Geist auch dem Körper nachgesenkt an Sargstricken in die Gruft; o, so weiß ich nicht, warum wir es nicht am Grabe großer Menschen so wie die wilden und alten Völker machen, bloß aus Verzweiflung wie diese aus Hoffnung, daß wir uns ihnen, wie sie sich ihren Fürsten, geradezu in die Gruft nachwerfen, damit man nur auf einmal das unsinnige gewaltsame Herz erstickt, das durchaus für etwas Göttliches, Ewiges schlagen will!

Warum ist's denn aber so tyrannisch still um das große runde Erdengrab? O, ich weiß wohl, er selber litte einen solchen Schmerz am wenigsten. Auf die glänzenden Frühlingsterne würde er jetzt zeigen, über denen er nun ist; auf die Nachtigallen würde er zu hören winken, die jetzt uns schlagen und nicht ihm. Und er wäre doch bewegter als er schiene; lebendiger Geist, warum ist es um den Tod so weit und breit herum so still?

»Ist nicht um den glühend-belebenden Gleicher Windstille?« – sagt er – »Wir wollen die große Seele mit einander lieben; und bewegt dich zuweilen ihre Erinnerung zu schmerzlich, so wollen wir alles wieder lesen, wodurch sie das Unsterbliche und das Göttliche und sich verkündigt hat!«

Das geschehe, Geliebter, es möge nun die Trauer stillen oder auch vermehren.

FRIEDRICH CHRISTIAN RÜHS: FRIEDRICH SCHILLER

1805

Der Mann der Nation gehört nicht bloß der Zeit, worin sein Streben wirkte, er gehört der Nachwelt an, welcher die Frucht seiner Mühe als herrliches Vermächtnis anheimfällt. Die Gegenwart gibt an den Nachruhm seinen Namen und seine Taten ab, die noch dann erfreulich und belebend fortwirken, wenn sie längst schon Vergangenheit heißt, und sein Andenken weckt in verwandten Seelen immer neu den Geist der Betrachtung auf, je mehr die hohe Gewalt seines Genius diesen zauberartig an sich zu fesseln wußte. Zu diesem Behufe sammeln wir jetzt die Denkwürdigkeiten aus dem Leben des Verewigten, und legen sie, als Stoff zu Betrachtung, in einem Archiv der Zeit nieder. Sein Leben aber liegt in dem, was er leistete; hierauf vorzüglich beschränken wir uns, nur dann einen Blick auf sein anderes Leben werfend, wenn es Aufschlüsse über sein höheres verheißt.

Individualität, Art der Erziehung und Zeitgeist gaben unserm Schiller schon frühzeitig eine Stimmung, die ihn während seines ganzen Lebens nie gänzlich verließ. Schon in seiner Jugend in sich selbst düster zurückgezogen, fing er sehr früh an, sich seine eigne Welt zu schaffen. Desto peinlicher waren ihm die Schranken der wirklichen, worin er lebte, und es konnte nicht fehlen, sein Geist mußte bald mit wilder Kraft dagegen anstoßen. Ein *militärisches* Institut war es, in welchem der Jüngling seine erste Bildung erhalten sollte, aber gewiß am wenigsten glücklich erhalten konnte; denn abgerichtet zu werden, mußte *dieses* Jünglings hohem Feuergeiste unerträglich sein. »Die vierhundert Menschen, die mich umgaben« – klagte er einst – »waren ein einziges Geschöpf, der getreue Abguß eines und eben dieses Modells, von welchem

die plastische Natur sich feierlich lossagte; jede Eigenheit, jede Ausgelassenheit der tausendfach spielenden Natur ging in dem regelmäßigen Tempo der herrschenden Ordnung verloren.«

Je mehr dieser immer gleiche Takt von der beengten Wirklichkeit ihn abstieß, desto wilder und üppiger schwelgte seine Einbildungskraft, die ihn in der Propheten und Shakespear[e]s kühne, romantische Welten trug. Seine erste Blüte fällt in die Zeit von Lessings Tode. Da hatte sich, besonders auf Deutschlands tragischem Theater, soviel verändert! Die kalten und flachen Eindrücke der, aus Galanterie und Politik gewebten, französischen Tragödie galten für das, was sie waren, und Lessings Prophezeiung ging in Erfüllung. Diese nämlich: »Shakespear[e] würde ganz andere Köpfe unter uns erwecken, als man von den Franzosen zu rühmen wisse. Denn ein Genie kann nur von einem Genie entzündet werden; und am leichtesten von so einem, das alles bloß der Natur zu danken zu haben scheint, und durch die mühsamen Vollkommenheiten der Kunst nicht abschreckt.«

Mochte *Schiller* von Lessings Bemühungen selbst nichts wissen, die Folgen derselben waren von dem wichtigsten Einfluß auf sein Leben: denn eben er war eins von jenen Genien, die durch Shakespear[e] unter uns erweckt wurden. »Als ich« – erzählt er selbst – »in einem sehr frühen Alter diesen Dichter zuerst kennenlernte, empörte mich seine Kälte, seine Unempfindlichkeit, die ihm erlaubte, im höchsten Pathos zu scherzen, die herzzerschneidenden Auftritte im ›Hamlet‹, im ›König Lear‹, im ›Macbeth‹ durch einen Narren zu stören, die ihn bald da festhielt, wo meine Empfindung forteilte, bald da kaltherzig fortriß, wo das Herz so gern stillgestanden wäre. Mehrere Jahre hatte er schon meine ganze Verehrung und war mein Studium, ehe ich sein Individuum lieb gewinnen lernte. Ich war noch nicht fähig, die Natur aus der ersten Hand zu verstehen.«

Mit andern Worten: Schiller war damals noch zu lyrisch, um echt dramatisch zu sein. Je lyrischer, desto verwundbarer in seiner Lage; je verwundbarer, desto drückender eine Notwendigkeit fühlend, gegen die er vergeblich rang. So erklärt sich die Eigentümlichkeit seines ersten Dichterprodukts nach Inhalt und Form ganz natürlich. ›Die beiden Veroneser‹ von Shakespear[e] scheinen ihm zu seinen ›Räubern‹ die erste Idee gegeben zu haben; aus seinem Herzen schöpfte er den Despotenhaß und die regellose Größe, die enthusiastischen Träume einer höheren Wirksamkeit, die Bitterkeit gegen die wirkliche Welt, und jene Fülle von Kraft, die alle Gesetze übersprudelt, welche seinen Karl Moor auszeichnen; und aus seiner lyrischen Stimmung kommt es, daß wir fast durchgehends dem Herzen des Dichters selbst begegnen, und mit ihm gemeinschaftlich über seinen Gegenstand reflektieren müssen.

Merkwürdig ist des Dichters eignes Geständnis über dieses erste Erzeugnis seines Genies. »Ein seltsamer Mißverstand der Natur hatte mich in meinem Geburtsort zum Dichter verurteilt. Neigung für Poesie beleidigte die Gesetze des Instituts, worin ich erzogen ward, und widersprach dem Plan seines Stifters. Acht Jahre rang mein Enthusiasmus mit der militärischen Regel; aber Leidenschaft für die Dichtkunst ist feurig und stark, wie die erste Liebe. Was sie ersticken sollte, fachte sie an. Verhältnissen zu entfliehen, die mir eine Folter waren, schweifte mein Herz in eine Idealenwelt aus; aber unbekannt mit der wirklichen, von welcher mich eiserne Stäbe schieden, unbekannt mit den Menschen, unbekannt mit dem schönen Geschlecht, – die Tore dieses Instituts öffnen sich Frauenzimmern nur, ehe sie anfangen interessant zu werden, und wenn sie aufgehört haben, es zu sein, – unbekannt mit Menschen und Menschenschicksal, mußte mein Pinsel notwendig die mittlere Linie zwischen Engel und Teufel verfehlen, mußte er ein Ungeheuer hervorbringen, das zum Glück in der Welt nicht vorhanden war, dem ich nur darum Unsterblichkeit wünschen möchte, um das Beispiel einer Geburt zu verewigen, die der naturwidrige Beischlaf der Subordination und des

Genius in die Welt setzte. – Dies Stück ist erschienen. Die ganze sittliche Welt hat den Verfasser als einen Beleidiger der Majestät vorgefordert. Seine ganze Verantwortung sei das Klima, unter dem er geboren ward. Wenn von alle den unzählichen Klagschriften gegen die ›Räuber‹ nur eine einzige mich trifft, so ist es diese, daß ich zwei Jahre vorher mir anmaßte, Menschen zu schildern, ehe mir noch einer begegnete.« (›Deutsch. Museum‹ 1784.)

Die Bekanntwerdung dieses Stücks hatte die Folge, daß Schiller aus einem Institut verstoßen wurde, für welches er so wenig paßte. Um diese Zeit erschien ein Werk von ihm, das im Buchhandel nicht mehr zu haben ist: ›Versuch über den Zusammenhang der tierischen Natur des Menschen mit seiner geistigen.‹ Stuttgart 1780. 4., welches Werk zum Beweise dienen kann, wie frühzeitig sein Geist auch nach den tiefen Wahrheiten der Philosophie suchte, die er, nach damaliger Sitte, auf dem Wege anthropologischer Forschung zu finden meinte. Wie er dieses Problem aufgelöst haben mag; so beweist schon die Aufgabe desselben in einem solchen Alter einen seltnen Geist, den gute Geisterseher einer besondern Pflege würdig befunden haben würden. Vielleicht aber, daß er dann nicht Schiller geworden wäre, der vielleicht nur, wie ein seltner Komet, auf exzentrischer Bahn sich seinem Ziele nähern konnte.

Schiller wurde mit Schubart bekannt. Die Bekanntschaft zweier so nah verwandten Geister mußte bald Freundschaft sein, welche nicht ohne Wirkung auf Schillern geblieben ist. Wahrscheinlich, daß Schiller durch ihn der Geschichte befreundet ward; gewiß, daß sie in Hinsicht auf Poesie in nähester Berührung standen.

Beider Seelen glühten vom Haß des Despotismus. Die ›Fürstengruft‹ und ›Die schlimmen Monarchen‹ konnten unter ihnen den Berührungspunkt machen, und dann wäre es wohl kein Wunder gewesen, daß Schiller von Schubart gestimmt wurde, mit besonderer Liebe *die Verschwörungen* in dem Umkreis der Geschichte aufzusuchen. Seine ›Geschichte der merkwürdigsten Rebellionen und Verschwörungen aus den mittlern und neuern Zeiten‹ (1r Bd. Leipzig 1787), sowie die ›Geschichte des Abfalls der vereinigten Niederlande von der spanischen Regierung‹ (1r Bd. Leipzig 1788) dienen wenigstens nicht, diese Mutmaßung zu widerlegen.

Wie dem aber sei, der Einfluß Schubarts auf Schiller den Dichter ist sichtbar auf jedem Blatte seiner ›Anthologie auf das Jahr 1782‹. Nicht nur gleich bittre Sarkasmen, sondern auch eben die Fülle und Kraft, eben die Kühnheit, aber auch eben der Schwulst und Bombast, eben die Vernachlässigung der Schönheit, eben der Mangel an Feile und Korrektion, wie bei Schubart.

Durchaus derselbe Charakter war sichtbar, als bald darauf Schiller wieder die Bahn des dramatischen Dichters betrat. Er war nun eingetreten in die Welt, die er vorher nur durch Fernröhre kannte, aber hatte *sich* auch in diese Welt mitgebracht. Wenn dieses ihn zum Ungewöhnlichen, Kühnen, Außerordentlichen, Gigantischen hintrieb, am liebsten bei dem Kampf der freien Menschheit bald mit dem Schicksal, bald mit dem Staate und seinen Konventionen, weilen ließ; so machte jenes ihn zu einem bessern Schüler Shakespear[e]s, der jetzt die Natur mehr aus der ersten Hand verstand. Auch hatte er während der Zeit mehr Einsicht in die dramatische *Kunst* erlangt, und dieses mußte seine Formen veredeln. Folgende Stelle aus der Vorrede zur ersten Ausgabe seines republikanischen Trauerspiels ›Die Verschwörung des Fiesko zu Genua‹ (Mannheim 1783) ist daher merkwürdig: »Freiheiten, welche ich mir mit den Begebenheiten herausnahm, wird der Hamburgische Dramaturgist entschuldigen, wenn sie mir geglückt sind; sind sie das nicht, so will ich doch lieber *meine* Phantasien als Facta verdorben haben. Die wahre Katastrophe des Komplotts, worin der Graf durch einen unglücklichen Zufall am Ziel seiner Wünsche zugrunde geht, mußte durchaus verändert werden: denn *die Natur des Drama duldet den Finger des Ohngefährs oder der unmittelbaren*

Vorsehung nicht. Es sollte mich sehr wundern, warum noch kein tragischer Dichter in diesem Stoffe gearbeitet hat, wenn ich nicht Grund genug in eben dieser undramatischen Wendung fände. Höhere Geister sehen die zarten Spinneweben einer Tat durch die ganze Dehnung des Weltsystems laufen, und vielleicht an die entlegensten Grenzen der Zukunft und Vergangenheit anhängen, – wo der Mensch nichts, als das in freien Lüften schwebende Faktum sieht. Aber der Künstler wählt für das kurze Gesicht der Menschheit, die er belehren will, nicht für die scharfsichtige Allmacht, von der er lernt. –– So merkwürdig sich das unglückliche Projekt des Fiesko in der Geschichte gemacht hat, so leicht kann es doch diese Wirkung auf dem Schauplatz verfehlen. Wenn es wahr ist, daß nur Empfindung Empfindung weckt, so müßte, deucht mich, der *politische Held* in eben dem Grade kein Subjekt für die Bühne sein, in welchem er den Menschen hintansetzen muß, um der politische Held zu sein. Es stand daher nicht bei mir, meiner Fabel jene lebendige Glut einzuhauchen, welche durch das lautere Produkt der Begeisterung herrscht, aber *die kalte, unfruchtbare Staatsaktion aus dem menschlichen Herzen herauszuspinnen, und eben dadurch an das menschliche Herz wieder anzuknüpfen, – den Mann durch den staatsklugen Kopf* zu verwickeln, und von der erfinderischen Intrige Situationen für die Menschheit zu entlehnen, – *das* stand bei mir. Mein Verhältnis mit der bürgerlichen Welt machte mich auch mit dem Herzen bekannter als dem Kabinett, und vielleicht ist eben diese politische Schwäche zu einer poetischen Tugend geworden.«

War also Schiller das erstemal bloß einem unwillkürlichen Triebe seines Genies gefolgt, so ließ er sich jetzt mehr vom Nachdenken leiten, und sein Aufenthalt in Mannheim, die Nähe der *ersten* Bühne, der Umgang mit *Dalberg, Iffland* und einigen andern geistvollen Männern veranlaßten ihn noch besonders, seine natürliche Fähigkeit in Wissenschaft zu verwandeln. Beide vereint machten ihn bald zum Liebling aller deutschen Bühnen, und nach Erscheinung seines dritten

Trauerspiels, ›Kabale und Liebe‹, rechnete man ihn, den damals fünfundzwanzigjährigen Jüngling, schon unter die ersten von Deutschlands dramatischen Dichtern.

Viel mag zu dem Rufe, der seinen Namen schon damals verherrlichte, die Wahl seiner Stoffe beigetragen haben; mehr aber wirkte seine Behandlungsart, worin man Shakespear[e], selbst bis auf seine Fehler, wiedererkannte, ohne doch einen armen, mühseligen Nachahmer zu finden. Eine reiche Phantasie, die oft verschwenderisch ihre Blumen verstreute, die kühnsten Bilder und Metaphern, eine das Ohr berauschende Diktion, eine blendende Charakterzeichnung, wenn nicht stets voll Wahrheit, doch voll Leben, ein Wechsel von Überraschung, eine hohe Kunst, den gefürchteten Schlag rasch treffen zu lassen, das Herz aber fast überall zu treffen; dies alles sind Eigenschaften, welche sich vereinigten, seinen Tragödien die Wirkung zu sichern; reichen jedoch nicht hin, seine *Eigentümlichkeit* zu bezeichnen; eine Eigentümlichkeit, welche nicht wenig beitrug, den Eindruck seiner Stücke zu vermehren. Sucht man sich von diesem Eindruck Rechenschaft zu geben, so findet man, er rühre von Schillers *Hange zum Furchtbaren* her, wobei seine, wie Shakespear[e]s Tragödie, die Aristotelische Regel verläßt, nach welcher wir durch Furcht und Mitleid von Furcht und Mitleid gereinigt werden sollen, indem die Seele, im Gefühl des Erhabenen, zu der Idee von Menschenwürde sich aufrichtend, Welt und Schicksal unter sich sieht, und so aus Tränen süße Wollust pressen kann. Nichts von diesem bei Schiller, der uns das Herz zerreißt, ohne die Wunden wieder zu heilen. Er führt – was *Lessing* im allgemeinen tadelte – einen Jammer herbei, der uns mit Schaudern an die Schicksale der Menschen denken läßt, dem Unzufriedenheit mit der Vorsehung sich zugesellet, und Verzweiflung von weitem nachschleicht. Das große, gigantische Schicksal scheint in seinen Stücken sich furchtbar düster über uns herzuwälzen.

Ganz gegründet in Schillers Individualität! Das Ringen seiner freudeleeren Jugend, eigne Welterfahrung und der

Weltgeschichte trostlose Resultate hatten sich vereinigt, ihm die Welt zu beschatten und das Gemüt zu verdüstern. »Wärme mir einer« – sagt *Calcagno* bei ihm – »das verdroschene Märchen von Redlichkeit auf, wenn der Bankerott eines Taugenichts, und die Brunst eines Wollüstlings über das Glück eines Staats entscheiden.« Daß nun Schiller, vertieft in so traurige Wahrheiten, in der tragischen Kunst nicht verschwieg, was ihm die Geschichte so laut und so oft wiederholte, läßt sich begreifen: weniger leicht aber möchte sich begreifen lassen, wie die Zuschauer Tragödien so bewundern konnten, welche sie niederschlugen, ohne sie zu erheben, zerrissen, ohne zu heilen, wenn man nicht wüßte, daß auch das Furchtbargroße doch immer noch als Großes seine ästhetische Gewalt ausübt, wofern es nur nicht *unmittelbar* droht, wie ja Lukrez von dem sturmbewegten Meere längst dies behauptet hat. Schillern, der in dem Furchtbargroßen so ganz sich gefiel, floß daraus sogar noch ein eigener Vorteil in der Meinung des Publikums zu. Indem er den Koloß des Schicksals in die Welt seiner Kunst zog, und darin walten ließ, wie der große Künstler in seinem unendlichen Weltall, schien er selbst, wie ein höherer Genius, der die Blätter des ewigen Schicksals aufgerollt hatte, über der Erde zu schweben, und galt bald für unsern *erhabensten* Dichter.

Wie ganz oder wie wenig man damit übereinstimmend, wie man überhaupt über diese ersten Ergießungen seines tragischen Genius denke, wird man doch immer gestehen müssen, es sei ein außerordentlicher Geist gewesen, der diesen Jüngling beseelte. Wie mancher, hätte er in so frühen Jahren ein so glänzendes Ziel erflogen, würde weit weniger auf seine höchste Vollendung bedacht gewesen sein. Er war es ganz, und beurkundete dadurch die Reinheit und Tiefe seiner Seele. Nicht stolz auf das Geleistete, erkannte er selbst freimütig die Fehler desselben, und hatte nichts im Auge, als den Gipfel, den er erklimmen, oder unterliegen wollte. Das Streben ist des Mannes herrlichster Wert, und Schiller wollte das Höchste erstreben.

Verstoßen aus seinem Vaterland in die weite Welt, wandte sich jetzt Schiller an das Publikum, als seinen Freund, zur Beförderung der ›Rheinischen Thalia‹, die er seit 1785 herausgab, und die uns jetzt das vollgültigste Dokument von der damaligen Beschaffenheit seines Geistes und Herzens, seiner Studien und Neigungen liefert. Jetzt sehen wir seine Brust von gewaltigen Leidenschaften bewegt, und man wird einem Feuergeist seiner Art wohl verzeihen müssen, wenn er, um seiner Liebe willen, selbst mit der Vorsehung auf Augenblikke haderte. Gab er doch nicht weichlich seinen Wert dieser Liebe preis, und hat streng genug für die ›Freigeisterei der Leidenschaft‹ gebüßt. Wie kann ein Mensch, der voll Ernst und Eifer nach der heiligen Wahrheit ringt, strenger für etwas büßen, als durch Zweifel an Unsterblichkeit und Gottheit! Schiller aber gehörte nicht zu denen, die in bloß ästhetischen Spielen ihr Leben vertändeln, das Höchste und Tiefste bewegte sich in seiner Seele, die nach Wahrheit dürstete, und sein Herz konnte dann nur ruhig schlagen, wenn es über das Los der Menschheit befriedigt schlug. Wessen Herz fühlte dies nächtliche Los tiefer, als der Sänger der ›Leichenphantasie‹, der ›Resignation‹, wessen Herzen war ein Gott unentbehrlicher, als dem tieffühlenden Dichter der Morgenhymne des Weltalls! Wenn in *seiner* Seele Zweifel erwachen, wird er keine Rast kennen, bis er den vollen Geistestag heraufführt, der diese Gespenster verscheucht.

Mit welcher Liebe sich Schiller damals in die Arme der Philosophie müsse geworfen haben, bezeugen seine ›Philosophischen Briefe von Julius und Raphael‹ zur Genüge. Je quälender der Zweifel, desto größer die Aufforderung zu Überzeugung und fester Gewißheit. Von jenen werden wir zu diesen geführt, und es ist ein köstlicher Genuß, von den ersten Momenten einer kindlich dumpfen Betäubung bis zu dem wankenden Glauben, von diesem bis zur Überzeugung: »Glaube niemand als deiner eignen Vernunft; es gibt nichts Heiliges als die Wahrheit; was die Vernunft erkennt, ist Wahrheit«, dem Forscher zu folgen, und zu sehen, wie er erst die Wahrheit durch Gefühl zu fesseln meinend, endlich keine Rettung und keinen Trost findet, als in sich selbst, und in seiner Vernunft. Man sieht, wie er aus dem Dogmatismus in den Materialismus geworfen wird, wie er sich sträubt, gegen den Gedanken, daß seine Glückseligkeit dem harmonischen Takt seines Sensoriums anvertraut sei, daß seine Überzeugung mit seinem Aderschlage wanken könne, wie er durch alle Irrgewinde des Spinozismus sich ängstet, wie sein Herz die trostlose Lehre aufgibt, schwärmerisch lieber in die Arme des Supernaturalismus flüchtet, und nur beruhigt wird, wo – Vernunft und Glaube sich umarmen, wie sich aus Fingerzeigen schließen läßt, da leider diese Briefe Fragment geblieben sind.

Seinen Lieblingsgegenstand, die tragische Bühne, verlor indes Schiller nicht aus dem Gesicht. Die kurfürstliche deutsche Gesellschaft zu Mannheim, deren Mitglied er war, veranlaßte ihn zum immer weitern Nachdenken über die Theorie, und dies blieb nicht ohne Einfluß auf die Praxis. Er hatte die Bühne von ganz andern Seiten anzusehen gelernt, und bewies in seinem ›Don Carlos‹ schon dadurch, daß er ihn, nach *Lessings* Beispiel im ›Nathan‹, in Jamben schrieb, wie sehr er von dem fessellosen Hinbrausen eines ungeregelten Genies zurückgekommen sei, und nun auch der *schönen* Kunst sich genähert habe. Weil er während der Zeit Mannheim verließ, und abwechselnd in Dresden und Leipzig lebte, verzögerte sich die Vollendung dieser Tragödie, nicht aber zu ihrem Nachteil: denn staunend erblickte nicht nur das Publikum darin die frischeste, schönste Blüte des Schillerischen Geistes, sondern auch der Kritiker, bei Vergleichung mit den in der ›Thalia‹ gelieferten Szenen, eine so seltne Strenge, daß beide seine Künstlergröße bewundern mußten. Des Mannes gereifte Weltansicht vereinigte sich in diesem Stück mit der Wärme des Jünglings, ein milderes Kolorit ist über das Ganze verbreitet, und nur der furchtbare Schluß vielleicht erinnert an den *einstigen* Schiller.

Auf *Goethes* Veranlassung erhielt Schiller nun (1789) die

Stelle eines Professors der Philosophie zu Jena, trat hiermit zum erstenmal in eigentlich gelehrte Verhältnisse, und eine neue Epoche in seinem Leben an.

Bisher waren seine Studien nur zerstreut gewesen, eigentliche Fakultäts-Gelehrsamkeit besaß er gar nicht. Dafür aber hatte sein Geist sich etwas errungen, wozu der Fakultisten-Geist in der Gewohnheit sich nicht erhebt, die Idee, Kunst und Wissenschaft auf Menschheit zu beziehen, und den Geist derselben durch diese Beziehung zu veredeln: kurz, er war Humanist in des Wortes schönster, lauterster Bedeutung. Nur ein solcher vermochte den Unterschied zwischen dem Studium des Brotgelehrten und des philosophischen Kopfes so tief und wahr zu erfassen, als Schiller in seiner Antrittsrede: ›Was heißt, und zu welchem Ende studiert man Universalgeschichte?‹ »Beklagenswerter Mensch« – ruft er aus – »der mit dem edelsten aller Werkzeuge, mit Wissenschaft und Kunst, nichts Höheres will und ausrichtet, als der Taglöhner mit dem schlechtesten! der im Reiche der vollkommensten Freiheit eine Sklavenseele mit sich herumträgt!« – – »Wo der Brotgelehrte trennt, vereinigt der philosophische Geist. Alle seine Bestrebungen sind auf Vollendung seines Wissens gerichtet: seine edle Ungeduld kann nicht ruhen, bis alle seine Begriffe zu einem harmonischen Ganzen sich geordnet haben, bis er im Mittelpunkt seiner Kunst, seiner Wissenschaft steht, und von hier aus ihr Gebiet mit befriedigtem Blick überschaut. Neue Entdeckungen im Kreise seiner Tätigkeit, die den Brotgelehrten niederschlagen, entzücken den philosophischen Geist, der die Wahrheit immer mehr geliebt hat, als sein System, und die alte mangelhafte Form gern mit einer neuen schönern vertauschen wird.«

So Schiller selbst, der jetzt keine ernstere Angelegenheit hatte, als auch *seine* Kunst und Wissenschaft in sich aufs höchste zu veredeln. Nicht nur fing er an die griechischen Tragiker zu studieren, sondern suchte auch mit unermüdetem Eifer in die Tiefen der Philosophie *Kants* einzudringen, ohne der Geschichte seine Forschungen zu entziehen. Jenas

Lage begünstigt die Musen, seine geselligen Verhältnisse sind der Zurückgezogenheit hold; durch beides gewann die Welt an Schillers Geist, was er selbst an Gesundheit und Leben verlor. Nie war seine literarische Tätigkeit größer gewesen: denn in dem Zeitraum weniger Jahre beschenkte er die Welt mit seiner ›Sammlung merkwürdiger Memoires vom 12ten Jahrhunderte an bis auf die neuesten Zeiten, neu übersetzt und mit Anmerkungen versehen‹ (Jena 1790), seiner ›Geschichte des dreißigjährigen Krieges‹ (Leipzig 1791), dem ›Geisterseher, aus den Memoires des Grafen von O.‹ (Leipzig 1789), und verschiedenen, meist historischen, Aufsätzen in der ›Thalia‹, welche er dabei immer noch fortsetzte.

Seine ›Memoires‹, nachher ohne ihn, wiewohl unter seinem Namen fortgesetzt, bleiben eine für den Forscher der Geschichte und Menschennatur immer wichtige Sammlung. Über die ›Geschichte des dreißigjährigen Krieges‹ wird jeder *Wielands* Urteil unterschreiben: »Sie hat so viele Leser gehabt, als es in dem ganzen Umfang unserer Sprache Personen gibt, die auf einigen Grad von Kultur des Geistes Anspruch zu machen haben. Von einem Schriftsteller verfaßt, dessen frühere Werke in der dramatischen Dichtkunst sowohl, als in derjenigen, die sich mehr dem eigentlichen Gebiete der historischen Muse nähert, große Erwartungen von dem, was sein Geist in dem Zeitpunkte seiner völligen Reife leisten könnte, erweckt hatten, übertraf sie selbst diejenigen, zu welchen man sich durch seinen ersten Versuch in dem historischen Fache berechtigt hielt; einen Versuch, der bereits alles, was unsere Literatur in dieser Art aufzuweisen hatte, hinter sich zurückließ, und natürlicherweise in allen, denen der Ruhm der Nation nicht gleichgültig ist, den Wunsch erregen mußte, daß ein Schriftsteller, der bei seinen ersten Schritten in dieser neuen Laufbahn ein so entschiedenes Talent, sich zu einem Platze neben *Hume, Robertson* und *Gibbon* emporzuarbeiten, gezeigt hatte, sich, wo nicht gänzlich, doch hauptsächlich der Geschichte unsers Vaterlandes widmen möchte.« – ›Der Geisterseher‹, dieser Beitrag zur Geschichte des Betrugs und der Verirrungen des menschlichen Geistes, dieses ganz echt romantische Produkt, ist die Frucht der reichsten Phantasie mit einem Geist erzeugt, der ebenso leicht die verwickelten Falten des menschlichen Herzens, als die schwersten Probleme der Geschichte auflöst, und mit dem Höchsten der Philosophie zu spielen versteht. Wird dort durch eine, fast in ängstliche Neugier verwandelte, Spannung der Aufmerksamkeit und durch geheimnisreiche Dämmerung die Phantasie angezogen, so wird hier Verstand und Herz durch das höchste Interesse gefesselt. Warum Schiller das Werk unvollendet gelassen? Man sagt, weil ein Rezensent seinen Plan erraten. Ich glaube das nicht; vielmehr wohl, weil er fühlte, eine Fortsetzung, die den Zauber zerstöre, müsse notwendig matt werden, vielleicht auch, weil sein Geist sich andere Bahnen brach.

Unter so großen geistigen Anstrengungen mußte der Körper bald erliegen; Schiller verfiel 1791 in eine hartnäckige Krankheit, die durch außerordentliche Zufälle allen Hülfsquellen der Heilkunst Trotz zu bieten schien. Schon verbreiteten Zeitungen die Nachricht, daß sein, der Nation so teuer gewordenes, Leben verloren sei; allein die glückliche Kunst seines berühmten Arztes rettete ihn. Von aller Arbeit, welche anhaltende Aufmerksamkeit erheischte, mußte er jetzt auf eine geraume Zeit sich abziehn, erlangte aber doch nie seine völlige dauernde Genesung wieder.

Kaum aber war er so weit wiederhergestellt, daß er ohne Gefahr dem Dringen seines Geistes nachgeben konnte, als wir ihn mit ungeschwächter Kraft wieder tätig erblickten. Zu jener Zeit erschien ein neues Werk von *Kant*, lange noch nicht genug studiert, geprüft und gewürdigt, die ›Kritik der Urteilskraft‹, welche der Naturforschung und Ästhetik neue Bahnen brach. Schiller machte besonders den, die Ästhetik betreffenden, Teil zu seinem Studium, welchem wir seine geistreichen Erörterungen ›Über tragische Kunst‹, ›Das Erhabene‹, ›Das Pathetische‹, ›Über Anmut und Würde‹, ›Über den Grund des Vergnügens an tragischen Gegenständen‹,

›Gedanken über den Gebrauch des Niedrigen und Gemeinen in der Kunst‹, und seine ›Zerstreuten Betrachtungen über verschiedene ästhetische Gegenstände‹ verdanken. Wenige haben über *Kant* so geschrieben, wie er. Das macht, weil er mit eignem Reichtum über die Schriften dieses tiefen Denkers kam. Überhaupt schreibt der immer am besten, der mit Fülle der Kenntnisse leichte Beweglichkeit der Phantasie und Geschmack im Ausdruck verbindet, durch welche Eigenschaften Schiller nicht wenig zur Verbreitung der Kantischen Ideen über Ästhetik beitrug. Seine eignen Ansichten veränderten sich dadurch so gänzlich, daß es *Bürgern* freilich fast unmöglich fallen mußte, auf ihn als den Rezensenten seiner Gedichte in der A.L.Z. zu raten. Zwar in seinem Gedicht ›Die Künstler‹, diesem, in der didaktischen Gattung, nächst der ›Musarion‹, vielleicht einzigem Werke, worin er seinen Gegenstand nicht nach historischen Tatsachen oder philosophischem Räsonnement darstellte, sondern nach dem Einflusse, den derselbe auf *sein* Leben geäußert hatte, und analog notwendig auf die Bildung jedes Menschenlebens äußern mußte, hatte er schon höhere Kunstansicht gezeigt; allein zur reinen Idealität der Kunst erhob er sich erst durch *Kant.* Mit diesen Ansichten, die seinen eignen früheren Gedichten den Stab brachen, ging er auch an die Beurteilung *Bürgers.* »Die Leidenschaft der Parteien« – sagt er – »hat sich in diesen Streit gemischt, aber wenn alles persönliche Interesse schweigt, wird man der Intention des Rezensenten Gerechtigkeit widerfahren lassen.« Wohl! hätte nur der Beurteiler den Dichter von dem Menschen getrennt! Wenn er aber sagte, der Geist, der sich in jenen Gedichten darstelle, sei nur darum kein gereifter, kein vollendeter Geist, seinen Produkten fehle nur darum die letzte Hand, weil sie – ihm selbst fehle; so überschritt er damit weit die Grenzen seines Urteils, und mußte notwendig den hintangesetzten, vernachlässigten, an Gesundheit, Hoffnung und Glück verarmten Mann empfindlich kränken. Dies zu tun, war aber freilich auch seine Absicht nicht gewesen, sondern unbedacht übte er eine Strenge gegen den Fremden aus, zu einer Zeit, da er unerbittlich streng gegen sich selbst zu werden, und auch an seine Werke den höchsten Maßstab der Kunst zu legen anfing.

Er näherte sich jetzt dem Zeitpunkt vollendeter Reife. Das fortgesetzte Studium der Muster des Altertums reinigte seinen Kunstsinn, und bildete ihn zu einem besonnenen Künstler um; der Anteil, welchen er an allen, von Jena ausgehenden, Reformen der Philosophie nahm, trug bei, seine Anforderungen an Kunst und Künstler immer zu steigern, und ihn seine Arbeiten aus einem idealen Gesichtspunkt betrachten zu lassen. Von diesem geben besonders die in den ›Horen‹ zuerst mitgeteilten ›Briefe über die ästhetische Erziehung des Menschen‹, viele in seinen ›Musenalmanachen‹ (Neustrelitz und Tübingen 1797–1800) befindlichen Gedichte über Kunstgegenstände, besonders aber das, ohne jene Briefe kaum verständliche, ›Reich der Formen‹, Rechenschaft. In jenen Briefen ist Schiller nicht ganz Schiller; es ist eine gewisse Verschraubung darin sichtbar, die ihm nicht natürlich ist, und zweifeln läßt, ob ihn damals seine so richtigen Ideen ›Über die Grenzen schöner Formen‹, geleitet haben, welche Abhandlung wir als eigentliche Frucht seines akademischen Lehramts, zu welchem er nicht durchaus paßte, betrachten. Ungeachtet jener Verschraubungen wäre es sehr unrecht, diesen gehaltvollen Briefen keine Aufmerksamkeit zu widmen, und nicht von ihnen einen Gebrauch zu machen, wie ihn jetzt fast einzig der Verf. der ›Original-Ideen über die Kunst der Erziehung und besonders der Bildung zur Sittlichkeit‹ (Leipzig 1804) gemacht hat.

Die herrlichste Frucht von Schillers Studium der alten Poesie, vereint mit neuer Philosophie und Ästhetik ist unstreitig seine Abhandlung über *naive und sentimentale Dichtung*. Hier entdeckte sein scharfer Blick einen sonst noch nie bemerkten *Gegensatz* des Antiken und Modernen, der nicht bloß dem Poetiker höchst wichtig, sondern auch für den Philologen, den Geschichts- und Menschenforscher, den Moralisten, von einer noch unermessenen Erheblichkeit ist.

Welche Reformen jene Entdeckung im Gebiete der Poetik bereits veranlaßt, ist bekannt, welche es in diesen Gebieten veranlassen werde, steht zu erwarten.

Außerhalb der Grenzen dieser Darstellung liegt eine weitere Erörterung aller jener Ideen. Näher aber liegt uns ein Überblick der Prinzipien, die ihn bei seiner Ausübung der tragischen Kunst leiteten, welcher er, nach einem Zeitraum von sechzehn Jahren, sich wieder widmete. Die Bekanntschaft mit jenen leitenden Prinzipien allein kann uns, wie über das, was ihm in seinen neuesten Tragödien gelang, so über jenes, was er verfehlte, aufklären: denn er ging allerdings nicht ohne Reflexion an das Geschäft des Dichtens, und ließ den Strom der Begeisterung nur innerhalb der Ufer brausen, welche der nüchterne Verstand abgesteckt hatte. Wo findet man aber diese Prinzipien? In seinen ästhetischen Abhandlungen, wo man sie wenigstens immer gesucht hat? – Wir wollen sehen.

Die Tragödie war ihm *dichterische* Nachahmung einer zusammenhängenden Reihe von Begebenheiten (einer vollständigen Handlung), welche uns Menschen in einem Zustand des Leidens zeigt, und zur Absicht hat, unser Mitleid zu erregen. Darstellung des Leidens indes, als bloßen Leidens, sei niemals Zweck der Kunst; der letzte Zweck derselben sei Darstellung des Übersinnlichen, und die tragische Kunst bewirke dieses besonders dadurch, daß sie uns die *moralische Unabhängigkeit von Naturgesetzen im Zustand des Affekts versinnliche.* Soll sich aber die Intelligenz im Menschen als eine, von der Natur unabhängige, Kraft offenbaren, so muß die Natur ihre ganze Macht erst vor unsern Augen bewiesen haben. Das *Sinnenwesen* muß tief und heftig *leiden,* Pathos muß da sein, damit das Vernunftwesen seine Unabhängigkeit kundtun, und sich *handelnd* darstellen könne. Zwei Gesetze für die tragische Kunst gehen daraus hervor, das erste, Darstellung der leidenden Natur, das zweite, Darstellung des moralischen Widerstandes gegen das Leiden. Die Darstellung der leidenden Natur wird dadurch, daß das Leiden des Menschen Werk seines moralischen Charakters ist, zum Erhabenen, und dies ist auf zweifache Weise möglich, entweder wenn der Mensch aus Achtung für eine Pflicht das Leiden wählt, oder wenn er eine übertretene Pflicht moralisch büßt. In dem ersten Falle erscheint er als eine moralisch große Person, in dem zweiten als ein ästhetisch großer Gegenstand.

Von welcher Art man nun den Gegenstand für die tragische Kunst wähle, so gibt es zwei entgegengesetzte Ursachen, welche das Vergnügen an der Rührung hindern können: wenn das Mitleid entweder zu schwach, oder wenn es so stark erregt wird, daß der mitgeteilte Affekt zu der Lebhaftigkeit eines ursprünglichen übergeht. Wird die Unlust über die Ursache eines Unglücks zu stark, so schwächt sie unser Mitleiden mit demjenigen, der es leidet. So schwächt es jederzeit unsern Anteil, wenn sich der Unglückliche, den wir bemitleiden sollen, aus eigner unverzeihlicher Schuld in sein Verderben gestürzt hat, oder sich aus Schwäche des Verstandes und Kleinmut nicht, da er doch könnte, aus demselben zu ziehen weiß. – Ferner wird ein Dichter, der sich auf seinen wahren Vorteil versteht, das Unglück nicht durch einen bösen Willen, der Unglück beabsichtet, noch viel weniger durch einen Mangel des Verstandes, sondern durch den Zwang der Umstände herbeiführen. Eine blinde Unterwürfigkeit unter das Schicksal aber ist für freie, sich selbst bestimmende Wesen immer demütigend und kränkend. Dies ist es, was uns auch in den vortrefflichsten Stücken der Griechischen Bühne etwas zu wünschen übrig läßt, weil in allen diesen Stücken zuletzt an die Notwendigkeit appelliert wird, und für unsre vernunftfordernde Vernunft immer ein unaufgelöster Knoten zurückbleibt. Aber auf der höchsten und letzten Stufe, löst sich auch dieser, wenn selbst diese Unzufriedenheit mit dem Schicksal hinwegfällt, und sich in die Ahndung, oder lieber in deutliches Bewußtsein einer teleologischen Verknüpfung der Dinge, einer erhabenen Ordnung, eines gütigen Willens verliert.

Das Vergnügen an der Rührung wird aber auch gehindert,

wenn sie, durch zu große Annäherung an den ursprünglichen Affekt, zu einem Grade ausschweift, der den Schmerz überwiegend macht; wenn sich die Vorstellungen des Leidens zu einem solchen Grade der Lebhaftigkeit erheben, der uns keine Möglichkeit übrig läßt, den mitgeteilten Affekt von einem ursprünglichen, unser eigenes Ich von dem leidenden Subjekt, oder Wahrheit von Dichtung zu unterscheiden.

Der Schein soll nie die Wirklichkeit erreichen.
Und siegt Natur, so muß die Kunst entweichen.

Nichts ist geschickter, die Sinnlichkeit in ihre Schranken zurückzuweisen, als der Beistand übersinnlicher, sittlicher Ideen, an denen sich die unterdrückte Vernunft, wie an geistigen Stützen, aufrichtet, um sich über den trüben Dunstkreis der Gefühle in einen heitern Horizont zu erheben. Daher der große Reiz, welchen allgemeine Wahrheiten oder Sittensprüche, an der rechten Stelle in den dramatischen Dialog eingestreut, für alle gebildete Völker gehabt haben.

Von diesen Ideen – meinte man – hätte Schiller sich jetzt bei Ausübung der tragischen Kunst in Form und Materie sollen leiten lassen, und seine vier Tragödien, ›Wallenstein‹, ›Maria Stuart‹, ›Die Jungfrau von Orleans‹, und ›Die Braut von Messina‹, wären dann etwa ebenso viele Versuche geworden, jene verschiedenen Ideen zu realisieren. Zurückgekommen von der Ungebundenheit des Genies; verwerfend die bloß abenteuerlichen Geburten einer schäumenden Phantasie, die sich in schauderhaften Wundern und leidenschaftlicher Karikatur gefällt; gleich frei von dem konventionellen Zwange französischer Dezenz; gebildet durch die ewigen Muster der Griechen; erhoben durch Philosophie zu reiner Idealität und hoher Würde; bereichert mit tiefer Kenntnis des Herzens und Lebens aus der Geschichte; der Reichsten und Mächtigsten einer an Dichtungskraft, wie Schiller: was durfte man sich da nicht von seinen neuen

Werken versprechen, und was versprach man sich nicht! Vor allen Dingen aber Tragödien, welche genau die eignen Anforderungen Schillers erfüllen sollten. Wir wollen sie, um des Folgenden willen, mit einem eigenen Namen bezeichnen, und *ethische* Tragödien nennen.

Durch die Gewalt seiner Sprache, die Fülle kräftiger Gedanken, die kühnste, reichste, blühendste Phantasie, seinen tönenden Aufschwung zum Erhabenen, war Schiller fast in allem, was er schrieb, der Bewunderung sicher; und auch bei diesen neuen Tragödien war hierüber nur *eine* Bewunderung: über Materie und Form derselben entbrannte aber der Streit der Parteien desto heftiger. Unsere Absicht kann hier, wo der Raum den Gegenstand zu erschöpfen hindert, nicht sein, das, was für oder wider geschrieben wurde, zu vermehren. Schillers eigne, von den obigen abweichenden, nirgends aber angegebenen, Gesichtspunkte dabei, den Einfluß seiner Individualität darauf anzudeuten, dies ist es, womit wir uns begnügen müssen; überzeugt, auch hiermit weder etwas bereits Getanes, noch Überflüssiges, noch ganz Verdienstloses zu tun.

›Maria Stuart‹ mag ein Versuch sein, Erhabenheit im Leiden durch moralisches Büßen übertretner Pflicht, sowie ›Johanna d'Arc‹, dieselbe durch freiwillige Übernahme aus Achtung für Pflicht, darzustellen. Unter welche Klasse aber soll ›Wallenstein‹ gebracht werden? Weder unter jene, noch diese ist er zwangsfrei zu bringen. Ja sogar, es findet sich so wenig von Widerstand eines Übersinnlichen gegen ein Sinnliches in dieser Tragödie, und mithin so wenig auch von dem eigentlichen Gefühl des Erhabenen, daß sie obenhin betrachtet, vielmehr eine Art von Niedergeschlagenheit wirkt: denn, frühzeitig erkennen wir in dem schwankenden Wallenstein ein dem Verderben geweihtes Opfer, und indem wir ihn, Schritt für Schritt, dem blutigen Opferaltar langsam zuschreiten sehen, ist uns so beklommen, als folgten wir einem Leichenzuge, dessen Ende kein anderes sein kann, als daß uns teure Überreste einer geliebten Person nun auf ewig entrissen werden; wodurch ein pathologischer, aber nicht ästhetischer Schmerz entstehen kann. Deswegen soll denn dieser Wallenstein überhaupt zum Helden einer Tragödie nicht taugen. Nicht nur habe er sich durch eigne unverzeihliche Schuld in sein Verderben gestürzt, dasselbe durch Mangel des Verstandes immer näher herbeigeführt, sondern versinke auch, trotz seiner Versicherung:

– – Es treibt der ungeschwächte Mut
Noch frisch und herrlich auf der Lebenswoge,

in eine Art von Hinbrüten, welches, wenn es ihm auch nicht alle Kraft zum Widerstande, doch das Kolossale seines Falles verhindert.

Nicht weniger als im ›Wallenstein‹, fehlt Schiller in der ›Maria Stuart‹ gegen die selbst festgestellten Regeln in Ansehung der Nichtschwächung des Mitleids; ja er treibt es hier fast ärger noch, als dort. Gleich im Eingang ist freilich nichts gespart, um uns gegen Maria einzunehmen, sogar mit hervorstechenden Farben werden verabscheuungswürdige Verbrechen von ihr so ausgemalt, daß sie des Todes schuldig erscheinen muß, und, als ob wir dies ja nicht vergessen sollten, wiederholt sie Maria in ihrer Beichte selbst alle einzeln wieder. – Kann man größere Verstöße gegen Schillers Theorie begehen, als Schiller hier selbst beging? Und wenn der Kritiker ihn, allerdings nicht unbillig, nach jener Theorie richtete, war es ein Wunder, daß er manch strenges Urteil erfuhr?

Man hätte freilich vermuten sollen, ein Dichter von Schillers Art werde zu *Abweichungen von der eignen Theorie* seine Gründe gehabt haben, und der Mühe wert wäre es wohl gewesen, daß man diesen Gründen auf die Spur zu kommen gesucht hätte.

Sollte er vielleicht gemeint haben, im *historischen* Trauerspiel des Geschichtschreibers Treue behaupten zu müssen? *Lessing* sagt, man schreibe ja das Drama nicht um des historischen Faktums willen, sondern wähle dieses, weil es sich zu jenem eigne, und wo dies nicht der Fall sei, habe der Dichter volle Macht, an dem Faktum für seinen Zweck zu ändern. Die Erinnerung an das, was Schiller schon bei Herausgabe seines ›Fiesko‹ sagte, bezeugt, er habe diese Meinung sehr wohl gekannt. Allein er konnte jetzt vielleicht andere Ansichten davon haben. – Nicht doch! Er hatte sie nicht; sonst hätte er jetzt von *dieser* Dichterfreiheit *gar keinen* Gebrauch gemacht. Wenn er aber *Buttler* das Komplott zu Wallensteins Morde machen läßt, welches doch eigentlich *Leslie* zum Urheber hat, wenn er Buttler und Gordon ganz anders schildert, als der Historiker, und sie auf ganz andre Weise in die Begebenheit eingreifen läßt; wenn er in der ›Maria Stuart‹ den Herzog Franz eine Vermählung mit Elisabeth zu einer Zeit einleiten läßt, wo Franz bereits tot war, und dies alles nur um der ästhetischen Wirkung willen: so reichen doch wohl diese Beweise schon hin, sein Verlangen historischer Treue in dem Kunstwerk verdächtig zu machen, und in uns die Vermutung zu erregen, daß andere Gründe ihn geleitet haben müssen, eben so und nicht anders darzustellen.

Seine geistige Individualität, die ihm eigentümlichen Ansichten des Menschenlebens und der Geschichte, – da sind sie beisammen, diese anderen Gründe. Es wird erlaubt sein, einen Blick auf seine Erzählung: ›Der Sonnenwirt‹ zu werfen, um uns die Entstehung seines ›Wallenstein‹ in der vorhandenen Form zu erklären, wozu die Parallelstellen aus dem Prolog zu diesem Trauerspiel gute Dienste leisten werden.

»Wir sehen den Unglücklichen, der doch in eben der Stunde, wo er die Tat beging, sowie in der, wo er dafür büßet, Mensch war wie wir, für ein Geschöpf fremder Gattung an, dessen Blut anders umläuft, als das unsrige, dessen Wille andern Regeln gehorcht, als der unsrige; seine Schicksale rühren uns wenig: denn Rührung gründet sich ja nur auf ein dunkles Bewußtsein ähnlicher Gefahr, und wir sind weit entfernt, eine solche Ähnlichkeit auch nur zu träumen. Die Belehrung geht mit der Beziehung verloren.« – Wallenstein ist ein solcher.

Ihr kennet ihn, den Schöpfer kühner Heere,
Des Lagers Abgott, und der Länder Geißel,
Die Stütze und den Schrecken seines Kaisers,
Des Glückes abenteuerlichen Sohn,
Der, von der Zeiten Gunst emporgetragen,
Der Ehre höchste Staffeln rasch erstieg,
Und ungesättigt immer weiter strebend,
Der ungezähmten Ehrsucht Opfer fiel.

»Man hat das Erdreich des Vesuvs untersucht, sich die Entstehung seines Brandes zu erklären, warum schenkt man einer moralischen Erscheinung weniger Aufmerksamkeit, als einer physischen? *Warum achtet man nicht in eben dem Grade auf die Beschaffenheit und Stellung der Dinge, welche einen solchen Menschen umgaben, bis der gesammelte Zunder in seinem Inwendigen Feuer fing?* Den Träumer, der das Wunderbare liebt, reizt eben das Seltsame und Abenteuerliche einer solchen Erscheinung; der Freund der Wahrheit sucht eine Mutter zu diesen verlorenen Kindern. *Er sucht sie in der unveränderlichen Struktur der menschlichen Seele –«*

Euern Augen soll ihn jetzt die Kunst,
und *euern Herzen, menschlich* näher bringen,
(Vergl. oben über ›Fiesko‹.)

»und in den veränderlichen Bedingungen, welche sie von außen bestimmten, und in *beiden* findet er sie gewiß.« – Die Kunst

Sie sieht den Menschen in *des Lebens Drang*,
Und wälzt die größre Hälfte seiner Schuld
Den unglückseligen Gestirnen zu.

»Ihn überrascht es nun nicht mehr, in dem nämlichen Beete, wo sonst überall heilsame Kräuter blühen, auch den giftigen Schierling gedeihen zu sehen, Weisheit und Torheit, Laster und Tugend in *einer* Wiege beisammen zu finden. Eine solche Behandlung der Geschichte behält schon darum den Vorzug, *weil sie den grausamen Hohn und die stolze Sicherheit ausrot-*

tet, womit gemeiniglich die ungeprüfte aufrechtstehende Tugend auf die gefallne herunterblickt, weil sie den sanften Geist der Duldung verbreitet, ohne welchen kein Flüchtling zurückkehrt, keine Aussöhnung des Gesetzes mit seinem Beleidiger stattfindet, kein angestecktes Glied der Gesellschaft von dem gänzlichen Brande gerettet wird.«

Da Schiller auf diese Weise stets das Leben und der Geschichte dunkeln Gang beobachtete; so konnte es nicht fehlen, sie mußte auf ihn den Eindruck eines dem griechischen ähnlichen Trauerspiels machen, und von da bis zu dem Unternehmen, selbst Trauerspiele zu liefern, welche wehende Blätter aus dem großen Buch des Schicksals seien, war nur ein Schritt. Er übernahm die Rolle eines höheren Geistes, mit kühner Hand den Vorhang wegzuziehen, der über dem Leben hängt. Erstaunt hatte er selbst die Fäden gesehen, deren unendlich zartes Gewebe die Begebenheiten verknüpft, und wollte nun nicht weiser, noch künstlicher sein, als der unendliche Künstler: denn sollte sich der Kleinere der Motiven schämen, durch welche der Unfaßbare seine ewige Welt der Bewunderung der tiefsinnigsten Geister hinstellt! Das *Furchtbargroße* trat hier wieder, selbst in dem Kleinen, vor seinen, nach dem Größten strebenden, Geist, und *damit* andere Geister zu erschüttern, wie der seinige erschüttert wurde, – dies war seine Absicht.

Man fasse diesen Gesichtspunkt streng, und es wird sich in Schiller eine noch nicht bemerkte Einheit finden. Zuerst, warum er *seine Menschen* in keine gewöhnlichen Tragödien-Helden verwandelt, – was wohl leicht genug gewesen wäre – springt klar in die Augen; sein Zweck erheischte etwas anderes, als einen Bramarbas zum Wallenstein, einen Engel zur Maria. Schuld- und fehlervoll, wie beide sind, wußte seine Kunst doch ihre Charaktere dadurch, daß er die widerstrebenden Seiten darin in den feinsten Einigungspunkten sich berühren läßt, nicht nur zu einem höchst interessanten Studium, sondern auch zu Gegenständen für die tragische Kunst zu bilden. – Und warum gestattete Schiller wohl selbst, wie es scheint, dem Zufall Einfluß in seine Welt, da er ihn doch zur Zeit seines ›Fiesko‹ so streng ausschloß? – Weil er in seiner jetzigen Welt *notwendig* war. Eigentlich verdient aber, was man Zufall bei ihm genannt hat, so wenig diesen Namen, als vielleicht irgendein Ereignis in der wirklichen Welt; denn sein Zufall ist immer Werk der Freiheit, nur plötzlich und unvermutet eintretend, aber *zu des Lebens Drang* durchaus gehörig. So z.B. in den letzten Szenen des dritten Akts in ›Maria Stuart‹.

Endlich – um manches andere zu übergehen – nur aus diesem Gesichtspunkt erscheinen diese Kunstwerke als das, was sie sind, – nicht eigentlich *ethische,* sondern *Schicksalstragödien.*

Hätten auch nie Griechen existiert, Schiller, als *philosophischer* Dichter, würde doch keine andern als Schicksalstragödien gedichtet haben. Sind es seine frühesten nicht ebenfalls? Zu natürlich war ihm diese Ansicht, zu eigen, als leicht eine andre zu fassen; er hätte das Schicksal zuerst auf der Bühne eingeführt, wäre es nicht schon vor ihm dagewesen. Nur nicht *das Schicksal der Alten,* welches man sehr wenig kennen muß, wenn man es mit dem, was Schillern Schicksal hieß, verwechselt. Schiller verstand im Grunde darunter bloß *die äußern Umstände, als bestimmende Bedingungen, geistigen und moralischen Anlagen eine solche oder solche Richtung zu geben;* dies ist ihm *des Lebens Drang. Bedingung,* nicht *Zwang;* der Charakter *kann* also immer noch Freiheit behaupten. Tut er es, so gibt es einen wirklichen Helden, für das Leben, wie für die Bühne: denn wir sehen dann das seltne Schauspiel, daß das Übersinnliche siegend über das Sinnliche sich erhebt, oder kämpfend unterliegt (ethische Tragödie): tut er es nicht, dann freilich ist er dem Verhängnis verfallen, eine Beute des Schicksals (Schicksalstragödie). Leider befinden sich die meisten der Sterblichen auf dieser Seite, ohne es zu wissen. Die Schicksalstragödie übernimmt es, sie in ihrer stolzen Sicherheit zu warnen, indem sie *befangene* Charaktere aufstellt, über welche ein *notwendiges Verhängnis ergehen muß.* In dem Darstellen *dieser* Notwendigkeit liegt das Wesen dieser Art von Tragödie, welche Schiller nicht aus Griechenland geholt haben kann, weil sie dort nicht war. Ist eine sittlich, so ist sie es; erfüllt eine den Zweck des Trauerspiels, so gewiß sie. Verändre Namen und Umstand, so ist die Rede von dir; blicke also nicht höhnend auf den Leidenden, wer weiß, wie wenig fest deine eigne Sicherheit gegründet ist: so spricht sie jeden an, und erinnert wieder und wieder an das *eine* Notwendige – *der Übel Größtes ist die Schuld.*

Es ist demnach *eine eigene Art von Tragödie,* welche Schiller hier auf die Bühne gebracht hat, die nach eigenen, unsers Wissens noch nicht geschriebenen Gesetzen beurteilt werden muß. Shakespear[e] ist ihr Vater, dessen ›Lear‹, ›Macbeth‹, ›Hamlet‹ und historische Zyklen ebenfalls Furcht und Mitleiden auf dieselbe Weise in uns reinigen, nicht aber uns davon befreien.

Nur in einem einzigen Stücke Schillers findet sich die Ähnlichkeit mit dem Schicksal der Alten bedeutender, in seiner, mit den ›Phönissen‹ des Euripides verwandten, ›Braut von Messina‹, dem Seitenstück zu der ›Jungfrau von Orleans‹. Diese ist ein Versuch, unsre Unzufriedenheit mit dem Schicksal durch Ahndung einer höheren Leitung der Dinge aufzuheben, jene hingegen läßt die Freiheit des Menschen durch ein dunkles Schicksal besiegen, indem die beabsichtigten Erfolge freier Willkür durch Verschlingung äußerer Begebenheiten gestört und vereitelt werden. So wurde die eine allerdings eine antike, die andere eine *romantische* Tragödie: beide aber blieben, trotz dieses Gegensatzes, verwandter miteinander, als es auf den ersten Anblick scheint. Wie durch eine Art von Instinkt geleitet, verwandelte Schiller das unbeugsame Schicksal in der ›Braut von Messina‹ in eine strafende Nemesis, wodurch uns der süße Trost erwächst, der Mensch, wofern er nur dem Gott im Busen folge, sei wohl über das Schicksal erhaben. Dieselbe Idee liegt der ›Jungfrau von Orleans‹ zum Grunde, wie ihr eigener Jammerruf bezeugt:

Ach! aus der Freude Kreis muß ich mich stehlen,
Die schwere Schuld des Busens zu verhehlen.

Sie ermannt sich indes, schon da sie durch Schuld dem Verhängnis verfallen war, und zeigt sich uns als moralisch große Person, welche das Schicksal besiegt; da sich hergegen Don Cesar als ästhetisch großer Gegenstand zeigt, der die ewige Gerechtigkeit durch sein Leben versöhnt.

Ich, der Mörder sollte glücklich sein,
Und deine heilge Unschuld ungerächet
Im tiefen Grabe liegen – das verhüte
Der allgerechte Lenker unsrer Tage,
Daß solche Teilung sei in seiner Welt.

Mag man daher dieses oder jenes Schicksal betrachten; so ergeht es uns, wie dem Chor, wir fühlen und erkennen, hier wie dort, dies Eine klar:

Das Leben ist der Güter höchstes nicht,
Der Übel größtes aber ist die Schuld.

Deswegen können beide Tragödien auch wohl Seitenstücke zueinander genannt werden, wie sehr sie sonst auch Gegenstücke scheinen: denn sie stellen die *eine* Idee von ihren zwei Seiten dar. Ihrem Wesen nach sind sie Schicksalstragödien, wie die andern.

Über das auszeichnende Neue beider, was sie außer Schillers Eigentümlichkeiten an sich tragen, daß die eine *romantische* Tragödie ist, die andre *den Chor der Griechen wieder auf unsre Bühne einzuführen versucht;* wie dieses dem Dichter gelungen sei; was er damit auszurichten gehofft habe: darüber enthalten wir uns hier eines Urteils, weil wir uns bald bei einer anderen Gelegenheit in diesen Blättern darüber näher zu erklären haben.

Noch beschenkte uns Schiller in der neuesten Zeit mit Shakespear[e]s ›Macbeth‹, der ›Turandot‹ nach Gozzi, mit ›Wilhelm Tell‹, mit einem ›Prolog‹, zu der Gelegenheit, als die verehrte Großfürstin zum erstenmal Weimars Theater besuchte, gedichtet, und einer Bearbeitung der ›Phädra‹ von Racine. ›Turandot‹, ein Versuch im Komischen oder gar Burlesken, wird den Freunden des Dichters wohl nur darum vorzüglich wert bleiben, weil er diesen selbst erheiterte; da seine Bearbeitung des ›Macbeth‹ hingegen ein gelungenes Bestreben zeigt, den echten Shakespear[e] in seiner ursprünglichen Gestalt, die so selten zum Vorteil verändert wird, wiederzugeben. Es ist eine wunderbare Einheit im Shakespear[e], welche ungestraft nicht verletzt wird, und mit welcher Schiller so schonend umging, daß er selbst das, was nur der Nation und dem Zeitalter Shakespear[e]s eignet, auszurotten Bedenken trug. Hier indes wäre Bedenklichkeit wohl minder nötig gewesen, als bei Handhabung der Romantik in diesem Stücke, welche Schillern weniger gelang. Die erste Einführung der Hexen zeigt uns sie als idealisierte Schicksalsschwestern, deren Sprache und Ton viel veredelt ist, und welche vorzüglich den Menschen durch Mißbrauch seiner Freiheit verderben. Wie vertragen sich aber dann die gemeinen Hexen (Sz. 2.3.4. Akt 4) mit diesen Schicksalsschwestern? – Auf jeden Fall aber wird durch die Idee von diesen vieles im Moralischen des Stücks und auch sonst anders nuanciert, ja sogar der ganze Eindruck verändert. Alles dies hat seinen Grund in Schillers Individualität, und eine Vergleichung dieser Bearbeitung mit dem Original kann gar sehr dienen, uns darüber, sowie über Behandlung seiner andern Tragödien Aufschlüsse zu verschaffen. ›Wilhelm Tell‹ ist ein historisches Schauspiel in Shakespear[e]s großem Stil, worin Schiller seine griechischen Muster wieder ein wenig verläßt, um seinem engländischen Geistesbruder ganz zu folgen, auch in einer eignen Romantik, indem er hier Gebrauch von der Meinung macht, daß des Sterbenden Blick prophetisch in die Zukunft dringe. Verglichen mit Shakespear[e] dürfte unser Landsmann nichts verlieren, gehalten an die längstbestandenen Gesetze für das Schauspiel dürfte manches an diesem Stück getadelt werden, welcher Tadel zurückgenommen werden müßte, wenn man auf des Dichters eigne Weise sieht, die Welt auf der Bühne vorzuführen. Es läßt sich freilich fragen, wiefern die objektive Kritik, des Dichters subjektiven Einfluß in dem Kunstwerk verstatten könne.

Wer diese Frage zu beantworten unternimmt, dem wird aber freilich Behutsamkeit Pflicht sein, da er es nicht bloß mit einem der größten Dichter überhaupt, sondern mit einem Dramatiker zu tun hat, der das Gebiet des Drama erweiterte. Nicht jedes Neue ist darum verwerflich, weil es nicht alt ist, obschon auch darum nicht anzunehmen und zu empfehlen, weil es eine große Autorität für sich hat, denn selbst der unsterbliche Homer hat bisweilen geschlummert.

Was keiner wohl wird leugnen können, ist Schillers reines Streben nach höchster Veredlung, und sein veredelnder Einfluß auf unsre Bühnen, der sich durch mehr idealische Formen bewährt, wodurch seine Tragödien *die* Ähnlichkeit mit der griechischen erhielten, daß sie in einem bedeutenden Grade episch wurden, und sich etwas mehr von der Lyrik entfernten. Nicht aber auf die Bühnen bloß erstreckt sich sein veredelnder Einfluß, auch auf unser Leben. Dies verneinen, hieße dem Unsterblichen die Krone seines Verdienstes rauben, die doch, hoffen wir, in unvergänglichem Glanze strahlen soll. Kein Dichter der neuesten Zeit hat mehr, wenige, sehr wenige nur so viel, wie er durch die Macht des hohen, reinen Gesanges, und so kräftig, so schön, in die Bildung des Zeitalters eingegriffen. Wir schlagen zuletzt noch die Sammlung seiner, wenigstens im ersten Bande so streng an den höchsten Maßstab gehaltenen, *Gedichte* auf, die uns einen sentimentalen Dichter zeigen, dessen Poesien auf dem Boden des Tiefsinns Wurzel schlugen, betrachten sie mit gesammeltem Gemüt in ernster Stille: – was finden wir?

Nicht wollen wir jetzt den Künstler kennenlernen, wie groß er in dieser oder jener Gattung, wie gelungen ihm die Form der Romanze, wie leicht sein Lied, wie hoch seine Ode, wie scharf sein Epigramm, wie harmonisch sein Versbau, wie angemessen dem Inhalt dieser und der Ausdruck sei; den

Menschen aus dem Dichter möchten wir kennenlernen. Die lyrischen Poesien also, in denen die Stimmung des Gemüts, was es gelebt und geliebt, gefühlt und geglaubt, gehofft und gefürchtet hat, sich ausspricht, sie werden es sein, die jetzt uns beschäftigen.

Wir sehen einen, überall nach dem Unendlichen strebenden, Geist. Das Höchste möchte er ergreifen und das Tiefste ergründen; doch ist nichts tiefer als sein Gemüt, aus dem eine Fülle von Leben und Liebe quillt. Er strömt sie aus, diese Liebe, in die ganze Natur, und möchte die schwesterliche Geliebte mit Bruderarmen umfangen. Heilig ist seine Liebe und rein, denn überall sieht er Gottheit, oder ahndet ihre heilige Nähe, wo das irdische Auge nicht erkennt. Er *fühlt* die Gottheit im tiefsten Herzen, und das ist kein Wahn, was das tiefste Herz lebendig fühlt. Aussprechen nur läßt es sich nicht: und wagt es die Zunge ja; so webt ein heiliges Geheimnis über den Worten.

Zwei schwarze undurchdringliche Decken hängen an den beiden Grenzen des menschlichen Lebens herunter, und noch hat kein Lebender sie aufgezogen. Der Geist des Dichters aber ringt ohne Unterlaß danach, nur wie Schatten schweben die Gestalten der Zeit an ihm vorüber, die Ewigkeit nur verheißt Bleibendes, nach welchem sein Blick selbst in der Freude höchstem Jubel aufschaut. Allein umsonst, er ist an das Leben und an die Zeit gebannt, und was beschwört den Sturm seiner Seele? – Freundschaft nur und Beschäftigung,

> Beschäftigung, die nie ermattet,
> Die langsam schafft, doch nie zerstört,
> Die zu dem Bau der Ewigkeiten,
> Zwar Sandkorn nur für Sandkorn reicht,
> Doch von der großen Schuld der Zeiten,
> Minuten, Tage, Jahre streicht.

Er fügt sich in das Leben, aber nie verliert er sich darin: denn stets sieht er es aus höheren Gesichtspunkten an, hat beim Kleinen überall das Große, beim Einzelnen das Ganze, und stets der Menschheit hohes Ziel im Auge. Daran mahnt ihn das absegelnde Schiff, daran jeder Spaziergang, daran jede tönende Glocke. Nicht sieht er selbst im Weibe bloß das Geschlecht, und im wirbelnden Tanze den höheren, den leuchtende Sonnen, in kühn gewundenen Bahnen, durch den ewigen Raum beginnen.

Des Lebens wechselvolles Spiel wird ihm zum heiligen Ernste. Selbst das im Spiel geehrte Maß ruft ihm zu, dasselbe nicht im Handeln zu fliehen. Nicht vergebens wohnt ein Gott in der Brust, nicht vergebens strebt der Mensch nach Göttlichem; er *werde* göttlich, es werde die Pflicht ihm Neigung, die Tugend Natur; nicht gehen sie durch Zwang aus ihm hervor, sie seien Ausfluß seines Wesens.

So dichtete *Schiller,* so dachte, so fühlte, so *war* er. Wie viel verlorst du an ihm, mein Vaterland! Seine Freunde verloren noch mehr in ihm. Seine einfache Größe, seine liebevolle Freundlichkeit ist dahin, sein Herz voll Liebe und Güte, sein edles, großes Menschenherz schlägt nicht mehr für sie.

Im J. 1801 verließ er Jena, und lebte von da in Weimar, wo er, der Freund der Mitternacht, wieder heiterer ins Leben blickte. Unausgesetzt gesund war er zwar nie; aber dennoch kam die Nachricht von seinem so frühen Tode unerwartet, und traf wie ein betäubender Schlag. – Wer wird je zu seiner Gruft wallfahrten, ohne an die Worte aus seinem ›Don Carlos‹ zu denken:

Du warst so reich,
So warm, so reich! Ein ganzer Weltkreis hatte
In deinem weiten Busen Raum. Das alles
Ist nun dahin! –

ADAM HEINRICH MÜLLER: HEINRICH VON KLEIST

1811

Die Nachricht von dem tragischen Ereignis, welches sich am 21. November in der Gegend von Potsdam zugetragen, ist, da bis jetzt nur einerseits mit unziemlichem Enthusiasmus, andererseits mit empörender Entstellung der Tatsachen öffentlich davon gesprochen worden, so unvollkommen zur Kenntnis des auswärtigen Publikums gekommen, daß eine kurze und wahre Darstellung der Sache den Lesern Ihres Blattes gewiß nicht unwillkommen sein wird.

Heinrich von Kleist, durch großartige und originelle Versuche im Felde der *tragischen Dichtkunst* in Deutschland bekannt und durch eine wahre Schönheit der Seele wie durch aufopferndes Hingeben an alles Gute, Große und Gerechte seinen wenigen Freunden unvergeßlich, hatte längst eine Art von Unbehaglichkeit unter den Umständen seiner Zeit empfunden. Seine deutschen Zeitgenossen waren ihres eigenen Urteils vielleicht nie weniger mächtig gewesen, als da seine Werke erschienen: man strebte nach Ruhe, nach gewissen bequemen Empfindungen, nach leichten schmeichelnden Berührungen des Herzens. Wie konnte *ein Dichter* gefallen, der, selbst keines oberflächlichen Gefühls fähig, die Zukunft zu ergreifen, die Nation für den Schmerz zu erziehen und für großmütiges Hingeben an das Vaterland und an die Freunde zu begeistern, also alle Wunden noch tiefer aufzureißen, mit jugendlicher Überschwenglichkeit unternommen hatte. Sein Publikum ließ das gut sein, der Dichter ward an die Seite gestellt und, wie alles Unbequeme, leicht vergessen. Dies hat ihm das Herz gebrochen, seine Kraft gelähmt, ihn getötet lange vorher, ehe er den verbrecherischen Entschluß faßte,

den er zuletzt, nicht ohne Widerstreben seiner besseren Natur, ausführte.

Er hatte in den letzten Tagen seines Lebens eine Frau kennengelernt, die, mit vielen glücklichen Gaben des Geistes und mit Anlagen zu jeder Tugend ausgeschmückt, zugleich musterhafte Hausfrau und ihrem rechtschaffenen Ehemanne auf Tod und Leben ergeben war. Ihr einziger Fehler war ein tiefes Mißtrauen in sich selbst, eine Unbefriedigung mit ihrem eigenen Tun und Lassen, ein geheimer Widerstreit gegen die Verhältnisse dieser Erde, so wie sie selbige kennengelernt. Alle ihre äußeren Verhältnisse waren die möglichst glücklichen, welches sie auch empfand, mit Dankbarkeit, obwohl nicht recht wissend, wem sie dafür verpflichtet sei. Eine absolut unheilbare körperliche Krankheit kündigte sich bei ihr an, und, da ihr zerrissener Gemütszustand es ihr schon längst zweifelhaft gemacht, ob sie eigentlich für diese Welt bestimmt sei und ob sie je ihre Familie so beglücken könnte, wie sie es wünschte, so schien ihr nun das Rätsel gelöst. Sie hatte sich schon mit dem Leben abgefunden, als sie dem unglücklichen Freunde begegnete, der wie sie über die Ansprüche des Lebens getäuscht, der wie sie, wenn ich mich so ausdrücken darf, lange Zeit her den Todesgedanken als eine bloße Würze des geschmacklosen Lebens betrachtete; der so vieles um sich her und alle Arbeiten seines tätigen Lebens fruchtlos hatte untergehen sehen und, in der Gegenwart zu sehr befangen, obwohl ohne unheilbare, körperliche Krankheit, gleichfalls das Ende seines Daseins und der Dinge, die ihn gereizt hatten, deutlich herankommen sah. Über die Tröstungen einer kurzen Leidenschaft waren beide so weit erhaben, daß ich sie, um mich der Welt verständlich zu machen, kalt gegeneinander nennen muß. Es gab keine Gemeinschaft zwischen ihnen als die der herrlichsten Anlagen, der Unwissenheit über ihre höhere, göttliche Bestimmung, also der Verzweiflung und – in den letzten Stunden ihres Lebens – eines gewissen tragischen Interesses aneinander.

In dieser und keiner geringeren, aber auch keiner besseren

Disposition der Gemüter begaben sie sich am 20. November nach dem an der Straße von Berlin nach Potsdam (drei Meilen von Berlin) gelegenen neuen Krug. Die flache Gegend der Mark erhebt sich dort sanft; die Havel bildet an beiden Seiten der Straße beträchtliche Seen; die hohen Ufer sind mit Nadelholz bedeckt: der Eindruck des Ortes, wenn man sich von der Straße entfernt, ist trübe; man geht wenige Schritte und ist sehr einsam. Den Nachmittag des 20. und die darauffolgende Nacht brachten sie, ohne sich schlafen zu legen, unter den Wirtsleuten, in anscheinender Heiterkeit über die gleichgültigsten Dinge mit dem Wirte sprechend und Briefe schreibend, zu. Sie verlangten einen Fußboten, der das Paket mit der Nachricht von ihrem Tode, mit Abschiedsbriefen, mancherlei letzten Aufträgen und Begrüßungen nach Berlin an den zurückgelassenen Ehemann der Frau tragen sollte, und als am 21. der Wirt ihre Frage, ob der Bote wohl schon in Berlin angekommen sein möchte, bejahte, so bestellten sie für den zu einer schrecklichen Zusammenkunft durch jene Briefe eingeladenen Gatten und einen seiner Freunde Nachtquartier, ließen sich den Kaffee in eine stille Bucht, welche der See bildete, hintragen, setzten sich dort beide in die durch Ausrotten eines Baumes entstandene Vertiefung einander gegenüber und begehrten von der begleitenden Magd, daß sie noch eine Tasse bringen sollte. Als sich die letztere etwa fünfzig Schritte entfernt hatte, hörte sie zwei Schüsse fallen. – Man fand die Frau, die Hände faltend, ohne Zeichen des Lebens, eine Kugel durchs Herz geschossen; den unglücklichen Dichter gleichfalls entseelt, die Kugel durch den Kopf. Beide sind ihrem Verlangen gemäß nebeneinander, an derselben Stelle, beerdigt worden.

Wie zwei der ausgezeichnetsten Naturen auf diese Weise alle göttlichen und menschlichen Gesetze verachtend beiseite setzen und in frevelhafter Gemeinschaft die Türe erbrechen konnten, welche zu öffnen der Himmel sich selbst vorbehält, bedarf keiner weiteren Erklärung. Wenn sie auch die größte Charakterstärke bewiesen hätten, so ist das neben dem Gesetze, welches sie verletzt, eine Kleinigkeit. Weit davon entfernt, sie zu rechtfertigen oder auch nur zu entschuldigen, klagen die hinterbliebenen Freunde zuvörderst sie aufs stärkste an. Dann aber ist es ihnen auch erlaubt zu sagen, daß das Leben beider übrigens so rein und fleckenlos war, als es ohne den höheren Glauben, den sie durch ihr Ende verleugneten, überhaupt sein konnte; ferner, daß Kleist wahr, ohne Falsch und ohne Ziererei irgendeiner Art gewesen und daß also seine Tat wenigstens durchaus frei von dem theatralischen Lichte war, welches falsche Emphase einerseits und Unverstand andererseits darauf hat werfen wollen. Wie er es als tragischer Dichter gemeint hat und was er geleistet und was also Deutschland an ihm verloren hat, wird, wie in solchen Fällen gewöhnlich, erst die Zukunft zu würdigen wissen.

JOHANN WOLFGANG GOETHE: CHRISTOPH MARTIN WIELAND

1813

Durchlauchtigster Protektor,
Sehr ehrwürdiger Meister,
Verehrungswürdigste Anwesende!

Ob es gleich dem einzelnen unter keiner Bedingung geziemen will, alten ehrwürdigen Gebräuchen sich entgegen zu stellen, und das, was unsere weisen Vorfahren beliebt und angeordnet, eigenwillig zu verändern, so würde ich doch, stände mir der Zauberstab wirklich zu Gebote, den die Muse unserm abgeschiedenen Freunde geistig anvertraut, ich würde diese ganze düstere Umgebung augenblicklich in eine heitere verwandeln: dieses Finstere müßte sich gleich vor Ihren Augen erhellen, und ein festlich geschmückter Saal mit bunten Teppichen und munteren Kränzen, so froh und klar als das Leben unseres Freundes, sollte vor Ihnen erscheinen. Da möchten die Schöpfungen seiner blühenden Phantasie Ihre Augen, Ihren Geist anziehn, der Olymp mit seinen Göttern, eingeführt durch die Musen, geschmückt durch die Grazien, sollte zum lebendigen Zeugnis dienen, daß derjenige, der in so heiterer Umgebung gelebt, und dieser Heiterkeit gemäß auch von uns geschieden, unter die glücklichsten Menschen zu zählen, und keinesweges mit Klage, sondern mit Ausdruck der Freude und des Jubels zu bestatten sei.

Was ich jedoch den äußern Sinnen nicht darstellen kann, sei den innern dargebracht. Achtzig Jahre; wie viel in wenigen Silben! Wer von uns wagt es, in der Geschwindigkeit zu durchlaufen und sich zu vergegenwärtigen, was so viele Jahre, wohl angewandt, bedeuten? Wer von uns möchte behaupten, daß er den Wert eines in jedem Betracht vollständigen Lebens sogleich zu ermessen und zu schätzen wisse?

Begleiten wir unsern Freund auf dem Stufengange seiner Tage, sehen wir ihn als Knaben, Jüngling, Mann und Greis, so finden wir, daß ihm das ungemeine Glück zuteil ward, die Blüte einer jeden dieser Jahreszeiten zu pflücken; denn auch das hohe Alter hat seine Blüte, und auch dieser auf das heiterste sich zu freuen war ihm gegönnt. Nur wenig Monate sind es, als die verbundenen Brüder ihre geheimnisvolle Sphinx für ihn mit Rosen bekränzten, um auszudrücken, daß wenn Anakreon, der Greis, seine erhöhte Sinnlichkeit mit leichten Rosenzweigen zu schmücken unternahm, die sittliche Sinnlichkeit, die gemäßigte geistreiche Lebensfreude unseres Edlen einen reichen, gedrängt gewundenen Kranz verdiene.

Wenige Wochen sind es, daß dieser treffliche Freund noch unsern Zusammenkünften nicht nur beiwohnte, sondern auch in ihnen tätig wirkte. Er hat seinen Ausgang aus dem Irdischen durch unsern Kreis hindurch genommen; wir waren ihm auch noch zuletzt die Nächsten, und wenn das Vaterland, sowie das Ausland, sein Andenken feiert, wo sollte dies früher und kräftiger geschehen als bei uns!

Den ehrwürdigen Geboten unserer Meister habe ich mich daher nicht entziehen dürfen, und spreche in dieser angesehenen Versammlung zu seinem Andenken um so lieber einige Worte, als sie flüchtige Vorläufer sein können dessen, was künftig die Welt, was unsere Verbrüderung für ihn tun wird. Diese Gesinnung ist's, diese Absicht, um derentwillen ich mir ein geneigtes Gehör erbitten darf; und wenn dasjenige, was ich mehr aus einer fast vierzig Jahre geprüften Neigung, als aus rednerischer Überlegung, keineswegs in gehöriger Verbindung, sondern vielmehr in kurzen Sätzen, ja sprungweise vortrage, weder des Gefeierten, noch der Feiernden würdig erscheinen dürfte, so muß ich bemerken, daß hier nur eine Vorarbeit, ein Entwurf, ja nur der Inhalt und wenn man will, Marginalien eines künftiges Werks zu erwarten seien. Und so werde denn, ohne weiteres Zaudern, zu dem uns so lieben, werten, ja heiligen Gegenstand geschritten!

Wieland war in der Nähe von Biberach, einer kleinen Reichsstadt in Schwaben, 1733 geboren. Sein Vater, ein evangelischer Geistlicher, gab ihm eine sorgfältige Erziehung und legte bei ihm den ersten Grund der Schulkenntnisse. Hierauf ward er nach Kloster Bergen an der Elbe gesendet, wo eine Erziehungs- und Lehranstalt, unter der Aufsicht des wahrhaft frommen Abtes Steinmetz, in gutem Rufe stand. Von da begab er sich auf die Universität zu Tübingen, sodann lebte er einige Zeit als Hauslehrer in Bern, ward aber bald nach Zürich zu Bodmern gezogen, den man in Süddeutschland, wie Gleimen nachher in Norddeutschland, die Hebamme des Genies nennen konnte. Dort überließ er sich ganz der Lust, welche das Selbsthervorbringen der Jugend verschafft, wenn das Talent unter freundlicher Anleitung sich ausbildet, ohne daß die höheren Forderungen der Kritik dabei zur Sprache kommen. Doch entwuchs er bald jenen Verhältnissen, kehrte in seine Vaterstadt zurück, und ward von nun an sein eigner Lehrer und Bildner, indem er auf das rastloseste seine literarisch-poetische Neigung fortsetzte. Die mechanischen Amtsgeschäfte eines Vorstehers der Kanzlei raubten ihm zwar Zeit, aber nicht Lust und Mut, und damit ja sein Geist in so engen Verhältnissen nicht verkümmerte, wurde er dem in der Nähe begüterten Grafen Stadion, kurfürstlich-mainzischem Minister, bekannt. In diesem angesehenen wohleingerichteten Hause wehte ihn zuerst die Welt- und Hofluft an; innere und äußere Staatsverhältnisse blieben ihm nicht fremd, und ein Gönner für das ganze Leben ward ihm der Graf. Hierdurch blieb er dem Kurfürsten von Mainz nicht unbekannt, und als unter Emmerich Joseph die Akademie zu Erfurt wieder belebt werden sollte, so berief man unsern Freund dahin, und betätigte dadurch die duldsamen Gesinnungen, welche sich über alle christlichen Religionsverwandten, ja über die ganze Menschheit, vom Anfange des Jahrhunderts her verbreitet.

Er konnte nicht lange in Erfurt wirken, ohne der Herzogin Regentin von Weimar bekannt zu werden, wo ihn der für alles Gute so tätige Karl von Dalberg einzuführen nicht ermangelte. Ein auslangend bildender Unterricht ihrer fürstlichen Söhne war das Hauptaugenmerk einer zärtlichen, selbst höchst gebildeten Mutter, und so ward er herüber berufen, damit er seine literarischen Talente, seine sittlichen Vorzüge zum Besten des fürstlichen Hauses, zu unserm Wohl und zum Wohl des Ganzen verwendete.

Die ihm nach Vollendung des Erziehungsgeschäftes zugesagte Ruhe wurde ihm sogleich gegeben, und als ihm eine mehr als zugesagte Erleichterung seiner häuslichen Umstände zuteil ward, führte er seit beinah vierzig Jahren ein seiner Natur und seinen Wünschen völlig gemäßes Leben.

Die Wirkungen Wielands auf das Publikum waren ununterbrochen und dauernd. Er hat sein Zeitalter sich zugebildet, dem Geschmack seiner Jahresgenossen sowie ihrem Urteil eine entschiedene Richtung gegeben, dergestalt, daß seine Verdienste schon genugsam erkannt, geschätzt, ja geschildert sind. In manchem Werke über deutsche Literatur ist so ehrenvoll als sinnig über ihn gesprochen; ich gedenke nur dessen, was Küttner, Eschenburg, Manso, Eichhorn von ihm gerühmt haben.

Und woher kam die große Wirkung, welche er auf die Deutschen ausübte? Sie war eine Folge der Tüchtigkeit und der Offenheit seines Wesens. Mensch und Schriftsteller hatten sich in ihm ganz durchdrungen, er dichtete als ein Lebender und lebte dichtend. In Versen und Prosa verhehlte er niemals was ihm augenblicklich zu Sinne, wie es ihm jedesmal zu Mute sei, und so schrieb er auch urteilend und urteilte schreibend. Aus der Fruchtbarkeit seines Geistes entquoll die Fruchtbarkeit seiner Feder.

Ich bediene mich des Ausdrucks Feder nicht als einer rednerischen Phrase; er gilt hier ganz eigentlich, und wenn eine fromme Verehrung manchem Schriftsteller dadurch huldigte, daß sie sich eines Kiels, womit er seine Werke gebildet, zu bemächtigen suchte, so dürfte der Kiel, dessen sich Wieland bediente, gewiß vor vielen dieser Auszeichnung würdig sein. Denn daß er alles mit eigener Hand und sehr schön schrieb, zugleich mit Freiheit und Besonnenheit, daß er das Geschriebene immer vor Augen hatte, sorgfältig prüfte, veränderte, besserte, unverdrossen bildete und umbildete, ja nicht müde ward, Werke von Umfang wiederholt abzuschreiben, dieses gab seinen Produktionen das Zarte, Zierliche, Faßliche, das Natürlich-Elegante, welches nicht durch Bemühung, sondern durch heitere genialische Aufmerksamkeit auf ein schon fertiges Werk hervorgebracht werden kann.

Diese sorgfältige Bearbeitung seiner Schriften entsprang aus einer frohen Überzeugung, welche zu Ende seines schweizerischen Aufenthaltes in ihm mag hervorgetreten sein, als die Ungeduld des Hervorbringens sich in etwa legte, und der Wunsch, ein Vollendetes dem Gemeinwesen darzubringen, entschiedener und deutlicher rege ward.

Da nun bei ihm der Mann und der Dichter eine Person ausmachten, so werden wir, wenn wir von jenem reden, auch diesen zugleich schildern. Reizbarkeit und Beweglichkeit, Begleiterinnen dichterischer und rednerischer Talente, beherrschten ihn in einem hohen Grade; aber eine mehr angebildete als angeborne Mäßigung hielt ihnen das Gleichgewicht. Unser Freund war des Enthusiasmus im höchsten Grade fähig, und in der Jugend gab er sich ihm ganz hin, und dieses um so lebhafter und anhaltender, als jene schöne Zeit, in welcher der Jüngling den Wert und die Würde des Vortrefflichsten, es sei erreichbar oder unerreichbar, in sich fühlt, für ihn sich durch mehrere Jahre verlängerte.

Jene frohen reinen Gefilde der goldenen Zeit, jene Paradiese der Unschuld, bewohnte er länger als andere. Sein Geburtshaus, wo ein gebildeter Geistlicher als Vater waltete, das uralte, an den Ufern der Elbe lindenumgebene Kloster Bergen, wo ein frommer Lehrer patriarchalisch wirkte, das in seinen Grundformen noch klösterliche Tübingen, jene einfachen Schweizerwohnungen, umrauscht von Bächen, bespült von Seen, umschlossen von Felsen; überall fand er sein Delphi wieder; überall die Haine, in denen er, als ein schon erwachsener gebildeter Jüngling, noch immer schwelgte.

Dort zogen ihn die Denkmale mächtig an, die uns von der männlichen Unschuld der Griechen hinterlassen sind. Cyrus, Araspes und Panthea und gleich hohe Gestalten lebten in ihm auf, er fühlte den Platonischen Geist in sich weben, er fühlte, daß er dessen bedurfte, um jene Bilder für sich und für andere wiederherzustellen, und dieses um so eher, als er nicht sowohl dichterische Schattenbilder hervorrufen, sondern vielmehr wirklichen Wesen einen sittlichen Einfluß zu verschaffen hoffte.

Aber gerade, daß er so lange in diesen höheren Regionen zu verweilen das Glück hatte, daß er alles was er dachte, fühlte, in sich bildete, träumte, wähnte, lange Zeit für die vollkommenste Wirklichkeit halten durfte, eben dieses verbitterte ihm die Frucht, die er von dem Baum des Erkenntnisses zu pflücken endlich genötigt ward.

Wer kann dem Konflikt mit der Außenwelt entgehen? Auch unser Freund wird in diesen Streit hineingezogen; ungern läßt er sich durch Erfahrung und Leben widersprechen, und da ihm nach langem Sträuben nicht gelingen will, jene herrlichen Gestalten mit denen der gemeinen Welt, jenes hohe Wollen mit den Bedürfnissen des Tags zu vereinigen, entschließt er sich, das Wirkliche für das Notwendige gelten zu lassen, und erklärt das ihm bisher Wahrgeschienene für Phantasterei.

Aber auch hier zeigt sich die Eigentümlichkeit, die Energie seines Geistes bewundernswürdig. Bei aller Lebensfülle, bei so starker Lebenslust, bei herrlichen innern Anlagen, bei redlichen geistigen Wünschen und Absichten, fühlt er sich von der Welt verletzt und um seine größten Schätze bevorteilt. Nirgends kann er nun mehr in der Erfahrung wiederfinden, was so viele Jahre sein Glück gemacht hatte, ja der innigste Bestand seines Lebens gewesen war; aber er verzehrt sich nicht in eitlen Klagen, deren wir in Prosa und Versen von andern so viele kennen; sondern er entschließt sich zur Gegenwirkung. Er kündigt allem, was sich in der Wirklichkeit nicht immer nachweisen läßt, den Krieg an, zuvörderst also der Platonischen Liebe, sodann aller dogmatisierenden Philosophie, besonders den beiden Extremen, der stoischen und pythagoreischen. Unversöhnlich arbeitet er ferner dem religiösen Fanatismus und allem, was dem Verstande exzentrisch erscheint, entgegen.

Aber sogleich überfällt ihn die Sorge, er möge zu weit gehen, er möge selbst phantastisch handeln, und nun beginnt er zugleich einen Kampf gegen die gemeine Wirklichkeit. Er lehnt sich auf gegen alles, was wir unter dem Wort Philisterei zu begreifen gewohnt sind, gegen stockende Pedanterei, kleinstädtisches Wesen, kümmerliche äußere Sitte, beschränkte Kritik, falsche Sprödigkeit, platte Behaglichkeit, anmaßliche Würde, und wie diese Ungeister, deren Name Legion ist, nur alle zu bezeichnen sein mögen.

Hierbei verfährt er durchaus genialisch, ohne Vorsatz und Selbstbewußtsein. Er findet sich in der Klemme zwischen dem Denkbaren und dem Wirklichen, und indem er beide zu gewältigen oder zu verbinden Mäßigung anraten muß, so muß er selbst an sich halten, und, indem er gerecht sein will, vielseitig werden.

Die verständige reine Rechtlichkeit edler Engländer und ihre Wirkung in der sittlichen Welt, eines Addison, eines Steele, hatten ihn schon längst angezogen; nun findet er aber in dieser Genossenschaft einen Mann, dessen Sinnesart ihm weit gemäßer ist.

Shaftesbury, den ich nur zu nennen brauche, um jedem Gebildeten einen trefflichen Denker ins Gedächtnis zu rufen, Shaftesbury lebte zu einer Zeit, wo in der Religion seines Vaterlandes manche Bewegung vorging; wo die herrschende Kirche mit Gewalt die Andersgesinnten zu bezähmen dachte. Auch den Staat, die Sitten bedrohte manches, was einen Verständigen, Wohldenkenden in Sorge setzen muß. Gegen alles dieses, glaubte er, sei am besten durch Frohsinn zu wirken; nur das, was man mit Heiterkeit ansehe, werde man recht sehen, war seine Meinung. Wer mit Heiterkeit in seinen eigenen Busen schauen könne, müsse ein guter Mann sein.

Darauf komme alles an, und alles übrige Gute entspringe daher. Geist, Witz, Humor seien die echten Organe, womit ein solches Gemüt die Welt anfasse. Alle Gegenstände, selbst die ernstesten, müßten eine solche Klarheit und Freiheit vertragen, wenn sie nicht mit einer nur anmaßlichen Würde prunkten, sondern einen echten, die Probe nicht scheuenden Wert in sich selbst enthielten. Bei diesem geistreichen Versuch, die Gegenstände zu gewältigen, konnte man nicht umhin, sich nach entscheidenden Behörden umzusehen, und so ward einerseits der Menschenverstand über den Inhalt, und der Geschmack über die Art des Vortrags zum Richter gesetzt.

An einem solchen Manne fand nun unser Wieland nicht einen Vorgänger, dem er folgen, nicht einen Genossen, mit dem er arbeiten sollte, sondern einen wahrhaften älteren Zwillingsbruder im Geiste, dem er vollkommen glich, ohne nach ihm gebildet zu sein; wie man denn von Menächmen nicht sagen könnte, welcher das Original und welcher die Kopie sei.

Was jener, in einem höheren Stande geboren, an zeitlichen Mitteln mehr begabt, durch Reisen, Ämter, Weltumsicht mehr begünstigt, in einem weiteren Kreise, zu einer ernsteren Zeit in dem meerumflossenen England leistete, eben dieses bewirkte unser Freund von einem anfangs sehr beschränkten Punkt aus, durch eine beharrliche Tätigkeit, durch ein stetiges Wirken in seinem, überall von Land und Bergen umgrenzten Vaterlande, und das Resultat davon war, damit wir uns bei unserm gedrängten Vortrage eines kurzen, aber allgemein verständlichen Wortes bedienen, jene Popularphilosophie, wodurch ein praktisch geübter Sinn zum Urteil über den moralischen Wert der Dinge, sowie über ihren ästhetischen zum Richter bestellt wird.

Diese, in England vorbereitet und auch in Deutschland durch Umstände gefördert, ward also durch dichterische und gelehrte Werke, ja durchs Leben selbst, von unserm Freunde in Gesellschaft von unzähligen Wohlgesinnten verbreitet.

Haben wir jedoch, insofern von Ansicht, Gesinnung, Übersicht die Rede sein kann, Shaftesbury und Wieland vollkommen ähnlich gefunden, so war doch dieser jenem an Talent weit überlegen; denn was der Engländer verständig lehrt und wünscht, das weiß der Deutsche, in Versen und Prosa, dichterisch und rednerisch auszuführen.

Zu dieser Ausführung aber mußte ihm die französische Behandlungsweise am meisten zusagen. Heiterkeit, Witz, Geist, Eleganz ist in Frankreich schon vorhanden; seine blühende Einbildungskraft, welche sich jetzt nur mit leichten und frohen Gegenständen beschäftigen will, wendet sich nach den Feen- und Rittermärchen, welche ihm die größte Freiheit gewähren. Auch hier reicht ihm Frankreich in der Tausendundeinen Nacht, in der Romanenbibliothek schon halb verarbeitete zugerichtete Stoffe, indessen die alten Schätze dieses Fachs, welche Deutschland besitzt, noch roh und ungenießbar dalagen.

Gerade diese Gedichte sind es, welche Wielands Ruhm am meisten verbreiteten und bestätigten. Ihre Munterkeit fand bei jedermann Eingang, und selbst die ernsteren Deutschen ließen sie sich gefallen: denn alle diese Werke traten wirklich zur rechten und günstigen Zeit hervor. Sie waren alle in dem Sinne geschrieben, den wir oben entwickelt haben. Oft unternahm der glückliche Dichter das Kunststück, ganz gleichgültigen Stoffen durch die Bearbeitung einen hohen Wert zu geben, und wenn es nicht zu leugnen ist, daß er bald den Verstand über die höheren Kräfte, bald die Sinnlichkeit über die sittlichen triumphieren läßt, so muß man doch auch gestehen, daß am rechten Ort alles, was schöne Seelen nur zieren mag, die Oberhand behalte.

Früher, wo nicht als alle, doch als die meisten dieser Arbeiten, war die Übersetzung Shakespeares. Wieland fürchtete nicht, durch Studien seiner Originalität Eintrag zu tun, ja schon früh war er überzeugt, daß, wie durch Bearbeitung schon bekannter Stoffe, so auch durch Übersetzung vorhandener Werke, ein lebhafter reicher Geist die beste Erquickung fände.

Shakespearen zu übersetzen, war in jenen Tagen ein kühner Gedanke, weil selbst gebildete Literatoren die Möglichkeit leugneten, daß ein solches Unternehmen gelingen könne. Wieland übersetzte mit Freiheit, erhaschte den Sinn seines Autors, ließ beiseite, was ihm nicht übertragbar schien, und so gab er seiner Nation einen allgemeinen Begriff von den herrlichsten Werken einer andern, seinem Zeitalter die Einsicht in die hohe Bildung vergangener Jahrhunderte.

Diese Übersetzung, so eine große Wirkung sie in Deutschland hervorgebracht, scheint auf Wieland selbst wenig Einfluß gehabt zu haben. Er stand mit seinem Autor allzusehr in Widerstreit, wie man genugsam erkennt aus den übergangenen und ausgelassenen Stellen, mehr noch aus den hinzugefügten Noten, aus welchen die französische Sinnesart hervorblickt.

Anderseits aber sind ihm die Griechen, in ihrer Mäßigung und Reinheit, höchst schätzbare Muster. Er fühlt sich mit ihnen durch Geschmack verbunden; Religion, Sitten, Verfassung, alles gibt ihm Anlaß, seine Vielseitigkeit zu üben, und da weder die Götter, noch die Philosophen, weder das Volk noch die Völker, sowenig als die Staats- und Kriegsleute sich untereinander vertragen, so findet er überall die erwünschteste Gelegenheit, indem er zu zweifeln und zu scherzen scheint, seine billige, duldsame, menschliche Lehre wiederholt einzuschärfen.

Zugleich gefällt er sich, problematische Charaktere darzustellen, und es macht ihm zum Beispiel Vergnügen, ohne Rücksicht auf weibliche Keuschheit, das Liebenswürdige einer Musarion, Lais und Phryne hervorzuheben, und ihre Lebensweisheit über die Schulweisheit der Philosophen zu erhöhen.

Aber auch unter diesen findet er einen Mann, den er als Repräsentanten seiner Gesinnungen ausbilden und darstellen kann, ich meine Aristippen. Hier sind Philosophie und Weltgenuß durch eine kluge Begrenzung so heiter und wünschenswert verbunden, daß man sich als Mitlebender in einem so schönen Lande, in so guter Gesellschaft zu finden wünscht. Man tritt so gern mit diesen unterrichteten, wohldenkenden, gebildeten, frohen Menschen in Verbindung, ja man glaubt, solange man in Gedanken unter ihnen wandelt, auch wie sie gesinnt zu sein, wie sie zu denken.

In diesen Bezirken erhielt sich unser Freund durch sorgfältige Vorübungen, welche dem Übersetzer noch mehr als dem Dichter notwendig sind; und so entstand der deutsche Lukian, der uns den griechischen um desto lebhafter darstellen mußte, als Verfasser und Übersetzer für wahrhafte Geistesverwandte gelten können.

Ein Mann von solchen Talenten aber, predige er auch noch so sehr das Gebührende, wird sich doch manchmal versucht fühlen, die Linie des Anständigen und Schicklichen zu überschreiten, da von jeher das Genie solche Wagstücke unter seine Gerechtsame gezählt hat. Diesen Trieb befriedigte Wieland, indem er sich dem kühnen außerordentlichen Aristophanes anzugleichen suchte, und die ebenso verwegnen als geistreichen Scherze durch eigne angeborne Grazie gemildert überzutragen wußte.

Freilich war zu allen diesen Darstellungen auch eine Einsicht in die höhere bildende Kunst nötig, und da unserm Freund niemals das Anschauen jener überbliebenen alten Meisterwerke gegönnt ward, so suchte er durch den Gedanken sich zu ihnen zu erheben, sie durch die Einbildungskraft zu vergegenwärtigen, dergestalt, daß man bewundern muß, wie der vorzügliche Geist sich auch von dem Entfernten einen Begriff zu machen weiß, ja es würde ihm vollkommen gelungen sein, hätte ihn nicht eben seine lobenswerte Behutsamkeit abgehalten, entschiedene Schritte zu tun; denn die Kunst überhaupt, besonders aber die der Alten, läßt sich ohne Enthusiasmus weder fassen noch begreifen. Wer nicht mit Erstaunen und Bewunderung anfangen will, der findet nicht den Zugang in das innere Heiligtum. Unser Freund aber war viel zu bedächtig, und wie hätte er auch in diesem einzigen Falle eine Ausnahme von seiner allgemeinen Lebensregel machen sollen?

War er jedoch mit den Griechen durch Geschmack nah verwandt, so war es mit den Römern noch mehr durch Gesinnung. Nicht daß er sich durch republikanischen oder patriotischen Eifer hätte hinreißen lassen, sondern er findet, wie er sich den Griechen gewissermaßen nur andichtete, unter den Römern wirklich seinesgleichen. Horaz hat viel Ähnliches von ihm; selbst kunstreich, selbst Hof- und Weltmann ist er ein verständiger Beurteiler des Lebens und der Kunst; Cicero, Philosoph, Redner, Staatsmann, tätiger Bürger, und beide aus unscheinbaren Anfängen zu großen Würden und Ehren gelangt.

Wie gern mag sich unser Freund, indem er sich mit den Werken dieser beiden Männer beschäftigt, in ihr Jahrhundert, in ihre Umgebungen, zu ihren Zeitgenossen versetzen, um uns ein anschauliches Bild jener Vergangenheit zu übertragen, und es gelingt ihm zum Erstaunen. Vielleicht könnte man im ganzen mehr Wohlwollen gegen die Menschen verlangen, mit denen er sich beschäftigt, aber er fürchtet sich so sehr vor der Parteilichkeit, daß er lieber gegen sie als für sie Partei nehmen mag.

Es gibt zwei Übersetzungsmaximen: die eine verlangt, daß der Autor einer fremden Nation zu uns herüber gebracht werde, dergestalt, daß wir ihn als den Unsrigen ansehen können; die andere hingegen macht an uns die Forderung, daß wir uns zu dem Fremden hinüber begeben und uns in seine Zustände, seine Sprachweise, seine Eigenheiten finden sollen. Die Vorzüge von beiden sind durch musterhafte Beispiele allen gebildeten Menschen genugsam bekannt. Unser Freund, der auch hier den Mittelweg suchte, war beide zu verbinden bemüht, doch zog er als Mann von Gefühl und Geschmack in zweifelhaften Fällen die erste Maxime vor.

Niemand hat vielleicht so innig empfunden, welch verwickeltes Geschäft eine Übersetzung sei, als er. Wie tief war er überzeugt, daß nicht das Wort, sondern der Sinn belebe. Man betrachte, wie er in seinen Einleitungen uns erst in die Zeit zu versetzen und mit den Personen vertraut zu machen bemüht ist, wie er alsdann seinen Autor auf eine uns schon bekannte, unserem Sinn und Ohr verwandte Weise sprechen läßt, und zuletzt noch manche Einzelnheit, welche dunkel bleiben, Zweifel erregen, anstößig werden könnte, in Noten auszulegen und zu beseitigen sucht. Durch diese dreifache Bemühung sieht man recht wohl, hat er sich erst seines Gegenstandes bemächtigt, und so gibt er sich denn auch die redlichste Mühe, uns in den Fall zu setzen, daß seine Einsicht uns mitgeteilt werde, auf daß wir auch den Genuß mit ihm teilen.

Ob er nun gleich mehrerer Sprachen mächtig war, so hielt er sich doch fest an die beiden, in denen uns der Wert und die Würde der Vorwelt am reinsten überliefert ist. Denn sowenig wir leugnen wollen, daß aus den Fundgruben anderer alten Literaturen mancher Schatz gefördert worden und noch zu fördern ist, sowenig wird man uns widersprechen, wenn wir behaupten, die Sprache der Griechen und Römer habe uns bis auf den heutigen Tag köstliche Gaben überliefert, die an Gehalt dem übrigen Besten gleich, der Form nach allem andern vorzuziehen sind.

Die deutsche Reichsverfassung, welche so viele kleine Staaten in sich begriff, ähnlichte darin der griechischen. Die geringste, unscheinbare, ja unsichtbare Stadt, weil sie ein eignes Interesse hatte, mußte solches in sich hegen, erhalten und gegen die Nachbarn verteidigen. Daher war ihre Jugend frühzeitig aufgeweckt und aufgefordert über Staatsverhältnisse nachzudenken. Und so war auch Wieland, als Kanzleiverweser einer der kleinsten Reichsstädte, in dem Fall, Patriot und im bessern Sinne Demagog zu sein; wie er denn einmal über einen solchen Gegenstand die zeitige Ungnade des benachbarten Grafen Stadion, seines Gönners, lieber auf sich zu ziehen, als unpatriotisch nachzugeben, die Entschließung faßte.

Schon sein Agathon belehrt uns, daß er auch in diesem

Fache geregelten Gesinnungen den Vorzug gab, indes gewann er doch Gegenständen so viel Anteil ab, daß alle seine Beschäftigungen und Neigungen in der Folge ihn nicht hinderten, über dieselben zu denken. Besonders fühlte er sich aufs neue dazu aufgefordert, als er sich einen bedeutenden Einfluß auf die Bildung hoffnungsvoller Fürsten versprechen durfte.

Aus allen den Werken, die er in dieser Art geliefert, tritt ein weltbürgerlicher Sinn hervor, und da sie in einer Zeit geschrieben sind, wo die Macht der Alleinherrschaft noch nicht erschüttert war, so ist sein Hauptgeschäft, den Machthabern ihre Pflichten dringend vorzustellen und sie auf das Glück hinzuweisen, das sie in dem Glück der Ihrigen finden sollten.

Nun aber trat die Epoche ein, in der eine aufgeregte Nation alles bisher Bestandene niederriß und die Geister aller Erdbewohner zu einer allgemeinen Gesetzgebung zu berufen schien. Auch hierüber erklärt er sich mit umsichtiger Bescheidenheit und sucht durch verständige Vorstellungen, die er unter mancherlei Formen verkleidet, irgendein Gleichgewicht in der bewegten Menge hervorzubringen. Da aber der Tumult der Anarchie immer heftiger wird, und eine freiwillige Vereinigung der Masse undenkbar erscheint, so ist er der erste, der die Einherrschaft wieder anrät und den Mann bezeichnet, der das Wunder der Wiederherstellung vollbringen werde.

Bedenkt man nun hiebei, daß unser Freund über diese Gegenstände nicht etwa hinterdrein, sondern gleichzeitig geschrieben, und als Herausgeber eines vielgelesenen Journals Gelegenheit hatte, ja genötigt war, sich monatlich aus dem Stegreife vernehmen zu lassen, so wird derjenige, der seinem Lebensgange chronologisch zu folgen berufen ist, nicht ohne Bewunderung gewahr werden, mit welcher Aufmerksamkeit er den raschen Begebenheiten des Tags folgte und mit welcher Klugheit er sich als ein deutscher und als ein denkender teilnehmender Mann durchaus benommen hat. Und hier ist es der Ort, der für Deutschland so wichtigen

Zeitschrift, des Teutschen Merkurs, zu gedenken. Dieses Unternehmen war nicht das erste in seiner Art, aber doch zu jener Zeit neu und bedeutend. Ihm verschaffte sogleich der Name des Herausgebers ein großes Zutrauen: denn daß ein Mann, der selbst dichtete, auch die Gedichte anderer in die Welt einzuführen versprach, daß ein Schriftsteller, dem man so herrliche Werke verdankte, selbst urteilen, seine Meinung öffentlich bekennen wollte, dies erregte die größten Hoffnungen. Auch versammelten sich wertvolle Männer bald um ihn her, und dieser Verein vorzüglicher Literatoren wirkte so viel, daß man durch mehrere Jahre hin sich des Merkurs als Leitfadens in unserer Literargeschichte bedienen kann. Auf das Publikum überhaupt war die Wirkung groß und bedeutend, denn wenn auf der einen Seite das Lesen und Urteilen über eine größere Masse sich verbreitete, so ward auch die Lust, sich augenblicklich mitzuteilen, bei einem jeden rege, der irgend etwas zu geben hatte. Mehr als er erwartete und verlangte, floß dem Herausgeber zu; sein Glück weckte Nachahmer, ähnliche Zeitschriften entstanden, die erst monatlich, dann wochen- und tagweise sich ins Publikum drängten und endlich jene babylonische Verwirrung hervorbrachten, von der wir Zeuge waren und sind, und die eigentlich daher entspringt, daß jedermann reden und niemand hören will.

Was den Wert und die Würde des Teutschen Merkurs viele Jahre durch erhielt, war die dem Herausgeber desselben angeborne Liberalität. Wieland war nicht zum Parteihaupt geschaffen; wer die Mäßigung als Hauptmaxime anerkennt, darf sich keiner Einseitigkeit schuldig machen. Was seinen regen Geist aufreizte, suchte er durch Menschenverstand und Geschmack bei sich selbst ins gleiche zu bringen, und so behandelte er auch seine Mitarbeiter, für die er sich keineswegs enthusiasmierte; und wie er die von ihm so hoch geachteten alten Autoren, indem er sie mit Sorgfalt übersetzte, doch öfters in den Noten zu bekriegen pflegte, so machte er auch oft geschätzte, ja geliebte Mitarbeiter durch mißbilligende Noten verdrießlich, ja sogar abwendig.

Schon früher hatte unser Freund wegen größerer und kleinerer Schriften gar manche Anfechtung leiden müssen, um so weniger konnte es ihm als Herausgeber einer Zeitschrift an literarischen Fehden ermangeln. Aber auch hier beweist er sich als immer derselbe. Ein solcher Federkrieg darf ihm niemals lange dauern, und wie sich's einigermaßen in die Länge ziehen will, so läßt er dem Gegner das letzte Wort, und geht seines gewohnten Pfades.

Ausländer haben scharfsinnig bemerkt, daß deutsche Schriftsteller weniger als die Autoren anderer Nationen auf das Publikum Rücksicht nehmen, und daß man daher in ihren Schriften den Menschen, der sich selbst ausbildet, den Menschen, der sich selbst etwas zu Danke machen will, und folglich den Charakter desselben, gar bald abnehmen könne. Diese Eigenschaft haben wir schon oben Wielanden besonders zugeschrieben, und es wird um so interessanter sein, seine Schriften wie sein Leben in diesem Sinne zu reihen und zu verfolgen, als man früher und später den Charakter unseres Freundes aus eben diesen Schriften verdächtig zu machen suchte. Gar viele Menschen sind noch jetzt an ihm irre, weil sie sich vorstellen, der Vielseitige müsse gleichgültig und der Bewegliche wankelmütig sein. Man bedenkt nicht, daß der Charakter sich nur durchaus aufs Praktische beziehe. Nur in dem, was der Mensch tut, zu tun fortfährt, worauf er beharrt, darin zeigt er Charakter, und in diesem Sinne hat es keinen festern, sich selbst immer gleichern Mann gegeben als Wieland. Wenn er sich der Mannigfaltigkeit seiner Empfindungen, der Beweglichkeit seiner Gedanken überließ, keinem einzelnen Eindruck Herrschaft über sich erlauben wollte, so zeigte er eben dadurch die Festigkeit und Sicherheit seines Sinnes. Der geistreiche Mann spielte gern mit seinen Meinungen, aber, ich kann alle Mitlebenden als Zeugen auffordern, niemals mit seinen Gesinnungen. Und so erwarb er sich viele Freunde und erhielt sie. Daß er irgendeinen entschiedenen

Feind gehabt, ist mir nicht bekannt geworden. Im Genuß seiner dichterischen Arbeiten lebte er viele Jahre in städtischer, bürgerlicher, freundlichgeselliger Umgebung, und erreichte die Auszeichnung eines vollständigen Abdrucks seiner sorgfältig durchgesehenen Werke, ja einer Prachtausgabe derselben.

Aber er sollte noch im Herbst seiner Jahre den Einfluß des Zeitgeistes empfinden und auf eine nicht vorzusehende Weise ein neues Leben, eine neue Jugend beginnen. Der Segen des holden Friedens hatte lange Zeit über Deutschland gewaltet, äußere allgemeine Sicherheit und Ruhe traf mit den innern, menschlichen, weltbürgerlichen Gesinnungen gar schön zusammen. Der friedliche Städter schien seiner Mauern nicht mehr zu bedürfen, man entzog sich ihnen, man sehnte sich aufs Land. Die Sicherheit des Grundbesitzers gab jedermann Vertrauen, das freie Naturleben zog jedermann an, und wie der gesellig geborne Mensch sich öfters den süßen Trug vorbilden kann als lebe er besser, bequemer, froher in der Abgesondertheit, so schien auch Wieland, dem bereits die höchste literarische Muße gegönnt war, sich nach einem noch musenhaft ruhigern Aufenthalt umzusehen; und als er gerade in der Nähe von Weimar sich ein Landgut zuzueignen Gelegenheit und Kräfte fand, faßte er den Entschluß, daselbst den Rest seines Lebens zuzubringen. Und hier mögen die, welche ihn öfters besucht, welche mit ihm gelebt, umständlich erzählen, wie er gerade hier in seiner ganzen Liebenswürdigkeit erschien, als Haus- und Familienvater, als Freund und Gatte, besonders aber, weil er sich den Menschen wohl entziehen, die Menschen ihn aber nicht entbehren konnten, wie er als gastfreier Wirt seine geselligen Tugenden am anmutigsten entwickelte.

Indes ich nun jüngere Freunde zu dieser idyllischen Darstellung auffordere, so muß ich nur kurz und teilnehmend gedenken, wie diese ländliche Heiterkeit durch das Hinscheiden einer teuern mitwohnenden Freundin und dann durch den Tod seiner werten sorgsamen Lebensgefährtin getrübt worden. Er legt diese teueren Reste auf eignem Grund und Boden nieder, und indem er sich entschließt, die für ihn allzusehr verflochtene landwirtschaftliche Besorgung aufzugeben, und sich des einige Jahre froh genossenen Grundbesitzes zu entäußern, so behält er sich doch den Platz, den Raum zwischen beiden Geliebten vor, um dort auch seine ruhige Stätte zu finden. Und dorthin haben denn die verehrten Brüder ihn begleitet, ja gebracht, und dadurch seinen schönen und anmutigen Willen erfüllt, daß die Nachkommen seinen Grabhügel in einem lebendigen Haine besuchen und heiter verehren sollten.

Nicht ohne höhere Veranlassung aber kehrte der Freund nach der Stadt zurück; denn das Verhältnis zu seiner großen Gönnerin, der Herzogin Mutter, hatte ihm jenen ländlichen Aufenthalt mehr als einmal verdüstert. Er fühlte nur zu sehr, was es ihm koste, von ihr entfernt zu sein. Er konnte ihren Umgang nicht entbehren, und desselben doch nur mit Unbequemlichkeit und Unstatten genießen. Und so, nachdem er seine Familie bald erweitert, bald verengt, bald vermehrt, bald vermindert, bald versammelt, bald zerstreut gesehen, zieht die erhabene Fürstin ihn in ihren nächsten Kreis. Er kehrt zurück, bezieht eine Wohnung ganz nahe der fürstlichen, nimmt teil an dem Sommeraufenthalt in Tiefurt, und betrachtet sich nun als Glied des Hauses und Hofes.

Wieland war ganz eigentlich für die größere Gesellschaft geboren, ja die größte würde sein eigentliches Element gewesen sein; denn weil er nirgends obenan stehen, wohl aber gern an allem teil nehmen wollte, und über alles mit Mäßigung sich zu äußern geneigt war, so mußte er notwendig als angenehmer Gesellschafter erscheinen, ja er wäre es unter einer leichtern, nicht jede Unterhaltung allzu ernst nehmenden Nation noch mehr gewesen.

Denn sein dichterisches, so wie sein literarisches Streben war unmittelbar aufs Leben gerichtet, und wenn er auch nicht gerade immer einen praktischen Zweck suchte, ein praktisches Ziel hatte er doch immer nah oder fern vor Augen.

Daher waren seine Gedanken beständig klar, sein Ausdruck deutlich, gemeinfaßlich, und da er, bei ausgebreiteten Kenntnissen, stets an dem Interesse des Tags festhielt, demselben folgte, sich geistreich damit beschäftigte, so war auch seine Unterhaltung durchaus mannigfaltig und belebend; wie ich denn auch nicht leicht jemand gekannt habe, welcher das, was von andern Glückliches in die Mitte gebracht wurde, mit mehr Freudigkeit aufgenommen und mit mehr Lebendigkeit erwidert hätte.

Bei dieser Art zu denken, sich und andere zu unterhalten, bei der redlichen Absicht, auf sein Zeitalter zu wirken, verargt man ihm nun wohl nicht, daß er gegen die neuern philosophischen Schulen einen Widerwillen faßte. Wenn früher Kant in kleinen Schriften nur von seinen größern Ansichten präludierte, und in heitern Formen selbst über die wichtigsten Gegenstände sich problematisch zu äußern schien, da stand er unserm Freunde noch nah genug; als aber das ungeheure Lehrgebäude errichtet war, so mußten alle die, welche sich bisher in freiem Leben, dichtend sowie philosophierend ergangen hatten, sie mußten eine Drohburg, eine Zwingfeste daran erblicken, von woher ihre heitern Streifzüge über das Feld der Erfahrung beschränkt werden sollten.

Aber nicht allein für den Philosophen, auch für den Dichter war, bei der neuen Geistesrichtung, sobald eine große Masse sich von ihr hinziehen ließ, viel, ja alles zu befürchten. Denn ob es gleich am Anfang scheinen wollte, als wäre die Absicht überhaupt nur auf Wissenschaft, sodann auf Sittenlehre und was hievon zunächst abhängig ist, gerichtet, so war doch leicht einzusehen, daß wenn man jene wichtigen Angelegenheiten des höheren Wissens und des sittlichen Handelns, fester als bisher geschehen, zu begründen dachte, wenn man dort ein strengeres, in sich mehr zusammenhängendes, aus den Tiefen der Menschheit entwickeltes Urteil verlangte, daß man, sag' ich, den Geschmack auch bald auf solche Grundsätze hinweisen, und deshalb suchen würde, individuelles Gefallen, zufällige Bildung, Volkseigenheiten durchaus zu beseitigen, und ein allgemeineres Gesetz zur Entscheidungsnorm hervorzurufen.

Dies geschah auch wirklich, und in der Poesie tat sich eine neue Epoche hervor, welche mit unserm Freunde, so wie er mit ihr in Widerspruch stehen mußte. Von dieser Zeit an erlebte er manches unbillige Urteil, ohne jedoch sehr davon gerührt zu werden, und ich erwähne dieses Umstands hier ausdrücklich, weil der daraus in der deutschen Literatur entstandene Konflikt noch keineswegs beruhigt und ausgeglichen ist, und weil ein Wohlwollender, wenn er Wielands Verdienst schätzen und sein Andenken kräftig aufrecht erhalten will, von der Lage der Dinge, von dem Herankommen sowie der Folge der Meinungen, von dem Charakter, den Talenten der mitwirkenden Personen genau unterrichtet sein müßte, die Kräfte, die Verdienste beider Teile wohl kennen, und, um unparteiisch zu wirken, beiden Parteien gewissermaßen angehören.

Doch von jenen hieraus entsprungenen, kleineren oder größeren Fehden zieht mich eine ernste Betrachtung ab, der wir uns nunmehr zu überlassen haben.

Die zwischen unsern Bergen und Hügeln, in unsern anmutig bewässerten Tälern viele Jahre glücklich angesiedelte Ruhe war schon längst durch Kriegszüge wo nicht verscheucht, doch bedroht. Als der folgenreiche Tag anbrach, der uns in Erstaunen und Schrecken setzte, da das Schicksal der Welt in unsern Spaziergängen entschieden ward, auch in diesen schrecklichen Stunden, denen unser Freund sorglos entgegenlebte, verließ ihn das Glück nicht; denn er ward, erst durch die Vorsorge eines jungen entschlossenen Freundes, dann durch die Aufmerksamkeit der französischen Gewalthaber gerettet, die in ihm den verdienten weltberühmten Schriftsteller und zugleich ein Mitglied ihres großen wissenschaftlichen Instituts verehrten.

Er hatte bald hierauf mit uns allen den schmerzlichen Verlust Amaliens zu ertragen. Hof und Stadt waren eifrig bemüht, ihm jeden Ersatz zu reichen, und bald darauf ward er von zwei Kaisern mit Ehrenzeichen begnadet, dergleichen er in seinem langen Leben nicht gesucht, ja nicht einmal erwartet hatte.

Aber so wie am trüben, so auch am heitern Tage war er sich selbst gleich, und er betätigt hiedurch den Vorzug zartgebildeter Naturen, deren mittlere Empfänglichkeit dem guten wie dem bösen Geschick mäßig zu begegnen versteht.

Am bewunderungswürdigsten jedoch erschien er, körperlich und geistig betrachtet, nach dem harten Unfall, der ihn in so hohen Jahren betraf, als er durch den Sturz des Wagens zugleich mit einer geliebten Tochter höchlich verletzt ward. Die schmerzlichen Folgen des Falles, die Langeweile der Genesung ertrug er mit dem größten Gleichmut, und tröstete mehr seine Freunde als sich selbst durch die Äußerung: es sei ihm niemals ein dergleichen Unglück begegnet, und es möge den Göttern wohl billig geschienen haben, daß er auch auf diese Weise die Schuld der Menschheit abtrage. Nun genas er auch bald, indem sich seine Natur wie die eines Jünglings schnell wieder herstellte, und ward uns dadurch zum Zeugnis, wie der Zartheit und Reinheit auch eine hohe physische Kraft verliehen sei.

Wie sich nun seine Lebensphilosophie auch bei dieser Prüfung bewährte, so brachte ein solcher Unfall keine Veränderung in der Gesinnung noch in seiner Lebensweise hervor. Nach seiner Genesung gesellig wie vorher, nahm er teil an den herkömmlichen Unterhaltungen des umgänglichen Hof- und Stadtlebens, mit wahrer Neigung und anhaltendem Bemühen an den Arbeiten der verbundenen Brüder. So sehr auch jederzeit sein Blick auf das Irdische, auf die Erkenntnis, die Benutzung desselben gerichtet schien, des Außerweltlichen, des Übersinnlichen konnte er doch, als ein vorzüglich begabter Mann, keineswegs entbehren. Auch hier trat jener Konflikt, den wir oben umständlich zu schildern für Pflicht gehalten, merkwürdig hervor; denn indem er alles abzulehnen schien, was außer den Grenzen der allgemeinen Erkenntnisse liegt, außer dem Kreise dessen, was sich durch Erfahrung betätigen läßt, so konnte er sich doch niemals enthalten, gleichsam versuchsweise, über die so scharf gezogenen Linien wo nicht hinauszuschreiten, doch hinüber zu blicken und sich eine außerweltliche Welt, einen Zustand, von dem uns alle angeborenen Seelenkräfte keine Kenntnis geben können, nach seiner Weise aufzuerbauen und darzustellen.

Einzelne Züge seiner Schriften geben hiezu mannigfaltige Belege, besonders aber darf ich mich auf seinen Agathodämon, auf seine Euthanasie berufen, ja auf jene schönen, so verständigen als herzlichen Äußerungen, die er noch vor kurzem offen und unbewunden dieser Versammlung mitteilen mögen. Denn zu unserm Brüderverein hatte sich in ihm eine vertrauensvolle Neigung aufgetan. Schon als Jüngling mit demjenigen bekannt, was uns von den Mysterien der Alten historisch überliefert worden, floh er zwar nach seiner heitern klaren Sinnesart jene trüben Geheimnisse, aber verleugnete sich nicht, daß gerade unter diesen, vielleicht seltsamen Hüllen zuerst unter die rohen und sinnlichen Menschen höhere Begriffe eingeführt, durch ahnungsvolle Symbole mächtige leuchtende Ideen erweckt, der Glaube an einen über alles waltenden Gott eingeleitet, die Tugend wünschenswerter dargestellt, und die Hoffnung auf die Fortdauer unsers Daseins sowohl von falschen Schrecknissen eines trüben Aberglaubens, als von den ebenso falschen Forderungen einer lebenslustigen Sinnlichkeit gereinigt worden.

Nun als Greis von so vielen werten Freunden und Zeitgenossen auf der Erde zurückgelassen, sich in manchem Sinne einsam fühlend, näherte er sich unserm teueren Bunde. Wie froh er in denselben getreten, wie anhaltend er unsere Versammlungen besucht, unsern Angelegenheiten seine Aufmerksamkeit gegönnt, sich der Aufnahme vorzüglicher junger Männer erfreut, unsern ehrbaren Gastmahlen beigewohnt, und sich nicht enthalten, über manche wichtige Angelegenheit seine Gedanken zu eröffnen, davon sind wir alle Zeugen, wir haben es freundlich und dankbar anerkannt. Ja wenn dieser altgegründete und nach manchem Zeitwechsel oft wieder hergestellte Bund eines Zeugnisses bedürfte, so würde hier das vollkommenste bereit sein, indem ein talentreicher Mann, verständig, vorsichtig, umsichtig, erfahren, wohldenkend und mäßig, bei uns seinesgleichen zu finden glaubte, sich bei uns in einer Gesellschaft fühlte, die er, der besten gewohnt, als Vollendung seiner menschlichen und geselligen Wünsche so gern anerkannte.

Von dieser so merkwürdigen und hochgeschätzten Versammlung, obgleich von unsern Meistern aufgefordert, über den Abgeschiedenen wenige Worte zu sprechen, würde ich wohl haben ablehnen dürfen, in der Betrachtung, daß nicht eine flüchtige Stunde, leichte unzusammenhängende Blätter, sondern ganze Jahre, ja manche wohl überdachte und geordnete Bände nötig sind, um sein Andenken rühmlich zu feiern, neben dem Monumente, das er sich selbst in seinen Werken und Wirkungen würdig errichtet hat. Auch übernahm ich diese schöne Pflicht nur in der Betrachtung: es könne das von mir Vorgetragene dem zur Einleitung dienen, was künftig, bei wiederholter Feier seines Andenkens, von andern besser zu leisten wäre. Wird es unsern verehrten Meistern gefallen, mit diesem Aufsatz in ihre Lade alle dasjenige niederzulegen, was öffentlich über unsern Freund erscheinen wird, noch mehr aber dasjenige, was unsere Brüder, auf die er am meisten und am eigensten gewirkt, welche eines unterbrochenen nähern Umgangs mit ihm genossen, vertraulich äußern und mitteilen möchten, so würde hiedurch ein Schatz von Tatsachen, Nachrichten und Urteilen gesammelt, welcher wohl einzig in seiner Art sein dürfte, und woraus denn unsere Nachkommen schöpfen könnten, um mit standhafter Neigung ein so würdiges Andenken immerfort zu beschützen, zu erhalten und zu verklären.

LUDWIG BÖRNE: JEAN PAUL

1825

Ein Stern ist untergegangen, und das Auge dieses Jahrhunderts wird sich schließen, bevor er wieder erscheint; denn in weiten Bahnen zieht der leuchtende Genius, und erst späte Enkel heißen freudig willkommen, von dem trauernde Väter einst weinend geschieden. Und eine Krone ist gefallen von dem Haupte eines Königs! Und ein Schwert ist gebrochen in der Hand eines Feldherrn; und ein hoher Priester ist gestorben! Wohl mögen wir den beweinen, der uns Ersatz gewesen und uns nun unersetzlich geworden. Jedem Lande ward für jedes trübe Entbehren irgendeine freundliche Vergütung. Der Norden ohne Herz hat seine eiserne Kraft; der kränkelnde Süden seine goldene Sonne; das finstere Spanien seinen Glauben; die darbenden Franzosen erquickt der spendende Witz, und Englands Nebel verklärt die Freiheit. *Wir* hatten Jean Paul, und wir haben ihn nicht mehr, und in ihm verloren wir, was wir nur in ihm besaßen: Kraft und Milde und Glauben und heitern Scherz und entfesselte Rede. Das ist der Stern, der untergegangen: der himmlische Glaube, der in dem Erloschenen uns geleuchtet. Das ist die Krone, die herabgefallen: die Krone der Liebe, die den beherrschte, der sie getragen, wie alle, die ihm untertan gewesen. Das ist das Schwert, das gebrochen: der Spott in scharfer Hand, vor dem Könige zittern und der blutleere Höflinge erröten macht. Und das ist der hohe Priester, der für uns gebetet im Tempel der Natur – er ist dahingeschieden, und unsere Andacht hat keinen Dolmetscher mehr. Wir wollen trauern um ihn, den wir verloren, und um die andern, die ihn nicht verloren. Nicht allen hat er gelebt! Aber eine Zeit wird kommen, da wird er allen geboren, und alle werden ihn beweinen. Er aber steht geduldig an der Pforte des zwanzigsten Jahrhunderts und wartet lächelnd, bis sein schleichend Volk ihm nachkomme. Dann führt er die Müden und Hungrigen ein in die Stadt seiner Liebe; er führt sie unter ein wirtliches Dach: die Vornehmen, verzärtelten Geschmacks, in den Palast des hohen Albano; die Unverwöhnten aber in seines Siebenkäs enge Stube, wo die geschäftige Lenette am Herde waltet und der heiße beißende Wirt mit Pfefferkörnern deutsche Schüsseln würzt.

Jahrhunderte ziehen hinab, die Jahreszeiten rollen vorüber, es wechselt die Witterung des Glücks; die Stufen des Alters steigen auf und steigen nieder. Nichts ist dauernd als der Wechsel, nichts beständig als der Tod. Jeder Schlag des Herzens schlägt uns eine Wunde, und das Leben wäre ein ewiges Verbluten, wenn nicht die Dichtkunst wäre. Sie gewährt uns, was uns die Natur versagt: eine goldene Zeit, die nicht rostet, einen Frühling, der nicht abblüht, wolkenloses Glück und ewige Jugend. Der Dichter ist der Tröster der Menschheit; er ist es, wenn der Himmel selbst ihn bevollmächtigt, wenn ihm Gott sein Siegel auf die Stirne gedrückt und wenn er nicht um schnöden Botenlohn die himmlische Botschaft bringt. So war Jean Paul. Er sang nicht in den Palästen der Großen, er scherzte nicht mit seiner Leier an den Tischen der Reichen. Er war der Dichter der Niedergebornen, er war der Sänger der Armen, und wo Betrübte weinten, da vernahm man die süßen Töne seiner Harfe. Mögen wir der stolzen Glocke, die an seltenen Festtagen majestätisch schallt, unsere Ehrfurcht zollen – unsere Liebe wird der vertrauten Uhr, die jeden Pulsschlag unsers Herzens begleitet, die jede Viertelstunde unserer Freude nachtönt und alle unsere Schmerzen Minute nach Minute von uns nimmt.

In den Ländern werden nur die Städte gezählt; in den Städten nur die Türme, Tempel und Paläste, in den Häusern ihre Herren; im Volke die Kameradschaften; in diesen ihre Anführer. Vor allen Jahreszeiten wird der Frühling geliebkost; der Wanderer staunt breite Wege und Ströme und Alpen an; und was die Menge bewundert, preisen die gefälligen Dichter. Jean Paul war kein Schmeichler der Menge, kein Diener der Gewohnheit. Durch enge, verwachsene Pfade suchte er das verschmähte Dörfchen auf. Er zählte im Volke die Menschen, in den Städten die Dächer und unter jedem Dache jedes Herz. Alle Jahreszeiten blühten ihm, sie brachten ihm *alle* Früchte. Auch der ärmste Dichter, und schlotterte ihm nur *eine* Saite noch auf seiner kümmerlichen Leier, hat die Feiertage der ersten Liebe besungen. Jean Paul wartet diese heilige Flamme, bis sie mit dem Tode verlischt. Bei jeder goldenen Hochzeit ist er der trauende Priester, der die alten Herzen noch einmal aneinanderlegt und die zitternden Hände zum letzten Male paart, bevor der Tod sie trennt. Durch Nebel und Stürme und über gefrorne Bäche dringt er in das eingeschneite Häuschen eines Dorfschulmeisters, die Christnachtfreuden seiner Kinder zu teilen. Mit vollen Klängen besingt er die königliche Lust auf den Wonneinseln des Lago Maggiore; aber mit leisern und wärmern Tönen das enge Glück eines deutschen Jubelseniors und die Freuden eines schwedischen Pfarrers.

Für die Freiheit des Denkens kämpfte Jean Paul mit andern; im Kampfe für die Freiheit des Fühlens steht er allein. Seltsame, wunderliche Menschen, die wir sind! Fast sorglicher noch als unsern Haß suchen wir unsere Liebe zu verbergen, und wir fliehen so ängstlich den Schein der Güte, als wir unter Dieben den Schein des Reichtums meiden. Wie oft geschieht es, daß wir auf dem Markte des täglichen Treibens oder in den Sälen alltäglichen Geschwätzes all den wichtigen, volljährigen Dingen, die hier getrieben, dort besprochen werden, erlogene Aufmerksamkeit schenken! Wir scheinen gelassen und sind bewegt, scheinen ernst und sind weich, scheinen wach und sind von süßer Lust gewiegt, gehen bedächtigen Schrittes, und unser Herz taumelt von Erinnerung zu Erinnerung, und wir wandeln mit breitem Fuße zwischen den Blumenbeeten unserer Kindheit und erheben uns auf den Flügeln der Phantasie zu den roten Abendwolken unsrer hinabgesunkenen Jugend. Wie ängstlich lauschest du dann umher, ob kein Auge dich ertappt, ob kein Ohr die stillen Seufzer deiner Brust vernommen! Dann tritt Jean Paul nahe an dich heran und sagt dir leise und lächelnd: »Ich kenne dich!« Du verbirgst deine Freuden, weil sie dir zu kindlich scheinen für die Teilnahme der Würdigen; du verheimlichst deine Schmerzen, weil sie dir zu klein dünken für das Mitleid. Jean Paul findet dich auf und deine verstohlene Lust und spricht: »Komm, spiele mit mir!« Er schleicht sich in die Kammer, wo du einsam weinest, wirft sich an dein Herz und sagt: »Ich komme, mit dir zu weinen!« Schlummert und träumt irgendeine kindliche Neigung in deiner Brust, und sie erwacht, steht Jean Paul vor ihrer Wiege, und vielleicht waren es nur seine Lieder, die dein Herz in solchen Schlaf und in solche Träume gelullt. Nicht wie andere es getan, spürt er nach den verborgenen Einöden im menschlichen Herzen, er sucht darin die versteckten Paradiese auf. Er löset die Rinde von der verhärteten Brust und zeigt den weichen Bast darunter; und in der Asche eines ausgebrannten Herzens findet er den letzten, halbtoten Funken und facht ihn zur hellen Liebesflamme an. Darin hat er seinem Volke wohlgetan, darin war er sein Retter! Es gab eine Zeit, wo kein deutscher Jüngling, wenn er liebte, zu sagen wagte: »Ich liebe dich«. Zünftig und bescheiden, wie er war, sagte er: »Wir lieben dich, Mädchen!« Hinangezogen am Spalier der Staatsmauer, hinaufgerankt an der Stange des Herkommens, hatte er verlernt, seinen eignen Wurzeln zu trauen. Jean Paul munterte die blöden Herzen auf; er zuerst wagte das jedem Deutschen so grause Wort *Ich* auszusprechen, und wenn die Freiheit nicht darin besteht, daß man ohne Gesetze lebe, sondern daß jeder sein eigner Gesetzgeber sei, so war es Jean Paul, der für unsere Enkel die Saat der deutschen Freiheit ausgestreut.

Jean Paul war der Dichter der Liebe auf die schönste und erhabenste Weise, wie man dieses Wort nur deuten mag. Einst in seiner Jugend hatte er folgenden Eid geschworen: »Großer Genius der Liebe! ich achte dein heiliges Herz, in welcher toten oder lebenden Sprache, mit welcher Zunge, mit der feurigen Engelszunge oder mit einer schweren, es auch spreche, und will dich nie verkennen, du magst wohnen im engen Alpental oder in der Schottenhütte, mitten im Glanze der Welt; und du magst den Menschen Frühlinge schenken oder hohe Irrtümer oder einen kleinen Wunsch oder ihnen alles, alles nehmen!« Er hat den Eid geschworen, und er hat ihn gehalten bis in den Tod. Doch was ist Liebe ohne Gerechtigkeit! Die Milde des Räubers, der dem einen schenkt, was er dem andern genommen. Jean Paul war auch ein Priester des Rechts. Die Liebe war ihm eine heilige Flamme und das Recht der Altar, auf dem sie brannte, und nur reine Opfer brachte er ihr. Er war ein sittlicher Sänger. Nie schmückte er häßliche Sünde mit den Blumen seiner Worte aus; nie bedeckte er eine unedle Regung mit dem Golde seiner Reden. Er hätte es vermocht, wenn er gewollt; auch er hätte vermocht, mit seinem mächtigen Zauber dem frommen Tadler ein Lächeln abzuschmeicheln; aber er hat es nicht getan. Er stritt für Wahrheit, für Recht, für Freiheit und Glauben, und nie deckte bei ihm die Flagge eines mächtigen Namens sündlich-heilloses Gut, es den Ungläubigen zuzuführen.

Die Trostbedürftigen zu trösten und als befruchtender Himmel dürstende Seelen zu erquicken – dazu allein ward der Dichter nicht gesendet. Er soll auch der Richter der Menschheit sein und Blitz und Sturm, die eine Erde voll Dunst und Moder reinigen. Jean Paul war ein Donnergott, wenn er zürnte, eine blutige Geißel, wenn er strafte; wenn er verhöhnte, hatte er einen guten Zahn. Wer seinen Spott zu fürchten hatte, mochte ihn fliehen; ihn zu verlachen, wenn er ihm begegnete, war keiner frech genug. Trat der Riese Hochmut ihm noch so keck entgegen, seine Schleuder traf ihn gewiß! Verkroch sich die Schlauheit in ihrer dunkelsten Höhle, er legte Feuer daran, und der betäubte Betrüger mußte sich selbst überliefern. Sein Geschoß war gut, sein Auge besser, seine Hand war sicher. Er übte sie gern, seinen Witz hinter Höfe und hinter Deutschland hetzend. Nicht nach der Beute der Jagd gelüstete ihm, er wollte nur fromm die Felder des Bürgers und des Landmanns Äcker vor Verwüstungen schützen. Von der Feder manches Raubvogels, von dem Geweihe und der Klaue manch erlegten Wildes könnten wir erzählen; doch lassen wir uns zu keinen Jagdgeschichtchen verlocken in dieser sehr guten Hegezeit, wo schon strafbar gefunden und bestraft wird, nur die Büchse von der Wand herabzuholen.

Freiheit und Gleichheit lehrt der Humor und das Christentum – beide vergebens. Auch Jean Paul hätte vergebens gelehrt und gesungen, wäre nicht das Recht ein liebes Bild des toten Besitzes und die Hoffnung eine Schmeichlerin des Mangels. Jean Paul hat gut gemalt, er hat uns zart geschmeichelt. Der Humor ist keine Gabe des Geistes, er ist eine Gabe des Herzens, er ist die Tugend selbst, wie ein reichbegabtes Herz sie lehrend übt, weil es sie nicht übend lehren darf. Der Humorist ist der Hofnarr des Königs der Tiere in einer schlechten Zeit, wo die Wahrheit nicht tönen darf wie eine heilige Glocke, wo man ihr nur ihr Schellengeläute vergibt, weil man es verachtet, weil man es belächelt. Der Humorist löst die Binde von den Füßen des Saturns, setzt dem Sklaven den Hut des Herrn auf und verkündigt das saturnalische Fest, wo der Geist das Herz bedient und das Herz den Geist verspottet. Einst war eine schönere Zeit, wo man den Humor nicht kannte, weil man nicht die Trauer und nicht die Sehnsucht kannte. Das Leben war ein olympisches Spiel, wo jeder durfte seine Kraft und Hurtigkeit erproben. Der Schwäche war nur das Ziel versperrt, nicht der Weg; der Preis verweigert, nicht der Kampf. Jean Paul war der Jeremias seines gefangenen Volkes. Die Klage ist verstummt, das Leid ist geblieben. Denn jene falschen Propheten wollen wir nicht hören, die ihn begleitet und ihm nachgefolgt; und nur aus Liebe zu dem geliebten Toten wollen wir seiner kranken Nachahmer mit mehr nicht als mit wenigen Worten gedenken. Sie dünken sich frei, weil sie mit ihren Ketten rasseln: kühn, weil sie in ihrem Gefängnisse toben, und freimütig, weil sie ihre Kerkermeister schelten. Sie springen vom Kopfe zum Herzen, vom Herzen zum Kopfe – sie sind hier oder dort; aber der Abgrund ist geblieben; sie verstanden keine Brücke über die Trennungen des Lebens zu bauen. Verrenkung ist ihnen Gewandtheit der Glieder, Verzerrung Ausdruck des Gesichts, sie klappern prahlend mit Blechpfennigen, als wenn es Goldstücke wären, und wirft ihnen ja einmal der Schiffbruch des Zufalls irgendein Kleinod zu, wissen sie es nicht schicklich zu gebrauchen, und man sieht sie, gleich jenem Häuptling der Wilden, ein Ludwigskreuz am Ohrläppchen tragen.

Die Bewunderung preist, die Liebe ist stumm. Nicht preisen wollen wir Jean Paul, wir wollen ihn beweinen. Der lüsterne Gast vergißt über das Mahl den Wirt, der herzlose Kunstfreund den Künstler über sein Werk. Zwar wird als Dankbarer gelobt, wer von der genossenen Wohltat erzählt; aber der Dankbarste ist, der die Wohltat vergißt, sich nur des Wohltäters zu erinnern. So wollen wir des seligen Geistes liebend gedenken, nicht der Arbeiten und Werke, womit er unsere Bewunderung verdient. Und wollten wir anders, wir vermöchten es nicht. Man kann Jean Pauls Werke zählen, nicht sie schätzen. Die Schätze, die er hinterlassen, sind nicht alle gemünztes Gold, das man nur einzurollen braucht. Wir finden Barren von Gold und Silber, Kleinodien, nackte Edelsteine, Schaumünzen, die der Gewürzkrämer als Bezahlung abweist; aufgespeicherte, ungemahlne Brotfrucht und Äcker genug, worauf noch die spätesten Enkel ernten werden. Solcher Reichtum hat manches Urteil arm gemacht. Fülle hat man Überladung gescholten, Freigebigkeit als Verschwendung! Weil er so viel Gold besaß als andere Zinn, hat man als Prunksucht getadelt, daß er täglich aus goldenen Gefäßen aß und trank. Hat aber Jean Paul doch hierin gefehlt, wer hat seinen Irrtum verschuldet? Wenn große Reichtümer durch viele Geschlechter einer Familie herab erben, dann führt die Gewohnheit zur Mäßigkeit des Genusses; die Fülle wird geordnet; alles an schickliche Orte gestellt und um jeden

Glanz der Vorhang des Geschmacks gezogen. Der Arme aber, den das Glück überrascht, dem es die nackten Wände zauberschnell mit hohen Pfeilerspiegeln bedeckt, dem der Gott des Weins plötzlich die leeren Fässer füllt – der taumelt von Gemach zu Gemach, der berauscht sich im Becher der Freude, teilt unbesonnen mit vollen Händen aus und blendet, weil er ist geblendet. Ein solcher Emporkömmling war Jean Paul; er hatte von seinem Volke nicht geerbt. Der Himmel schenkte ihm seine Gunst; das Glück stürzte gutgelaunt sein Füllhorn um und überschüttete ihn mit Blumen und Früchten; die Erde gab ihm ihre verborgenen Schätze. Er sah und zeigte sie gerne! Doch was der Neid der Mitlebenden belächelt, darüber lachen froh die Erben. Gold bleibt Gold, auch in der Erzstufe, nur von wenigen erkannt, und die Fassung der Edelsteine erhöht ihren Preis, nicht ihren Wert.

So war Jean Paul! – Fragt ihr: wo er geboren, wo er gelebt, wo seine Asche ruhe? Vom Himmel ist er gekommen, auf der Erde hat er gewohnt, unser Herz ist sein Grab. Wollt ihr hören von den Tagen seiner Kindheit, von den Träumen seiner Jugend, von seinen männlichen Jahren? Fragt den Knaben Gustav; fragt den Jüngling Albano und den wackern Schoppe. Sucht ihr seine Hoffnungen? Im Kampanertale findet ihr sie. Kein Held, kein Dichter hat von seinem Leben so treue Kunde aufgezeichnet, als Jean Paul es getan. Der Geist ist entschwunden, das Wort ist geblieben! Er ist zurückgekehrt in seine Heimat; und in welchem Himmel er auch wandere, auf welchem Sterne er auch wohne, er wird in seiner Verklärung seine traute Erde nicht vergessen, nicht seine lieben Menschen, die mit ihm gespielt und geweint und geliebt und geduldet wie er.

FRIEDRICH VON MÜLLER: JOHANN WOLFGANG GOETHE

1832

Hochverehrte Anwesende!

Zwanzig Jahre sind dahin seit jenem unvergessenen Abend, wo wir *den*, dessen Todesfeier wir jetzt begehen, in diesen selben Hallen trauernd an *Wielands* Sarkophage erblickten, – in voller Manneskraft und Würde, aufrecht in edelster Haltung, mit der freien, Ehrfurcht gebietenden Stirne, mit dem großen leuchtenden Auge, von der geistbeseelten Lippe Worte der Wehmut, aber auch der edelsten Beruhigung uns zusprechend, – *zwanzig Jahre* seit jener heiligen Stunde, wo *Goethe* den unverwelklichen Kranz gerechtesten Nachruhms und brüderlicher Pietät um des vorausgegangenen Freundes und Lebensgenossen Urne schlang.

»Achzig Jahre – rief Er uns damals zu – wieviel in wenig Silben! Wer von uns wagt es in der Geschwindigkeit zu durchlaufen und sich zu vergegenwärtigen, was so viel Jahre, wohl angewandt, bedeuten? Wer von uns möchte behaupten, daß er den Wert eines in jedem Betracht vollständigen Lebens sogleich zu ermessen und zu schätzen wisse?«

Mit wie großem Rechte können wir nun diesen Ausruf auf Ihn selbst anwenden, auf *ihn*, dem das Schicksal noch über jenes höchste menschliche Lebensziel hinaus Tage des frischesten Daseins und Wirkens – *uns* durch Ihn noch so viel fruchtreiche Stunden heitern Zusammenseins und ungezählte Momente liebevollster Mitteilung gegönnt hat! –

Ja, wer auch nur diese letzte Periode seit *Wielands* Totenfeier in gedrängten Umrissen an sich vorüberführt und sich all' das Schöne, Große, Herrliche vergegenwärtigt, was *Goethe* darin geleistet, geschaffen, gefördert, – die zahllosen

Kreise all', in denen er segnend gewaltet und unermüdet vorwärts gestrebt, – die Tausend und aber Tausend Mitlebende, die an seinem geistreichen Wort Licht und kräftigeres Wollen, edlere Daseinsfreude und höhere Bildung gewonnen, – die Herzen alle, die in der mildern Wärme seiner letztern Jahre sich gesonnt, erquickt, erbaut fanden – – ja gewiß, dem muß die Überzeugung sich unwillkürlich aufdringen, daß für die Würdigung eines *solchen* Lebens kein gewöhnlicher Maßstab ausreicht.

Und nun noch mehr denn *sechzig* Jahre zurück – von den Blütentagen des talentreichen, feurigen, zu jedem Höchsten und Schwierigsten mit genialem Übermute anstrebenden Jünglings, den das überraschte Deutschland bald mit ungemessenem Jubel begrüßt, bald leidenschaftlich verketzert, zu der vielseitigen Entwickelung des reifenden Mannes, der mit gleicher Sicherheit ins praktische Leben eingreift, mit gleichem Scharfblick bürgerliche Zustände durchdringt, wie er eben erst die Reiche der Fantasie und Natur vor uns aufgeschlossen, und der alles Wahlverwandte unwiderstehlich in seine Kreise zieht, –

weiter zu jenen mittlern Jahren ernstester Tätigkeit und prüfender Selbstbeschränkung, wo unter den Ruinen der ewigen *Roma* die großen Schatten der Vorwelt ihm begegnen, mit dem Meistergruß ihn segnen, und aus denen er in vollendeter, gereinigter Kraft ein *Neuer*, scheinbar *ganz Anderer* hervortritt, weil das blödere Auge nicht durch den Schleier dringt, den höhere Weihe ihm überwarf, –

zu jenen heitern, ätherklaren, tatenlustigen Jahren endlich, wo er, mit dem fürstlichen Freunde aus Not und Gefahr wilden Kriegsgetümmels glücklich heimgekehrt, nun im Schoße des Friedens fruchtreichste Tage lebt, mit *Voigt* in der Wissenschaften Schutz und Pflege, mit *Schiller* Tag um Tag in immer kühnern poetischen und dramatischen Schöpfungen wetteifert, mit *Meyer* sich an der Betrachtung ewig musterhafter Kunstwerke erbaut und immer schärfer Gehalt, Bedingung und Grenze der Kunstschöpfungen feststellt; mit *Gött-*

ling, Loder, Batsch, Schelling, Humboldt in die Geheimnisse der Natur tiefer und tiefer eindringt, bald auch einsam mit sich selbst, *neue* Bahnen bricht und mit dem Lichte der Divination in die tiefsten Schachten menschlicher Erkenntnis hinabsteigt! –

Ja, fürwahr, die Feier des Andenkens an ein *solches* Leben verträgt sich nicht mit den hergebrachten Zeichen und Symbolen äußerer Trauer – sie muß zum höchsten Gefühl menschlicher Würde, sie muß zum frommen Danke gegen den ewigen Baumeister der Welten aufrufen, der solch' eine segensvolle Erscheinung uns gegönnt, solch' ein Leben bis zum spätesten Erdenziele bewahrt, geschützt, gesegnet hat! Und wie er selbst bei *Wielands Totenfeier* sich einen Zauberstab wünschte, jene düstere Umgebung unsrer Trauerhallen augenblicklich in eine heitere zu verwandeln, »auf daß ein festlich geschmückter Saal mit bunten Teppichen und muntern Kränzen, so froh und klar wie das Leben des Abgeschiedenen sich den Brüdern darstelle«; – so haben auch heute die Ordner dieses Trauerfestes, gehorsam jenem Winke und ganz gewiß in *seinem* Sinne gehandelt, wenn Ihre Blicke diesmal statt düstern Symbolen nur den heitern Farben und Blumen des Lebens, statt Trauerflören und nächtlichem Dunkel nur den Sinnbildern frischer Tätigkeit und dankbar froher Zuversicht begegnen! –

Hat doch überhaupt sein großer Geist immer ins Heitere gestrebt, dem Unvermeidlichen stets mit würdiger Ergebung sich gefügt und beharrlich alles abgelehnt, was frischer Lebenswirkung und heiterer Pflichtübung Hemmnis drohte. Denn *ihm* war das Leben ernste Kunstaufgabe, und es aufs edelste vielseitig zu ergreifen und zu gestalten, *innere Naturnotwendigkeit*. Seine Auffassungsgabe war so unwillkürlich, so hell geschliffen der Spiegel seines Innern, daß er gleichsam gezwungen schien, alle äußern Erscheinungen in der physischen wie in der sittlichen Welt in voller Treue in sich aufzunehmen, und daß er ihres übermächtigen Eindrucks sich nur dadurch erwehren, nur dadurch als selbständiges

Individuum sich behaupten konnte, daß er sich jener Erscheinungen zu freier künstlerischer Gestaltung bemächtigte und, so zu sagen, sie nach außen wieder zurückwarf.

Wie noch in diesen jüngsten Tagen ein geistreicher akademischer Trauerredner mit klassischer Gediegenheit von ihm behauptete, daß in der stufenweisen, harmonischen Entwicklung *seines* Geistes alle die verschiedenen Perioden antiker griechischer Kultur in ihren Hauptmomenten nachzuweisen seien, so läßt sich ohne Übertreibung hinzufügen: es scheine, daß in *ihm,* dem Einzelnen, die Natur den ganzen Kreislauf menschlichen Strebens und menschlicher Bestimmung habe abspiegeln, in *ihm,* in seinem Individuum, den Grundcharakter allgemeiner Menschheit, so in Tugenden wie in unvermeidlichen Schwächen, habe ausprägen und aufstellen wollen, oder, wie ein geistreicher Brite es noch kürzlich ausgedrückt hat:

»Es war als ob der Zufall und ursprüngliche Begabung sich vereinigt hätten, einen Charakter im höchsten Stile zu bilden« –.

Leitete die aufmerksame Beobachtung des Ganges seiner eigenen Entwicklung und seiner innern Kämpfe – denn nicht leicht hat wohl ein Sterblicher dem Andrange mächtiger Leidenschaften und Aufregungen öfter zu widerstehen gehabt und mit tieferem Gefühl ausgesprochen:

»Denn ich bin ein Mensch gewesen
Und das heißt ein Kämpfer sein!«

leitete sie ihn zuerst auf jenes große Prinzip der *Metamorphose* in der organischen Welt, welches er späterhin auch auf alle sittlichen Zustände in der Geschichte und im Leben anwandte: so erblickte er auch im Tode nur *Metamorphose,* deren heiliges, geheimnisvolles Gesetz nicht durch bange Vorstellungen und schreckende Bilder zu umdüstern sei. Sein lebendiger Blick sah im ganzen Universum nur *Leben* und *Tätigkeit.* – Stillstand, Aufhören, Nichtsein, waren ihm Worte ohne Sinn und Bedeutung.

Unvergeßlich bleibt mir jene nächtliche Stunde, wo ich ihn einst ausrufen hörte:

»Glaubt ihr, ein Sarg könne mir imponieren? Kein tüchtiger Mensch läßt seiner Brust den Glauben an Unsterblichkeit rauben!«

Erwarten Sie nicht von mir, verehrte Anwesende! daß ich es unternehme, Ihnen den Lebensgang unsers *Goethe*, seine unerreichten Eigenschaften und Leistungen als Dichter und Schriftsteller, seine Verdienste als Staatsmann und Förderer vaterländischer Kultur und Wohlfahrt abzuschildern. Ist doch längst die Welt seines Ruhmes voll, sind doch bereits drei Geschlechter seiner Schöpfungen und Wirkungen bewundernde Zeugen!!

Die Geschichte seiner Jugend und ersten Ausbildung hat er uns selbst mit jener innern und höhern *Wahrheit* enthüllt und dargestellt, der nur die bescheidenste Selbstprüfung den Schleier der *Dichtung* beigesellte. In wenig Monaten werden diese unschätzbaren Bekenntnisse, fortgeführt bis zu seinem ersten Auftreten in Weimar, uns allen noch tiefere Blicke in die Geheimnisse eines Herzens tun lassen, das mitten unter den Stürmen der Leidenschaft stark genug war, dem Zauber süßester und edelster Neigung zu entsagen, wenn es der Befriedigung sittlich zarter Anforderungen galt. Nur reine, uneigennützige Motive hielten ihn ab, sein früheres Leben und Wirken in Weimar mit derselben treuen Ausführlichkeit abzuschildern; mit seltner Selbstverleugnung drängte er in wenig Blätter kursorisch zusammen, was den reichsten Stoff zu zahlreichen Bänden dargeboten hätte.

Auf die häufigen und dringenden Gegenvorstellungen, die seine Freunde ihm machten, hat er mir einst erwidert:

»Die wahre Geschichte der ersten zehn Jahre meines Weimarischen Lebens könnte ich nur im Gewande der Fabel oder eines Märchens darstellen; als wirkliche Tatsache würde die Welt es nimmermehr glauben. Kommt doch jener Kreis, wo auf hohem Standort ein reines Wohlwollen und gebührende Anerkennung – durchkreuzt von den wunderlichsten Anfor-

derungen – ernstliche Studien neben verwegensten Unternehmungen und heiterste Mitteilungen trotz abweichenden Ansichten sich betätigen, mir selbst, der das alles mit erlebt hat, schon als ein mythologischer vor. Ich würde Vielen weh, vielleicht nur Wenigen wohl, mir selbst niemals Genüge tun; wozu das? Bin ich doch froh, mein Leben hinter mir zu haben; was ich geworden und geleistet, mag die Welt wissen; wie es im Einzelnen zugegangen, bleibe mein eigenstes Geheimnis.«

Doch der Hochsinn und die Pietät seines fürstlichen Freundes hat den schönsten Teil handschriftlicher Dokumente aus jener Zeit für eine dankbare Nachwelt aufbewahrt, und *Carl August* hat noch am Vorabende seines Scheidens dafür gesorgt, daß diese köstlichen Reliquien in späterer Zeit öffentlich kund gemacht werden können. Dann erst wird die Welt den ganzen seltenen Wert, die ganze Charakter- und Gemüts-Größe *des* Mannes völlig kennen und schätzen lernen, den kleinlicher Neid und blöder Stumpfsinn so oft aus dem Gesichtspunkte der Gemeinheit zu lästern – mindestens, wo sie die Übermacht seines Geistes nicht anzufechten vermochten, seine *sittliche* Würde zu *entstellen* versuchten! Ja, wenn *Goethe's* Ruhm als Dichter längst ein welthistorischer geworden und von den Zungen aller gebildeten Nationen, selbst in den entferntesten Weltteilen widerhallt; wenn die Bahn großartiger, freier Naturanschauung, die er im deutschen Vaterlande zuerst mit genialer Kraft gebrochen, im *Werther, Götz, Egmont,* in hundert ergreifenden, herzvollen Liedern helleuchtend bezeichnet ist; wenn das Zarteste, was ein Menschenherz empfinden kann, den edelsten Ausdruck, die Weihe antiker Ruhe und Einfachheit in *Iphigenien, Tasso, Eugenien, Herrmann und Dorothea* gefunden; wenn die wahrheitstreue Darstellung der viel verschlungenen Verhältnisse und Probleme bürgerlicher und sittlicher Zustände im *Wilhelm Meister*, in den *Wahlverwandtschaften* und in den *Wanderjahren*, wenn die heitere Grazie frischen Lebensgenusses in den *Römischen Elegien*, die ernstere sittliche Grazie in *Euphrosine*, in *Doris und Alexis*, die malerische Lebendigkeit und Farbenpracht in dem *Römischen Carneval,* in der *Novelle* und im *Märchen,* an Form und tiefem Gehalt nicht leicht je übertroffen werden mögen, wenn endlich – um den Gipfel *Goethescher* Poesie mit einem Worte zu bezeichnen – sein *Faust* – diese titanische Dichtung, die den höchsten Sonnenpunkt und den tiefsten Abgrund menschlichen Tuns und Wollens *zugleich* umspannt – für immer als staunenswürdiges Ergebnis allgewaltiger Fantasie und tiefster Reflexion und Weltkenntnis erscheinen muß; und wenn wir zu diesem unsterblichen Dichterruhme noch all' das Herrliche hinzurechnen, was die *Wissenschaften* dem unermüdeten genialen Naturforscher, die *Zivilisation* dem großartig fördernden Pfleger des Lichts und der Wahrheit, die *Kunst* ihrem scharfsinnig urteilenden, geschmackvoll anordnenden Kenner und Freunde verdankt; kurz, alles das, was selbst im Auslande die Bezeichnung *des staunenswürdigsten Mannes seines Jahrhunderts* ihm erworben hat – immer noch dürfen wir, geliebte Brüder! mit süßem Stolze uns zurufen: Uns war er mehr!

Wie ein Meisterwerk der bildenden Kunst zwar auch in der Ferne, nach dem Gehalt seiner Motive, dem Geiste seiner Komposition und dem richtigen Verhältnis seiner einzelnen Teile erkannt, gewürdigt und bewundert werden kann, doch nur dem *unmittelbaren* Beschauer den vollen Zauber lebendiger Harmonie offenbart, so trat auch *Goethes* ganze Liebenswürdigkeit, die ganze harmonische Fülle seines Daseins erst im nähern persönlichen Umgange unverschleiert hervor.

Von der Natur mit ungemein großer Reizbarkeit und Empfänglichkeit ausgestattet, hatte er von früh an sie zu mäßigen, jedes leidenschaftliche Übergewicht zu bekämpfen bestrebt. Mit seltener Klarheit fühlte er, daß, wenn gleich gerade diese ausgezeichnete Lebendigkeit seines Naturells ihm schnell die Herzen gewann und in jedem Kreise ein Auftreten und Wirken begünstigte, sie ihm doch auch gar leicht von folgerechter Bahn ablenkte, ja Ziel und Maß zu überschreiten verführe.

In jüngern Jahren zu rascher und ausschließlicher Hingebung geneigt, alle die sich ihm einmal ergeben, unaufhaltsam mit sich fortreißend, hatten schmerzliche Erfahrungen mancher Art ihm Selbstbeherrschung als höchste Pflicht erscheinen lassen, und so war späterhin das Zurückdrängen jedes übermächtigen Gefühls, die Bewahrung äußern und innern Gleichgewichts unter allem Andrang der Lebensereignisse, ihm zur unerschütterlichen Maxime, zu einer wahren Kunstaufgabe geworden.

So hatte denn unvermerkt auch sein Äußeres und seine Mitteilungsweise in Weltverhältnissen einen Schein von Kälte und Verschlossenheit, ja oft von Steifheit angenommen, der ihm nicht selten für Stolz und Egoismus ausgelegt wurde und auch in der Tat bei oberflächlicher Bekanntschaft leicht dafür gelten konnte.

Aber unter dieser äußern Verhüllung, die den Zudrang gemeiner Wirklichkeit von ihm abhielt, veredelte sich immerfort der Kern seines innern Wesens, und die Liebenswürdigkeit und Milde seines Gemütes trat für Freunde und Vertraute nur desto reiner und ergreifender hervor. Es bedurfte keineswegs ausgezeichneter Geistesgaben, um seine Teilnahme und in gewissem Grade sein Vertrauen zu gewinnen; nur ein tüchtiges, sicheres Wollen und Wirken, wenn auch im beschränktesten Kreise, war ihm unerläßliche Bedingung; abhold und widerwillig zeigte er sich nur jeder unbegründeten Anmaßung, jedem zwecklosen Umhertappen nach nichtigen Lebenszwecken. Zu kräftiger Förderung lebensfrischer Tätigkeit und Vorliebe geneigt, konnte er in seiner Nähe kein Talent, keine nützliche Fertigkeit gewahren, die er nicht ermuntert, angeregt, durch Rat und Tat gesteigert hätte. Auch außerhalb des Kreises seiner bedeutenden amtlichen Wirksamkeit als Haupt so vieler wissenschaftlichen und gemeinnützigen Anstalten – auch schon im täglichen bürgerlichen Verkehr hat er auf diese Weise unglaublich wohlgetan.

Wer irgend mit ihm in nähere Verhältnisse kam, empfand den erfrischenden Anhauch seines Geistes und gewöhnte sich unwillkürlich an eine gewisse ernstere Richtung, Stetigkeit und Folge, die das Element seines Daseins war und die er der ganzen Atmosphäre um sich her mitzuteilen wußte. Daher denn auch alle, die jeweils seine Hausgenossen oder auch nur durch öftere Dienstleistungen ihm nahe waren, selbst wenn er nicht immer ihren Wünschen Genüge tun konnte, eine unzerstörliche Anhänglichkeit und Ehrfurcht für ihn behielten.

Ein empfangenes Gute dankbar zu vergelten, war ihm ein freudiger Genuß, doch nie auf gemeine Weise; durch Abwartung des passenden Augenblicks, durch sinnige Form und Bedeutsamkeit der Gegengabe wußte er stets ihren Wert eigentümlich zu erhöhen. Wie manche von uns werden sich mit Rührung jenes Morgens nach seiner fünfzigjährigen Jubelfeier erinnern – sind es doch heute gerade sieben Jahre –, wo er, um seine Empfindung über die unaufgeforderte nächtliche Erleuchtung der Straße vom Theater bis zu seiner Wohnung aufs gemütlichste auszudrücken, sein Enkelpaar, die damals noch zarte Knaben, von Haus zu Haus herumsandte, die treuen Mitbürger mit kindlichen Dankesworten in seinem Namen zu begrüßen.

Undankbarkeit und Verkennung fremden Verdienstes war ihm in tiefster Seele verächtlich; wohl konnte es geschehen, daß bei der unglaublichen Menge von Gegenständen, die ihn beschäftigten, eine oder die andere ihm kund gewordene verdienstliche Leistung eine Zeitlang in den Hintergrund trat; aber mit doppeltem Eifer ergriff er dann die erste Gelegenheit, das Versäumte einzubringen.

Seiner großartigen Naturansicht gemäß ließ er jeden entschiedenen Charakter in seiner Eigentümlichkeit gewähren und gelten und verschmähte jede Art von gewaltsamer Einwirkung auf die Überzeugung und Sinnesweise anderer, ja er vermochte sich mit Personen, die an Denkart und Bildung himmelweit von ihm abstanden, gleichwohl aufs beste und gemütlichste zu vertragen, sobald er nur irgend eine praktisch tüchtige Seite, irgend eine vorzügliche Eigenschaft an ihnen erprobt hatte.

Über seine Gegner in der literarischen Welt, wie *früher* im Staatsdienste, – denn man darf wohl behaupten, daß er in spätern Jahren darin keinen einzigen, sondern nur allenthalben tätige, anhängliche Förderer seiner Zwecke gefunden – konnte er sich wohl oft heftig, ja leidenschaftlich herauslassen, nie aber hat er, auch nicht am Feinde, das Achtungswerte, Verdienstliche, Talentvolle verkannt, nie kleinlichem Neide oder hämischer Verketzerungssucht sich hingegeben.

Wie oft hörte ich ihn, wenn das Gespräch auf Männer fiel, die in frühern Jahren ihm geradezu entgegenwirkt oder durch bittere Urteile ihn gekränkt hatten, das Eigentümliche ihres Charakters, und wie sie dem gemäß ihm und seinen damaligen Richtungen notwendig abhold sein mußten, mit höchster Milde auseinandersetzen und jedes ihrer Verdienste unbefangen hervorheben.

Nie hat er den großen Einfluß, den sein erhabener Fürst und Freund ihm gönnte, zu eigennützigen Zwecken oder zu irgend jemandes Schaden benutzt; ja ich kann aus eigener Wissenschaft beteuern, daß unter den zahlreichen Briefen und vertraulichen Vorträgen, die sich aufbewahrt finden, kaum einer anzutreffen ist, in welchem er nicht für diesen oder jenen redlichen Diener, für dieses oder jenes hoffnungsvolle Talent sich mit Wärme und persönlichster Teilnahme verwendet hätte.

Auf Untergebene weniger durch Befehl und strenge Vorschrift, als durch Belebung ihres Sinnes und ihrer Liebe an der Sache zu wirken, war ihm Grundmaxime; daher denn innerhalb gezogener Grenzen er ihnen gern freien Spielraum ließ, und, wenn sie in ihrem angewiesenen Kreise sich tüchtig erwiesen, auch wohl ihren Schwächen und Fehlern duldsam nachsah.

Von *Goethe* galt im höchsten Sinne, was *Schiller* von *Wallenstein* sagt:

> Jedwedem zieht er seine Kraft hervor,
> die eigentümliche, und zieht sie groß.

Denn es ist unsäglich, wie wundersam anregend und belebend sein Anblick, seine edle Haltung, sein kraftvolles Wort auf Jeden wirkte, dem er etwas auftragen, ihn zu etwas anstellen wollte.

Diejenigen unserer Brüder, die des Glücks genossen, ihre dramatische Laufbahn unter seiner Direktion zu beginnen oder fortzusetzen, bekunden es noch oft mit enthusiastischer Wärme und Dankbarkeit.

Klar und deutlich bezeichnete er in wenigen aber gemessenen Worten das Ziel, die Aufgabe, erweckte mit kurzen, prägnanten Andeutungen das Bild der geforderten Leistung in der Fantasie des Untergebenen und wußte selbst durch Aufzählung der Schwierigkeiten den Mut des Unternehmens zu steigern. Jede, auch die unwichtigere Aufgabe stellte er als eine *höchste* dar, damit selbst im kleinsten Detail etwas Bedeutendes erstrebt, etwas Volltüchtiges geleistet werde; nichts war seinem Blicke zu gering es zu beachten; was er auch vornahm, er legte das ganze Gewicht seiner Persönlichkeit hinein. Ein Unbedeutendes kannte er nicht, weil seine Behandlungsweise, der Sinn, den er hinein trug, es alsobald zum Bedeutenden umschuf. Das Kuvertieren eines Briefs, das Einpacken einer Zeichnung wurde von ihm stets mit derselben besonnenen Genauigkeit und Zierlichkeit besorgt, wie der Abschluß des wichtigsten Geschäfts oder die Revision gehaltreichster Entwürfe. Daher ihn denn nicht leicht eine Mitteilung größern Beifall abgewann, als da ich ihm einst erzählte, Graf *Capo d'Istria* habe mir bei seiner Abreise nach Griechenland gesagt: »Ich folge dem Rufe des Schicksals, obgleich zweifelnd am Gelingen meines Unternehmens. Denn nicht, was der Mensch *erreicht*, sondern was und *wie* er *strebt*, verdient Achtung, gewährt Beruhigung.«

Was nur irgend mit Liebe und Treue geleistet wurde, fern und nah, in welchem Geschäft, gleichviel zu welchem Zwekke, in Technik, Industrie, Landwirtschaft oder in Wissenschaft und Kunst, – es erregte seine lebhafteste Anerkennung, Teilnahme, Mitfreude am Gelingen.

Denn mit jedem zunehmenden Lebensjahre bestätigte sich ihm mehr und mehr jenes schöne, einst von ihm ausgesprochene Wort: »*Daß die Menschheit zusammen erst der wahre Mensch ist, und daß der Einzelne nur froh und glücklich sein kann, wenn er den Mut hat, sich im Ganzen zu fühlen.*«

Und kann wohl der tiefste Sinn des Maurerbundes jemals klarer aufgefaßt, würdiger ausgedrückt werden, als es *Goethe* in diesen wenigen Worten getan?

Der Begriff, daß große und edle Zwecke nur durch ein treues Zusammenwirken vieler Gleichgesinnten erreicht werden können, daß jede höhere Wahrheit eines sinnlichen Symbols, jede gemeinsame Tätigkeit streng geordneter Formen und Regeln bedürfe, war ihm eigentümlich, ging aus seiner vollsten Überzeugung, aus seinem tiefen Studium der Geschichte und der Natur hervor. Diesen Begriff zu befestigen, auch im Maurerbunde zu betätigen, hat er nicht leicht eine Gelegenheit vorüber gelassen.

Er war es, der den Großherzog *Carl August* den Maurerischen Hallen zuführte, Er, der mit dem edlen, zartsinnigen Herzog *Ernst* von Gotha langjährige vertrauteste Maurer-Verbindung unterhielt. Gleich fern von aberwitziger Schwärmerei, wie von politischer Einwirkungssucht – die jene, übrigens zum Teil ausgezeichneten Männer des Illuminaten-Ordens ergriff – hat er nie die hohe Bedeutung verkannt, die der Bund nach seinem reinen Grundcharakter für edlere Gesittung und Ausbildung seiner Glieder, für echte Humanität und Zivilisation und dadurch für die Ruhe und Sicherheit der Staaten haben kann und soll.

Er beklagte es, wenn hie und da Ausartungen – die ja auch keinem andern bürgerlichen Institute fremd bleiben – sich kund gaben; aber er hat nie die Furcht geteilt, daß der Maurerbund dem Staate oder der Religion gefährlich werden könnte.

Und fürwahr, dies Urteil, diese Überzeugung eines Mannes wie *Goethe*, der niemals leichtsinniger Hingebung oder revolutionärer Gesinnung auch nur im geringsten verdächtig war, der die Labyrinthe des Irrtums und der Leidenschaften so genau erforscht hatte, solch' ein Ausspruch ist vom höchsten Werte, muß für den Maurerbund ein diamantener Schild gegen Anfeindung und Verkennung sein!

Heilig für immer werden in dem Gedächtnis wie in den Archiven der Maurer die goldnen Worte bleiben, die er bei *Wielands*, bei *Ridels, Jagemanns, Müllers* und anderer Brüder Totenfeier ihnen zugesprochen, dreifach heilig jene seelenvolle Erwiderung ihres Grußes bei seiner maurerischen Jubelfeier (25. Juni 1830):

»So! die Menschheit fort zu ehren,
Lasset, freudig überein,
Als wenn wir beisammen wären,
Kräftig uns zusammen sein!«

Das Geheimnis hatte überhaupt stets für *Goethe* einen ganz besondern Reiz, nicht nur aus dem poetischen Gesichtspunkte, sondern auch vorzüglich darum, weil es vor Entweihung würdiger Vorsätze und Bestrebungen sichert, ihr Gelingen erleichtert und die Willenskräfte der Verbündeten steigert. In seinem *Wilhelm Meister* und in den *Wanderjahren* deutet er häufig darauf hin, ja eine seiner schönsten und gehaltreichsten, leider unvollendeten Dichtungen trägt die Bezeichnung: *»Die Geheimnisse«* an der Stirne und war bestimmt, unter dem Schleier der Poesie die Geschichte und den Charakter aller bekannten Religionen darzustellen und seine eignen heiligsten Überzeugungen aufzunehmen. So hat er denn auch im Leben, ja selbst in alltäglichen Vorkommnissen diese Liebe zum Geheimnis betätigt und nur selten und ungern über die nächsten Anordnungen und Beschlüsse sich in Voraus mitgeteilt.

Noch unangenehmer war es ihm, wenn man sein Vorhaben erriet oder irgend etwas, was er erst später vorzeigen oder eröffnen wollte, vorzeitig entdeckte oder zur Sprache brachte.

Seine Naturbetrachtungen hatten ihm gelehrt, wie alles Große und Bedeutende nur im Stillen sich vorbereite, wachse und entwickle; seine Welterfahrung ihm bewiesen, daß die edelsten Unternehmungen, voreilig enthüllt, meist den feindseligsten Gegenwirkungen ausgesetzt sind. Und er besaß die Kunst und Selbstverleugnung, oft die herrlichsten Erzeugnisse seines schöpferischen Geistes viele Jahre lang zu verbergen; wie denn sein letztes Meisterwerk, der zweite Teil des *Faust*, aufs strengste bis zu seinem Tode versiegelt blieb.

Mit dieser Liebe zum Geheimnis hing auch eine seiner schönsten Tugenden, die *Verschwiegenheit*, zusammen; ja man darf sagen, daß er sie oft bis zum Extrem geübt hat. Die wichtigsten Geheimnisse und Aufschlüsse in öffentlichen wie in Privatangelegenheiten lagen in seiner Brust so verschlossen wie in einem Grabe; selbst unbedeutende Tagesvorkommenheiten bewahrte er mit gleicher Gewissenhaftigkeit, wenn nur irgend Jemanden daraus Schaden oder Kränkung erwachsen konnte.

Niemand war diskreter als er; auch in den vertraulichsten, jovialsten Gesprächen verleugnete sich nie die ihm eigentümliche, zarte Rücksicht auf alle Verhältnisse. Nie provozierte er irgend eine Vertraulichkeit; erfolgte sie gleichwohl, so mochte er sich gern als eine Art Beichtvater betrachten, zögerte wohl zuweilen mit seinem Rat, aber wirkte im Stillen wo er nur konnte, der ihm kund gewordenen Verlegenheit abzuhelfen.

Aus jener Liebe zum Geheimnis entsprang nicht minder seine vorherrschende Neigung zum *Rätselhaften*, die nicht selten den Genuß seiner schriftstellerischen Leistungen erschwert.

Diese Neigung bildete sich in ihm zur überlegten Maxime aus; ich hörte ihn oft behaupten: ein Kunstwerk, besonders ein Gedicht, das nichts zu erraten übrig ließe, sei kein wahres, vollwürdiges; seine höchste Bestimmung bleibe immer: zum Nachdenken aufzuregen, und nur dadurch könne es dem Beschauer oder Leser recht lieb werden, wenn es ihn zwinge, nach eigner Sinnesweise es sich auszulegen und gleichsam ergänzend nachzuschaffen.

Jene Tugend der Verschwiegenheit, jene zarte Diskretion

verlieh dem Verhältnis seiner zahlreichen Freunde und Freundinnen zu ihm einen unaussprechlichen Reiz. Er verstand die seltne Kunst, Freund seiner Freunde in der jedem Naturell zusagendsten Weise zu sein. Ohne jemals sich ausschließlich hinzugeben, wußte er doch jeden, den er einmal erprobt hatte, sich ganz anzueignen und gleichwohl jede Eifersucht fern zu halten, alle auf die für sie passendste Weise zu ehren und zu erfreuen. Wie Ehrfurcht gebietend auch sein ganzes Wesen immerhin blieb, so machte er doch seine Überlegenheit nur in seltnen, prägnanten Fällen geltend, und auch dann meist nur im Gewande humoristischer Ironie, die, wie jede Gattung feinsten Scherzes, ihm in höchster Meisterschaft zu Gebote stand.

Satire, Parodie und Mißlaune dagegen waren ihm im Innersten verhaßt.

Alles, was seine Schriften an Geist und hinreißender Darstellungsgabe enthalten, ward durch die Liebenswürdigkeit seiner persönlichen Mitteilungen noch weit überboten. Alle, die das Glück genossen, ihm in traulichen Kreisen näher zu kommen, werden diese vielleicht auffallende Behauptung aus voller Seele bestätigen. Niemand besaß, so oft er nur wollte, die Kunst der Unterhaltung, der Erzählung, der augenblicklich geistreichsten, schlagenden und doch dabei heitersten Gegenrede in höherer Virtuosität; dabei verstand er es, auf feinste Jedem hinlänglichen Raum zu eigner Geltendmachung zu lassen, ja gleichsam Jedem das Beste, was er zu geben vermochte, zwanglos abzugewinnen.

Die Anmut seiner Tischreden, wo jeder kleine Anlaß Funken des Witzes, sinnvolle Anspielungen oder die kernhaftesten Urteile und Aussprüche hervorrief, übertraf vielleicht noch der Zauber, den er in guten Stunden harmlosen Zwiegesprächs übte, wenn er die Schätze seiner Erfahrungen aufschloß, oder interessante Begebenheiten des Tages mit dem milden Lichte erhabener, ruhiger Weisheit beleuchtete, oder auch über die tiefsten sittlichen und künstlerischen Probleme mit genialer Klarheit und Einfachheit sich herausließ. Nicht schon in der ersten Stunde solchen Zusammenseins durfte man hoffen, dieser geistigen Blitze und wohltuenden Gemütsausströmung froh zu werden; wie alles sich bei ihm folgerecht entwickelte und jedes sprunghafte Hervortreten oder absichtliche Ausforschen ihm verhaßt war: so bedurfte es auch erst längern, ungestörten Gesprächs und zufälliger Anlässe, um die ganze Fülle seiner Liebenswürdigkeit zu entfalten; war aber ein solcher köstlicher Moment eingetreten, so schien sein ganzes Wesen verklärt, seine Brust gleichsam freier, ja die Person, zu der er sprach, ihm so viel lieber geworden, und er suchte und sann dann rings umher, wie er den befreundeten Genossen solcher traulichen Stunde noch mit einem sichtbaren Zeichen der Liebe und des Wohlwollens entlassen könnte.

Doch ich vergesse im Zudrang unschätzbarer Erinnerungen, daß ich vor einer Versammlung spreche, in der ja so Viele das Bild seiner liebenswürdigen Mitteilungsweise im *eignen* treuen Busen bewahren, – und wer von uns in diesem Kreise hätte mehr oder minder

> *»nicht seiner Rede geistbeseelte Kraft,*
> *nicht seiner Sitten Freundlichkeit erfahren?«*

Wo wäre ein Bürger dieser Stadt, ein Nachbar, ein Dienstleistender, der irgend je ihm nahe gekommen, und nicht lebenslang das Bild seiner würdigen Erscheinung, seiner ernstbedeutsamen, oder wohlwollend-heitern Zusprache im Herzen trüge?

Wer erinnert sich nicht jener schönen erquicklichen Sommertage von 1814, wo er nach glücklich beendigtem Kriege für den jubelvollen Empfang des heimkehrenden geliebten Fürsten festliche Anordnungen unermüdet aussann und leitete, – wie er da, bald im frischesten Tatgefühl jedem seine Rolle ermunternd und belehrend zuteilte, bald von Straße zu Straße fröhlich umher wandelte, mit eigenen Augen dem Geleisteten nachsah, das noch Mangelnde ergänzte, bald bei dieser schon geschmückten Pforte zufrieden weilte, bald zu jenem Fenster hinein den Kränze und Schmuck Bereitenden heiter anregend zusprach, nun freundlich lobte, nun humoristisch schalt, überall gemütlich, ermutigend, belebend!

Oder wem schwebt nicht jener heilige Tag von *Carl Augusts* Jubelfeier (3. Sept. 1825) vor der Seele, wo er, der ehrwürdige Greis, in frühster Morgenstunde, dort jenem anmutigen Sommerhause seines Fürsten gegenüber, unvermutet aus dem Gebüsche heraustrat und durch die blumen- und lorbeerumschmückten Säulen sich leise hineinschlich, um, wie er der Lebensfreunde des Fürsten Erster und Ältester war, auch nun *zuerst* dem erhabenen Gefeierten, beredt in stummer Rührung, die Huldigung seines Herzens und jene Denkmünze, die fromme Gabe unserer Treue und Liebe, darzubringen? – In wessen Andenken lebt nicht der unvergeßliche Abend desselben Tages, wo er das eigene festlich bekränzte Haus zahllosen Gästen und Freunden öffnete, sie um sich sammelte, durch heiterste Zusprache erquickte, aufs sinnigste bewirtete und – der Beglückteste unter den Beglückten – im süßen Dank- und Frohgefühl bis tief in die Nacht umher wandelte?

Ja, gewiß, wenn einst *die* Hand, welche jüngst die frechverleumderischen Worte: »Goethe ist in Weimar schon vergessen«, öffentlich niederzuschreiben wagte, wenn einst diese Hand längst unbekannt vermodert, – dann noch wird kein edles Herz in Weimars Mauern schlagen, dem *Goethes* Andenken nicht heilig wäre, kein Gebildeter auf Weimars Vorzeit zurückschauen, der nicht in *Goethes* Ruhme den köstlichsten Juwel erblickte, den ein segnendes Geschick dem Vaterlande und der Fürstenkrone unserer angestammten Beherrscher geschenkt hat, und der nicht – wenn rings umher das Genie des *Dichters* und *Schriftstellers* bewundert wird, mit süßem Stolze ausriefe: Uns war er mehr!

Wir *aber*, denen die Vorsehung gegönnt hat, so viele unvergeßliche Jahre in Mitte der edelsten Wirksamkeit unsers verklärten *Goethe* zu leben – *wir aber*, die jetzt mit frommer Hand und tiefbewegter Seele den Kranz der Liebe und Ehrfurcht um seine Urne schlingen, – *wir* wollen, mit ganzer Manneskraft uns selbst aufrufen und geloben, festzuhalten an allem Großen, Guten und Schönen, was er uns gelehrt, geschaffen und als ein unvergängliches Erbteil hinterlassen hat, damit wir:

»Als wenn wir noch beisammen wären,
im Geist mit Ihm zusammen sei'n.«

Dann wird sich jenes edelste Wort an uns selbst erproben, welches *Goethe* am Grabe der Herzogin *Anna Amalia* aussprach:

»Ja, das ist der Vorzug edler Naturen, daß ihr Hinscheiden in höhere Regionen segnend wirkt, wie ihr Verweilen auf der Erde, daß sie uns von dorther, gleich Sternen, entgegen leuchten, als Richtpunkte, wohin wir unsern Lauf bei einer nur zu oft durch Stürme unterbrochenen Fahrt zu lenken haben; daß diejenigen, zu denen wir uns als zu Wohlwollenden und Hülfreichen im Leben hinwendeten, nun die sehnsuchtsvollen Blicke nach sich ziehen, als Vollendete, Selige.«

KARL GUTZKOW: GEORG BÜCHNER

1837

Um den Ton zu verstehen, worin dieser Nachruf an einen früh vollendeten jungen deutschen Dichter gehalten ist, denke man sich eine Freundschaft, die aus der Ferne, ohne persönliche Begrüßung, nur durch wechselseitige Bestrebungen, durch gleiche Gesinnungen hervorgerufen und durch das Band der Ideale zusammengehalten wurde. Man wechselt Briefe und Zusprüche, tauscht seine Zukunft aus, schüttet sich einander ein reiches Füllhorn lachender, dreister Hoffnungen in den Schoß; man spricht sich in trüben Stunden Mut zu, malt sich eine Wendung der Dinge aus, in welcher wir selbst vom Winde, der sich dreht, gefaßt werden dürften; man hofft auf persönliche Begrüßung und gibt sich Kennzeichen, wenn man sich plötzlich begegnen sollte; ein solcher Gemüt und Geist bewegender Verkehr dauert ein Jahr. Da tritt eine kleine Unterbrechung ein; der eine bestellt sein Haus, der andere rüstet sich zu einer Reise und neuen Lebensbahn. Der Briefwechsel stockt. Man ist ohne Sorge über den still fortglimmenden Freundschaftsfunken und tritt eines Tages an einen öffentlichen Ort, wo sich das Echo der tausend Tagesgerüchte, das Echo der Verfolgungen in den Zeitungen durchkreuzt. Man ergreift sorglos eine derselben und liest, daß der Freund, der hoffnungsvolle, strebende, mutige, sogar schon seit Monaten, hinübergegangen ist in das Reich des Friedens, sanft entschlummert im Arme einer Geliebten, ausgelöscht aus dem jungen Nachwuchsregister unserer Hoffnungen, tot – ja mehr als tot – schon seit Monden verstorben!

So ging es mir mit Georg Büchner, einem strebenden Jünglinge aus Darmstadt, dessen Freundschaft ich mir erworben hatte, und der sie mir leistete mit vollem, ideenreichem

Herzen. Es war eine Knospe, deren Entfaltung ein herrliches Farbenspiel am Sonnenlicht gespiegelt hätte. Noch glaubte ich einen jungen Titanen aus widerwärtigen Verhältnissen sich losringend zu wissen; und in dem Augenblicke barg ihn schon der kühle Schoß der Erde. Ich sah ihn seine Waffenrüstung zum Kampfe mit der Unbill der Zeiten schmücken – und schon schlummerte er in jenem ewigen Reiche des Friedens, wo die Widersprüche versöhnt und der Egoismus des Zeitalters in kalte Asche verwandelt ist. Ich kann jenes tiefe, grausame Weh verstehen, auf dem Totenbette mit seiner Liebe zum Leben und seinen Zukunftsträumen zu ringen, sich trennen zu müssen von dem Großen und Edlen, das man noch von sich bewahrheiten und bewähren wollte, und in jener Hand, die sich eben ausstreckte, um ein Reich des Ruhmes und der Ehre zu erobern, den lähmenden Tod zu fühlen. Junger Kämpe, vielleicht warst du ergeben, als sich die Sinne und dein Bewußtsein lösten; vielleicht lächeltest du schon über der Menschen ehrgeiziges Rennen und Treiben und dachtest selig, daß alles eitel sei, daß auch die Irrtümer, die du bekämpfen wolltest, ja selbst die Dichterträume, die wie Lorbeer schon auf deiner Stirne lagen, an der Pforte der Ewigkeit wie bunte Farben sich in Vergängliches auflösen. Vielleicht vermißtest du, schon im Vorhofe der Ewigkeit, den Nachruf deiner Freunde nicht. Aber sie sind ihn dir schuldig; sie müssen dein Andenken mit frischem Rasen belegen und einen Kranz von Immergrün um das bescheidene Kreuz hängen, welches deine Grabstätte bezeichnet. Du gehörtest in die Legion der edlen Streiter für die Sache des Jahrhunderts. Die Menschen, die du haßtest, sollen wissen, wer du warst; und die, die du liebtest, sollen hören, was sie an dir verloren haben.

In den letzten Tagen des Februar 1835, dieses für die Geschichte unserer neuern schönen Literatur etwas stürmischen Jahres, war es, als ich einen gesellig verbundenen Kreis von ältern und jüngern Kunstgenossen und Wahrheitsfreunden bei mir sah. Wir wollten einen Autor feiern, der bei seiner

Durchreise durch Frankfurt am Main nach Literatenart das Handwerk begrüßt und lange genug zurückgezogen gelebt hatte, um uns zu verbergen, daß er im Begriff war, Bücher herauszugeben, welche, ob sie gleich jüdischen Inhalts waren, dennoch von der »Evangelischen Kirchenzeitung« kanonisiert werden sollten. J. Jacoby war's. Kurz vor Versammlung der Erwarteten erhielt ich aus Darmstadt ein Manuskript nebst einem Briefe, dessen wunderlicher und ängstlicher Inhalt mich reizte, in ersterem zu blättern. Der Brief lautete: »Mein Herr! Vielleicht hat es Ihnen die Beobachtung, vielleicht, im unglücklicheren Fall, die eigene Erfahrung schon gesagt, daß es einen Grad von Elend gibt, welcher jede Rücksicht vergessen und jedes Gefühl verstummen macht. Es gibt zwar Leute, welche behaupten, man sollte sich in einem solchen Falle lieber zur Welt hinaushungern, aber ich könnte die Widerlegung in einem seit kurzem erblindeten Hauptmann von der Gasse aufgreifen, welcher erklärt, er würde sich totschießen, wenn er nicht gezwungen sei, seiner Familie durch sein Leben seine Besoldung zu erhalten. Das ist entsetzlich. Sie werden wohl einsehen, daß es ähnliche Verhältnisse geben kann, die einen verhindern, seinen Leib zum Notanker zu machen, um ihn von dem Wrack dieser Welt in das Wasser zu werfen, und werden sich also nicht wundern, wie ich Ihre Türe aufreiße, in Ihr Zimmer trete, Ihnen ein Manuskript auf die Brust setze und ein Almosen abfordere. Ich bitte Sie nämlich, das Manuskript so schnell wie möglich zu durchlesen, es, im Fall Ihnen Ihr *Gewissen als Kritiker dies erlauben sollte,* dem Herrn Sauerländer zu empfehlen und sogleich zu antworten. – Über das Werk selbst kann ich Ihnen nichts weiter sagen, als daß unglückliche Verhältnisse mich zwangen, es in höchstens fünf Wochen zu schreiben. Ich sage dies, um Ihr Urteil über den Verfasser, nicht über das Drama an und für sich, zu motivieren. Was ich daraus machen soll, weiß ich selbst nicht, nur das weiß ich, daß ich alle Ursache habe, der Geschichte gegenüber rot zu werden; doch tröste ich mich mit dem Gedanken, daß, Shakespeare ausgenommen, alle Dichter vor ihr und der Natur wie Schulknaben dastehen. – Ich wiederhole meine Bitte um schnelle Antwort; im Falle eines günstigen Erfolgs können einige Zeilen von Ihrer Hand, wenn sie noch vor nächstem Mittwoch hier eintreffen, einen Unglücklichen vor einer sehr traurigen Lage bewahren. – Sollte Sie vielleicht der Ton dieses Briefes befremden, so bedenken Sie, daß es mir leichter fällt, in Lumpen zu betteln, als im Frack eine Supplik zu überreichen, und fast leichter, die Pistole in der Hand: la bourse ou la vie! zu sagen als mit bebenden Lippen ein: Gott lohn' es! zu flüstern. *G. Büchner.*«

Dieser Brief, den ich abdrucke, um sogleich ein Bild des Charakters zu geben, dessen Erinnerung wir feiern, den ich auch, unbekümmert um seine noch lebenden, vermöglichen Eltern, abdrucke, weil wir die kleine Affektation und das unmotivierte Elend darin bald erklären werden, reizte mich, augenblicklich das Manuskript zu lesen. Es war ein Drama: »Dantons Tod«. Man sah es der Produktion an, mit welcher Eile sie hingeworfen war. Es war ein zufällig ergriffener Stoff, dessen künstlerische Durchführung der Dichter abgehetzt hatte. Die Szenen, die Worte folgten sich rapid und stürmend. Es war die ängstliche Sprache eines Verfolgten, der schnell noch etwas abzumachen und dann sein Heil in der Flucht zu suchen hat. Allein diese Hast hinderte den Genius nicht, seine Begabung in kurzen scharfen Umrissen schnell, wie im Fluge, an die Wand zu schreiben.

Alles, was in dem lose angelegten Drama als Motiv und Ausmalung gelten sollte, war aus Charakter und Talent zusammengesetzt. Jenes ließ diesem keine Zeit, sich breit und behaglich zu entwickeln; dieses aber auch jenem nicht, nur bloß Gesinnungen und Überschweifungen hinzuzeichnen, ohne wenigstens eine in der Eile versuchte Abrundung der Situationen und namentlich der aus der köstlichsten Stahlquelle der Natur fließenden hellen und muntern Worte. »Dantons Tod« ist im Druck erschienen. Die ersten Szenen, die ich gelesen, sicherten ihm die gefällige, freundliche Teilnahme jenes Buchhändlers noch an dem bezeichneten Abend selbst. Die Vorlesung einer Auswahl davon, obschon von diesem oder jenem mit der Bemerkung, dies oder das stände grade so im Thiers, unterbrochen, erregte Bewunderung vor dem Talent des jugendlichen Verfassers.

Kaum hatte Georg Büchner einen Bescheid, so erfuhren wir, daß er auf dem Wege nach Straßburg war. Ein Steckbrief im »Frankfurter Journal« folgte ihm auf der Ferse. Er hatte in Darmstadt, vor seiner Familie sogar, verborgen gelebt, weil er jeden Augenblick befürchten mußte, in eine Untersuchung gezogen zu werden. Er war in jene unglückseligen politischen Wirrnisse verwickelt, die in so vielen Familien die Ruhe untergraben, so vielen Vätern ihre Söhne und Frauen ihre Gatten genommen haben. Ob ihn nur Verdacht oder eine erwiesene Beschuldigung verfolgte, weiß ich nicht; man versicherte, daß er den Frankfurter Vorfällen nicht fremd gewesen. Vielleicht hatten ihn auch nur seine in Straßburg früher fortgeführten Studien verdächtig gemacht. Jedenfalls ergab sich, daß Büchner die Partie der Flucht gern ergriff. Er war mit einer jungen Dame in Straßburg versprochen; das Exil, für andere eine Plage, war für ihn Wohltat. Er gestand mir ein, daß er die Teilnahme seiner (wahrscheinlich loyalen) Eltern durch seine tollkühnen Schritte auf eine harte Probe stelle, und daß er nicht den Mut hätte, diese abzuwarten. Dies spornte ihn an, sich selbst einen Weg zur bürgerlichen Existenz zu bahnen und von seinen Gaben die möglichen Vorteile zu ziehen. Daher das verzweifelnde Begleitungsschreiben des »Danton«: das »Pistol« und die unschuldige Banditenphrase: la bourse ou la vie!

Mehre der aus Straßburg an mich gerichteten Briefe Büchners sind mir nicht mehr zur Hand. Ich hatte indessen große Mühe mit seinem »Danton«, da solche Dinge, wie sie Büchner hingeworfen, Ausdrücke, die er sich erlaubte, heute nicht gedruckt werden dürfen. Es tobte Sansculottenlust in der Dichtung; die Erklärung der Menschenrechte wandelte darin, mit Rosen bekränzt, aber nackt. Die Idee, die das Ganze zusammenhielt, war die rote Mütze. Büchner studierte Medizin. Seine Phantasie spielte mit dem Elend der Menschen, in das sie durch Krankheit geraten; ja, die Krankheiten des Leichtsinns mußten ihm zur Folie seines Witzes dienen. Die dichterische Flora des Buches bestand aus Feld- und aus Quecksilberblumen. Jene streute seine Phantasie, diese seine übermütige Satire. Um dem Zensor nicht die Lust des Streichens zu gönnen, ergriff ich selbst dies Amt und beschnitt die wuchernde Demokratie der Dichtung mit der Schere der Vorzensur. Da fühlt' ich wohl, wie gerade der Abfall des Buches, der unsern Sitten und Verhältnissen geopfert werden mußte, der beste, der individuellste, eigentümlichste Teil des Ganzen war. Lange, zweideutige Dialoge in den Volkszenen, die von Witz und Gedankenfülle sprudelten, mußten zurückbleiben. Die Spitzen der Wortspiele mußten abgestumpft werden oder durch aushelfende dumme Redensarten, die hinzuzusetzen waren, krumm gebogen. Der *echte* »Danton« von Büchner ist *nicht* erschienen. Was davon herauskam, ist ein notdürftiger Rest, die Ruine einer Verwüstung, die mich Überwindung genug gekostet hat.

Büchner schrieb im Sommer 1835 an mich: »Straßburg. Verehrtester! Vielleicht haben Sie durch einen Steckbrief im ›Frankfurter Journal‹ meine Abreise von Darmstadt erfahren. Seit einigen Tagen bin ich hier; ob ich hier bleiben werde, weiß ich nicht, das hängt von verschiedenen Umständen ab. Mein Manuskript wird unterderhand seinen Kurs durchgemacht haben. Meine Zukunft ist so problematisch, daß sie mich selbst zu interessieren anfängt, was viel heißen will. Zu dem subtilen Selbstmord durch Arbeit kann ich mich nicht leicht entschließen; ich hoffe, meine Faulheit wenigstens ein Vierteljahr lang fristen zu können, und nehme dann Handgeld entweder von den Jesuiten für den Dienst der Maria oder von den St.-Simonisten für die femme libre oder sterbe mit meiner Geliebten. Wir werden sehen. Vielleicht bin ich auch dabei, wenn noch einmal das Münster eine Jakobinermütze aufsetzen sollte. Was sagen Sie dazu? Es ist nur mein Spaß.

Aber Sie sollen noch erleben, zu was ein Deutscher nicht fähig ist, wenn er Hunger hat. Ich wollte, es ginge der ganzen Nation wie mir. Wenn es einmal ein Mißjahr gibt, worin nur der Hanf gerät! Das sollte lustig gehen, wir wollten schon eine Boa constrictor zusammenflechten. Mein ›Danton‹ ist vorläufig ein seidenes Schnürchen und meine Muse ein verkleideter Samson.«

Der wilde Geist in diesem Briefe ist die Nachgeburt »Dantons«. Der junge Dichter muß seinen Thiers und Mignet loswerden; er verbraucht noch die letzten Reste auf seiner Farbenpalette, von der er jene dramatischen Bilder aus Frankreichs Schreckensherrschaft gemalt hatte. Der Ausdruck ist ihm wichtiger als die Sache. Die revolutionäre Phraseologie reißt ihn hin, dafür nach idealen Unterlagen zu suchen. Er wird bald andere Ansichten haben und sich von jener Unruhe befreien, die man immer spürt, wenn man eben vom Reisewagen steigt. Der Puls schlägt dann öfter in der Minute, als man Gedanken für jeden Schlag hat. G. Büchner hörte bald auf, von gewaltsamen Umwälzungen zu träumen. Die zunehmende materielle Wohlfahrt der Völker schien ihm die Revolution zu verschieben. Je mehr jene zunimmt, desto mehr schwindet ihm eine Aussicht auf diese. Er schrieb mir unter anderm: »Die ganze Revolution hat sich schon in Liberale und Absolutisten geteilt und muß von der ungebildeten und armen Klasse aufgefressen werden; das Verhältnis zwischen Armen und Reichen ist das einzige revolutionäre Element in der Welt, der Hunger allein kann die Freiheitsgöttin und nur ein Moses, der uns die sieben ägyptischen Plagen auf den Hals schickte, könnte ein Messias werden. Mästen Sie die Bauern, und die Revolution bekommt die Apoplexie. Ein Huhn im Topf jedes Bauern macht den gallischen Hahn verenden.«

Inzwischen hatte ich den erschienenen »Danton« nach Verdienst im »Phönix« gewürdigt. Büchners Bescheidenheit schmollte, daß ich ihn zu hoch gestellt: er käme in Verlegenheit, meine in seinem Namen gegebenen Versprechungen zu erfüllen. Meine Kritik hatte aber noch eine andere Folge, die für unsere Zustände nicht uninteressant war. Ich erhielt aus der Schweiz einen anonymen Brief, der allen Anschein nach von der dortigen jeune Allemagne herrührte, und worin mir über mein Lob eines patriotischen Apostaten, wofür nun schon Büchner galt, die heftigsten Vorwürfe gemacht wurden. Es war zu gleicher Zeit der Neid eines Schulkameraden, der sich in dem Briefe ausgällte. Den Verfasser ärgerte das einem ehemaligen Freund gespendete Lob, und um seine kleinliche Empfindung zu verbergen, hüllte er sich in pädagogische Vorwände. Der geärgerte Schulkamerad schrieb: »Bei der unbedingtesten Gerechtigkeit, die ich Büchners Genie widerfahren ließ, ist es mir doch nie eingefallen, mich vor ihm in eine Ecke zu verkriechen!« Darauf folgte ein Erguß über die Eitelkeit, in der nun der Kamerad bestärkt werden würde, eine Versicherung, daß er Büchners wahrer Freund wäre, und in einem Postskript – ob ich nicht eine Antikritik abdrucken wollte! Mir schien dies anonyme Treiben so verdächtig, daß ich Büchnern einen Wink gab und von ihm Aufklärung erhielt. Ich will die betreffende Stelle hersetzen; nicht, weil das ganze Verhältnis von Bedeutung ist, sondern weil ich darin eine Abspiegelung von Jugenderinnerungen sehe, die gewiß in vielen Lesern dieses Aufsatzes auftauchen. Wer hätte nicht in Beziehungen gestanden, wo brechen so schwer, fast unmöglich ist, und wo man durch das freundschaftliche Verhältnis doch nicht erquickt, sondern im Gegenteil nur belästigt wird und mit Freuden jede Gelegenheit ergreift, sich mit gutem Grunde die Last abzuschütteln! Büchner antwortete: »Was Sie mir über die Zusendung aus der Schweiz sagen, macht mich lachen. Ich sehe schon, wo es herkommt. Ein Mensch, der mir einmal – es ist schon lange her – sehr lieb war, mir später zur unerträglichen Last geworden ist, den ich schon seit Jahren schleppe, und der sich, ich weiß nicht aus welcher verdammten Notwendigkeit, ohne Zuneigung, ohne Liebe, ohne Zutrauen an mich anklammert und quält, und den ich wie ein notwendiges Übel getragen habe! Es war mir wie einem Lahmen oder Krüppel zumut, und ich hatte mich so ziemlich in mein Leben gefunden. Aber jetzt bin ich froh, es ist mir, als wäre ich von einer Todsünde absolviert. Ich kann ihn endlich mit guter Manier vor die Türe werfen. Ich war bisher unvernünftig gutmütig, es wäre mir leichter gefallen, ihn totzuschlagen als zu sagen: Pack' dich! Aber jetzt bin ich ihn los! Gott sei Dank! Nichts kommt einem doch in der Welt teurer zu stehen als die Humanität.«

Weil sich Büchner mit allen Kräften auf eine akademische Stellung vorbereitete, so konnte er seine Mußezeit nur leichten Arbeiten widmen. Er übersetzte in der Serie von Victor Hugos übertragenen Werken die »Tudor« und »Borgia« mit dichterischer Verwandtschaft mit dem Original. Einen seiner Briefe, wo er die Schwächen Victor Hugos mit seinem Auge musterte, kann ich nicht wiederfinden. Alfred de Musset zog ihn an, während er nicht wußte, »wie er sich durch V. Hugo durchnagen« solle, Hugo gäbe nur »aufspannende Situationen«, A. de Musset aber doch »Charaktere, wenn auch ausgeschnitzte«. Wie wenig er auch arbeitete und erklärte, für den »Danton«, der so hurtig nicht zustande gekommen, wären »die darmstädtschen Polizeidiener seine Musen gewesen«, so trug er sich doch mit einer Novelle, wo Reinhold Lenz im Hintergrunde stehen sollte. Er wollte viel Neues und Wunderliches über diesen Jugendfreund Goethes erfahren haben, Neues über Friederiken und ihre spätere Bekanntschaft mit Lenz.

Büchners spätere Briefe beschäftigten sich meist mit seinen Zukunftsplänen. Sein Herz war gefesselt, er suchte eine Existenz als Schmied seines Glückes. Er hatte die Medizin verlassen (wie gewöhnlich ohne Datum): »Straßburg. Lieber Freund! War ich lange genug stumm? Was soll ich Ihnen sagen? Ich saß *auch* im Gefängnis und im langweiligsten unter der Sonne, ich habe eine Abhandlung geschrieben in die Länge, Breite und Tiefe. Tag und Nacht über der ekelhaften Geschichte, ich begreife nicht, wo ich die Geduld hergenommen. Ich habe nämlich die fixe Idee, im nächsten Semester zu Zürich einen Kurs über die Entwicklung der deutschen Philosophie seit Cartesius zu lesen; dazu muß ich mein Diplom haben, und die Leute scheinen gar nicht geneigt, meinem lieben Sohn »Danton« den Doktorhut aufzusetzen. Was war da zu machen? Sie sind in Frankfurt und unangefochten? Es ist mir leid und doch wieder lieb, daß Sie noch nicht im ›Rebstöckel‹ (Straßburger Gasthaus) angeklopft haben. Über den Stand der modernen Literatur in Deutschland weiß ich so gut als nichts; nur einige versprengte Broschüren, die, ich weiß nicht wie, über den Rhein gekommen, fielen mir in die Hände. Es zeigt sich in dem Kampf gegen Sie eine gründliche Niederträchtigkeit, eine recht gesunde Niederträchtigkeit, ich begreife gar nicht, wie wir noch so natürlich sein können! Und Menzels Hohn über die politischen Narren in den deutschen Festungen – und das von Leuten! mein Gott, ich könnte Ihnen übrigens erbauliche Geschichten erzählen. Es hat mich im tiefsten empört; meine armen Freunde! Glauben Sie nicht, daß Menzel nächstens eine Professur in München erhält? Übrigens, um aufrichtig zu sein, Sie und Ihre Freunde scheinen mir nicht gerade den klügsten Weg gegangen zu sein. Die Gesellschaft mittelst der *Idee* von der *gebildeten* Klasse aus reformieren? Unmöglich! Unsere Zeit ist rein *materiell.* Wären Sie je direkter politisch zu Werke gegangen, so wären Sie bald auf den Punkt gekommen, wo die Reform von selbst aufgehört hätte. Sie werden nie über den Riß zwischen der gebildeten und ungebildeten Gesellschaft hinauskommen. Ich habe mich überzeugt, die gebildete und wohlhabende Minorität, so viel Konzessionen sie auch von der Gewalt für sich begehrt, wird nie ihr spitzes Verhältnis zur großen Klasse aufgeben wollen. Und die große Klasse selbst? Für die gibt es nur zwei Hebel, materielles Elend und religiöser Fanatismus. Jede Partei, welche diese Hebel anzusetzen versteht, wird siegen. Unsere Zeit braucht Eisen und Brot – und dann ein Kreuz oder sonst so was. Ich glaube, man muß in sozialen Dingen von einem absoluten Rechtsgrundsatz ausgehen, die Bildung eines neuen geistigen Lebens im *Volk* suchen und die abgelebte moderne Gesellschaft zum

Teufel gehen lassen. Zu was soll ein Ding wie diese zwischen Himmel und Erde herumlaufen? Das ganze Leben desselben besteht nur in Versuchen, sich die entsetzlichste Langeweile zu vertreiben. Sie mag aussterben, das ist das einzig Neue, was sie noch erleben kann. – Sie erhalten hierbei ein Bändchen Gedichte von meinem Freunde Stöber. Die Sagen sind schön, aber ich bin kein Verehrer der Manier à la Schwab und Uhland und der Partei, die immer rückwärts ins Mittelalter greift, weil sie in der Gegenwart keinen Platz ausfüllen kann. Doch ist mir das Büchlein lieb; sollten Sie nichts Günstiges darüber zu sagen wissen, so bitte ich Sie, lieber zu schweigen. Ich habe mich ganz hier in das Land hineingelebt; die Vogesen sind ein Gebirge, das ich liebe wie eine Mutter, ich kenne jede Bergspitze und jedes Tal, und die alten Sagen sind so originell und heimlich, und die beiden Stöber sind alte Freunde, mit denen ich zum erstenmal das Gebirge durchstrich. Adolf hat unstreitig Talent, auch wird Ihnen sein Name durch den ›Musenalmanach‹ bekannt sein. August steht ihm nach, doch ist er gewandt in der Sprache. – Die Sache ist nicht ohne Bedeutung für das Elsaß, sie ist einer von den seltenen Versuchen, die noch manche Elsässer machen, um die deutsche Nationalität Frankreich gegenüber zu wahren und wenigstens das geistige Band zwischen ihnen und dem Vaterland nicht reißen zu lassen. Es wäre traurig, wenn das Münster einmal ganz auf fremdem Boden stände. Die Absicht, welche zum Teil das Büchlein erstehen ließ, würde gefördert werden, wenn das Unternehmen in Deutschland Anerkennung fände; und von der Seite empfehle ich es Ihnen besonders. – Ich werde ganz dumm in dem Studium der Philosophie; ich lerne die Armseligkeit des menschlichen Geistes wieder von einer neuen Seite kennen. Meinetwegen! Wenn man sich einbilden könnte, die Löcher in unsern Hosen seien Palastfenster, so könnte man schon wie ein König leben; so aber friert man erbärmlich.«

Dies Ganze ist die Zusammensetzung zweier Briefe; der letzte Teil ist älter als der erste. Der Umzug nach Zürich brachte eine momentane Störung hervor. Die Habilitation beschäftigte Büchner, der übermäßig arbeitete; ich drang auf keine Nachrichten, weil ich hoffte, die Züricher Niederlassung würde gute Wege haben. Inzwischen erkrankte Büchner und starb.

Beweisen nicht schon diese von mir mitgeteilten Brieffragmente, um welch reichen Geist mit ihm unsere Nation gekommen ist? Alles, was er berührte, wußte er in eine bedeutsame Form zu kleiden. Er hatte die Rede und den Gedanken in gleicher Gewalt und wußte mit einer an jungen Gelehrten seltenen Besonnenheit, seine Ideen abzurunden und zu kristallisieren. Seine Inaugurationsabhandlung wird als ein Beleg von Gelehrsamkeit und Scharfsinn gerühmt. Büchner würde, wie Schiller, seine Dichterkraft durch die Philosophie geregelt und in der Philosophie mit der Freiheitsfackel des Dichters die dunkelsten Gedankenregionen gelichtet haben. Alle diese Hoffnungen knickte der Sturm. Ein frühes Grab war der Punkt, in welchem sich all die frischen, kühnen Perioden, die wir von einem Jünglinge in diesen Mitteilungen gelesen haben, endigen sollten. Zu dem Trotze, der aus diesem Charakter sprach, lachte der Tod. Der Friedensbogen, der sich über diese gärende Kampfes- und Lebenslust zog, war die Sense des Schnitters, von welcher so frühe gemäht zu werden uns schmerzlich und fast mit einem gerechten Schein die Unbill des Schicksals anklagen läßt. Könnte ich diese Erinnerungsworte ansehen als in Stein, und nicht in Sand gegraben, daß sie vom Wind nicht verweht werden! Könnte ich in künftigen Darstellungen unserer Zeit, wie sie war, rang, litt, hoffte, wenigstens den Namen Georg Büchner in der Zahl derjenigen, die durch ihr Leben und ihre Arbeiten die Entwicklung unserer Übergangsperiode bezeichnen, dauernd und mit goldenem Schein erhalten!

Die schönste Belohnung, die ich für diesen Nachruf erhalten konnte, waren die saubern Abschriften des poetischen Nachlasses Büchners von der Hand seiner Verlobten. Es ist ein vollendetes Lustspiel »Leonce und Lena«, in der Weise des »Ponce de Leon« von Brentano. Dann das Fragment des »Lenz« und ein Heft von Briefen, die ohne Absicht geschrieben und doch voll künstlerischen und poetischen Wertes sind.

Herwegh sagt von ihm in einem größeren schönen Gedichte:

Ein unvollendet Lied, sinkt er ins Grab,
Der Verse schönsten nimmt er mit hinab«.

HEINRICH HEINE: LUDWIG BÖRNE

1837

Der Dr. Ludwig Börne, ruhmwürdigen Andenkens, hat während der letzten Jahre seines Lebens, teils durch mündliche, teils durch schriftliche Insinuationen, eine Reihe von Verleumdungen über mich in Umlauf gebracht. Fremder Bösmäuligkeit hat er nicht selten Antrieb und Wort geliehen, um meinen guten Leumund oder das, was ich dazu rechne, in der öffentlichen Meinung zu untergraben. Mehrmals ertappte ich ihn in so schnödem Getreibe, wobei er einst sogar der Beihülfe eines der schlechtesten Gesellen, die Gott in seinem Zorn erschaffen, nicht verschmäht ... Und doch war der Verstorbene ein ehrlicher Mann, tugendhaft, freilich im Sinne der alten Welt, aber tugendhaft und den edelsten Zwecken sein Lebensglück und das Leben selbst aufopfernd. Ja, das war es, weil er eben mit unbegrenzter Liebe sich den edelsten Zwecken hingab, war er nicht wählig in den Mitteln, und nach den Traditionen der Schule, worin sein Geist sich entwickelt, war ihm das schlechte Mittel gut, wenn es jene Zwecke förderte.

Sonderbar! die zwei verschiedensten Sekten waren es, die dem schändlichen Grundsatze, daß der Zweck die Mittel heilige, unbedingt huldigten. Es sind nämlich Jakobiner und Jesuiten, die sich hier begegnen. Aber beide beseelte ein hoher Glaube, um dessentwillen viel gefrevelt und viel verziehen werden darf. Diese strebten, die wankende Herrschaft einer Gottheit, die sie für die wahre hielten, aufs neue zu befestigen, jene stritten, um die verlorenen Rechte der Menschheit wiederzuerobern. Wir anderen, die wir weder Jakobiner noch Jesuiten sind, wir wollen uns der Lüge soviel als möglich enthalten, denn wir können uns nicht rechtfertigen durch Unerschütterlichkeit unserer Überzeugungen. Wir zweifeln oft an uns selber, unsere Gedanken wurzeln im sandigen Boden der Schulweisheit, jeder geistige Windzug bewegt sie, wie das Rohr am Bache; wir haben auch keine Freude an unserem Glauben, und noch weniger hätten wir Freude am Martyrtum.

Das schlimmste Gift, das an uns nagt, ist die Furcht ob der Möglichkeit eines Abfalls. Es sträubt sich oft mein Haar, wenn ich daran denke, daß ich vielleicht morgen dasjenige liebe, was mir noch heute so tief verhaßt ist, und daß ich dasjenige hasse, dem ich jetzt mit aller Liebe meiner Seele anhänge! Dann möchte ich gern mit dem Tode das schleunigste Bündnis schließen, damit er mich schütze vor mir selber. In Zeiten wie den unseren gilt mehr als je der Spruch des Solon, daß niemand glücklich zu preisen ist vor seinem Ende! Ach! es muß das größte Unglück sein, am Schlusse seiner Tage, gleichviel ob aus Überzeugung oder Treulosigkeit, als Abtrünniger zu sterben in den Armen seiner Feinde!

Ludwig Börne hat glücklich vollendet, und die Freunde warens, welche über seinem Sarge die männliche Träne vergossen und das trauernde Wort gesprochen. Der Glückliche! Er ruht auf dem blühenden Gräberhügel, im Kreise seiner Liebesgenossen auf dem Père-Lachaise, und ihm zu Füßen liegt das Jerusalem seines Glaubens, das ewige Paris ... schöner kann man nicht sterben! schöner nicht begraben sein!

Ich habe nie eine Beleidigung auf dieser Erde verziehen. Für Ludwig Börne aber mache ich eine Ausnahme, und ich verzeihe ihm die Verlästerungen meines Namens, die er direkt und indirekt in der Welt verbreitet. Ich werde mit keiner Silbe etwas Gehässiges über ihn selber vorbringen, und ich beschränke mich darauf, in meinen Erinnerungen herumzustöbern, um getreu alle persönlichen und geistigen Berührungen, worin ich mit ihm geraten, anzugeben, damit das Publikum einsehe, wie diese Berührungen seine Ansichten über mich allmählich vertrüben und verbittern mußten und wie diese Berührungen, immer lose und zufällig, nie eine besondere Freundschaft zwischen ihm und mir hervorbrachten und hervorbringen konnten. Bei seinen Lebzeiten hätte ich namentlich dieses letztere nicht erörtern können, aus Furcht, persönlich zu beleidigen. Die entgegengesetztesten Parteien hatten sich nämlich das Losungswort gegeben, dem Publikum einzureden, es bestünde zwischen mir und dem seligen Börne die intimste Freundschaft, und er selber gefiel sich entweder aus Eitelkeit in diesem Wahn, oder er unterstützte ihn aus Schlauheit, damit man etwa daheim in Deutschland glauben möchte, die halbausgesprochenen, halbangedeuteten Insinuationen in betreff meiner, wie sie hie und da in seinen Schriften vorkommen, beruheten auf geheimen Tatsachen, die nur der Freund vom Freunde wissen könne oder die auf Beobachtungen während eines vieljährigen Zusammenlebens im Schoße der Freundschaft basiert seien. Diese Schlußfolge war sehr bedenklich für meinen guten Leumund, und ich hätte gern dem Publikum offenkundig erklärt, daß der Dr. Börne mir im Leben immer ferne gestanden und ihm über meine Privatverhältnisse keine anderen Urkunden zugänglich waren als die, welche allen übrigen Verlästerern offenstanden, nämlich Archive der Frau Basen diesseits und jenseits des Rheines. Aber eine solche Erklärung hätte mir bei der großen Menge den Verdacht zuziehen können, als sei ihr geheimer Beweggrund die Furcht ob solidar'scher Verantwortung, indem die ultraaristokratische Partei, in Verzweiflung ob der Mäßigung, deren ich mich seit meinem Aufenthalt in Frankreich beständig beflissen, mir gern eine Mitschuld an den Börneschen Extravaganzen andichteten und dadurch besser zu befehden glaubten. Auch hätte ich die Ränke einiger jüdischer Schildhalter des großen Agitators enthüllen müssen, was mich zu Expektorationen verleiten konnte, die noch widerwärtigeren Mißverständnissen ausgesetzt waren. Sonderbar! als sie mir die empfindlichste Schmach zufügen wollten, erklärten sie mich für ihresgleichen.

Ein letzter Grund meines Stillschweigens bestand wohl darin, daß der Verstorbene mein Sprechen auf alle mögliche

Weise zu provozieren suchte und vielleicht deshalb die offenbarsten Unwahrheiten über mich vorbrachte, damit ich mich nur mit einem berichtigenden Worte darüber äußere und ihm Gott weiß zu welcher Polemik Gelegenheit gebe. Man muß aber nie tun, was ein Gegner begehrt. Ich hatte mir vorgenommen, er möge sagen, was er wolle, ihm bei seinen Lebzeiten nie zu antworten; und in der Tat, mein Schweigen war seine härteste Strafe. Ich bin überhaupt sehr hartherzig gegen persönliche Angriffe. Mithridates der Literatur, bin ich so sehr an Gift gewöhnt, daß mir eine gewöhnliche Dosis gar nichts schadet. Ja, des Lobes früh übersättigt, war ich später nur noch für Tadel empfänglich, und nur, wenn man auf mich losschlug, empfand ich einigen Genuß. Das gewöhnliche Hundegebell konnte mir ganz nichts mehr anhaben, und es ging mir, im figürlichen Sinne des Wortes, wie dem wackeren Semilasso, der, ich weiß nicht mehr in welchem Teil seiner »Afrikanischen Reise«, von einem Beduinenlager erzählt, wo er die Nacht zubrachte und wo ringsumher an den Zeltenpfählen eine Menge Hunde angebunden waren, die beständig und in allen Tonarten bellten. »Wär es nur ein einziger Hund gewesen«, setzt Semilasso ganz richtig hinzu, »so hätte [ich] die ganze Nacht nicht schlafen können.« Das ist es, weil die Meute von Kläffern so zahlreich war, die, seit einem Dutzend Jahren, unaufhörlich und in den verschiedensten Weisen, mich anbellt, so kann ich ruhig schlafen, und ich bin ein für allemal daran gewöhnt. Im Anfang, vor fünfzehn Jahren, als ich eben in der Literatur auftrat, konnte ich mal mehre Nächte kein Auge zumachen, wegen eines kleinen Möpschens, das im Brockhausischen Literaturblatte gegen mich belferte. Aber bald kamen der pietistische Dachs, der urdeutsche Pudel, der jesuitische Spitz, die alte tugendhafte Dogge, das Berliner Windspiel, die Bullenbeißer, die Hofhunde, kurz, alle möglichen Hunde kamen und bellten Chorus ... Ja, »wär es nur ein einziger Hund gewesen, so hätte ich nicht schlafen können«.

Nur einmal, als ich aus ganz besonderen Gründen nicht

schlafen konnte, stand ich in der Nacht auf und schlug einen Hund tot. Er starb nicht gleich, sondern schleppte sich noch nach Sizilien, bis zu einem Dorfe bei Palermo, wo der Hund begraben liegt. Den Menzel habe ich nicht totgeschlagen, das war der Gutzkow, der tat es; ich gab dem verreckten Vieh nur den Gnadenstoß, den Gnadenfußtritt.

Wahrhaftig, ich bin so leicht durch feindliches Hundegeheul [nicht] aus meiner Ruhe zu bringen, man hat ganze Bücher voll Verleumdungen gegen mich gegeifert und gebelfert, ohne daß ich ein Wort darüber verloren, und man darf mir wohl glauben, daß ich jetzt, wo von einem Toten die Rede ist, nicht aus persönlicher Empfindlichkeit zur Feder greife. Ich würde auch nach Börnes Tode über die Verunglimpfungen, die ich ihm verdanke, hartnäckig geschwiegen haben, wenn nicht eine ganz äußere Veranlassung mich zur Rede aufforderte. Ich werde kein Wort gegen den Toten vorbringen, worauf der Lebende einer Erwiderung bedurfte. *De mortuis nihil nisi bene,* dieser banale Spruch enthält nicht [bloß] eine Lehre der Pietät, sondern auch der Weisheit. Die Toten sind immer im Vorteil bei einer Polemik. Wir, die Lebenden, stehen vor ihnen wie Geringere ...

GUSTAV SCHWAB: FRIEDRICH HÖLDERLIN
1843

Friedrich Hölderlin, der Dichter, Sohn und Enkel zweier Klosterbeamten zu Lauffen a. N., wurde daselbst, »wo die Insel des Stroms blaues Gewässer umfließt« und »der Fels mit Garten und Haus grün aus den Wellen sich hebt«, am 29. März 1770, vor 73 Jahren, geboren. Noch breiten vielleicht einige von den Bäumen, die der Großvater dort, wie der Enkel singt, »liebend erzogen, ihren Arm um das Haus, und seine Reben schwingen sich noch freudig den Hügel hinab, wo er ihnen den sonnigen Boden gebaut hat.« Den Vater verlor Hölderlin als zweijähriges Kind, und die Mutter, Christiane, geb. Heyn, Tochter eines aus dem Altenburgischen gebürtigen, in Württemberg heimisch gewordenen, Landgeistlichen, folgte, mit ihren beiden Kindern erster Ehe, wovon die Tochter den Bruder überlebt, ihrem zweiten Gatten, dem Kammerrat Gock, nach einer zweiten Neckarstadt, Nürtingen. Auch sein Stiefvater starb schon im J. 1779, und Hölderlin wurde mit der Schwester und einem Halbgeschwisterpaar, wovon das Mädchen frühe starb, »unter den Segnungen der Großmutter« von der Gott vertrauenden, frommen und häuslichen Mutter (sie entschlief zu Nürtingen 1828 im 81. Lebensjahre) erzogen und von ihr in seiner Seele der Keim des Ernstes gepflegt, der durch seine ganze Poesie geht. Nach ihrem Wunsche widmete sich dieser Sohn der Theologie, durchlief die Seminarien Denkendorf und Maulbronn, bezog, mit Hegel zusammentreffend, das theologische Seminar zu Tübingen im Jahre 1788, versenkte sich hier bald in die Schriften Kants und erhielt im J. 1790 das Magister-Diplom. Unter den Dichtern Deutschlands überragte schon damals Schiller, in seinem zweiten Stadium blühend, hinter Goethe, alle übrigen, und von den Lyrikern war Matthisson jüngst zu einem großen Rufe gelangt. Hölderlins eben erwachte Dichtergabe war anfangs von ihnen beiden abhängig, aber schon charakterisierte sie ein ihr gebliebener Zug, leidenschaftliche Liebe für Hellenentum und in diesem ausgeprägte reine Menschlichkeit. Auf der Universität lebte er in einem kleinen Kreise nachmals berühmt oder bekannt gewordener schwäbischer Landsleute: Hegel, Conz, Neuffer, Bahnmaier, Magenau, wozu die ausheimischen Freunde Leo v. Seckendorff und v. Sinklair kamen. Schon damals entstanden die ersten Bruchstücke seines Romans Hyperion. Seine liebste Erholung von Arbeit und Produktion war die Musik, die ihm auch am letzten Lebensabende noch das Geleite in die Ewigkeit gegeben hat. Dabei entspann sich schon jetzt ein Briefwechsel mit dem geliebten, ihn überlebenden, Halbbruder, der bis an die Grenze seiner irdischen Besinnung fortgesetzt ward und reichen Stoff für die Geschichte seines inneren Lebens bietet. Hölderlin vertauschte die Hochschule im Jahre 1793 mit einer Erzieherstelle zu Waltershausen bei Meiningen, von wo aus die Mutter seines Zöglings, Frau v. Kalb, Schillers geistreiche Freundin, als er auf ihren eigenen Rat schon im Spätjahre 1794 ihr Haus wieder verließ, seine Verbindung mit den berühmten Männern zu Weimar und Jena einleitete. Fichte und Niethammer nahmen ihn freundlich auf. Bei Schiller fand der junge Dichter den liebreichsten Empfang ... Auch in die Ferne erteilte ihm der Meister noch später gute Ratschläge. »Nehmen Sie – schreibt Schiller ihm noch im Jahre 1796 in einem bis jetzt nicht veröffentlichten Briefe – nehmen Sie, ich bitte Sie, Ihre ganze Kraft und Ihre ganze Wachsamkeit zusammen, wählen Sie einen glücklichen poetischen Stoff, tragen ihn liebend und sorgfältig pflegend im Herzen und lassen ihn in den schönsten Momenten des Daseins ruhig der Vollendung zureifen.« Indessen fand der Dichter in Jena nicht das Unterkommen, das er gehofft hatte, und kehrte noch im J. 1795, nach einem Verwandtenbesuche im Altenburgischen, nach Nürtingen

zurück, wo er den im Jahre 1794 vollendeten Hyperion umarbeitete. Durch Schellings Ansichten hervorgerufen, hatte ihn eine neue philosophische Weltanschauung mit aller Gewalt ergriffen.

Im Beginne des J. 1796 wurde Hölderlin durch seinen Freund Sinklair, damals Regierungsrat zu Homburg, von drückenden Nahrungssorgen befreit, indem dieser ihm eine angenehme Hauslehrerstelle in einer angesehenen Bankiersfamilie zu Frankfurt a. M. verschaffte ... Mit der Frankfurter Familie flüchtete er vor dem Kriegslärm im Sommer 1796 zuerst nach Kassel, wo er die Bekanntschaft des Dichters Heinse machte und im Genusse der Kunst glückliche Tage verlebte. Von da ging der Weg über den Schauplatz der Hermannsschlacht durchs »Land des Varustals, und die dunkeln Schatten der wilden, heiligen Berge« nach dem Bade Driburg bei Paderborn, das ihn von einem peinigenden Kopfweh befreite. Im Spätling desselben Jahres nach Frankfurt zurückgekehrt, war er im Sommer 1797 so glücklich, den nach dem Süden reisenden Goethe begrüßen zu dürfen; und die beiden größten Dichter Deutschlands würdigten in ihrem Briefwechsel ihn wiederholter Aufmerksamkeit. Goethe ... fand in Hölderlin nur eine ähnliche Richtung, wie bei Schiller, er nannte seine Arbeiten lieblich, innig, mäßig; die Fülle, die Stärke, die Tiefe Schillers sprach er ihnen ab. Das Beste von Hölderlins Poesie, längst zusammengestellt, erhebt sich gewiß über dieses niederhaltende Urteil, und der tiefsinnige Lyriker steht als Meister neben Meistern, die ihn, wie es zu gehen pflegt, weil sie ihn als Schüler beginnen sahen, zu lang als Schüler behandelten. Hölderlin ging indessen seinen Weg; er ... schien sich mit der Welt zu versöhnen. Aber eine ebenso unschuldige als unglückliche Neigung seines Herzens zerstörte dieses äußere Glück mit dem innern. Im Septbr. 1798 verließ er seine Stelle und Frankfurt ohne Abschied. Er ging zuerst nach Homburg und von dort im November mit seinem Freunde Sinklair nach Rastatt, wo er im Kreis wissenschaftlich gebildeter Männer Erheiterung fand. Wieder in

Homburg angelangt, vollendete er ein, leider verloren gegangenes, Drama: Agis, besang den Geburtstag der 72jährigen Großmutter in Distichen, welche die Seinigen über seine christlichen Überzeugungen beruhigen sollten, sprach sich noch ausführlicher über sein Verhältnis zum Glauben in einem herrlichen Briefe an die Mutter aus und machte den Versuch, wie Schiller später tat, die Philosophie, die ihn, den Dichter, »nur immer friedenloser und leidenschaftlicher machte«, zu verabschieden, um sich ganz der Poesie, als seiner eigentümlichen Neigung, zuzuwenden. Im Sommer 1799 entwarf Hölderlin den Plan zu einem »sowohl ausübenden als belehrenden« ästhetischen Journale mit dem »humanistischen« Zweck der Versöhnung der Wissenschaft mit dem Leben und schien nicht zu ahnen, daß er sich damit der Spekulation aufs neue in die Arme geworfen hatte. Ein jüngerer Buchhändler Stuttgarts, jetzt der Nestor des dortigen Buchhandels, Joh. Fried. Steinkopf, bot ihm herzlich und freigebig seinen Verlag dazu an. Das Unternehmen zerschlug sich ... Die durch Schiller, wie es scheint, neu angeregte Hoffnung, als Docent nach Jena zu kommen, ging ihm gleichfalls verloren, und im Sommer 1800 kehrte der Dichter nach der Heimat zurück, die er seinem Freunde, dem Dichter Sigfried Schmidt aus Frankfurt, in einer Herbsteinladung sehr reizend schildert. Bald darauf suchte er, als Hauslehrer zu Hauptwyl in der Schweiz, »unter den silbernen Alpen, in der Unschuld des Lebens«, Ruhe in religionsphilosophischen Betrachtungen; daneben entstanden hier mehrere seiner herrlichsten Gedichte. Unterhandlungen über die Herausgabe seiner Poesien zerschlugen sich. Im April 1801 dem Vaterlande zurückgegeben, wanderte er doch bald wieder aus, reiste im eiskalten Dezember über die Alpen und fand sich in einer Hauslehrerstelle zu Bordeaux bald zurecht. Eine Sage, daß die traurige Wendung seines Schicksals dortigen Ausschweifungen zuzuschreiben sei, entbehrt aller historischen Begründung und wird von dem reinen Inhalte seiner damaligen Briefe aufs bestimmteste widerlegt.

Seit Ostern 1802 hatte Hölderlins Familie keine Kunde mehr von ihm. Vielleicht auf die Nachricht vom Tode seiner Geliebten hatte Hölderlin im Juni 1802 seine Stelle zu Bordeaux verlassen und Frankreich (wie es heißt mit Inbegriff von Paris) in der Sommerhitze zu Fuße durchreist, und nun überraschte er die Seinigen in der Heimat mit verwundetem Gemüt und gestörter Seele. Durch liebreiche Pflege wurde sein aufgeregter Zustand allmählich ruhiger. In Briefen und Gedichten aus dieser Zeit ringt noch der Tiefsinn mit dem einbrechenden Dunkel des Geistes. Eine Übersetzung des Sophokles beschäftigte ihn, von der zwei Stücke im Jahre 1804 erschienen sind. Im Sommer dieses Jahres schien er auch so weit hergestellt, daß er eine Bibliothekarsstelle mit kleinem Gehalte, die ihm sein Freund Sinklair beim Landgrafen von Homburg ausgewirkt hatte, antreten konnte. Bald aber vermehrte sich sein Trübsinn, und die Gemütskrankheit nahm dergestalt überhand, daß sich dem Homburger Freunde kein Ausweg mehr zeigte, als nach reiflicher Beratung mit sachverständigen Ärzten und Hölderlins Verwandten, den Kranken unter einem glaublichen Vorwande ins Vaterland zurückzubringen und dem Klinikum in Tübingen zu übergeben. Die Kur mißlang; und ehe das Übel noch einen höheren Grad erreicht hatte, ward beschlossen, ihn einer wackeren bürgerlichen Familie zu Tübingen in Kost und Wohnung zu übergeben. In diesem Hause lebte Hölderlin seit 1806 liebreich versorgt und in ziemlich unverändertem Zustande, mit ermüdetem Geiste den letzten Vorstellungen seines bewußten Dichterlebens den stets mißlingenden Versuch einer Gestaltung abzuringen bemüht, und die Geschicke der Zeit, der Dichtkunst und der Wissenschaft rollten unvernommen über seinem Haupte dahin. Endlich, nach siebenunddreißig Jahren dieses Traumlebens, nachdem ohne sein Hinzutun seine Gedichte von Freunden seiner Poesie gesammelt und im Cottaschen Verlage zu seinem Besten jüngst zum zweitenmale in einer zierlichen Ausgabe, der er noch ein Lächeln zuwandte, mit seinem Bilde erschienen waren, und der verdiente Ruhm seinem Namen in ganz Deutschland zugefallen, führte eine scheinbar leichte Krankheit unerwartet in der Nacht vom 7. auf den 8. Juni d. J. seine Auflösung und Rückkehr ins Reich des Geistes herbei, nachdem er wenige Stunden vor seinem Tode dem Klavier noch rührende Akkorde entlockt und in die von ihm so schön besungene »schwärmerische Nacht« hinausblickend, den Mond, »das Ebenbild unserer Erde«, hatte emporsteigen sehen. Eine Wiederkehr des längst verlorenen, vollen Geistesbewußtseins, wie man wohl eine von der Stunde der Befreiung hoffen mochte, ist nicht eingetreten. Aber die Angst vor dem Tode empfand seine zagende Seele, und endlich, nach lauten Klagen über Bangigkeit und unverständlichen Seufzern, sammelte er sich zu einem Gebete mit gefalteten Händen; dann streckte er die Arme auseinander und schlummerte ganz sanft ein. Aus der Sektion ergab sich, daß Hölderlin nicht, wie man anfangs glaubte, an Lungenlähmung in Folge eines Katarrhs, sondern an einer, mit sehr alter und weit ausgebildeter Herzverknöcherung verbundenen, Herzlähmung gestorben, und daß außerdem eine Wassersucht im Gehirn angesetzt hatte. Er wurde mit einem reichen Lorbeerkranz auf dem Haupte in den Sarg gelegt, und das Leichenbegängnis ging am Sonnabend dem 10. Juni, vormittags 10 Uhr, unter einer, trotz des schlechten Wetters, sehr zahlreichen Begleitung von Studenten vor sich. Die Grabrede hielt ein inniger Verehrer von Hölderlins Poesie, ein Studierender der Theologie [Christoph Theodor Schwab], der auch an der letzten Herausgabe seiner Gedichte tätigen Anteil genommen, und dem der Lebende seit Jahren gerne den Zutritt zu sich gestattet hatte.

ELISE RÜDIGER: ANNETTE VON DROSTE-HÜLSHOFF

1848

Die Poesie, die große Verbannte unserer Zeit, will sich immer tiefer in ihre Witwenschleier hüllen; unsere Dichter verderben, und unsere Dichterinnen sterben. Herwegh und Freiligrath, einst ihre Lieblinge, muß sie als ihre verlorene Söhne betrachten, die das Vaterland verlassen haben; aber noch schmerzlicher verwaist ist sie durch den Verlust ihrer edelsten Tochter: Annette Elisabeth von Droste.

Die echteste Dichterin Deutschlands ist gestorben. Diese Kunde wird die Besten des Volks mit Trauer erfüllen. Der Tod wird wieder sein altes Vorrecht üben, dem Ruhme als Herold zu dienen, was nur langsam und im Stillen anerkannt wurde, laut zu verkünden. Im Pantheon weiblicher Größe wird der Name Annette von Droste heller leuchten als der irgend einer Zeitgenossin. Keine der gefeierten Sängerinnen des liederreichen Deutschland vermochte in so ureigener Form aus dem innersten Wesen der Poesie heraus zu schaffen. Man kann es wohl sagen, in ihren Gedichten weht ein Shakespearescher Geist der Gestaltung, wie er bis jetzt noch keiner weiblichen Hand zu Gebote gestanden. Ihr Genius steht überhaupt in naher Verwandtschaft mit dem britischen. Eine Ähnlichkeit, die fast an Gleichheit grenzt, herrscht zwischen Annette und Alfred Tennyson, den anerkanntesten englischen Dichter der Gegenwart. Einige Proben aus Freiligraths Übersetzungen desselben überraschten die Dichterin selbst fast unangenehm, weil sie fürchtete, man könnte sie daraufhin einer Nachahmung zeihen. Beide besitzen dieselbe Innigkeit und Wärme ohne Leidenschaft, dasselbe Eindringen in die Poesie des Naturlebens, dieselbe malerische Ausführung der Einzelheiten und den sittlichen Ernst als Grundton aller Empfindungen. Beide haben das Reich der Poesie auf der breitesten Grundlage erbaut und trotz der privilegierten Rose und Nachtigall auch die poetische Berechtigung von Heidekraut und Käfer bewiesen. Besonders der deutschen Dichterin ist es gelungen, den Demantfunken der Poesie aus jedem Kiesel zu schlagen, die Weltseele überall zu finden; in ihren Gedichten offenbart sich ein eigentümlicher Pantheismus.

Überhaupt ist ihre Originalität trotz dieser angedeuteten englischen Verwandtschaft unantastbar; ihre Eigentümlichkeit wurzelt tief im Schoße deutschen Lebens, prägt sich in der echt deutschen Gemütsrichtung aus, die in allen ihren Erzeugnissen ausgesprochen ist und bekundet sich in den deutschen Landschaftsbildern, die vor ihr wohl noch nie so lebenswahr gezeichnet worden sind. Ihre Gedichte sind der treueste Ausdruck des urgermanischen Elements, dessen Überreste sich in Westfalen, dem Heimatlande der Dichterin, noch so rein erhalten haben. Oft hat ihr Drang, das Gepräge desselben bis in die kleinsten Einzelheiten wiederzugeben und selbst die Naturlaute der Sprache zu diesem Zwecke zu benutzen, die allgemeine Verständlichkeit beeinträchtigt und dem oberflächlichen Leser manches Hindernis entgegengestellt. Nur feinere Organisationen, denen der höhere Sinn für den Reiz des Schweren nicht mangelt, sind imstande, die Überfülle dieser Poesie zu bewältigen und zu genießen. Man kann sie recht eigentlich als Probierstein brauchen, um das Maß von Gemütstiefe und poetischer Bildung der Leser danach zu bestimmen. Der flachen Auffassung, der Herzensdürre und der falschen Empfindsamkeit wird der Kern dieser poetischen Kraftnatur immer ungenießbar erscheinen. Der frühe Tod und mehr noch fortwährende Kränklichkeit verhinderte dieses große Talent, sich noch vielseitiger zu entwikkeln. Nur einzelne novellistische Versuche geben Zeugnis, mit welcher Energie der Darstellung und welcher Tiefe der psychologischen Anschauung sie auch hier sich des Stoffes zu bemächtigen wußte; im Nachlasse der Verstorbenen sind Bruchstücke vorhanden, die beweisen, wie viel sie auch im Roman und Drama hätte leisten können, wenn ihre literarische Tätigkeit nicht gehemmt worden wäre.

Ein Blick in das Privatleben der Dichterin wird geeignet sein, die Eigentümlichkeit und Originalität ihres Wesens noch mehr hervorzuheben, und so sei es denn gestattet, daß Freundeshand in flüchtigen Umrissen, aber unmittelbar nach dem Leben eine Skizze davon entwerfe und für einen Augenblick den Vorhang von dem Heiligtum desselben hinwegziehe.

Die äußere Lebensgeschichte der Dichterin ist einfach verflossen, eingehegt in die Begrenzung gesicherter Standesverhältnisse und eines von den Weltereignissen wenig berührten Landstrichs. Sie ward am 12. Januar 1798 auf dem Rittergute Hülshoff bei Münster geboren; ihr Vater war ein älterer Vetter des Erzbischofs Clemens August von Droste, ihre Mutter, eine geborene Freiin von Haxthausen, eine Schwester des Schriftstellers dieses Namens. Ihre Erziehung ward sehr sorgfältig geleitet, besonders erhielt dieselbe eine bei der weiblichen Bildung ungewöhnliche Grundlage an positivem Wissen; schon in früher Jugend war Annette eine feste Lateinerin; neben einem hohen Grade von musikalischem Talent entwickelte sich die Neigung für Poesie sehr früh bei ihr; im achten Jahre verfaßte sie schon einige Gedichte, die zwar nicht den kindlichen Gesichtskreis überschritten, denn der Held war ein Haushahn, aber doch ungewöhnliche Anlage verrieten. Indessen wurde dieselbe von der Familie durchaus nicht begünstigt, weil sie als Ursache der Zerstreutheit und Kränklichkeit des Kindes galt. Vielleicht verlor sich deshalb im jungfräulichen Alter fast jede Äußerung des poetischen Talents bei Annetten; musikalische Bestrebungen und die Zerstreuungen eines sehr geselligen Landlebens scheinen ihr auch wenig Zeit zu Beschäftigungen mit der Feder gelassen zu haben.

Ganz unerwartet raubte ihr der Tod den schwärmerisch geliebten Vater und einen hoffnungsvollen Bruder in kurzen Zwischenräumen, wodurch ihr innerliches Leben so tief erschüttert wurde, daß sie in eine lebensgefährliche nervöse Brustkrankheit verfiel, deren böse Folgen sie durch ihr ganzes Leben begleiteten. Reisen und veränderte Umgebungen waren die einzigen Linderungsmittel. Sie besuchte mehrmals den Rhein und lebte dort in Köln bei ihrem Oheim, dem Grafen Haxthausen, oder in Bonn bei ihrem sehr geliebten Vetter, dem geistvollen Hermesianer Professor Clemens August von Droste. Dort schloß sie innige Freundschaftsbeziehungen mit ausgezeichneten Menschen, namentlich auch mit Johanna Schopenhauer und ihrer Tochter, mit Simrock u. a. Viele ihrer schönsten Gedichte sind im Andenken an diese Zeit geschrieben, die unleugbar entscheidenden Einfluß auf ihre Geistesrichtung geübt hat. Als sie dann heimkehrte in das stille Westfalen, lebte sie auf dem Witwensitz ihrer Mutter, dem Rittergute Rüschhaus nahe bei Münster und zog sich bald in die tiefste Einsamkeit und Abgeschlossenheit zurück.

Hier nun entfaltete sich erst die Eigentümlichkeit ihres Wesens und ihrer Muse frei und ungestört, indem sie sich einem vollständigen Phantasieleben hingab. Wer zu ihr kam, glaubte ein verzaubertes Land zu betreten, wo Tiere, Pflanzen und Steine, fast ihre ausschließliche Gesellschaft, durchgeistet waren. Tagelang konnte sie im Park oder auf der nahen Heide dem geheimnisvollen Weben und Leben der Natur lauschen oder sich in wissenschaftliche, namentlich mineralogische Untersuchungen vertiefen. Die Lage ihres Wohnortes inmitten der lautlosen Heide, der knorrigen Eichstämme um die sonnigen Wiesen und Kämpe, der versteckten Waldplätze mit den tiefen Teichen, auf denen die Wasserlilien sich mystisch in die Schleier der Abendnebel hüllen, paßte vortrefflich zu diesem poetischen Einsiedlerleben.

Dem Besucher ward es ganz feierlich zu Sinn, wenn er über die Zugbrücke durch den stillen Garten schritt, wo bemooste

Statuen im Grünen Wache hielten, die Blumen und Stauden sich an die leeren weißen Bänke schmiegten und nur aus den Baumzweigen sorglose Laute an sein Ohr schlugen. Beklommen stieg er wohl über die Freitreppe in den Bildersaal, wo noch ein leiser Weihrauchduft aus der Hauskapelle wehte, die hinter braungetäfelten Flügeltüren verborgen lag. Hier vertiefte er sich in das Anschauen der Meisterwerke altdeutscher Schule, die für den Kunstsinn der Besitzerin zeugten, oder verweilte bei den Muschelschränken, wo die seltensten Exemplare des Wasserreichs prangten, bis plötzlich die Dichterin mit dem Sibyllenantlitz vor ihm stand: das blaue »Nixenauge«, das in die Geisterwelt sah, die hohe Stirn, das reiche, nachlässig geschlungene Goldhaar – wahrlich ein echtes Sibyllenantlitz, wenn es ernst war. Aber das freundlichste Lächeln eines überaus lieblichen Mundes bewillkommte den Gast, eine weiche weiße Kinderhand streckte die Dichterin ihm entgegen und führte ihn, freilich nur als besondere Vergünstigung, in ihr kleines Wohnzimmer von eigentümlich niedriger Bauart im Entresol.

Schwalben nisteten dort an den Fensternischen und jagten sich zwitschernd durch die Stube. Auf dem Schreibtisch standen große Schalen mit Feldblumen, in der Morgenfrühe mit botanischer Vorliebe zusammengelesen. Glasmalereien verdeckten das eine Fenster und warfen ein schillerndes Licht auf die Wand, wo eine kleine Galerie von Portraits aus dem Freundeskreise sich befand, darunter das bekränzte einer alten Bäuerin, der Amme der Dichterin. Den größten Teil des Raumes behaupteten aber die Sammlungen von Seltenheiten, Elfenbeinschnitzereien, Kunstsachen, geschnittenen Steinen von großem Wert, ein Münzkabinett, kurz, ein ganzes ausgewähltes Museum im Kleinen. Nachdem die Dichterin mit unerschöpflicher Geduld den Laien in diese ihre Lieblingsstudien eingeweiht hatte, willfahrte sie seinen Bitten und setzte sich an einen Flügel in Duodezformat, aus der Kindheit des Klavierbaues stammend, den sie seines leisen, harfenartigen Tones wegen ganz besonders zur Begleitung ihres Gesanges oder zum Phantasieren liebte. Ihre mächtige, reine Stimme trug wie ihr ganzes Wesen den Stempel des Ungewöhnlichen; sie sang nie moderne Musik, nur Volkslieder und eigene Kompositionen, für die sie meist Byron'sche Gedichte gewählt hatte. Dicht neben dem kleinen Flügel stand ein großes Sofa, der Lieblingsplatz der Dichterin, auf das sie sich nach Art aller genialen Frauen in halb liegender Stellung mit untergeschlagenen Füßen niederzulassen pflegte, wenn nämlich der Gast schon bekannt genug war, um die Hausgeister der Behaglichkeit und Zutraulichkeit nicht zu verscheuchen.

Wer in diesen Polstern ihr gegenüber Platz nehmen durfte, dem entfaltete sich eine neue Seite ihres vielgestaltigen Talents, eine überaus glänzende Unterhaltungsgabe. Ihr Gedächtnis war die unerschöpfliche Quelle von Vorfällen und kleinen Zügen aus der Wirklichkeit, die sie mit sprudelndem Witz und echt dramatischer Lebendigkeit vortrug. Wie in ihren Gedichten stand ihr auch bei ihren mündlichen Erzählungen immer der bezeichnendste, treffendste Ausdruck zu Gebot; ihre humoristische Behandlung, die überraschende Schnellkraft ihres Talents für Komik würden hingereicht haben, eine ganze Gesellschaft zu einem homerischen Gelächter zu begeistern, aber unbekümmert um Beifall, folgte sie nur ihrer natürlichen Lebhaftigkeit und setzte ihre mündlichen Lustspiele in Szene, wo und wie gerade dazu angeregt wurde. Am besten gelangen ihr Züge aus dem Volksleben, das sie überall beobachtete und stets im charakteristischen Akzent wiederzugeben verstand. Das treuherzige Plattdeutsch ihrer Heimat hatte besonderen Reiz in ihrem Munde, aber nicht minder geläufig redete sie in der Kölner und süddeutschen Zunge.

Aus den heitersten Genrebildern fand sie durch den Humor, dieses Produkt der starken Empfindung und des scharfen Verstandes, das seltene Besitztum der Frauen, stets den richtigen Übergang in das Gebiet des Gemüts, in die Tiefen der Seele, die sie wunderbar zu ergründen vermochte. Ein Zwiegespräch mit ihr führte an seinen Ausgangspunkten fast immer in die höchsten Regionen des Denkens und Fühlens. Manch schöne Sommernacht wurde in dieser Art verschwärmt, und wenn die Morgendämmerung und das Lied der Vögel anbrach, fragten sich die Freundinnen verwundert: »Ist es die Lerche oder die Nachtigall?«

Nie trat Abspannung oder Stoffmangel bei ihr ein, selbst durch ihre körperliche Schwäche wurde ihr Mitteilungstalent nicht beeinträchtigt. Aber dennoch fühlte sie fast nie das Bedürfnis der Gesellschaft und Unterhaltung. Der tiefe Friede ihres Innern machte ihr jede Zerstreuung entbehrlich, und die Tätigkeit ihrer Phantasie belebte fortwährend ihre Einsamkeit. Die meisten ihrer Gedichte entstanden ganz ohne ihr Zutun, fast wie Visionen, in einem halbwachen Traum, wenn sie aus Schwäche auf ihrem Sofa oder dem Mooslager im Freien ausruhte. Das Stilleben mit ihrer Muse und einigen Vertrauten war ihr so sehr zum Bedürfnis geworden, daß sie sich nicht entschließen konnte, es aufzugeben; indessen zwang ihr körperliches Leiden sie dazu. Dasselbe steigerte sich besonders im Winter zu einer fast unerträglichen Höhe; die feuchte schwere Luft der westfälischen Niederungen beklemmte ihr die Brust; sie mußte ganz in die Schweiz übersiedeln, wo die reinen hohen Luftschichten ihr augenblicklich Linderung gewährten. Sie lebte in Meersburg am Bodensee auf dem Schlosse und im Familienkreise ihres Schwagers, des Freiherrn Joseph von Laßberg, des bekannten Hüters vom Nibelungenhort und so manchem andern Bücherschatz, des letzten Ritters und adligen Schutzherrn von Kunst und Wissenschaft. Das Schloß desselben zeichnet sich mit altersgrauen Zinnen auf grüner Bergwand malerisch ab und ist die Krone des Bodensees zu nennen, der wie ein farbenschillernder Metallspiegel, in dem die Sonne blitzt und die Wolken tanzen, ihm zu Füßen liegt. Die Türme des alten Konstanz schicken ihr Festgeläut nach Meersburg herüber, und von der Höhe des Schloßhofs sieht man das

Abendrot bis zur dämmernden Nacht am weiten klaren Horizont glühen, der von der Perlenschnur weißer Alpenhäupter eingefaßt ist. Die Schönheit der Gegend labte das Auge der Dichterin; gelehnt an die Efeumauern des Schlosses, so reich an historischen Erinnerungen, versenkte sie sich in eine neue Phantasiewelt.

Auch von außen kam ihr viel geistige Anregung, denn nach echter Rittersitte öffnete der Schloßherr allen gelehrten Zugvögeln und modernen Minnesängern seine gastliche Hallen. Uhland, Schwab, und so viele andere Dichter und Schriftsteller wurden dort beherbergt. Kein Reisender von Bedeutung versäumte es, zu der stattlichen Burg und ihren Kunstschätzen hinaufzusteigen. Bekannt ist es, daß Levin Schücking das Idyll seiner Jugend dort verlebte, und die Gedichte, welche er und seine Beschützerin dort geschrieben, sind ein duftender Kranz um die Schönheit des Bodensees.

Eine Rückkehr in die Heimat, wohin die Bande der Familienliebe und trauter Gewohnheit die Dichterin von Zeit zu Zeit immer wieder zogen, konnte nicht von langer Dauer sein, weil das Klima ihr weniger als jemals zusagte. Kraftlos und entmutigt trat sie im Herbst 1846 die letzte Reise nach dem Bodensee wieder an. Die Ärzte erklärten ihren Zustand dort für hoffnungslos, untersagten jede, auch die kleinste Anstrengung, sogar Briefe durfte sie nicht mehr schreiben. Nur heimlich vertraute die matte Hand dem Papier zuweilen ein Liebeszeichen für die trauernden Freundinnen in der Heimat und damit die Klage: »Dürft' ich nur schreiben, wie viel könnte ich dichten!« Gewiß hat die Phantasie, der jede äußere Tätigkeit versagt war, wie eine tropische Blumenwelt ihr Inneres überwuchert und entkräftet. Scheinbar trat eine Besserung ihres Zustandes ein; sie war wieder heiter und gesprächig wie früher, da brach ihr Brustleiden plötzlich mit alter Heftigkeit aus, und als der Anfall vorüber war und abermals Genesungshoffnung die Ihrigen erfüllte, führte am 24. Mai 1848 ein Herzschlag unerwartet und schmerzlos ihr Ende herbei.

Wie eine echte Dichterin hat sie fast nur mit dem Herzen gelebt und ist am Herzen gestorben. Welche Innigkeit der Empfindung diesem großen Herzen eigen war, welche Wärme es ausströmte, das beweisen die Bande der Liebe und Freundschaft, die es hienieden umschlossen.

FRIEDRICH HEBBEL: LUDWIG TIECK

1853

Ludwig Tieck ist gestorben. Der König der Romantik hat das Scepter niedergelegt und ist in jene geheimnisvolle Welt zurückgekehrt, die er ein Menschenleben hindurch zu entschleiern suchte. Seinen Sarg umschweben die wunderbarsten Phantasiegebilde; der blonde Eckbert, der gaukelnde Fortunat, die luftigen Elfen, der gestiefelte Kater mögten mit ihrem Schöpfer begraben werden, um mit einer Zeit, die sie nicht mehr versteht und nicht mehr an sie glaubt, nicht länger den unfruchtbaren und ermüdenden Kampf führen zu müssen. Dem schwarzumflorten Leichenwagen folgt eine Reihe der seltsamsten Gestalten: der träumerische *Novalis* mit der blauen Blume aus dem Ofterdingen, *Achim v. Arnim* mit dem Zauberspiegel, der Himmel und Erde, freilich verkehrt, darstellt, *Clemens Brentano* mit dem Daumen der Prager Hexe, *Theodor Hoffmann* mit dem krausen Lehrbrief des wahnsinnigen Kreisler, *Friedrich Fouqué* mit phantastisch zugestutztem Schnurbart und altertümlichen Sporen, die Barbarossa verloren zu haben scheint, *Zacharias Werner* endlich mit dem Templerkreuz.

Kein Deutscher wird den Tod des greisen Dichters ohne Wehmut erfahren, wenn das Ereignis auch längst zu erwarten stand. Man sieht einem flackernden Licht, das jede Minute auszugehen droht und sich doch immer wieder eine Minute erobert, nicht ohne Teilnahme zu, und es macht einen ergreifenden Eindruck, wenn es dann plötzlich erlischt und die Dunkelheit hereinbricht. Wer könnte nun wohl einen »Stern in Menschengestalt« verlöschen sehen, ohne davon ergriffen zu werden und mit Trauer auf die entstandene klaffende Lücke hinzublicken. Und ein solcher Stern war Tieck! Seine letzten Lebensjahre sind ihm nicht zu freundlich verstrichen, denn ein neues Geschlecht, neuen Aufgaben in neuen Formen und Gestaltungen nachjagend, trat ihm feindlich gegenüber, und er hatte keine Achilleshaut, er fühlte jeden Hieb und jeden Stich, der ihm versetzt wurde. Aber gewiß werden an seinem Grabe auch seine Feinde erscheinen und dem *Manne* die Ehrfurcht bezeigen, die sie seiner *Richtung* versagen zu müssen glaubten. Denn der Krieg gegen die Romantik war an und für sich zwar ein vollkommen berechtigter, jedoch nur so weit, als aus einer reichbegabten, aber nicht, wie Shakespeare und Goethe, *normalen* Individualität allgemein gültige Gesetze abgeleitet werden sollten. Das ist vorüber, das Gleichgewicht zwischen dem wirklichen Leben und der Phantasiewelt, das eine Zeitlang verrückt zu werden drohte, ist längst wieder hergestellt, und wenn noch irgendwo einige Kugeln in den Büschen sitzen geblieben sind, so feure man sie zu Ehren des edlen Abgestorbenen in die Luft ab.

Die Fußstapfen des wahren Poeten sind leuchtend, wie die des Propheten. So ist auch der Weg, den Tieck zurücklegte, mit Perlen und Edelsteinen übersä't. Und nicht bloß in der Jugend war er reich, wie mancher Gegner behauptet hat, bis ins späteste Alter hinein hat er blitzende Kleinodien verstreut. Wohl liegt auf jenen Märchen, durch die er sich zuerst als den Sohn der Götter ankündigte, ein so zauberischer Duft, daß man's begreift, wenn viele den blonden Eckbert, den Runenberg, den Liebeszauber usw. allen übrigen seiner Produktionen vorziehen. Aber nicht weniger reizend sind die meisten seiner Novellen, ja einige seiner Dramen, nur daß man freilich vom blendend hellen Mittag und vom eindämmernden Abend nicht verlangen muß, was nur der tauige Morgen gewährt. Ein kaum geschlossenes, vielleicht noch offenes Grab, auf dem die erste Blume erst gepflanzt werden soll, ist nicht der Ort für kritische Splitterrichterei, wenn Verfasser dieser Zeilen sich sonst auch dazu berufen fühlte. Aber braucht man die Nation wirklich erst wieder zu erinnern an den mit Shakespearischer Genialität gezeichneten *Eulenböckh* in den Gemälden, an den *jungen Tischlermeister*, diesen Vorläufer des so berühmt gewordenen französischen Handwerkerromans der Sand, an die großartigen Schilderungen des mystischen Seelenlebens in dem *Aufruhr in den Cevennen*, an die herrlichen Charaktere des *Marlow* und des *Robert Green* im Dichterleben, oder gar an die unheimliche, mit allem Grauen der Hölle umkleidete *Mechtildis* im Blaubart und an die Fülle der lebenswahrsten Gestalten im *Fortunat?* Gewiß nicht, ein Dichter ist nicht darum vergessen, weil er schon bei Lebzeiten unter die Heroen versetzt wurde und die ihm gebührende Nische im Nationalpantheon erhielt, anstatt noch Tag für Tag durch Trommeln und Pfeifen eingeladen zu werden, mit auf dem Fechtboden oder dem Exerzierplatz zu erscheinen. Und wenn *Ruge* auch nicht recht zu wissen schien, daß ein kranker Mensch unter allen Umständen mehr ist, als eine gesunde Puppe, und deshalb einen Dichter, wie Tieck, durch reimende Pointen- und Tendenzjäger seiner eigenen Schule beseitigen zu können glaubte: die Bildung hat immer nur dazu gelacht.

Und haben seine *Gegner* auch vergessen, was Tieck für das Verständnis Shakespeares in Deutschland geleistet und welch ein Verdienst er sich um den großen Heinrich von Kleist durch liebevolles und beharrliches Hinweisen erworben hat, so daß der Schöpfer des »Prinzen von Homburg« und des »Michel Kohlhaas« früher, als es ohne Tieck vielleicht geschehen wäre, der deutschen Nation näher gerückt wurde, die Bildung hat es nicht vergessen und flicht deshalb ein Blättlein mehr noch in seinen Lorbeerkranz.

HEINRICH LAUBE: HEINRICH HEINE

1856

Heine ist tot. Die Tränen stürzen mir aus den Augen, indem ich solchen unersetzlichen Verlust niederschreibe, und da ich wohl einer der wenigen bin, welche heiße Tränen weinen über diesen Verlust, denn er hatte Millionen Bewunderer, aber wenig Freunde, so fühle ich mich berufen, sogleich öffentlich meinen Schmerz auszudrücken ...

Wenn man Literaturgeschichte schreiben wird in Zukunft, bei welchem Namen hinter Goethe und Schiller wird man denn genötigt sein, anzuhalten und auszurufen: Hier, ja hier kommt eine wirklich neue Originalität, ein neues und starkes Gedicht, hier beginnt eine Epoche in deutscher Schrift! Bei welchem Namen sonst, wenn nicht bei dem Namen Heines? Geht doch einige Jahre in die Zukunft voraus und stellt euch vor, was dann im Gedächtnis geblieben sein wird vom Verdienste seiner zeitgenössischen Nebenbuhler in der literarischen Rennbahn! Welche Bücher wird man zitieren z. B. von demjenigen, der uns so wert und teuer ist wegen seines Charakters und seines reizenden Stils, von Börne? Man wird gar keine zitieren. Sie werden zusammengeschlossen sein in den Begriff Artikel und Briefe. Man wird von einem anregenden, ja musterhaften Prosaiker sprechen, welcher sich durch kleine Aufsätze zu einem merkwürdigen literarisch-politischen Charakterbilde erhoben, eine überdauernde literarische Schöpfung aber nicht hinterlassen habe. Das ist eben der Unterschied zwischen dem bloß förderlichen und dem schöpferischen Geiste. Alle Förderung wird überflutet, alle Schöpfung ragt empor über die Gewässer der Jahrhunderte. Heines »Buch der Lieder« wird emporragen in unserm Jahrhundert, wie »Die Leiden des jungen Werther«, wie »Die Räuber« emporragen im vorigen Jahrhundert.

Die Notabilitäten der Franzosen, unter denen er fünfzehn Jahre gelebt, respektierten ihn wie einen der vornehmsten Pairs in dem literarischen Parlamente Europas, und derselbe Heine, an welchem sich bei uns jeder dürftige und sein bißchen Handwerkszeug aus Heinescher Domäne beziehende Journalist reiben zu dürfen, über welchen Spatz und Elster abgeschmackt piepen zu dürfen glaubt, derselbe Heine gilt dort für einen der größten Dichter und geistreichsten Autoren Europas. Ich weiß dies nicht vom Hörensagen, ich hab es gesehen und erfahren an seiner Seite. Ihm öffneten sich alle Pforten, ich möchte sagen: alle Arme; er gehörte ganz und gar und ohne Vorbehalt zu der glänzenden Familie von französischen Notabilitäten, welche sonst gegen den Ausländer so kühl und so höflich sind. Und nicht etwa bloß, weil sie ihn und seinen Geist fürchteten, obwohl auch dies kein verächtliches Symptom wäre; o nein, in der Würdigung literarischer Größe herrscht bei den Franzosen ein viel tieferer Konservativismus als bei uns. Wer einmal die Literatur durch etwas Ausgezeichnetes bereichert hat, den berührt die nagende Kritik nicht mehr an der Wurzel, wenn sie ihm noch so viel Blätter abreißen sollte, was ebenfalls nicht leicht geschieht. Man ehrt dort sich und seine Nation in treuer Wertschätzung dessen, was jemals die Nation ausgezeichnet hat, und in demselben Geiste betrachteten dort George Sand, Hugo, Lamartine, Thiers, Mignet, Balzac, Dumas und wie sie weiter heißen, den deutschen Autor Heine, von dem sie nur Bruchstücke kannten; an der Kralle erkannten sie den Löwen, und es war ihnen immerdar zweifellos, daß er eine geistige Macht ersten Ranges und als solche zu behandeln und zu achten sei. Ich schweige davon, daß viele, und darunter George Sand, seinem Geiste innige Liebe widmeten, ich erwähne den ganzen Spiegel fremder Welt auch nur beiläufig, weil ich mich in so schmerzlichem Augenblicke jener Scenen erinnere, in denen gerade Heine mächtiger als irgendeine deutsche Macht die Schlagfertigkeit unseres Vaterlandes mitten unter den begabtesten Franzosen zur Geltung brachte. Konnte es für

einen Deutschen etwas Erquickenderes geben als die Teilnahme an solchen Gefechten, in denen die Franzosen immer den Sieg in Anspruch nehmen für ihr Talent der Rede und des Esprits, und in denen nun plötzlich ein Deutscher als Deutscher links und rechts ein Vorpostentreffen begann und allein, ganz allein, allmählich die ganze Linie der Gegner auf sich zog und mit Hieb und Stoß und Schuß beschäftigte, und nicht nur beschäftigte, sondern bedrohte und, wie oft! vollständig aus dem Felde schlug? Ja, die er in deutscher Sprache oft so bitterlich verspottete, indem er nur den Zopf derselben, den dicken und steifen und langen, ins Auge faßte; deutsche Wissenschaft und Kunst und Sitte vertrat er, ein gefürchteter Gladiator, gegen jedes herausfordernde Lächeln der Franzosen, vertrat er wie eine Herzensangelegenheit mit jenem blitzenden Geiste, welcher ihm nur eigen war und in welchem ihm selbst jene begabten Franzosen die eigentümliche Überlegenheit einräumen mußten. Nie vielleicht ist deutsches Interesse so eigentümlich und so schmetternd verteidigt worden als von Heine in solchen Kämpfen; ich sage, so eigentümlich, denn die Franzosen wissen heute noch nicht, welch eine nationale Form des Geistes aus diesem Manne wetterte, den sie doch so gern für einen adoptierten Franzosen ausgaben.

JACOB GRIMM: WILHELM GRIMM

1860

Ich soll hier vom Bruder reden, den nun schon ein halbes Jahr lang meine Augen nicht mehr erblicken, der doch nachts im Traum, ohne alle Ahnung seines Abscheidens, immer noch neben mir ist. Ihm zum Andenken niedergelegt sei denn ein Gebund Erinnerungen, die sich aber, wie man in diesem Kreise erwarten wird, fast nur auf seine wissenschaftliche Tätigkeit erstrecken. Seine sonstigen Lebensbegegnisse hat er selbst schon einmal anderswo erzählt.

Unter Sippen und Blutsverwandten dauert ja die lebendigste, vollste Kunde, und ihnen stehen von Natur geheime Zugänge offen, die sich den anderen schließen. Nicht allein leibliche Eigenheiten und Züge haben sich einzelnen Gliedern eines Geschlechts eingeprägt und zucken in wunderbarer Mischung nach, sondern dasselbe tut auch die geistige Besonderheit, daß man oft darüber staunt; da hält ein Kind den Kopf oder dreht die Achsel genau, wie es Vater oder Großvater getan hatte, und aus seiner Kehle erschallen bestimmte Laute mit derselben Modulation, die jenen geläufig war; die leisesten Anlagen, Fähigkeiten und Eindrücke der Seele, warum sollten nicht auch sie sich wiederholen? Menschlicher Freiheit geschieht dadurch kein Eintrag, denn neben solchen Einstimmungen und Ähnlichkeiten entfaltet sich zugleich auch die entschiedenste Selbständigkeit jedes einzelnen, weder dem Leib noch dem Geiste nach sind sich je, solange die Welt besteht, Menschen vollkommen einander gleich gewesen, nur neben, mitten der die Regel bildenden menschlichen Individualität brechen strichweise wie aus dem Hintergrund jene Ausnahmen vor, die das Band unserer Abstammung nicht verleugnen und ihm Rechnung tragen.

Mir erscheint nun, daß dieser edle, die Menschheit festi-

gende und bestätigende Hintergrund seine größte Kraft hat zwischen Geschwistern, stärker sogar als zwischen Eltern und Kindern. Geschlechter haben sich zu Stämmen, Stämme zu Völker erhoben nicht sowohl dadurch, daß auf den Vater Söhne und Enkel in unabsehbarer Reihe folgten, als dadurch, daß Brüder und Bruderskinder auf der Seite fest zu dem Stamm hielten. Nicht die Deszendenten, erst die Kollateralen sind es, die einen Stamm gründen, nicht auf Sohnschaft sowohl als auf Brüderschaft beruht ein Volk in seiner Breite. Ich laufe Gefahr, mich in eine politische Anwendung zu verlieren, und will lieber den einfachen Grund angeben, warum Brüder sich besser verstehen und erkennen als Vater und Sohn. Eltern und Kinder leben nur ein halbes Leben miteinander, Geschwister ein ganzes. Der Sohn hat seines Vaters Kindheit und Jugend nie gesehen, der Vater nicht mehr seinen Sohn als reifen Mann und Greis erlebt. Eltern und Kinder sind sich also nicht volle Zeitgenossen, das Leben der Eltern sinkt vorn in die Vergangenheit, das der Kinder steht hinten in die Zukunft; aber Geschwister, wenn ihr Lebensfaden nicht zu früh abgeschnitten wurde, haben zusammen als Kinder gespielt, gehandelt als Männer und nebeneinander gesessen bis ins Alter. Niemand weiß folglich besseren Bescheid zu geben als vom Bruder der Bruder, und diesem natürlichen Verhalt hinzu tritt noch ein sittlicher. Der Vater, vom Sohne redend, wird sich seiner Gewalt über ihn stets bewußt bleiben, der Sohn, Zeugnis vom Vater ablegend, der gewohnten Ehrfurcht nie vergessen. Geschwister aber stehen untereinander, ihrer wechselseitigen Liebe zum Trotz, frei und unabhängig, so daß ihr Urteil kein Blatt vor den Mund nimmt. Und dazu nun die leibliche Geschwisterähnlichkeit, also insgeheim auch die geistige, dem Vater gleicht der Sohn nur mehr oder weniger als halb, weil er auch Mutterzüge in sich aufnimmt, hingegen Brüder teilen sich in des Vaters und der Mutter Gesicht und besitzen von jedem irgend etwas; laßt Brüder sich in der Kindheit noch so unähnlich erscheinen, im Alter, wenn ihre Wangen einfallen, gleichen sie einander durch die Bank.

Von acht unserer Eltern Söhnen war ich der zweite, Wilhelm der dritte, beide nur ein Jahr im Alter unterschieden, gleich gekleidet und stets zusammenrückend, zum vierten Bruder hin war ein größerer Abstand, und wenn ich seiner gedenke, trübt sich die Seele mir, daß er sein ganzes Leben hindurch alleinstehend mehr auf sich selbst angewiesen war. Auch der fünfte und sechste hielten nahe zueinander, der siebente und achte waren, wie der erste Bruder, noch als kleine Kinder dem Tode verfallen, so daß ich nun obenan stand. Man hört wohl sagen, daß in gesegneter Ehe die älteren Kinder mehr dem Vater, die jüngeren mehr der Mutter nachschlagen, sowie daß unter den Söhnen der erste minder begabt sei als der zweite, diesen aber der dritte übertreffe, wie auch in Kindermärchen der dritte hervorgehoben wird; haben solche Wahrnehmungen irgend Grund, so stehen ihnen sicher zahllose Ausnahmen entgegen.

Wilhelm, ein blühender froher Knabe, hatte die Kinderjahre ohne Gefahr durchlaufen, und alle Krankheiten waren an ihm vorübergegangen, während mich Masern und Blattern hart ergriffen und meinem Gesicht eine Fülle Narben eindrückten, deren Spur lange nicht schwinden wollte, er blieb unversehrt davon. Als wir vollwachsen waren, ragte er daumenbreit über mich hinaus. An des Jünglings Gesundheit begann aber, wie am rotwangigen Apfel, innerst ein Wurm zu nagen, dessen Sitz die Ärzte jahrelang nicht konnten ausfindig machen; bald war dem Siechenden sein Atem beklommen, daß er nur mühsame Schritte tat, bald das Herz beschwert: es fing plötzlich heftiger zu klopfen an und ließ nicht nach, bis durch einen harten Schlag, wie man einen Kasten zuwirft, das Gleichgewicht der Pulse hergestellt wurde. Diese steten, in der frischesten Lebenszeit sich erneuernden Ängste und Drohungen eines Übels, das er nie vollends überwand, obschon die Gefahr nach Stufen zurückwich, mußten auf seine ganze Gemütsart und Empfindungsweise einen tiefen Eindruck hinterlassen. Den einzelnen Anfällen war jedesmal Abspannung, dann wohltätige Erholung gefolgt, der Kopf zum Glück immer ganz frei geblieben, und von da aus senkte sich bald auch neuer Mut in die abgemattete Brust. Unmittelbar in der Schwächung des Leibes fühlte sich sein Geist gekräftigt und früher als gewöhnlich reifend, Geduld und Gleichmut fachten seine Lebenshoffnung unausgesetzt an, gaben seinen Gedanken Schwung und flößten ihm Feinheit des Nachsinnens, Takt der Beobachtungen ein. Was er damals dachte und niederschrieb, würde er auch später noch ebenso gedacht und geschrieben haben, seiner Ausbildung war aller Sprung benommen und ein förderndes Ebenmaß verliehen. Um diese Zeit las er nicht allein zur Schonung und Erheiterung, sondern aus innerem Trieb unsere großen Dichter und war gleich entschieden Goethe zugewandt, während ich, der weniger anhaltend im Zusammenhang lesen konnte, erst mehr von Schiller eingenommen, nach und nach auch von jenem ergriffen wurde. Dann aber tröstete und ergötzte ihn ein uns beiden wie von selbst aufgegangenes, durch keinen Unterricht gehobenes Zeichentalent: in Tusch und Sepia, mit Pinsel oder Rabenfeder pflegten wir Figuren und Bäume sauber nachzubilden, welche Neigung uns noch bis ins erste Universitätsjahr begleitete, hernach mußte sie zurückstehen. Ihm aber hat die günstig erworbene Fertigkeit, worin er es weiter gebracht hatte als ich, späterhin Dienste geleistet, da ihn alte wichtige Handschriften zur Durchzeichnung ihrer Züge und Bilder reizten, deren Inhalt dann auch vorgenommen und von ihm veröffentlicht wurde.

So nahm uns denn in den langsam schleichenden Schuljahren *ein* Bett auf und *ein* Stübchen, da saßen wir an einem und demselben Tisch arbeitend, hernach in der Studentenzeit standen zwei Betten und zwei Tische in derselben Stube, im späteren Leben noch immer zwei Arbeitstische in dem nämlichen Zimmer, endlich bis zuletzt in zwei Zimmern nebeneinander, immer unter einem Dach in gänzlich unangefochten und ungestört beibehaltener Gemeinschaft unserer Habe und

Bücher, mit Ausnahme weniger, die jedem gleich zur Hand liegen mußten und darum doppelt gekauft wurden. Auch unsere letzten Betten, hat es allen Anschein, werden wieder dicht nebeneinander gemacht sein; erwäge man, ob wir zusammengehören und ob von ihm redend ich es vermeiden kann, meiner dabei zu erwähnen.

Auf der Universität hatten wir einer wie der andere dasselbe Studium ergriffen, das der Rechtswissenschaft, durch nichts zu ihr hingezogen, als weil der Vater schon, der selbst Jurist war, es so gemeint oder angeordnet hatte oder weil für die früh verwitwete Mutter auf dieser Laufbahn ihrer ältesten Söhne am schnellsten eine Stütze hervorgehen sollte. Bricht einmal die altverlebte Einteilung alles Wissens in vier Fakultäten zusammen, deren jede in ihrem Schlepp die verschiedenartigsten Gegenstände des Lebens und Lernens gefaltet mit sich trägt, dann wird auch Jünglingen der gerade Weg zu dem, was sie mit deutlichem Trieb von frühauf anziehen und einmal erfüllen soll, unverbaut sein, zur Seite liegenbleiben dürfen, was die Vorbereitung auf ein verwickeltes, oft zweideutiges und fruchtloses Examen von ihnen fordert, und dann kann das rechte Losungswort für ihr eigentliches Talent desto leichter ausgesprochen werden. Keinem von uns beiden, die wir mit Ernst und Eifer studierten, hat die erworbene Rechtskenntnis hernach zu irgendeiner Stellung im Lande verholfen; den Gedanken, mich einem gelehrten Betrieb des römischen Rechtes zu widmen, mußte ich fahren lassen, und durch Einführung des Code Napoleon in Hessen war uns ohnedem alle Freude an der Wissenschaft benommen, der Gewinn des mühsam Erlernten hingeschwunden. Für Wilhelm sogar spurlos, ich wenigstens habe aus freien Stücken mich noch in der Folgezeit mit dem altdeutschen Recht näher befaßt. Die Universität aber war uns, als freiere Fortsetzung der Schule, nur zu einem allgemeinen Bildungsmittel geworden.

Wir hatten, eine lange schon genährte Neigung ausbildend, unser Ziel auf Erforschung der einheimischen Sprache und

Dichtkunst gestellt, welchen man doch die lebhafteste Anziehungskraft für junge Gemüter beilegen muß. Die Denkmäler und Überreste unserer Vorzeit rücken einem unbefangenen Sinn näher als alle ausländischen, scheinen unleugbar größere Sicherheit der Erkenntnis anzubieten und in alle Beziehungen des Vaterlandes einzugreifen. Der Mensch würde sich selbst geringschätzen, wenn er das, was seine Ureltern nicht in eitlem, vorübergehendem Drang, vielmehr nach bewährter Sitte lange Zeiten hindurch hervorgebracht haben, verachten wollte. Auf die kräftige Speise und auf alle Leckerbissen der klassischen Literatur mundet auch die einfachere derbe Hausmannskost. Gerade daß uns so viel Zerbröckeltes, Unvollendetes und lückenhaft Aufbewahrtes vor Augen geführt wird, regt die Einbildungskraft an, und Bruchstücke flößen uns ein Mitleid ein, das sie zu betrachten und zu ergänzen auffordert. Offenen Blicken konnte sich nicht bergen, daß hier ein frisches, fast unbebautes Feld vorliege, dem günstige Erträge abzugewinnen seien. Was in den letztverflossenen hundert Jahren dafür unternommen worden war, erwies sich als ohnmächtig; darunter ragten Bodmers Bemühungen als das Bedeutendste vor, ohne daß sie Nachfolge, geschweige Fortschritte aufgerufen hätten. Lessings Geist ahnte den Wert unserer alten Dichtung, war aber nicht auf das Beste und Vorzüglichste, sondern auf Stücke erst des zweiten oder dritten Ranges gefallen. Klopstocks verschrobene Kunde von unserem Altertum konnte keine Wirkung erzeugen; gründlich und mehr, als man öffentlich davon gehört hat, war Voß' Bestreben, nur daß es unter vielen anderen Arbeiten nicht in die Höhe wachsen konnte, bloß in seinem Werke von der Zeitmessung blicken deutliche Kennzeichen dessen durch, was er zunächst vorgenommen hatte. Goethe und Schiller zeigten der altdeutschen Poesie sich eher abgeneigt als förderlich, und erst die neueren romantischen Dichter begannen sie nachdrücklich zu empfehlen.

Es war uns, mir erst nach anderweit eingelenkten schweren Versuchen, zuletzt gelungen, wieder zusammen an der nämlichen Bibliothek eine Stellung zu finden, die unsere Pläne und Vorsätze begünstigte. Nun galt es stille, ruhige Arbeit und Sammlung, die sich jahrelang nur selbst genügen konnten und unser Wissen langsam, doch unablässig gedeihen ließen. Es waren die glücklichsten Jahre unseres Lebens, in solcher Ruhe, wenn ich hier die Worte eines alten Dichters gebrauchen darf, ergrünte unser Herz wie auf einer Aue. Von allen Seiten her, nach allen Seiten hin war gesammelt und geforscht worden, endlich erwachte auch das Verlangen, einiges von unseren Ereignissen vorzulegen und mitzuteilen.

In einem und demselben Jahre traten wir zuerst, jedweder besonders mit sehr verschiedenen Büchern auf, welchen doch beiden deutliche Gunst widerfuhr. Ich suchte darzutun, daß das, was man als Minnesang und Meistersang zu unterscheiden pflegte, gerade in einer ihnen gemeinsamen wesentlichen Form dasselbe sein müsse, ihre Abweichung nur als Herabsinken einer Kraft in Unkraft anzusehen sei, wie alte Gebräuche überall absterben und verkümmern, so daß doch immer noch bedeutende Ähnlichkeiten davon zurückbleiben. Die gewonnene Ansicht erkenne ich fortwährend als die richtige, und zu erster Entscheidung scheinen mir auch die damals beigebrachten Gründe ausgereicht zu haben; der Gegenstand trug alle Fähigkeit an sich, späterhin aus reicherem Material glänzender und ohne das, was die erste Behandlung überwucherte, entfaltet zu werden. Bedeutenderen Eindruck machte aber Wilhelms Übersetzung der dänischen Kämpeviser, wobei es auch schon an einleuchtenden Untersuchungen über die deutsche Heldensage nicht gebrach. Sicher ist nichts schwerer, als epische Lieder, deren naiver Ausdruck verschmolzen ist mit ihrem ganzen inneren Gehalt, in eine andere, wennschon verwandte Sprache zu übertragen, streng genommen scheint es fast unmöglich, ihre Ausdrucksweise bietet selbst einheimischen Kennern genug Dunkelheiten dar, wie sollte nicht ein Ausländer an vielen Stellen straucheln? Es war doch daran gelegen, einmal das volle Gefühl des Tones und der Weise, die in diesen Liedern anschlagen, zu empfangen; hat nicht Voß' Homer, so weit er im einzelnen hinter dem allzeit unerreichbaren Original zurückbleiben muß, dennoch dessen Geist und lebendigen Atem erfaßt und nachgebildet, dadurch die Einsicht epischer Poesie unter uns allen tiefer aufgetan? Ich entsinne mich, daß damals Niebuhr, dem die dänischen Dichtungen geläufig waren, die gelungene Färbung dieser Verdeutschung rühmte, und ganz vor kurzem erst ist mir ein Urteil kund geworden, das Hebel darüber gefällt hat und ich mich hier vorzutragen nicht enthalte. Welche Freude würde es meinem Bruder bereitet haben, wenn die Worte dieses gefeierten, mit dem Volkston des Liedes vertrautesten Dichter jemals noch zu seinem Ohr gedrungen wären. »Wenn dir«, schreibt Hebel einem Freunde, »in der Poesie wie in der Natur frischer, lebendiger Morgenhauch, gekühlt über den Wassern und in den Bergen und gewürzt im Tannenwald besser behagt als die drückende Schwüle oder gar der Anhauch aus einem Blasebalg, so lies Grimms *Altdänische Heldenlieder, Balladen und Märchen.*« Wilhelms Buch hat, was verwundern könnte, keine zweite Auflage erfahren, die bald darauf gefolgte neue Ausgabe der Originale hätte zu zahlreichen Veränderungen und Verbesserungen führen müssen, und die unterdessen aufgestiegene Bekanntschaft mit unserem heimischen Epos erleichterte auch das Verständnis der dänischen sowie der oft noch schöneren entsprechenden schwedischen Urtexte selbst, es bedurfte keiner wörtlichen, eben dadurch erschwerten Nachhilfe weiter.

Nichts natürlicher, als daß nach diesen Erstlingen wir nun auch eine Zeitlang uns zu neuen Hervorbringungen einigten. Sogar hatten wir die Kühnheit, für das damals noch in den ersten Stoppeln liegende Feld und ein der allgemeinen Teilnahme fernabstehendes Fach eine Zeitschrift zu beginnen, die es nur zu drei schwachen Bänden brachte und, nachdem sie mit manchen Übelständen gerungen hatte, heute wenig oder nichts von bleibendem Werte darbietet; wer an uns selbst und unseren Fortschritten näheren Teil nimmt, mag etwa einzelnen Aufsätzen schon den spitzenden Keim dessen ansehen, was in der Folge besser hervortrat und höher wachsen konnte. Er wird mitten darunter einigen fast noch rohen oder wilden grammatischen Ansichten begegnen, die ich hernach zu erziehen oder zu zähmen mich befliß, ohne daß ich sie zu verleugnen brauchte. Klar vor Augen liegen in dieser Zeitschrift die Grundrisse einer ihm später überaus gelungenen Arbeit meines Bruders, ich meine sein Buch über die deutsche Heldensage, und ich stehe gar nicht an, es als das Hauptwerk seines Lebens zu bezeichnen. Es ist darin so vieles genau und fein angesponnen und gewoben, daß, wenn auch manche Fäden anders aufgezogen und eingeschlagen sein könnten, doch fast überall Wohlgefallen und Befriedigung aus dieser Arbeit entspringen. Ihm war unvergönnt, eine neue, dritte Umarbeitung, zu welcher er unablässig nachsammelte, fertig zu hinterlassen, und andere Hände dürfen sich kaum darin mischen. Kurz vor den *Altdeutschen Wäldern* war auch eine gemeinschaftliche Ausgabe des *Hildebrandliedes* erschienen, die erste überhaupt als Lied auffassende, was vorher nur als Prosa galt, nachdem ich im Jahre 1810 die leichte Entdeckung der darin wie im *Wessobrunner Gebet* verborgenen Alliterationen gemacht hatte. Dies Lied lag eben auf dem Wege zu einer bald erfolgenden Ausgabe der *Edda*, von welcher es, aus mehr als einem Grunde, beim ersten Bande geblieben ist. Offenbar hatten wir zu hoch gegriffen und uns zugetraut, daß die Wahrnehmung und Entfaltung überraschender Bezüge, die das nordische mit unserem Altertum hat, Schritt halten könne mit Besiegung zahlloser Schwierigkeiten, die der alte Text herbeiführt und wozu es langer, über Rasks isländische Grammatik hinausreichender Bekanntschaft mit den Geheimnissen der altnordischen Sprache bedurfte. Gleichwohl gereichte die mutig angesetzte Arbeit selbst, mir wenigstens, zur Befestigung meiner Studien in diesem wichtigen Teil unserer Sprachkunde.

Mit größerem Behagen schaue ich zurück auf die begonnene, seitdem nicht wieder ausgesetzte Sammlung deutscher

Märchen und Sagen, die ich nachher noch zu besprechen mir erlaube.

Nach diesen gemeinschaftlichen, mit aller Lust gepflogenen Arbeiten trat aber eine Wendung ein, die nun wieder getrennte und voneinander abweichende Schritte forderte. Daß jeder seine Eigentümlichkeiten wahren und walten lassen sollte, hatte sich immer von selbst verstanden; wir glaubten, solche Besonderheiten würden sich zusammenfügen und ein Ganzes bilden können. Schon beim *Hildebrandlied,* noch mehr bei der *Edda,* lernte ich einsehen, daß unserem besten Willen und Wissen dabei auch erhebliche Schwierigkeiten entgegentraten. Offen, wie ich war, und geneigt, Meinungen aufzustecken oder zu bestreiten, schien es mir, daß vor dem Publikum eine Ansicht, von wem sie auch ausgegangen, überwiegen oder weichen müsse, er aber, gerechter und schonender gesinnt, nicht ohne stärkeres Selbstgefühl auf dem Behaupteten beharrend, wollte lieber, daß nebeneinander und dem Leser zur Wahl hingestellt würde, was zwischen den Herausgebern unvermittelt bliebe. Als nun im Fortgang unserer Studien ich zu rechter Zeit den guten Griff einer deutschen Grammatik getan hatte, die damals gleich einer Notwendigkeit in dem ganzen Fach erschien, von welcher alle Gunst ausging oder abhing, die mir, also auch ihm fernerhin zuteil wurde, war ich auf einmal gegen ihn in Vorteil gestellt, und ein Abstand unserer Naturen, worüber wir allmählich erst uns klargeworden sind, fing an sich geltender zu machen. Von Kindesbeinen an hatte ich etwas von eisernem Fleiße in mir, den ihm schon seine geschwächte Gesundheit verbot; seine Arbeiten waren durchschlungen von Silberblicken, die mir nicht zustanden. Seine ganze Art war weniger gestellt auf Erfinden als auf ruhiges, sicheres Insich-Ausbilden. Alles, so viel in den Gang seiner eigenen Forschungen einschlug, beobachtete er reinlich und strebte es zu bestätigen; das übrige blieb ihm zur Seite. Funde sind jedoch bedingt dadurch, daß nahe und fern gesucht werde, häufig ohne Vorherbestimmung der Stelle, wo sie zu heben stehen, ein ganzer Stoff will gleichsam als neutral bewältigt sein, aus dem dann die Ergebnisse tauchen. Kühnen und Wagenden steht ungesehen das Glück bei, plötzlich ist etwas geraten; Wilhelm mochte nicht aufs Geratewohl ausgehen. Ich weiß, denn Ulfilas, Otfried, Notker und andere Hauptquellen vom ersten bis zum letzten Buchstaben genau zu lesen hat er nie unternommen noch vollführt, wie ich es oft tat und immer wieder tue, niemals ohne zu entdecken. Ihm genügte, Stellen aufzuschlagen, die er im besonderen Fall zu vergleichen hatte. An der grammatischen Regel lag ihm jedesmal nur so viel, als sie in seine vorhabende Untersuchung zu gehören schien, und dann suchte er sie festzuhalten. Wie hätte er darauf ausgehen wollen, die Regeln selbst zu finden, zu überbieten und zu erhöhen? Ihm gewährte Freude und Beruhigung, sich in der Arbeit gehen, umschauend von ihr erheitern zu lassen, meine Freude und Heiterkeit bestand eben in der Arbeit selbst. Wie manchen Abend bis in die späte Nacht habe ich in seliger Einsamkeit über den Büchern zugebracht, die ihm in froher Gesellschaft, wo ihn jedermann gern sah und seiner anmutigen Erzählungsgabe lauschte, vergingen; auch Musik zu hören machte ihm große, mir nur eingeschränkte Lust.

In solcher gemächlichen Ausführung seiner Vorhaben, wie anhaltende gleichmäßige Schritte dennoch weit reichen, ist von ihm Rühmenswertes begonnen und vollendet worden. Er las sich Texte aus in Handschriften, die ihm in aller Nähe vorlagen und die er durch gewonnene Abzeichnung oder Faksimile schon liebgewonnen hatte, um durch sorgsame Behandlung ihre Herausgabe vorzubereiten. Er pflegte und besserte mit redlicher Einsicht, so genau er nur vermochte. Ging auch seinen Emendationen das Glänzende und Schlagende der von Lachmann ab, das Gefügige, Geschmeidige der von Haupt, so empfahlen sich doch seine Ausgaben einzelner Gedichte sämtlich durch die vorhin gerühmten Eigenschaften. Ich bewundere seine schöne Ergänzung des *Grafen Rudolf*, wie sie der zierlich eingerichtete Druck anschaulichst vor Augen legt. Konrads von Würzburg, eines in vielem mit Ovid vergleichbaren Dichters, Darstellung und Sprache beschäftigten ihn lange, wie seine Ausgabe des *Schwanritters*, der *Schmiede* und *Silvesters* bezeugen; kein anderes Gedicht hatte er öfter und aufmerksamer gelesen als den *Trojanischen Krieg*, dessen vollständige Bekanntmachung er noch erlebte. Mit dem *Rolandslied* und allen Gestaltungen des *Rosengarten*, soviel er ihrer habhaft werden konnte, war er höchst vertraut, und ein neugewonnenes Bruchstück des letzteren sollte eben noch mitgeteilt werden, als ihn der Tod überraschte. Unter allen Gedichten am meisten war es *Freidank*, den er nach vielen Handschriften bearbeitet und dessen zweite fertig gearbeitete Ausgabe sich jetzt unter der Presse befindet. Hätte er doch auch die dafür übernommene Vergleichung deutscher Sprichwörter zum Abschluß bringen können, manches in den Anmerkungen Mitgeteilte macht das Verlangen rege. Außerdem zeugen noch einzelne im Schoße unserer Akademie vorgetragene Abhandlungen über *Athis*, althochdeutsche Glossen und Gespräche, seine stets in diesem Fach bewährte Tätigkeit. Was am wenigsten bekannt ist, überaus wertvolle und langatmige Sammlungen zur mittelhochdeutschen Sprache, aus welchen ich mir oft Rat bei ihm holte, sind mit seiner Feder im Exemplare des Ziemannschen Wörterbuches eingetragen, schon vor Beginn des von Benecke angefangenen Werkes und davon unabhängig, obgleich teilweise dadurch überflüssig gemacht. Dabei hatte er aller Handgriffe, die für Ausgaben alter Dichtwerke befolgt und geläufig werden müssen, sich bemächtigt, namentlich alle metrischen Regeln, die um diese Zeit erhoben und auf die Spitze gebracht wurden, üben und beobachten gelernt, angelegentlicher als solche grammatikale Gesetze, die auf Textbestimmung noch keinen Einfluß gewonnen hatten. Hierin schloß er sich zunächst an Lachmann an, der eigentlich auch nicht grammatisch gestimmt, aber metrisch gerüstet und bewehrt bis an die Zähne war und seiner scharfsinnigen Lehre alsobald gelungene Anwendungen folgen ließ. Nicht zu geschweigen ist endlich einer schon der früheren Zeit heimfallenden bedeutsamen Schrift Wilhelms über deutsche Runen, wozu ihn ganz zufällig die Ausgrabung eines sehr zweifelhafte Schriftzüge enthaltenden Steins in Hessen veranlaßt hatte. Mit sichtbarem Erfolg dringt er in den Ursprung und die Verbreitung der Runen überhaupt ein und erläutert die auf vielen Tafeln mitgeteilten Zeichen in befriedigender Zusammenstellung zumal der gotischen, angelsächsischen, altnordischen und, wie sie heißen, markomannischen. Doch gebricht eine weiterreichende Vergleichung und Erwägung slawischer, griechischer oder phönizischer Alphabete, welche er auch später nachzuholen keine Aufforderung in sich selbst fand, weshalb reichlich nachgesammelte angelsächsische und nordische Runen unverarbeitet liegengeblieben sind.

In diesem allem oder doch dem meisten stehen sich Vorneigung und Talent bei ihm und mir einander gegenüber, und ich werde nicht selten im Nachteil erscheinen. Meine Eigenheit ist eine andere. Herauszugeben liegt mir bloß dann nahe, wenn etwas Seltenes und Wichtiges in meine Hände fällt oder ein Text in unmittelbarem Bezug auf eine Hauptuntersuchung liegt. Kritische Ausgaben zu bereiten macht mir, ich gestehe es, eben kein Vergnügen, ich bin froh, daß es andere tun, und nütze ihre Leistungen. Wolframs *Wilhelm* hat man erst recht gelesen, seit er von Lachmann geheilt und aufgestellt worden war, und ich verkenne nicht die von ihm und seiner Schule auch vielen anderen Gedichten geleisteten Dienste, wiewohl mir vorkommt, daß auch die metrische Wissenschaft ebenso leicht Gefahr läuft, in das Unsichere zu schweifen, als man es halsbrechenden etymologischen Künsten vorzuwerfen pflegt. Mein Spruch lautet »besser gelernt als gelehrt«, und ich fühle es, daß meiner *Grammatik* das praktische lehrhafte Element entgeht, räume aber ein, Ausgaben zu machen, zu wiederholen und zu bessern sei ein viel näheres Bedürfnis als das, Wörter und Formen zu erschließen.

Sollte nicht, was sich hier beispielsweise an einem Brüderpaar erzeigt, höhere Anwendung auf den Betrieb der Wissenschaften insgemein leiden? Kommt nicht in ihrem großen Gebiet derselbe Unterschied zweier Richtungen, deren jede für sich Reiz und Glanz hat, zum Vorschein? Denn zuerst entsprossen sind alle Wissenschaften aus einem Bedarf, der nach seiner Stillung und Befriedigung immer weiterführende Verlangen erzeugte. Die Medizin, wie schon ihr Name gibt, ging hervor aus der unmittelbaren Notwendigkeit, zu heilen und darum die Kräfte der Pflanzen und Steine zu erkunden, die Chirurgie aus einer Notwendigkeit, Hand zu legen an den Verband der Wunden und Knochenbrüche. Es hatte unendlichen Wert, solcher Heilkräfte zu gewahren und im Besitz solcher Geschicklichkeit des Verbindens sich zu befinden. Aus jener Kräuterkunde ist allmählich Botanik, aus jener Beschäftigung mit Erde und Gestein Chemie und Geognosie entsprungen, aus der Einsicht in alle inneren Teile des Leibes und in den Knochenbau die vergleichende Anatomie, von welcher die Ärzte und Wundärzte noch nicht die Ahnung hatten. Diese Wissenschaften sind also über die anfängliche, wenn auch fortwährend unerläßliche Anwendung hinausgeschritten in ein endloses, kein nahes Ziel, sondern das Fernste in die Augen fassendes Bestreben. Wir erlernen eine benachbarte Sprache oder eine erloschene der Vorzeit, um sie dergestalt zu verstehen und zu üben, daß wir uns in ihrem Umfange frei zu bewegen und alles, was darin verfaßt wurde, zu erkennen vermögen, eine Menge Regeln sind zu diesen Zwecken aufgestellt, geprüft, geläutert und beobachtet worden. Sie leiten getrost zur Lehre, aber auch zur Heilung und Berichtigung der durch Länge der Zeit entstellten, von Zusatz oder Auslassung verderbten schriftlichen Denkmäler. Abgewandt den Blick von so weitgreifenden, dennoch, wenn man den Ausdruck dulden will, wieder engeren Zwecken, offenbart sich eine gewisse Unzulänglichkeit der bisherigen Anstalten für eine neu vordringende, auf kaum geebneten Pfaden rüstig aufstrebende Forschung. Auch das Wiederaufrichten unserer alten deutschen und die bessere Ergründung selbst unserer heutigen Sprache wird von Gewicht für die notwendig gewordene Aufnahme aller und jeder bisher vernachlässigten europäischen Zungen in den Kreis vielfacher Studien, wofür die sanskritischen Sprachen den entscheidendsten Ausschlag gegeben haben. Eine vergleichende Grammatik ist geschaffen und erblüht, deren Ergebnisse sich auch, wie nicht ausbleiben kann, rückwärts zu den klassischen Sprachen wenden. Die klassische Philologie, ihrer festgegründeten Herrschaft und ihres heilbringenden Einflusses sich bewußt, wird, ohne das Geringste aufzugeben, freudig anerkennen, daß sich neue Schichten des Wissens gebildet haben, deren unabhängige Erfolge nicht zu hindern sind; wie sollte dem Arzte der Chemiker oder Botaniker ein Dorn im Auge sein? Ich bin fern davon, meine in so großartigen Bestrebungen der heutigen Sprachforschung klein erscheinenden Studien irgend hervortreten zu lassen, ich wollte bloß in bezug auf meinen Bruder ihre Richtung bezeichnen. Wilhelm hatte wenig Geschick, fremde Sprachen zu erlernen, ich glaube, er wäre ein sehr guter Arzt geworden, ich ein schlechter, zur Not ein leidlicher Botaniker.

Bisher sprach ich von den Unterschieden zwischen uns Brüdern; was ich hinzuzufügen habe, sind lauter Einklänge.

Wir haben noch zuletzt gegen unseres Lebens Neige ein Werk von unermeßlichem Umfang auf die Schultern genommen, besser, daß es früher geschehen wäre, doch waren lange Vorbereitungen und Zurüstungen unvermeidlich; nun hängt dieses *Deutsche Wörterbuch* über mir allein. Ein doppeltes Ziel schwebte uns vor. Die heutige Spracherklärung hatte, wo nicht aller, doch der meisten Vorteile teilhaftig zu werden, die aus erhöhter Forschung hervorgegangen sind. Dann aber sollten reiche Anführungen alle einzelnen Wörter beleben und bestätigen; es kam darauf an, selbst gleiche oder ganz ähnliche Beispiele zu häufen, wie sie die Gangbarkeit des Ausdrucks, die sparsam beigebrachten, dessen Seltenheit bezeugen mußten. Dann aber unterließen wir jede Beschränkung auf den heutigen Sprachstand und trugen auch die

Wörter der vergangenen, uns zunächst stehenden Jahrhunderte ein. Der heutigen Sprache ist fast jeder mächtig, ohne daß er viel nachschlage, seitdem aber angefangen ist, die Schriften der letzten vier Jahrhunderte zu sammeln und neu herauszugeben, wie hätte ein dafür notwendiges Hilfsmittel gebrechen dürfen? Alle Leser werden die schöne Ausführlichkeit loben, die mein Bruder den einzelnen Wortbedeutungen gab, und gern die oft ungleiche Behandlung der Ableitung oder Wurzeln dulden, ohne daß hiermit ein Tadel des einen oder des anderen Verfahrens ausgesprochen sein soll. Mag seit des treuen Mitarbeiters Abgang die Aussicht auf Vollendung des Werkes durch dessen Urheber selbst noch zweifelhafter geworden sein, als sie menschlichen Voraussetzungen nach gleich anfangs war, so tröstet mich die begründete Hoffnung, daß, je mehr mir noch selbst auszuarbeiten gelingt, die ganze Einrichtung, Art und Weise des Unternehmens fest ermittelt sein und auch bewährten Nachfolgern erreichbar bleiben werde. Wohl ist die aufgewandte Mühe anstrengend, doch macht die Aufeinanderfolge der verschiedensten Wörter, daß im steten Wechsel der Gesichtspunkt erfrischt erscheint.

Tragen wir einen Dank davon für alle Mühe und Sorge, der uns selbst zu überdauern vermag, so ist es der für die Sammlung der Märchen, die nicht nur eine unverwüstliche Nahrung für die Jugend und jeden unbefangenen Leser darbieten, sondern auch, wie die durchdringende Einsicht gelehrt hat, einen großen und der Forschung unentbehrlichen Schatz des Altertums in sich bewahren. Dieser Wünschelrutenzweig fiel uns glücklich in die Hand, und seit wir damit in den Boden geschlagen haben, ist allerorten ein reicher Hort der Sage und Überlieferung an den Tag gekommen. Umliegende Völker haben sich beeifert zu sammeln, am ergiebigsten ist der Grund gewesen bei solchen, die für roh und ungebildet galten, denen man alle Literatur abstritt. Gerade weil ihnen unsere Bildung und Verbildung mangelt, dauern ihnen gleichsam zum Ersatz von uralter Zeit bis auf heute und in unverkümmerter und naturgemäßer Darstellung diese ewig jungen Märchen fort. Sie sind alle nichts Erdachtes, Erfundenes, sondern des ältesten Volksglaubens ein Niederschlag und unversiegende Quelle der eigentlichen lautersten Mythen. Was ist Mythologie? Nach verjährter Ansicht versteht man darunter nichts als griechischen Götterglauben, immer und ewig nichts als den Glauben der Griechen, wie ihn zahllose Bildwerke griechischer Kunst verherrlichen und veranschaulichen, höchstens daß von außen sich auch noch römische Mythen, am Gipfel ägyptische oder orientalische anfügen, überall bildet Griechentum die Mittelpunkte der Forschung, gleich als ob auch griechische Poesie, deren hohe Schönheit wir alle anerkennen, das Dasein anderer Sprachen tilge und aufhebe. Der Fülle unschuldiger, barbarischer Sage, wenn sie erst einmal vollauf wird erkannt sein, bleibt es vorbehalten, ein anderes, weiteres Feld daneben zu eröffnen. Nicht sollen die griechischen Götter gestürzt werden zum andernmal, sondern fortwohnen in ihren heiteren Hallen, nur muß die Ansicht weichen, als sei erst von Griechenland aus oder vom Morgenland her Glaube und Wissen unter alle Völker gedrungen. Der Vorbereitungswege können gar manche gedacht werden, und erst neulich ist mit vollem Fug auf einen buddhistischen Einfluß gewiesen worden; Zusammenhänge mit Spuren der Naht sind an mehr als einer Stelle sichtbar – ich halte fest an einsichtbarem Vollgeheimnis –, die für Sprache wie Sage müssen stattgefunden haben, und der Hauptgründe einen lehren mich meine Forschungen über die Tierfabel, die wir unter Litauern, Esten, Finnen, Lappen und allen tiefen Slawen so reich entfaltet sehen, daß an Entlehnung aus dem unter diesem Gesichtspunkt mageren *Äsop* ferner gar nicht zu denken ist, so weit er sich verbreitet haben könne. Statt daß die Missionare früherhin immer die Heilige Schrift zur Grundlage wählten, um für die Sprache der Heiden Sammlungen zu veranstalten, wird, wie schon Beispiele dartun, Erzählung von Märchen ein natürliches, lebhaftes Element darreichen, um sich anschaulicher an die Eigenheit aller Volksmundarten zu schmiegen, und damit geschieht durch die Sagensammlung der Aufnahme des Sprachstoffes ein unberechenbarer Vorschub.

Auch mein Bruder hat aus der Tiersage großes Vergnügen geschöpft und einzelne, noch aus späterem Meistergesang gewonnene Stücke mit aller Umsicht erklärt. Von allen unseren Büchern lag ihm die Märchensammlung zunächst am Herzen, und er verlor sie nicht aus den Augen. Nachdem wir die beiden ersten Auflagen mit gleichem Eifer gehegt und besorgt hatten, mußte ich, seit mich die *Grammatik* immer dichter umstrickte, die Ausstattung der Märchen großenteils ihm überlassen, und anziehende Abhandlungen über sie von seiner Hand wurden später angefügt. Sie sind mit sanfter Feder abgefaßt und halten sich scheu zurück vor den ihm noch unverlässigen Ansichten, die ich im *Reinhart* und in der *Mythologie* ausgesprochen hatte und die ich, wenn mir das Leben fristet, in einer Schrift über Märchen und Tierfabel nochmals aufzunehmen beabsichtige. Sooft aber ich nunmehr das Märchenbuch zur Hand nehme, rührt und bewegt es mich, denn auf allen Blättern steht vor mir sein Bild, und ich erkenne seine waltende Spur.

EMILIE VON BINZER: ADALBERT STIFTER

1868

Stifter ist in Ihren Blättern zu seiner Zeit so sehr gewürdigt worden, daß Ihnen diese Zeilen eines treuen Freundes des Verstorbenen vielleicht willkommen sein werden.

Vor drei Jahren begann die Krankheit, die ihn jetzt getötet hat, gleich mit solcher Intensität, daß der behäbige, untersetzte, immer wohlgekleidete Mann, mit weißer, wohlgepflegter Hand, blendenden Zähnen und einem Auge von so bedeutendem Ausdruck, daß es einen Glanz über sein nicht schönes, von Blattern leicht durchfurchtes Gesicht ergoß, in wenigen Monaten ganz unkenntlich geworden war; während gelehrte Ärzte versicherten, es sei nicht die mindeste Gefahr vorhanden, dachten die Einfältigen an Heines Wort: »Der steigt wohl in das Grab hinein«. Er selbst sprach von seinem Übel immer, als sei es ein Magenkatarrh, aber im Grunde seiner Seele lag doch wohl der Gedanke, daß er nicht mehr genesen werde. Traf man ihn in einer Stimmung, die es ihm möglich machte, von etwas anderem als seinem Leiden zu sprechen, die er dem Besucher gern haarklein erzählte, oder hatte man das Talent, ihn davon abzulenken, so leuchtete eine edle Fassung, eine verklärte Anschauung irdischer Dinge, die Stimmung einer reinen Seele, die fühlt, daß ihr die Flügel wachsen, die sie in ein unbekanntes Land tragen sollen, aus seinen Worten hervor. Er sprach es aus, daß dieses körperliche Leiden ihn in sein Inneres zurückgeführt habe und daß er ein besserer Mensch geworden sei. Rückert sagte einmal: »Nur aus schon guten Sachen kann man was Besseres machen«, und er war ein guter Mensch. Kein scharfes Urteil über den Einzelnen ging über seine Lippen, viel weniger ein ungerechtes. Die Lüge mit ihrer ganzen Verwandtschaft war ihm verhaßt, sogar die kleinen Gesellschaftslügen, die wir für harmlos halten. Obwohl er kein Mann war, an dem man große Anforderungen stellen mußte, zu denen er meist nur die besten Vorsätze hatte, so entfaltete er doch in seinem Amt als Schulrat große Tätigkeit.

Was man einen »Beamten« nennt, war er gar nicht, ja, er konnte die Art von Arbeit, die dazu gehört, gar nicht leisten. Was aber ein Beamter *nicht* leisten konnte, das war sein Fach. Über die bürokratischen Vorurteile hinaus reichte sein Blick. Den Grund der Dinge konnte er beobachten, wo der Fehler lag, entdecken, das Mittel finden, um langjährige Übelstände zu heben, begreifen, was dem Lehrer und was dem Kinde frommt. Da er es aber nur mit lauter Beamten zu tun hatte, denen die gewohnte Form das Höchste war, da er wirklich in einem Büro sitzen und Eingaben machen mußte, die er für unnütz hielt, Ausgaben streichen, die ihm notwendig schienen, zu Behörden sprach, die nie begriffen, was er meinte, die aber sehr gut wußten, was in ihr Schema paßte, so hat er alle Leiden in dieser Stellung durchgemacht, die demjenigen nicht erspart werden, der gegen den Strom schwimmt.

Ich spreche von einer vergangenen Zeit, und ein jeder weiß, wohin jetzt dieser Strom ging. Er hat unaussprechlich darunter gelitten und trotz des Statthalters Eduard Bach redlicher Unterstützung seine besten Ideen verworfen, dafür Dinge in Ausführung gebracht gesehen, die sein scharfer Verstand und sein richtiges Gefühl als tadelnswert erkannte. Er hat zu verschiedenen Zeiten ganz entgegengesetzte Rügen erhalten, sich von Institutionen entfernt gesehen, die er teils ins Leben gerufen, teils zu ihrer Blüte gebracht hatte, Lehrer, deren Verdienst er hochschätzte und ins Licht stellte, unberücksichtigt bleiben, andere ins Amt treten sehen, zu denen er Ursache hatte, kein Vertrauen zu fassen: Kurz, er hat der Kränkungen und des Ärgers während seiner Dienstzeit so viel erfahren, daß seine Gesundheit wohl darunter leiden mußte.

Dessen ungeachtet ist seine Wirksamkeit als Schulrat bedeutend und segensreich gewesen, und es war ein glücklicher Gedanke des Ministeriums des Jahres 1849, ihn als solchen zu bestellen. Er nahm die Stelle mit Enthusiasmus an und sah seine Hoffnungen mit tiefem Schmerz sinken. Hat er Aufzeichnungen über seine Amtsführung gemacht, wie er es immer vorhatte, so werden sie manches Streiflicht auf diese düstere Zeit werfen; und sie sind nicht von einem Frondeur geschrieben, von einem, der einen Genuß im Schimpfen findet, sondern von einem warmen Patrioten, von einem »treuen Diener seines Herrn«. Er liebte den Kaiser und sein Haus mit einer uneigennützigen, rein menschlichen Liebe. Frohes und Herbes, das dem Herrscherhause widerfuhr, wurde von ihm mitgefühlt, als geschehe es seinen nächsten Angehörigen. Die beiden verstorbenen österreichischen Dichter, die eine innige Freundschaft verband – Stifter und Zedlitz – vereinten sich in diesem Vaterlandsgefühl; sie verjüngten sich, wenn Österreichs Stern glänzte, und ergrauten, sobald er sich verdunkelte.

Stifter überschätzte seine literarische Tätigkeit nicht. Seine Sachen wurden gesucht und für Deutschland glänzend bezahlt, er hatte an Heckenast einen Verleger gefunden, der nicht kargte. Also konnte er daraus schließen, daß sie nicht ohne Wert seien, aber Deutschland hat sie höher geschätzt als er selbst. Er wußte auch, daß das Gerüst seiner Erzählungen immer eine Idee sein mußte und keine Begebenheit, denn an Ideen war er reich, an Erfindungsgabe arm. Ich sagte ihm einst: »Warum schildern sie nie geistreiche Frauen, und immer nur beschränkte?« Er lächelte und erwiderte: »Ich weiß wohl, daß das Höchste, was der Dichter schildern kann, eine Frau ist, bei der sich Geist mit Herz und Charakter verbindet. Aber ich bin mit einer, der nur die beiden letzten verliehen waren, so unaussprechlich glücklich gewesen, daß ich immer nur *sie* darzustellen vermag.«

Er kam sehr oft des Abends zu uns, setzte sich mit der Versicherung hin, daß er nur kurze Zeit bleiben könne, und blieb drei Stunden sitzen. Er sprach dann fast ununterbrochen. War der Gegenstand, auf den er eben fiel, interessant, so hing man an seinem Munde, aus dem der Humor und der Ernst seines inneren Wesens reizend quoll. Oft drehte sich sein Gespräch um Erlebnisse der Gegenwart, um Theater, Literatur; besonders anziehend waren seine Erzählungen aus der Kindheit in Oberplan. Eine derselben erinnerte an Dikkens schönste Szenen aus Copperfields Kindheit. Als Stifter einmal als Kind einen recht unartigen Streich begangen hatte, dessen Unrecht er aber nicht einzusehen vermochte, und er, von seinem Stiefvater abgestraft, weinend zu Bett gegangen war, trat seine Mutter, da sie ihn schlafend glaubte, leise herein. Er öffnete in stillem Unmut die Augen nicht; sie aber trat an sein Bett, sah ihn an und machte ein Kreuz auf seine Stirn, dann schlich sie wieder hinaus, und ein süßer Trost kam in sein armes, kleines Herz.

Er war, wie gesagt, in diesen Gesprächen so anziehend und fesselnd wie in irgendeiner seiner Erzählungen. *Ein* Unterschied aber waltete vor: Er schrieb das beste Deutsch – machte auch im Sprechen nie einen grammatischen Fehler, während seine Aussprache das reinstmögliche Oberösterreichische war. So sagte er, wenn er Hölle sagen wollte, nur »Höhle«, und umgekehrt für Fülle »Fiele« usw. Dessenungeachtet hörte man ihn gerne vorlesen, da das innere Verständnis dessen, was er las, den Dialekt siegreich vergessen ließ. Nie hat der »Fechter von Ravenna«, dessen erste Akte er gleich nach der Aufführung des Stückes uns brachte, mehr Eindruck auf mich gemacht, als da er ihn uns vorlas. Fiel er nun von ungefähr auf einen Gegenstand, den seine Zuhörer nicht verstanden, oder der sie nicht interessierte, so waren sie verloren, denn er bemerkte nie, daß man sich langweilte oder daß man ihm nicht folgen konnte. Er sprach und sprach – der Tee wurde serviert, er rückte unbewußt auf die Seite – man brach wieder auf, er fuhr fort – nichts brachte ihn zum Schweigen, bis er seinen Gegenstand erschöpft hatte. Ja, eine gewaltsame Unterbrechung der Hausfrau, etwa mit einem freundlichen Scherz, daß es nun genug sei, hörte er geduldig an und fuhr dann fort: »Das muß ich noch sagen ...« Nahm man die Sache humoristisch, so tat man sich selbst am wohlsten; nahm man sie tragisch, so erschien Stifter freilich denjenigen, die ihn nur an solchen Abenden hörten, als der langweiligste Mensch auf Erden.

Ich behaupte aber: Es ist nicht erlaubt, einen Mann, von dessen Bedeutung man durch seine Schriften überzeugt ist, mit gewöhnlichem Maßstab zu messen, wie man auch beim Anblick eines berühmten Kunstwerks, das man nicht gleich begreift oder in sich aufnehmen kann, den Gedanken festhalten soll, daß es wahrscheinlich nur einer aufmerksameren Betrachtung bedarf, um zur Einsicht von dessen Wert zu gelangen und daher der Beschauer und nicht das Werk im Unrecht ist.

Anderen schien sein ganzes Auftreten so absonderlich, daß sie sich halbtot über ihn lachen wollten. Sein Wesen war weder vornehm, noch gemein; zum erstern fehlte ihm der hergebrachte Weltton, den er wahrscheinlich nie erstrebt hat, am zweiten hinderte ihn die Feinheit seiner Seele. Er war taktvoll, wie alle guten Menschen es immer sind, denen ein Instinkt sagt, was verletzen kann. Ein Gefühl edler Schicklichkeit verließ ihn nie. Er achtete auch eine höhere weltliche Stellung und erwies ihr die herkömmliche Ehre, doch stand ihm geistige und moralische Bedeutsamkeit weit darüber.

Wenn man ihn besuchte, so trat man in das Gemach eines Sonderlings, der er auch war. Nicht sein Prunkzimmer war eigentümlicher Art, dort standen schön gearbeitete Möbel, und wertvolle Gemälde zierten die Wände, alles ohne Stäubchen und Makel, von der Hand der sorgsamsten Hausfrau auf das gewissenhafteste gepflegt. Der Fuß trat auf einen schönen Teppich. Die spiegelblanken Tische waren so und so nach seiner eigenen Angabe ausgelegt, alles von moderner, aber edler Form. Altes Meißner Porzellan und andere Seltenheiten waren in Schränken von Spiegelglas aufgestellt; dessenungeachtet erinnerte dies Gemach nicht im mindesten an einen modernen Salon – es war ein bürgerliches Prunkzimmer, in seiner gediegenen Einrichtung anspruchslos, das nichts von schwerstoffigen Tür- oder Fensterbehängen wußte. Anderer Art war sein eigenes Zimmer. Man arbeitete sich hinter mehreren Staffeleien hervor, die mit angefangenen Gemälden bedeckt waren. Während unserer vierjährigen Bekanntschaft habe ich ihn nicht *eines* davon vollenden sehen. In den drei Fenstern, die auf die Donau gingen, standen ganze Familien von Kakteen, für die Stifter eine Leidenschaft hatte. Gewöhnlich war es ein trauriger Anblick, für den allerdings zuweilen eine zauberhafte Blüte entschädigte. Die Temperatur des Zimmers mußte sich diesen heißsaftigen Fremdlingen bequemen und war manchmal zum Schlagtreffen. Dann standen da zwei herrliche Zimmerzierden, ein Kleiderschrank aus der Vor-Rokoko-Zeit mit der schönsten Holzmosaik, von ihm selbst auf das sorgfältigste hergestellt. Schon im Winter 1849 brachte er, wenn er abends zu uns kam, gewöhnlich ein Stück dieses Schranks als Handarbeit mit, an dem er polierte. Auch den »Wittiko« hatte er damals schon in der Mache; hätte er ihn zu jener Zeit frisch angefangen, so wäre er wahrscheinlich ganz anders ausgefallen, da Stifter selbst noch ein junger Mann war; der Schrank aber kam eher zustande als das Buch, obgleich es gewiß auch zehn Jahre gebraucht, ehe er vollendet war. Das zweite noch weit prachtvollere Möbel ist ein Schreibtisch aus der Renaissance-Zeit, in Sarkophagform, auf Delphinen ruhend, mit Karyatiden und Statuetten reich verziert; 48 oder mehr Schubfächer schließt ein einziges Schloß. Das Ganze ist mit der Genauigkeit und Zierlichkeit gearbeitet, welche die besten englischen Arbeiten auszeichnet. Für beide Stücke sind ihm hohe Preise geboten worden, aber er sagte: »Was man dafür bezahlt, kann nach meinem Tode meiner Frau zugute kommen.« Noch andere gut hergestellte Möbel enthielt dies Gemach, das sonst auf das einfachste mit Strohstühlen und einem dürftigen Ruhebett eingerichtet war. Auf diesem lag er in der letzten Zeit oft, wenn er von seiner Zimmerpromenade ermüdet war. Dann sah er einen oft mit fragenden Augen an, wenn er sagte: »Ich weiß nicht, warum ich jetzt so matt bin.« Man suchte dann seine Gedanken auf andere Dinge zu leiten.

Die wenigen Freunde, die er sehen wollte, besuchten ihn oft und ernteten Dank für jedes Zeichen der Teilnahme. Wenn die Sonne schien, ging er an der Donau spazieren oder auf dem großen Platz in Linz, ein Jammeranblick für die, welche ihn früher gekannt hatten.

Stifters Leben war arm an Begebenheiten. Er sah einst ein wunderschönes Mädchen mit Augen, die den Jahren getrotzt haben, die Tochter eines Offiziers, auf einem Ball und war sogleich entschlossen, sie zu heiraten, was auch alsbald ausgeführt wurde. Seine Ehe war kinderlos, ist aber eine ihn hochbeglückende geblieben. In den vierziger Jahren reisten sie einmal nach Nürnberg, Augsburg und München, ich glaube, es war das einzige Mal, daß er außerösterreichische Luft geatmet hat. Einmal war er in Ungarn, wovon zwei seiner schönsten Erzählungen Zeugnis geben. Noch später machten er und seine Frau eine Reise nach Triest, nicht etwa mit der Südbahn, sondern mit seinem getreuen Lohnkutscher, der ihn auf all seinen Amtsreisen beförderte, durch die schönsten Länderstrecken der Monarchie in kleinen Tagereisen. Die Sommer brachte er gerne jenseits der bayrischen Grenze in der Nähe des Dreisesselberges zu, wo ihm ein Freund eine Wohnung mitten im Walde zur Verfügung gestellt hatte. Er schwärmte von diesem Sommeraufenthalt und dehnte ihn so lange wie möglich aus.

Daß ihn sein Kaiser zum Hofrat ernannte und ihm die Mittel gab, in gewohnter Weise fortzuleben, ward von ihm mit tiefem Dank empfunden, und die letzten Tage seines Lebens sind in das neue Morgenrot gefallen, das über seinem geliebten Vaterlande aufgeht.

HEINRICH LAUBE: FRANZ GRILLPARZER

1872

So weilt denn auch er nicht mehr unter uns, der greise, große Dichter. Da oben im vierten Stock der engen Spiegelgasse sitzt er nicht mehr in dem kleinen Zimmer, das Haupt zur Seite geneigt, in einem Buche lesend und den Besucher mit einigen Klageworten über sein gebrechliches Leben begrüßend!

Ach, er hatte keine Freude mehr am Leben, gerade, weil er's zu schätzen wußte. Das Alter, welches die Kraft beschränkt, war ihm lästig. »Ich höre kaum noch« – sagte er – »und am Ende wird auch das Lesen erschwert werden – wozu muß ich warten?!«

Und doch, wenn man laut und deutlich sprach, war ein Gespräch bald im Gange, und da wurde der alte Herr bald angeregt und sprach mit weiser Schärfe.

Die naive Frage, das echteste Zeichen des Dichters, war ihm vollständig eigen verblieben. Nichts zwischen Himmel und Erde blieb unberührt in solchen Gesprächen, und auch wo ihm die Meinung feststand, wo er kopfschüttelnd die andere Meinung abwies, setzte er wohl hinzu: »So kommt mir's vor, wer weiß! Andere meinen anders. Jeder legt sich's zurecht, wie er kann, wir fragen eben bis ins Grab hinab –«.

Über alles sprach er mit vollem Interesse, alles lag ihm nahe, und über alles hatte er eine eigene selbständige Ansicht.

Ich bin immer nach einer halben Stunde mannigfach belehrt und angeregt von ihm gegangen durch das schmale Vorzimmerchen, welches eine kleine vortreffliche Auswahl guter Bücher in den Schränken zeigte. Er las sie alle, von den griechischen Klassikern bis zu den weitläufigen Memoiren Frankreichs und Englands, er war ein Leser im ausführlichsten Sinne des Wortes, er war es von Jugend auf gewesen – vorbei!

An einem trüben Sonntage, am 21. Januar, dem Hinrichtungstage Ludwigs des Sechzehnten, hat er ohne vorhergehende eigentliche Krankheit in seinem alten Lehnstuhle fast plötzlich ausgeatmet. Seit seinem einundachtzigsten Geburtstage, sechs Tage vorher, drückte mit einemmal das Alter schwerer und schwerer; der Schlaf überfiel ihn zuweilen mitten im Gespräche, wie es Lessing geschah; das Verlangen nach Speise und Trank wurde geringer und geringer und versagte fast ganz; das Öl der Lebenslampe vertrocknete bis auf den letzten Tropfen. Aber wie er ein stetiger Charakter war, welcher nicht leicht abließ vom Erprobten, so gab er auch an diesem letzten Tage dem Drucke nicht nach; er stand auf, kleidete sich mühsam an und wankte zum Fenster zum Sessel und versuchte zu frühstücken. Die erschöpften Organe sagten Nein, und so stand er von diesem Lehnsessel nicht wieder auf, der letzte Tropfen an Lebenskraft verzehrte sich bis Mittag, und bald nach zwei Uhr erlosch das Licht, der Tod war eingetreten, ohne besondere Gewaltsamkeit. Es war der Tod des Gerechten, wie es in der Bibel heißt – das einfache Aufhören. Seine geliebte Katharina Fröhlich, welche er im »Ottokar« so heiter dem Kaiser vorstellen läßt, seine »ewige Braut«, welche nur darum seine Gattin nicht geworden, weil in der Maien- und Sommerzeit kleine Hindernisse im Wege gestanden, seine »Kathi« mit den Schwestern, die ihm seit Jahrzehnten ein Familienleben geschenkt, stand neben ihm, als sein Atem stockte und ausblieb. Schluchzend fielen die Schwestern einander in die Arme. –

Wann kommt seinesgleichen wieder! Sein Charakter war von edelstem Metall, und die Gedanken klangen auf demselben wider wie reiner Glockenton. Darum war er ein so gediegener Dichter. Nichts von bloßer Mode war in ihm, nichts von künstlicher Konvenienz, nichts von bloßem Schimmer. Alles wahrhaft und ehrlich und darum oft so streng.

Hierin liegt auch seine Stellung in unserer poetischen Literatur bezeichnet: er ist durchwegs eigen, er gehörte zu keiner Schule.

Es war von vornherein ein Mißgriff der oberflächlichen Klassifizierer, daß sie ihn wegen seiner »Ahnfrau« zu den Schicksalsdichtern stellten. Die »Ahnfrau« selbst unterschied sich schon originell vom Kanon der Schicksals-Tragödie, und die eigentlichen Schicksalspunkte waren hineingeraten in das Stück durch theatralische Regie-Tätigkeit. Ihn aber jahrzehntelang, nachdem er »Sappho«, »Medea« und »Ottokar« geschrieben, in diesem Schicksalsverschlage zu belassen, das war eine blanke Torheit – eine Torheit – welche ihn mehr geärgert hat, als sie verdiente. War er denn nicht mit dem zweiten Stücke, mit der »Sappho« schon weitesten Schrittes herausgetreten aus diesen Kreisen? An Goethe's »Iphigenie« mochte sie den Oberflächlichen erinnern, an Schicksals-Tragödie nicht im entferntesten. Und wie ganz anders war sie doch auch als die »Iphigenie«. Welch tiefer dramatischer Zug unterscheidet sie, welche fein und stark menschliche Bildung der Charaktere, welche erschütternde und erhebende tragische Führung unterscheidet sie von der Goetheschen Dichtung.

Grillparzer hat bei einem Besuche in Weimar gerade über die »Sappho« mit Goethe gesprochen und hat dessen Bemerkungen nicht annehmen können. Der dramatische Dichter Grillparzer stimmte eben nicht überein mit dem Dichter Goethe, welcher die dramatischen Fugen nur leise und obenhin berühren mochte.

Es ist unbegreiflich, daß die Erscheinung dieser »Sappho«, welche noch dazu wirksam über die Bühnen ging, dem Dichter nicht die vollsten literarischen Ehren eintrug. Welch schöner Aufbau dieser Tragödie in ganz natürlicher Entwicklung! Wie echt die Menschen, wie tragisch und schön das Schicksal Sappho's! Das Stück ist ein Juwel unserer dramatischen Literatur und unserer Bühne. Woher dies Verkennen? Nicht auf der Bühne, nein, auf der Bühne ist es immer von anerkannter Wirkung gewesen. Nur in den literarischen Berichten ist es verkannt worden. Warum? Darum, weil in unserem Vaterlande so viel bloß wissenschaftlich gebildete Männer ohne künstlerischen Beruf das Wort führen über die Künste, namentlich über die dramatische Kunst.

Die griechische Welt lag Grillparzer von Jugend auf nahe, er kam noch im Mannesalter darauf zurück in der Tragödie von »Hero und Leander«, und er las noch im Alter mit Vorliebe Sophokles. Die Trilogie: »Das goldene Vliess«, welche auf »Sappho« folgte, ist neben Schiller's »Wallenstein« das einzige Kunstwerk so großen, erschöpfenden Umfanges, welches unsere Bühne besitzt. Wunderbar herb und streng, ja unerbittlich, aber wahrlich auch von wunderbar strenger Schönheit. Ich bin immer der Meinung gewesen, die schwere, schmerzvolle Jugendzeit, welche Grillparzer erlitten, hat den damals noch jungen Dichter in so strenges Walten der Tragödie eingeweiht. Sein Vater war früh in den Tod gesunken. Die Familie wurde vielfach verstört, und der Selbstmord trat mehrmals auf – nur gar zu viel brachte dem jungen Poeten den Gang der Medea näher.

Man sucht umsonst nach freudigen Anregungen im Leben Grillparzers. Auch seine Werke brachten ihm zunächst gewöhnlich Kummer. Was ist er gepeinigt worden mit seinem vierten Stücke, mit »Ottokar's Glück und Ende«, mit seinem fünften Stücke: »Ein treuer Diener seines Herrn«. Und so fort: »Des Meeres und der Liebe Wellen« verschwand nach drei Vorstellungen vom Repertoire, »Weh' dem, der lügt« mißfiel bei der ersten. Nur der spät kommende »Traum ein Leben«, während des ganzen ersten Abends in der Schwebe zwischen Aufschwung und Untergang, gefiel endlich, als man des »Traumes« inne wurde, lebhaft und brachte ihm rasch ein Genüge.

Eben weil er aller Konvenienz aus dem Wege ging und immer eigentümlich schuf, stießen seine Wege auf so viele Abgründe.

»Ottokar« erregte politischen Anstoß und wurde zurückgeschoben. Die Gründung des regierenden Hauses war verherrlicht, aber weil der übrigens selbst germanisierende Böhmenfürst Ottokar unterging, sollte das Stück den Böhmen mißfällig sein, und – das Interesse des regierenden Hauses stellte sich zurück vor solcher Einwendung, man ließ das Stück verschwinden.

Beiläufig sei erwähnt, daß die bekannte Stelle: »Katharina Fröhlich, Bürgerskind aus Wien« vom Dichter nicht erfunden ist, sondern auf historischem Grunde beruht, freilich auf modern historischem. Katharina Fröhlich war die Tochter eines hochgeachteten Wiener Bürgers, welcher um seiner hingebenden Tätigkeit für das Gemeindewohl Bürgervater genannt wurde. Grillparzer war in diesem Bürgerhause ein gern gesehener Freund, und er sah Katharina aufwachsen. Als sie sechzehn Jahre alt war und ihr eine reiche Partie angetragen wurde, hörte sie von Grillparzer, daß er ihr nicht abraten zu dürfen meinte, daß er aber der unglücklichste Mensch auf Erden sein würde, wenn sie die Partie annähme. Dies scheint seine Liebeserklärung gewesen zu sein. Katharina lehnte die Partie ab. Solchergestalt im Fröhlich'schen Hause daheim, hatte er oft erzählen hören, was der neunjährigen Kathi einmal in der Burg begegnet war. Sie war mit einer Begleiterin durch den Augustinergang gewandelt und war dort dem Kaiser Franz begegnet. Ihre Reverenz machend, bleibt sie stehen, und der Kaiser, das bildhübsche Kind betrachtend, bleibt ebenfalls stehen, legt die Hand auf ihr Köpfchen und fragt sie, ihre »Bildsauberkeit« rühmend, wie sie heiße. – »Katharina, Katharina Fröhlich!« – »So?« – Und eilig setzt sie hinzu: »Bürgerskind aus Wien!« – »Saperlot!« ruft der Kaiser.

Daß der sonst in bürgerlichen Dingen vor der Öffentlichkeit schüchterne Grillparzer dies aufs Theater gebracht, verwundert einen beinahe. Aber ein frischer Schalk sprang zuweilen aus ihm hervor, und er hat wahrlich seine geliebte Kathi überraschen und heiter erschrecken wollen.

In seinem Nachlasse sollen sich einzelne dramaturgische

Aufsätze befinden, namentlich einer über Shakespeare. Grillparzer gehörte nicht zu den wahllosen Preisern des britischen Dichters, er unterschied streng zwischen den Werken, welche demselben zugeschrieben werden. Es wird also sehr lehrreich sein, einen Artikel über Shakespeare von ihm zu erhalten. Ferner soll eine Selbstbiographie Grillparzer's im Nachlaß sein. Das wäre dann freilich sehr erwünscht. Erwartet hätte ich, Grillparzer's Charakter gemäß, eine eigene Lebensbeschreibung von ihm keineswegs, denn er ließ sich immer nur ungern darauf ein, über sich selbst zu sprechen.

Von den dramatischen Fragmenten, welches jetzt nach seinem Tode zum Vorschein kommen werden, mag die »Jüdin von Toledo« das wichtigste sein. Er hat mir nie von ihr gesprochen, wohl aber der Dichterin Betty Paoli, und diese ist der Meinung, das Fragment werde umfangreich sein. Ein hochbegabtes Weib sei der Mittelpunkt, welches den König glücklich bezaubere, solange es in dessen Nähe, welches aber vom Aberglauben der Zeit der Zauberei angeklagt und dem brutalen Exekutions-Gerichte überliefert werde.

Für das kleine, bereits abgedruckte Fragment: »Hannibal« ist keine Ergänzung zu erwarten. Das Lesen im Plutarch hat Grillparzer veranlaßt, eine einzelne Szene zu schreiben, ohne den Gedanken an ein ganzes Stück.

Ebensowenig ist eine Fortsetzung der »Esther« in Aussicht. Grillparzer gestand naiv ein: er habe es vergessen, in welcher Weise er sich den Fortgang des Stückes vorgebildet.

Er fertigte freilich manche Nachfrage ab in solcher und ähnlicher Art. Öfters hat er mir von »Rudolph und Mathias« gesagt, es fehle noch etwas Wesentliches, und er sei nicht mehr imstande, das nachzuholen, und plötzlich einmal gab er mir das ganze Stück von seiner Hand geschrieben und nirgends geändert und mit dem bis dahin unbekannten Titel: »Ein Bruderzwist in Habsburg«. Er hatte offenbar nichts mehr daran getan, seit er von jenem wesentlichen Mangel gesprochen, er hatte es nur nicht aus der Hand geben wollen. Aus der Hand gegeben, kam es in Rede, und das scheute er in alten Tagen. »Wenn ich tot bin, sprecht, was ihr wollt darüber, dann kümmert's mich nicht mehr«, pflegte er zu sagen.

In viel früherer Zeit schon, etwa zu Anfang der Sechziger-Jahre, hatte er mir das ganz vollendete Manuskript der »Libussa« gegeben, mit der ausdrücklichen Erlaubnis, es aufzuführen. Er knüpfte aber eine Bedingung daran, welche mich bei seinen Lebzeiten immer gelähmt hat. »Sie werden es nicht aufführen«, sagte er, »wenn Sie nicht des Erfolges sicher zu sein glauben. Selbst ein günstiger Erfolg hat für mich keinen besonderen Wert mehr, ein ungünstiger würde mich jedoch kränken.«

Wer kann über einen Theater-Erfolg Sicheres vorhersagen! Und ich mochte es nicht wagen, die Ruhe des würdigen Greises aufs Spiel zu setzen.

Weniger einschränkend sprach er, als er mir den »Bruderzwist in Habsburg« übergab. »Machen Sie damit, was Sie wollen. Sie sind nicht mehr im Burgtheater, wo es ja doch seines dynastischen Stoffes wegen nie gegeben werden kann, und ehe Sie im Stadttheater dazu kommen, bin ich vielleicht nicht mehr da«.

Und er ist wirklich nicht mehr da. Über die Inszenesetzung der beiden Stücke sprach er übrigens eingehend und machte dafür ganz bestimmte Gesichtspunkte geltend. Er kannte die Wirkungen vom Theater herab ganz genau und bis ins Feinste. Er hat nie ein Drama geschrieben, ohne es in der Theater-Erscheinung vor sich zu sehen, und er wies mit Geringschätzung alle sogenannten Buchdramen ab. Die Aufführbarkeit mit größerer oder geringerer Wirkung war ihm ein integrierender Bestandteil des Dramas. Was nicht in der Phantasie *gesehen* und so voll als Drama empfangen war, das hielt er für mangelhaft, und zwar mangelhaft im Wesentlichen.

Ja, in Allem, in jeder Richtung, in der Hervorbringung wie im Urteil war er eigen, lehnte er sich nirgends an. In früherer Zeit nannte man in Preußen Friedrich II. »Friedrich den Einzigen.« Dieses Wort »einzig« paßt genau auf Grillparzer.

Man nennt wohl auch manchen so, weil er ohne Kenntnis über manches daneben Liegende urteilt. Er war ungemein unterrichtet, er war namentlich unterrichtet über alle Poeten bis in die innersten Nerven derselben, vom Äschylus bis Victor Hugo. Die Spanier, die Italiener, die Franzosen, die Engländer waren ihm vertraut wie Schiller und Goethe, und über jeden Poeten hatte er ganz unabhängige, von der allgemeinen Kritik fein oder weit abweichende Ansichten. Schiller zum Beispiel nannte er »redselig«, aber er schätzte ihn aufs höchste.

Eigensinnig konnte man Grillparzer nennen in edeler Bedeutung des Wortes. Dies war überhaupt sein Charakter bei aller Wärme und Milde, welche er herzlich besaß. Um deswillen war er nicht gesellig, war er schwer zugänglich, um deswillen war er aber auch ganz selbständiger Poet. Die Wahrheit suchen und ausdrücken in schöner Form, das war sein poetischer Drang. Lächelnd und leise mit der Achsel zuckend, nahm er es auf, wenn man an seinen Arbeiten dies oder jenes geändert wünschte. »Sie mögen wohl recht haben,« sagte er allenfalls, wenn die tadelnde Person ihm sympathisch war, »aber ich kann's nicht.«

Sein Werk war immer das Ergebnis innerer Notwendigkeit.

Und dabei ist gar viel verloren gegangen, was er nicht niedergeschrieben. Er ging schwer ans Schreiben. Im Kopfe fertige Stücke soll er zahlreich der Vergessenheit überlassen haben. Gewöhnlich war eine äußere Veranlassung nötig, daß er sich hinsetzte und dann in bewegtem Drange ein Drama aufs Papier brachte. Er war ein Vulkan! sagte mir jetzt beim Leichenbegängnisse eine Person, welche ihn lange und genau gekannt. Wer hätte ihn dafür gehalten, den stillen, schüchtern erscheinenden Mann! Und doch ist mir's ganz einleuchtend.

Sein unwandelbarer Charakter hat in politischen Fragen den Parteimännern viel zu schaffen gemacht, besonders in der letzten Zeit in bezug auf Deutschland. Nicht ein Atom gab er auf von seiner altösterreichischen Gesinnung, und man wunderte sich, man schalt auch wohl, daß ein deutscher Dichter so stocköſterreichisch sein könnte. Ganz ohne Not! Wenn man ihn kannte, begriff man's vollständig. Sein Österreich stammte von Deutschland und hatte einen deutschen Beruf. Aber dieser Beruf war eben ein speziell österreichischer, ein gründlich historisch österreichischer. In der gründlichen Geschichte Österreichs wurzelte Grillparzer, ein konservativer Charakter, welcher das Wesen bewahren wollte, die Form indessen bereitwillig den ausgebildeten Bedürfnissen der Zeit anpassen ließ. Den erst entstehenden sah er, ein denkender Dichter, mit vollem Interesse zu, das unwahr Übertreibende wegstoßend, das in Wahrheit Schwebende genauer Prüfung anheimgebend. So gehörte er in allen gereiften Staatsfragen zum Liberalismus, in den spekulativen Zukunftsfragen aber verlangte er ein volles Recht für den Zweifel, verlangte er Ruhe und Geduld und unbarmherzige Prüfung. Die psychologische Prüfung stand ihm da oben an. In der deutsch-österreichischen Staatsfrage wies er auf die Gründung des Reiches zurück, auf die Ostmark, welche deutsch zu gründen hatte, auf seinen Rudolph von Habsburg, welcher Ottokar, den tüchtigen Tschechen, überwand, den tüchtigen Böhmen, welcher die Einwanderung der Deutschen wollte und die Zivilisierung Böhmens durch die Deutschen, welche aber an den Starrköpfen der tschechischen Böhmen scheiterte. Dies Scheitern deutet Grillparzer als einen Todeskeim Ottokar's an, das deutsche Wesen des Habsburgers als den Grundkeim des Sieges. Alsdann und zuletzt und ganz und gar wurzelte Grillparzer's Österreichtum in den Grundsätzen Maria Theresias und Josephs des Zweiten: organische Germanisierung ringsum und in den Osten hinab, organische, nicht gewaltsame. Bei einer organischen Germanisierung werden alle edlen Bestandteile der nichtdeutschen Völkerschaften mit aufgenommen, und es entsteht ein charakteristisches Deutschtum, ein österreichisches Deutschtum. Dies wollte er durchaus nicht in Gleichmacherei untergehen sehen, und darin unterschied er sich von der jüngeren Richtung, welche auf das österreichische Deutschtum keinen Wert legt. In diesem Sinne war er ein speziell österreichischer Deutscher, welcher die Achseln zuckte, wenn man ihn zu den weniger deutsch Gesinnten zählen wollte, ihn, der die deutsche Natur zu reifer Poesie in sich abgeklärt, ihn, welcher den deutschen Kern so redlich in sich gereift hatte. Er hielt sich für einen reicheren Deutschen als jeden seiner Widersacher in dieser Frage.

So war der Mann, dessen morsche Hülle wir jetzt begraben haben. Nehmt alles nur zu allem, wir werden schwerlich seinesgleichen sehen.

FRIEDRICH THEODOR VISCHER: EDUARD MÖRIKE

1875

Hinabgesunken, teurer Freund, ist nun dein Irdisches und du bist ganz Geist geworden und webest unkörperlich im Weiten, in den Geistern und Herzen der Menschen.

Nicht so weithin wirst du schweben und strahlen, wie jene größten Meister der Dichtung, die, mit dem Vollmaße der schauenden Kräfte begabt, die Welt bezwangen, auch nicht so weit wirst du glänzen, wie jene dürftigeren Talente, die es der Menge recht machen, weil sie ihre gewöhnlichen Vorstellungen von Welt und Menschheit ihr belassen und nur mit farbenreichen und duftlosen Blumen ausschmücken. Du warst nicht und wirst nicht sein berühmt bei jenen, die es nicht ahnen, welch ein Wesen es ist, das dir bei deiner Geburt die sanfte Geisterhand auf Stirn und Lippen gelegt hat; die nicht finden können, was der Dichter sinnet und meint, wenn er aus Licht und Äther magische Fäden spinnt und mit ihnen Herz und Welt, Geistesleben und Erde, Fels, Sonne, Mond und flüsternde Bäume und rauschende Wasser in ein Ganzes geheimnisvoll zusammenschlingt, – die es nicht fassen, wie es doch kommt, daß der Dichter von dieser und nicht von dieser Welt ist, daß er in diese unsere Welt eine zweite, eine Welt von holden und gewaltigen Wundern hineinstellt, – die ihn nicht verstehen, den Flor aus zartem Goldgespinst, den er um die kahle Deutlichkeit der Dinge windet.

Aber es gibt eine Gemeinde – und nur in der Vergleichung mit der breiten Menge ist sie klein –, eine stille Gemeinde, die sich labt und entzückt an deinen wunderbaren, hellen, seligen Träumen und die hohe Wahrheit schaut in diesen

Träumen. Es gibt eine Gemeinde, die den Dichter nicht nach rednerischen Worten schätzt, die den feineren Wohllaut trinkt, der aus ursprünglichem Naturgefühl der Sprache quillt.

Und sie wird wachsen, diese Gemeinde, sich erweitern zu Kreis um Kreis, Bund um Bund wird sich bilden von Einverstandenen in deinem Verständnis und du wirst ihnen nicht ferne sein in der

– stillen Himmelsenge,
Wo Lieb' und Freundschaft unsers Herzens Segen
Mit Götterhand erschaffen und erpflegen.

Uns aber, die wir mit dir sein, dir ins Auge sehen, den Klang deiner Stimme hören durften, jenen Ton, der aus Herzenstiefen und wie aus unbekannten Geistertiefen kam, uns bleibt, da du nun hingegangen, ein tiefes, unsagbares Weh. Denn da ist ein guter Mensch geschieden – gut, wenn Gutsein doch etwas anderes als nur Meiden des Schlechten, wenn es eine Kraft, ein Leben, wenn es Liebe bedeutet.

Ja, Liebe, das war es: herzliches Sichversetzen in jeden fremden Zustand, in alles und jedes, was Menschen sind und leben und leiden, und auch in die arme, dunkle Seele der sprachlosen Kreatur. Er verstand jede Stimmung, man konnte in jeder das Herz bei ihm erleichtern; er fand die Gedanken, wenn sie kaum auf die Lippen traten.

Dieses Versetzen, Eingehen, Teilen, Geben und Wiedergeben, und dazu sein Geist und der sprudelnde Scherz, nicht zu feindlicher Spitze geschärft, milde hinlächelnd über menschliche Schwächen, in freier, heiterer Nachbildung gern den Widersinn der Torheit hervorstellend, dies zusammen schuf ein Ganzes, das rings um ihn alle Gemüter in einen Strom des Wechselverkehrs tauchte, der einzig war und aus dem keiner anders als erfrischt, getröstet, verjüngt hinwegging.

Gut – weich – auch etwa zu weich –, aber dafür auch gut im Sinne jenes stolzen geistigen Adels, von dem es gesagt ist:

Und hinter ihm in wesenlosem Scheine.
Lag, was uns alle bändigt, das Gemeine,

und jenes Adels, der eine keusche Scheue ist vor eitler Selbstbespieglung in sich und andern, eine strenge Scham, die es heilig meidet, das, was wir sind, auch zu spielen oder gar zu spielen, was wir nicht sind.

Und gut, weil keine Erfahrung ihn verbitterte, die Welt schwarz zu sehen. Mein letztes Gespräch mit ihm galt jenen, die das Dasein für schlecht und für das Beste das Nichts halten. Er nickte und blickte freundlich, als ich sagte, wir machten ja die Welt, falls sie schlecht wäre, noch schlechter, wenn wir in uns und andern das große, wahre Gut der schönen Täuschung über die Übel des Daseins und die Quelle aller wahren Freude, aller Lebenstüchtigkeit, den Glauben an ein ewig Festes zerstörten, ein Bleibendes in den Wogen der Zeit, das Wesen hat, weil es unsichtbar ist. Und so, freundlich blickend und nickend, bleibt er mir nun ins Gedächtnis geschrieben.

Wir sehen dich nicht mehr freundlich blicken und nicken, wir dürfen nicht mehr in deine weiche Hand die unsrige legen; das Herz steht still, das die Welt so innig in sich hereinzog und so innig in sie hinüberfloß. Wir wollen es uns ganz rein, ganz unversehrt erhalten, dieses Weh; denn auch in ihm, im Freundesweh, lebst du, bis auch unsere Augen sich schließen.

Leb wohl, lebenschaffender Dichter, der den Schatz der geistigen Güter unserer Nation um echte Perlen vermehrt hat; leb wohl, bejahender, reicher Geist, leb wohl, du lebendiger, du guter Mensch, teurer, lieber Freund, leb wohl!

DETLEV VON LILIENCRON:
THEODOR STORM

1888

Viel dunkelrote Rosen schütt ich dir
Um deines Marmorsarges weiße Wände
Und senke meine Stirn dem kalten Stein:
Du warst ein Dichter, den ich sehr geliebt,
Und den ich lieben werde bis ans Grab.
Du warst ein Dichter – denn, was du erlebt,
Vielleicht von einem Tropfen nur Erinnern,
Trieb eine Knospe; welche Blume dann
Aus ihr erwuchs, das gab dir Phantasie.
Die Phantasie, wie denn, ein bunter Vogel,
Der aus der Morgenröte uns besucht?
Ein ungeschlachtes Ungetüm, das donnernd
Die Flügel regt von Ozean hin zu Ozean
Und sich in Höhen hebt, daß unser Nacken
Sich staunend nachbiegt wie dem Erzengel,
Wenn glänzend er den Flug durch Wolken nimmt?
Du hattest Phantasie; ein selten Ding
In unsern nüchternen Verstandeszeiten.
Du warst ein Dichter und du warst ein Künstler.
Ein Dichter: – wohl aus tausend Quellen rinnt es,
Die unterirdisch laufen, rinnts ihm zu.
Noch fand kein Mensch je, was den Dichter schuf.

Wie tief doch sahst du in ein Menschenherz,
Und unser Heimatland, das ernste treue,
Mit ewiger Feuchte, seltnem Sonnenblick,
Du kanntest seine Art. Kein andrer wohl
Nahm so den Erdgeruch aus Wald und Feld
In seine Schrift wie du.

Schrieb einer je, den siebzig Winter drückten,
Ein solches »Hochzeitsfest«? Wars nicht ein Jüngling,
Der Siebzehnjährig heiß die Laute schlug
Vor seiner Liebsten Tür im sanften Mond,
Im Sehnsuchtspuls der Nachtigallenlieder?

Wohl trifft es sich, daß laut und polternd wirft
Ein herrlich Dichterherz mit rohem Gold,
Und kann es nimmer zwingen zum Gerät;
Ihm fehlt die Künstlerhand – dir wurde sie.

Viel dunkelrote Rosen schütt ich dir
Um deines Marmorsarges weiße Wände
Und senke meine Stirn dem großen Dichter,
Den ich so sehr, so sehr geliebt.

OTTO BRAHM: GOTTFRIED KELLER

1890

Wo er geboren und gelebt, ist er gestorben: in Zürich am 15. Juli. Ihm fehlten nur wenig Tage zum vollendeten einundsiebzigsten Jahr.

Schweizer war Gottfried Keller, und in der Schweiz wurde sein Sein und Dichten ganz: der treueste Sohn der Heimat, der eifrige Staatsschreiber von Zürich stand als Poet auch auf dem Boden seines Landes mit beiden Füßen. Die beste Kraft sog er aus ihm.

Die Liebe des Schweizers zu seinen Bergen und das Heimweh, das beim Alphornklang ihn faßt, schildert uns manches Lied; in Kellers Poetenseele hat dies Empfinden sich gewandelt und neu geformt, und seinem Dichten hat es die Richtung gegeben. »O mein Heimatland! O mein Vaterland! Wie so innig, feurig lieb' ich dich!« sang er als Jüngling einst; aber bei dem lyrischen Gefühlsausdruck ist er nicht geblieben, er hat vielmehr seine Heimatliebe wirksamer ausgesprochen in der treuen Wiedergabe Schweizer Zustände, in der Darstellung freudiger und trüber, tragischer und komischer Züricher Eindrücke: Schweizer Feste schildert er und Schweizer Katastrophen, Leiden des Einzelnen und Gebrechen der Gesamtheit. Seine Liebe zur Heimat setzt sich um in mahnenden Spott, in satirische Glossen; und indem er ein ideales Seldwyla auf den Bergnebel malt, fängt er Schweizer Abderitentum in klassischer Form auf und weckt unauslöschliche Heiterkeit. Er steigt in die Vergangenheit der Geburtsstadt hinab und dichtet »Züricher Novellen«; und er hält, mit modernen Akzenten, Schweizer Gründungsfieber und Finanzkrach fest und verlacht den Hochmut republikanischen Besserseinwollens im »Martin Salander«.

Aber Keller spottet nicht nur, er sucht auch zu heilen: er ist

ein Pädagoge wie seine Landsleute Pestalozzi und Jeremias Gotthelf. Auch dieser didaktische Zug ist schweizerisch; und schweizerisch vor allem ist dasjenige, was Kellers Dichtung am Leben erhalten wird: sein Realismus.

Unter den deutschen Poeten der älteren Generation steht uns Keller am höchsten; denn keiner rückt näher als er an den gegenwärtigen Geschmack heran. Er ist, nicht nur an Jahren, jünger als die Gutzkow und Auerbach; und daß er um ein Jahrzehnt älter ist als die Heyse und Spielhagen, müssen wir erst von außen lernen, die inneren Tatsachen sagen es uns nicht. Seine Jugend fiel in die Zeit, da Heine und Uhland, Kerner und Freiligrath noch mächtig waren, und auf den Lyriker in Keller haben sie ihre Einflüsse deutlich geübt; der Humorist Keller ward durch ein älteres Vorbild literarisch entwickelt, durch Jean Paul, dessen Gestalt bis an jenen Wendepunkt der Märzrevolution ebenso lebendig blieb, wie sie uns Heutigen unlebendig geworden ist. Aber über diese Muster hinauf stieg Keller zu den besten und größten aller Zeiten: zu Shakespeare, zu Goethe; und in einer goetheschen Prosa dichtete er sein Meisterstück: »Romeo und Julia auf dem Dorfe.«

Was dem Dichter die Heimat, die Stunde seiner Geburt und poetische Vorbilder gaben, ist eines; seine Persönlichkeit ist das andere, Größere. Wo steckt es, was den Mann machte, und wie fassen wir es in Worte: das Gottfried-Kellerische? Wie entwickelte sich dieses in jenem, der Mensch in seinem Milieu?

Kellers Persönlichkeit, in ihrer reinsten und tiefsten Eigenart, ist im »Grünen Heinrich« ausgesprochen. Einen Künstler schildert Keller, einen »zwanzigjährigen Gefühlsmenschen« im hoffnungsgrünen Röckchen, der aus der Schweiz nach Deutschland zieht, in das Land seiner Sehnsucht: »Alles aber, was er sich unter Deutschland dachte, war von einem romantischen Dufte umwoben.« Und dieses Romantische, dieses Träumende und die blaue Blume Begehrende verlegte sich für Heinrich Lee, in seiner ewigen Grünheit, aus der

Kunst sogleich ins Leben: er wird eine problematische Natur, die keiner Lage genügt und der keine Lage genügt, er wird ein Hans der Träumer und Grillenfänger, unfähig, sein Schicksal sich selber zu gestalten. Er geht zugrunde, nicht an einzelnen Erlebnissen, sondern am Leben selber: zwischen den Geboten seiner Innenwelt und den Forderungen der Außenwelt findet er die Einheit nicht; und weil sein Ich, dieses komplizierte, launenvolle Wesen, nur immer reicher anwächst, nur immer gebieterischer fordert, scheitert er an den menschlichen Notwendigkeiten, und sein jugendliches Leben löscht aus. Er starb an der Romantik, könnte sein Grabspruch lauten.

Aber nur die eine Seite des Helden offenbart sich hier; diejenige, durch welche er mit Zeitstimmungen im Engsten zusammenhängt. Es war die Periode, wo Deutschland Hamlet war; wo Mörike seinen »Maler Nolten« schrieb und der Weltschmerz aus dem zuckenden Auge des todkranken Heine blickte. Mit dieser romantisch-deutschen Gefühlsrichtung in Heinrich Lee kämpft die schweizerisch reale: und wenn sich der einen »nach alter Weise alles zum Romane gestaltete«, so schaute die andre mit kräftigem Wirklichkeitssinn ins Leben hinein, und an jeder Äußerung der umgebenden Welt stärkte sich und erquickte sich ihr Blick: denn Heinrich »besaß eine unverwüstliche Pietät für die Natur«. Und zwar war sein Sinn nicht, wie es dem Landschaftsmaler alten Schlages geziemt hätte, auf das Pittoreske gerichtet, auf die stilvollen Reize einer wohlarrangierten Natur: er hatte vielmehr, »ohne theoretische Einpflanzung, die glückliche Gabe, das wahre Schöne von dem bloß Malerischen, was vielen ihr Leben lang im Sinn steckt, trennen zu können; und seine Verbündeten waren hierbei die Atmosphäre und die Sonne, welche ihm jeden Busch zu etwas gestalten halfen«. Vor mehr als vier Jahrzehnten hat Keller diese Sätze niedergeschrieben, die in all ihrer Einfachheit und Kürze wie ein rechtes Programm des Pleinairismus klingen; und er hat ihren allgemeineren Gehalt sogleich herausgehoben, indem er Heinrichs

Fähigkeit näher also bestimmt: »Diese Gabe bestand in einem treuen Gedächtnis für Leben und Bedeutung der Dinge, in der Freude über ihre Gesundheit und volle Entwicklung.« Alles, was ist, unterschiedslos zu ergreifen, wird darum sein Ziel – wo andere dem Barocken und Pikanten nachlaufen und aus der Natur die »giftigen Töne« und die störenden steifen Linien herauszukorrigieren wünschen.

Deutlich kündigt hier der moderne Realist sich an, der werdende Realist, der die romantischen Verfälschungen der Wahrheit zu überwinden trachtet und der die Schönheit nicht in konventionellen Verkleidungen bloß der Natur erblickt. Sich mit dem Bestehenden zu verständigen und die Welt zu erkennen, wie sie ist, ward nun, als Künstler wie als Mensch, seine Aufgabe; und indem er sich aus den Banden der Romantik immer mehr befreit, aus der melancholischen Stimmung des »zwanzigjährigen Gefühlsmenschen«, scheint ihm zuletzt auch für den grünen Heinrich ein Ausgleich im Leben möglich: in der neuen Fassung des Romans, von 1880, wandelt sich darum der tragische Schluß zu einem glücklichen um, und statt am gebrochenen Herzen deutsch-romantisch zu sterben, wird Heinrich ein Schweizer Staatsdiener, wie sein Dichter. Die Änderung scheint, rein poetisch betrachtet, ein Fehler, der die Einheit der alten Konzeption zerreißt; allein für den Wandel in Keller und für den Unterschied der Zeitstimmung, jetzt und damals, bleibt sie uns ein wertvolles Zeugnis.

Kellers eigene Worte und Werke mögen auch ferner uns zum Beweise dienen, wie dieser vorschreitende Realismus aus dem Innern seiner Entwicklung selber kommt, nicht aus doktrinärer Konstruktion eines willkürlich schaltenden Betrachters. Schon der Titel der beiden großen Novellensammlungen, die nun folgen, offenbart den Unterschied in der künstlerischen Anschauung: die »Leute von Seldwyla« spielen an einem symbolischen, wonnigen und sonnigen Ort »irgendwo in der Schweiz«; die Züricher Novellen spielen in Zürich. Jene sind moderne Märchen zumeist, vom Duft und

Zauber einer behaglich spielenden Poesie umwoben, die auch das Tragische noch mild verklärt; diese geben einen ganzen Zyklus historischer Erzählungen, aus der Vorzeit der Vaterstadt gewonnen und beleuchtet von der vollen Deutlichkeit des Tages. Der einst »sieben Legenden« erzählte von Rittern und Marien, von alexandrinischen Nonnen und mittelalterlichen Turnieren, der die Mär vom »Spiegel dem Kätzchen« heiter erfand und das Abenteuer von den drei »gerechten Kammachern« mit grausigen Akzenten, wie ein Nachtstück in Callots Manier, enden ließ, schildert nun in einfachen Linien, sachlich wie eine alte Chronik, die einfachen Geschichten von »Hadlaub« und »Ursula« und findet der innigsten Gestalt die innigsten Worte: »Ihr stilles schlichtes Wesen, ohne allen Schein, weder schön noch häßlich, gut wie das tägliche Brot, frisch wie das Quellwasser und rein wie die Luft vom Berge, besiegte vor Hanslis Sinnen jeden fremden und gewaltsamen Glanz, und das Zusammenleben mit ihr dünkte ihm so unentbehrlich wie die Heimaterde selbst, welche den Menschen mit ihren treuen Maßliebaugen anschaut.«

Für die Ideale der romantischen Zeit aber hat Keller nun bald überlegenen Spott bereit, bald ein gut Teil Selbstironie: er macht sich lustig, im »Hadlaub« (so gut wie nur ein modernster Realist), über den mittelalterlichen Dichter, bei dem »das Schöne schöner sein sollte als das wirkliche Leben«; und er macht sich lustig, im »Sinngedicht«, über den Deutschamerikaner Erwin, der sich die Neigung der Magd Regine »so recht im Tone deutscher Volkslieder vorstellt, von einem romantischen Schimmer übergossen«. Und sich selber scheint er zu verspotten, wenn er den Reinhart schildert, wie er bei untergehender Sonne an einen Marmorbrunnen unter Platanen gelangt, schwimmende Rosen darauf und eine weiße Frauengestalt davor – und wenn er dann selber erklärt: daß alles dies »eher der idealen Erfindung eines müßigen Schöngeistes als wirklichem Leben glich«. Der Dichter, der sonst seine Helden gern verlacht, scheint sich hier selber am Ohr zu zupfen, und der Rückfall ins Märchenhafte macht ihm ein böses Gewissen: es regt sich die Kontrolle des erstarkenden Wirklichkeitssinnes. Überall haben wir so den nämlichen Gegensatz in Keller: den nämlichen Kampf von Phantastik und Realismus, von Romantik und Wahrheit, von deutschen Träumen und Schweizer Wirklichkeit.

Und so sollte er mit einem modernen Roman auch die Reihe seiner Schöpfungen beschließen, mit einem aus der Gegenwart geschöpften, in der Gegenwart seiner Vaterstadt völlig wurzelnden Erzählung voll Aktualität und lebendiger Beziehungen. Als »Martin Salander« erschienen war, zeigte man in Zürich mit den Fingern auf die Urbilder der Geschichte hin, wie nur vor dem Roman eines französischen Realisten. Zwar nennt Keller nach alter Mode den Ort der Handlung, mit einer durchsichtigen Romanverkleidung, »Münsterburg«, statt resolut von Zürich zu sprechen, zwar sind die heitern Rückfälle häufig in die phantastisch verzerrende frühere Weise des Erzählers, und manche der stärksten Wirkungen ruhen in ihnen; aber die Absicht doch war deutlich in Keller: einen Roman im Sinne des modernen Realismus zu schreiben. Nicht umsonst hatte er Jahr um Jahr, ein aufmerksamer, wenngleich oft widersprechender Leser, die neuen Zola-Bände zur Hand genommen. Und gerade weil es sich bei ihm nicht um die äußere Rücksicht auf poetische Moden handeln konnte, weil nur die innere dichterische Nötigung ihn leitete, grade darum ist diese von den künstlerischen Träumen des »grünen Heinrich« bis zu den Finanzspekulationen des »Martin Salander« führende Entwicklung so bezeichnend für das literarische Deutschland, vom Vormärz bis auf diesen Tag.

Nur die großen Linien in Kellers Dichten, wie es sich der historischen Betrachtung darstellt, nun da es beschlossen ward, haben wir versucht hier nachzuziehen. Die Fülle der Kraft und Kunst aufzuweisen, die im Meister Gottfried lebendig ward, zur Freude der Deutschen, muß die rasche Betrachtung verzichten: diesen unerschöpflichen Reichtum dichterischer Stimmungen und Formen, Gedanken und Farben, diese Schätze behaglicher Poetenlaune und in die Tiefe greifenden Humors. Wieviel Anmut und Güte in seinen Frauengestalten, von der Anna des ersten Romans bis zur Marienfrau des letzten! Wieviel schalkhafte Holdseligkeit, welch heroischer Sinn und welche stolze Pracht in jenen andern, vom lächelnden und tapfer sterbenden Vrenchen in »Romeo und Julia auf dem Dorfe« bis zur Magd Regine im »Sinngedicht«, einem der »großen Menschenbilder« wie aus alter Zeit! Alles, was dieser Mann ergriffen, ward, in seiner klassischen Prosa, in seinen herrlichen Versen, zur phantasievollen Anschauung, ward ihm zur Poesie:

Von Glanz und Luft und Klarheit voll
Ist alle diese reiche Welt,
Weiß nicht, wie ich mich wenden soll,
Daß Schönheit nicht mich vor sich stellt.

Aber sollen wir wortreich klagen und trauern nun, daß so viel Können und Gestalten von uns gegangen? Es wäre nicht in Kellers Art und Sinn. Nach schön erfülltem Leben, sein Werk getan, ist er geschieden; uns aber bleibt die Erinnerung lebend an einen großen Künstler und reinen Menschen.

MAXIMILIAN HARDEN: THEODOR FONTANE

1898

Vor zehn Jahren, im Spätherbst, entstand dem alten Meister Theodor Fontane ein kleines Gedicht. Er dachte des Tages, da sie ihm den Sohn zur letzten Ruhstatt hinausgetragen hatten. Ein sonniger Septembertag wars gewesen. Rötlich schimmerten durch das dunkle Grün schon die vor dem Tode noch prunkenden Blätter, scharf und klar war im Teltower Kreis die Luft und über dem bunten Herbstkleid der Felder tändelten girrende Tauben. Rote Spätrosen und weiße Malven fielen sacht auf den Sarg, ein paar Schollen polterten plump hinterdrein und schlugen mit dumpfem Schall auf das Tannenholz, drei Salven dröhnten nach – dann war Alles still. Alles aus. Der Wind strich über das frische Grab. Vielleicht drängten die Leidtragenden, wie die Sitte es will, heran und schüttelten den Eltern die Hände. Der Vater stand aufrecht und lauschte dem Schweigen des Alls. Ihm war es beredt, sprach vom Werden und Vergehen alles Irdischen, summte das alte heraklitische Wiegenlied, den Abendtrost der nach Schlummer lechzenden Menschheit. Ob Der, dessen letztes Lager nun die braune Erddecke wärmte, nicht am Leben gelitten hatte? Ihm war ein guter Tod beschieden; und dem ihm nachsinnenden Vater schwand der Trennungsschmerz. Ohne Bitterkeit, in fast wohliger Wehmut, dachte er nach einem Jahr schon der Stunde und mit der Erinnerung an die drei Salven zogen drei kleine Strophen durch den wachen Poetensinn. Der Abschiedsgruß an den Jungen. Ein herbstlich gefärbtes, die laute Betulichkeit der Friedhöflinge scheuendes Gefühl, das in den Wunsch ausklang: »Und kommt die Stund' uns, Dir uns anzureihn, so laß die Stunde, Gott, wie diese sein!« Der Gott, den die Dichter denken, hat gnädig die fromme Bitte erhört. Meister Theodor aus Neu-Ruppin, der Stadt Zietens und Schinkels, ist schmerzlos an einem dunklen Septemberabend entschlafen. Es war kein Sonnentag gewesen, aber auch keiner von den kalten, die uns in diesem Herbst plötzlich mit Wintersahnung schreckten. Man konnte mittags am offenen Fenster sitzen und freute sich abends der wärmenden Lampe. Der alte Fontane aß und trank tüchtig; dann ein Schlag: das Herz stand still. Keine Krankheit, kein mähliches Stocken der Lebensfunktionen, kein Sorgenlager, das die Liebe angstvoll umseufzt. Im Schlafzimmer saß er auf dem Bett, den Kopf in die Kissen gebeugt. Alles will seine Ordnung haben. Und ein ordentlicher Mensch schlüpft schnell noch ins Schlafzimmer, wenn es ans Sterben geht.

Der Bewunderer des Alten Fritzen war sein Leben lang ein ordentlicher Mensch; »ein bischen verdreht, wie alle Apotheker«, aber stets für »festes Gesetz und festen Befehl«; unter dem weißen Haar noch hitzig, aber stets märkisch stramm und der Obrigkeit in Treue gehorsam. Es ist noch nicht lange her, da sah ich ihn in der Dämmerung auf dem Potsdamer-Platz, den man, dank der löblichen Leistung des kopflosen Magistrates, seit Wochen nur mit Lebensgefahr überschreiten kann. Der alte Herr hatte den Rockkragen bis über die Ohren gezogen, den grünkarierten Shawl um den Hals geschlungen, hielt das Taschentuch vor den Mund und harrte, aufrecht und geduldig. Ringsum ein undurchdringlich scheinendes Gewirr von Droschken und Pferdebahnwagen, jede Lücke durch dichte Fußgängerscharen verstopft. Fontane stand ruhig und machte keinen Versuch, sich vom Strom an die Josthecke tragen zu lassen, wo Rettung winkte. Innerlich mochte er denen wohl grollen, die alte Leute zwangen, in Wind und Wetter zu warten. Wozu aber wider den Stachel löcken? Ordnung muß nun einmal sein; und der Schutzmann würde schon das Zeichen geben, wenn es für ordentliche Menschen Zeit war, sich über den Damm zu wagen. »Dulde, gedulde Dich fein.« Du versäumst ja nichts. Ob Du früher oder

Theodor Fontane.
1728

später, mit oder ohne Schnupfen nach Hause kommst: »es kribbelt und wibbelt weiter.« Kein Fältchen des Unmutes war in dem straffen Bureaukratengesicht bemerkbar; und das große blaue Auge, das echte Fritzenauge, das über dem borstigen Schnurrbart wie ein Band Goethe in einer Wachstube wirkte, sah in gewohnter Milde auf die Wirrnis. Manches, was felsenfest schien, hat sich in Fontanes Weltanschauung gewandelt, manche Eiskruste ist von den Sinnen des 1819 Geborenen abgetaut, er hat die Vorurteile, die einst heiligen Überzeugungen lächelnd bestattet und ist in den Jahren, die sonst zur Erstarrung, zum bewußten Verharren auf einer bestimmten Anschauungsstufe führen, ganz himmlisch, ganz höllisch radikal geworden. Mit gewissen Dingen aber ließ er nicht »Schindluder treiben«; und den Sinn für die Ordnung hat der in Preußens Sandbüchse verpflanzte Sproß hugenottischer Gascogner sich immer bewahrt.

Wie es kam, daß aus dem Redakteur der Kreuzzeitung allgemach der Schöpfer der kleinen Effi Briest wurde, der Ersinner der im Kern revolutionärsten, den heikelsten Punkt der bourgeoisen Ordnung mit nie erschauter Keckheit antastenden Dichtung, und der verhätschelte Liebling der Allerjüngsten? Gute Augen lesen die Geschichte dieser lustig bergan führenden Wanderung in den Lebenserinnerungen des preußischen Lyrikers, zwischen den Zeilen noch besser als im sorglos niedergeschriebenen Text. Fontane gehörte selbst zu den Kindern der Zeit, die er so sehr liebte, »jener reizvollen, aus prosaischen und poetischen Elementen wunderlich gemischten Zeit, die ihr Kleid in den Schlössern der Ludwige, ihren Gehalt aber in den Schlössern der Friedriche empfing«. Er konnte von sich sagen: »Ich bin Märker, aber noch mehr Gascogner«; in seinem Wesen einten sich steife Märkergradheit und an Rabelais und Voltaire gemahnender *esprit gaulois*; und es war seltsam zu sehen, wie die beiden Seelen miteinander kämpften, Waffenstillstände schlossen und es schließlich schien, als habe an der Geburtstätte dieses Einzigen, der wie ein Franzos lachen und wie ein Deutscher träumen konnte, die Dordogne den Lauf der Oder gekreuzt. »Das Haus, die Heimat, die Beschränkung« hatten ihm das Beste gegeben: den festen Wurzelboden und den Sinn für die kargen Reize einer nicht verschwenderisch geschmückten Landschaft. Auf die Reise nahm er die Liebe zum damals noch kleinen Vaterländchen mit; und als er in Schottland, wo er sinnend seine schönsten Balladen gefunden hatte, am Leven-See vor einem alten Douglas-Schloß stand, kam ihm der Gedanke: »Ja nun, so viel hat Mark Brandenburg auch. Geh' hin und zeig' es.« Er ging hin und gab uns die »Wanderungen durch die Mark Brandenburg«, gab uns das preußische Feuilleton, dessen Finder, auch wenn er sonst nichts geleistet hätte, im Bezirk zwischen Elbe und Oder unsterblich sein sollte. Er sah nicht nur die grauen Burgen, die Dörfer an buschig bekränzten Seen, die Fichten und Krüppelkiefern, Tausendschönchen und gelbe Ranunkel, Zittergräser, roten Ampfer und Kirschenblüte: er sah, mit gütigem und doch scharfem Blick, auch die dort hausenden Menschen, Bauern, Lehrer, Pastoren und »Herrschaften«. Dem Junker namentlich sah er bis ins gemächlich pochende, von feudalen Vorurteilen umpanzerte Herz und erzählte dann, er habe in später Zechstunde von preußischen Edelleuten »Radikalismen gehört, Urteile von einer Fortgeschrittenheit, als flösse nicht die Niplitz oder die Notte, sondern mindestens der Hudson oder Potomac an ihrem alten Feldsteinturm vorüber«. Wer auch nur einen märkischen Junker von der rechten Art gekannt hat, wird freudig zustimmen, wenn er bei Fontane liest: »Er ist von einem scharfen und eindringenden, ja, so weit lediglich praktische Dinge mitsprechen, von einem umfassenden Blick und führt seinen Existenzkampf nicht deshalb so hart und erbittert, weil er des Gegners Recht verkennt, sondern gerade deshalb, weil er es erkennt. Er vermag nur nicht den einen, letzten Schritt zu tun, den vom Erkennen zum Anerkennen.« Der gut konservative Dichter, der den großen Fritzen nebst seinen Grenadieren, den alten Dessauer, den alten Zieten und den alten Wilhelm besang und als »Balladenbarde und Schlachtenbummler mit ekligen Gefahren im Gefolge« mit dem deutschen Heer gen Frankreich zog, hat den schweren Schritt getan. Er bürstete den Staub vergangener Tage von seinem Rock, entsagte der bequemen Preußenteleologie und tastete sich in eine moderne Weltanschauung hinein. Das konnte er, weil er ein Dichter war, weil sein feines Poetenohr der Vogelsprache, dem Brausen der Zeit und dem Wehen des Sturmes offen stand und weil die Skepsis des Galliers ein Märkerblut vor träger Stockung behütete. Nicht wie ein junger Tor hüpfte er über den Abgrund, sondern suchte den schon beschrittenen Saumpfad der ordentlichen Leute. Empörung, sittliche Entrüstung und Weltverbessererpläne waren nichts für ihn; der Sechsundsiebenzigjährige schrieb mir einmal: »Vom Weltreformator bin ich weit ab, habe sogar eine Abneigung gegen die ganze Gruppe, wie z. B. auch gegen die Missionare, die Weltreformatoren kleinen Stils sind. Wenn mal wieder Zehne gemordet werden, so tun mir die armen Kerle furchtbar leid, denn ich bin nicht für Mord und nicht für Gemordetwerden, aber von Prinzips wegen kann ich sie nicht bedauern. Ich finde es bloß anmaßlich, wenn ein Schusterssohn aus Herrnhut vierhundert Millionen Chinesen bekehren will.« Solche gefährliche Sachen sagte er nicht laut; er war ein Schlaukopf, hatte für jeden, selbst für den ärmsten Stümper, ein freundliches Wort und wollte sich in keinem Lager Feinde machen. In Privatbriefen aber kamen manchmal arge Ketzereien zum Vorschein. Da finde ich in dem Stoß einen, in dem es heißt: »Die ganze Welt – Das ist die Macht des Überkommenen – – steckt in dem Vorurteil, daß der Glaube etwas Hohes und der Unglaube etwas Niederes sei. Wer sich zu Gott und zur Unsterblichkeit seiner eigenen werten Seele bekennt, ist ein Edelster oder dergleichen; wer da nicht mitmacht, ist ein Lump und reif für die lex Heinze. Mit diesem furchtbaren Unsinn muß gebrochen werden. Ich persönlich kenne keinen Menschen, habe auch nie einen gekannt, der den Eindruck eines Vollgläubigen auf mich gemacht hätte. Neunundneunzig stehen eben so; der

Hundertste möchte es bestreiten, kommt aber nicht weit damit. Und dabei Forderungen an unser Gemüt, als lebten wir noch zur Zeit der Kreuzzüge ... Wer mir zumutet, daß ich die Zeugungsgeschichte Christi glauben soll, wer von mir verlangt, daß ich mir den Himmel in Übereinstimmung mit den präraphaelitischen Malern ausgestalten soll: Gott in der Mitte, links Maria, rechts Christus, der Heilige Geist im Hintergrund als Strahlensonne, zu Füßen ein Apostelkranz, dann ein Kranz von Propheten und eine Girlande von Heiligen – wer mir Das zumutet, zwingt mich zu den Atheisten hinüber oder läßt mich wenigstens sagen: Wie's in den Wald hineinschallt, so schallt's auch wieder heraus.« Das klang schon beinahe voltairisch oder, wenn mans lieber hört, fritzisch und war für einen treuen preußischen Mann, der im Schlachtenlärm die Stimme des lieben Herrgottes vernehmen sollte, eine erstaunliche Leistung; man mag an Renan denken, in dem die Mischung, germanischen und gallischen Blutes ähnliche Stimmungen wirkte. Doch Fontane war nicht, wie der Weltchrist aus Tréguier, auf den Kletterpfaden der Spekulation zu solchen Gedanken vorgedrungen. Das Abstrakte war überhaupt seine Sache nicht. Er lernte nur vom Leben, sah sich die Menschen von allen Seiten an, horchte auf ihre Bedürfnisse, ihr innerstes Sehnen, – und machte sich dann seinen Vers darauf ... Als er, fast siebenzigjährig, seine Freunde mit dem wundervollen Berliner Roman »Irrungen, Wirrungen« überraschte, der in die resignierende Weisheit ausklingt: »Ehe ist Ordnung«, da schrieb ich: »Ganz leise scheint mir schon in diesem Buch die Frage anzuklingen: Ist auch wirklich alles gut in unserer Gesellschaftswelt? Fontane ist konservativ und antwortet, mit einem kleinen Seufzer: Es muß wohl so sein. Aber ich bin nicht sicher, daß er nicht eines Tages, vielleicht mit achtzig Jahren, laut und deutlich sagen wird: Nein.« Noch war er nicht achtzig, da sagte ers, nicht gerade laut und deutlich zwar, aber denen, die hören können, verständlich genug. Als Symbol alles dessen, was dem alten Preußen so lange heilig und unantastbar gewesen war, klebt in Innstettens pommerschem Hause, wo der armen Effi der Atem vergeht, das Pappbild des Chinesen.

»Es gibt ein raimundisches Stück, wo der Held in rührender Weise von der Jugend Abschied nimmt, die er im Hintergrunde als ein reizendes Balg in rosafarbenem Tüll verschwinden sieht. So nehme ich Abschied von Effi; es kommt nicht wieder. Das letzte Aufflackern eines Alten.« Das schrieb mir Fontane, als ich meiner Bewunderung für dieses einzige Buch Ausdruck zu geben versucht hatte. Er sprach wahr: »es kommt nicht wieder«; auch dem Stärksten konnte solches Werk nur einmal, in der hellsten Lebensstunde, gelingen. Mit gütigem, ein bischen verschmitztem Lächeln hatte der Alternde Lene, Stine, Frau Jenny Treibel gesehen; als er Effi Briest sah, schwand die Schlauheit des Skeptikers und mitleidige Milde blickte auf das verflatterte arme Seelchen, das in der korrekten Alltäglichkeit, um nicht zu erfrieren, nach einer heißen Leidenschaft hascht und sich vom Überkommenen doch nicht völlig lösen kann. Der tiefste Nerv des Lyrikers war berührt, der Musterboden einer Lyrik befruchtet, die, wie eine saftreiche Kiefer neben künstlichen Spalierpflänzchen, neben der Durchschnittspoeterei unserer amusischen Tage himmelan ragt. Nur im heimischen Erdreich, unter der Sonne, die dem Knaben einst ins frohe Auge schien, konnte solche Kunst gedeihen, in dem Lande, wo seine Lieben lagen: zwischen verfallenen Hügeln, am Ruppiner Wall, den der Rhin bespült, dicht bei Haferfeldern, Eichen und Buchen die treue Mutter, an der Oder, die in trägem Lauf gelbe Mummeln dem Meer entgegenträgt, neben Berglehnen und schwankem Schilfrohr der Vater. Rom im Siebenhügelkranz war dem Ruppiner nicht so viel wie Cremmen, Schwante, Behlefanz, das Heidekraut duftete ihm süßer als Parma-Veilchen und Genzano-Sträußchen und er rief, so oft er aus der Ferne heimkehrte, nach einem langen, wohligen Atemzuge: »Lockt auch Fremde, Schönheit, Pracht, – glücklicher hat mich die Heimat gemacht.«

... Ich wollte nicht noch einmal »über ihn schreiben«, nur einen Gruß ihm ins Grab nachsenden. Er ruht in der Heimat, die dem Bescheidenen so schlecht gelohnt hat. Ihm ging nie eine Gnadensonne auf, die Bücher des stärksten Dichters, der seit Hebbels Tagen dem deutschen Norden erstanden ist, sind nur einer kleinen Gemeinde bekannt und an seinem Grabe gabs kein Gedränge der Offiziellen. Was tut es ihm? Er war glücklich. Er ging lächelnd stets, mit der tapferen Herzensheiterkeit des aufrechten Mannes, seinen Weg, ließ das neue Kribbeln und Wibbeln an sich kommen und ruht nun in seinem geliebten Preußenland, an das er glaubte, trotzdem er es kannte.

LUDWIG THOMA: WILHELM BUSCH

1908

Hier oben am Rießersee erhalte ich die Nachricht, daß unser deutscher Hausfreund Wilhelm Busch gestorben ist; hoffentlich so leicht und fröhlich wie sein Knopp.

Und die Himmelspforte mag ihm der heilige Antonius öffnen, dessen zuwidre Askese uns der große Künstler geschildert hat.

Es geht nicht an, am Sterbelager des lieben Wilhelm Busch eine offizielle Trauermiene aufzusetzen und sich ein tiefes Seufzen heraufzuholen.

Der feinste Menschenkenner des neunzehnten deutschen Säkulums hat alle Konvention mit seinem Lachen so gründlich kaputt gemacht, daß man ihr an seinem offenen Grabe keine Stätte bereiten darf.

Er würde uns fragen, was wir dabei zu stöhnen haben, wenn einer im glücklichen Alter von sechsundsiebzig Jahren hinübergeht und vor den letzten Gebrechlichkeiten bewahrt bleibt. An seinem fünfundsiebzigsten Geburtstage hat er's uns prophezeit, daß er bald in Charons Nachen steigen und den Hut zum letzten Gruße schwingen werde.

Nun ist es eingetroffen.

Rufen wir dem heiteren Greise ein Lebewohl zu und gestehen wir uns, daß dieser Weise hoch über dem bürgerlichen Mitleid steht! Wir alle und auch die, so nach uns kommen, sind seine fröhlichen Erben.

Er hat uns vieles gelassen, was lebendig bleiben wird. An einem Wintertag vor sechsunddreißig Jahren habe ich ihn kennengelernt.

Es war weiß und heimelig wie heute, und alle hohen Tannen der Vorder-Riß streckten sich wohlig unter dem frischen Schnee. Da brachte der Herr Oberförster Thoma aus der Stadt einige Münchener Bilderbogen. Für die Kinder, wie er sagte. Es stellte sich aber bald heraus, daß er und seine Jagdgehilfen nicht mindere Freude hatten an diesem Musikus, der seinen Nachbarn zur Verzweiflung brachte, oder am Turner Hoppenstädt, der durch die Dekke brach, oder am Knaben mit dem Pusterohr. In meine knäblichen Entzückungsrufe dröhnte der breite Baß der Jäger, und jeder nahm sich sein Pfund Fröhlichkeit aus diesen Humoren. Ein Jahr später lernte ich die Verse, in welche die Taten von Max und Moritz gebracht sind, auswendig, und behielt sie besser im Gedächtnisse als sämtliche lateinischen und griechischen Erzeugnisse, welche hinterher meinen Geist zu bilden hatten. Ich erhielt das Buch zu Weihnachten, und es ist mir das liebste Geschenk geblieben. Ja, es ist mir gewissermaßen die Verkörperung aller Weihnachtsfreude geworden.

Wenn ich die Haarschöpfe der beiden Lausbuben in einer Auslage sehe, rieche ich sogleich Tannennadeln und Wachskerzen und Lebkuchen. Und ich sehe die lieben Gesichter vor mir, die sich über das kleine Buch beugten und alle so behaglich breit im Lachen wurden.

Das Buch ist mir ein Stück Heimat und Familie geworden; aus seinen Zeilen klingt mir immer wieder fröhliche Jugend in den beschwerlichen Lebensernst hinein.

Und so mag es wohl ungezählten Tausenden ergehen.

Wann sind aber auch jemals drei Hühner und ein Hahn so wundervoll vom Leben zum Tode gebracht worden? Wann ist ein Schneider schöner auf den Leim gegangen? Und gibt es irgendwo noch einen Kantor, der so anheimelnd gemütlich im Lehnstuhl nach des Tages Mühen die Pfeife anzündet und perdauz! in die Luft fliegt? Gesegnet sei euer Andenken, ihr lieben Frechdachse, Freunde meiner Kindheit!

In den späteren Jahren lernte ich die glänzende Satire unseres Altmeisters kennen, und ich eignete mir, wie alle

Deutschen, jene tiefsinnigen Verse an, um sie in passenden Zeiten mir und anderen vors Gemüt zu führen. Wer könnte sich solchen Weisheiten verschließen:

> Das Gute, dieser Satz steht fest,
> Ist stets das Böse, was man läßt!

Alle philosophischen Schmöker sind hier in zwei Zeilen beschämt. Und gestehen wir uns, meine Damen und Herren, daß nie eine größere Wahrheit gesagt wurde als in diesem Verse:

> Vater werden ist nicht schwer,
> Vater sein dagegen sehr.

Ich habe hier nicht die Möglichkeit, und ich habe auch nicht den Willen, jedes einzelne Werk des großen Künstlers zu besprechen, oder gar mit der Lampe kritischer Gescheitheit alle die wundervollen Humore zu beleuchten und zu sagen, wieso und warum sie die allerbesten sind.

Ich habe sie genossen ohne langes Fragen, ich habe ihnen mein Herz geöffnet, und sie haben mir so viele Stunden erheitert, daß ich ihnen gegenüber nur das Gefühl des Dankes habe.

Aber wenn ein Gewissenhafter fragt, warum sich alle Gemütsarten und Stände an dieser goldenen Sonne wärmen konnten, dann antworten wir ihm: weil Wilhelm Busch unter keinen Vorurteilen, unter keinen Kleinlichkeiten stand, sondern so heiter und gütig wie der liebe Gott alle Schwächen liebevoll verstand und verzieh.

Er hat dem Philister nicht wehe getan, sondern er ist allerbehaglichst auf seine Art eingegangen, hat ihm das Maul wässerig gemacht mit den hundert Gemütlichkeiten, die er liebt, und hat ihn so geschildert, daß auch der Getroffene mitlachen konnte.

Leidenschaft war diesem abgeklärten Künstler fremd; auch politische Unerfreulichkeiten setzte er in ein behagliches Stilleben hinein und machte sie in aller Ruhe lächerlich.

Und überdies verlor er sich niemals im Parteistandpunkte; er blieb stets über der Sache und sah das Komische in jeder Eitelkeit, in jeder Einseitigkeit.

Bewundernswert ist der weise Abschluß seines Schaffens.

Wie er sich dem Lose alternder Künstler entzog, das zeigt die Größe dieses Mannes, den keine Phrase täuschen konnte.

Mancher gibt sich viele Müh'
Mit dem lieben Federvieh

und quält sich der gedruckten Anerkennung zuliebe jedes Jahr ein neues Werk ab, freut sich über schonende Rücksicht, die es mit Gewalt gut findet, und lügt sich selber etwas vor.

Wilhelm Busch aber flötete auf die Delikatesse des Rezensententums und auf die zudringliche Verehrung der lesenden Bevölkerung. Und schuf sich das größte Glück, welches einer künstlerisch gestimmten Natur beschieden werden kann.

Das Rückversetzen in die Jugend, in die Umgebung, aus der sein Talent herausgewachsen war.

Da war er nun im Kreislaufe eines gesegneten Lebens zu seinem Ausgangspunkte zurückgekehrt, und er konnte es unbeirrt durch hastenden Ehrgeiz übersehen.

Er entfernte sich aus dem Gewühl der Ringenden, als er sich selbst genug getan hatte.

Das ist für sich ein Kunstwerk.

Ein Genießen, das nur ein klarer, großer Mensch sich verschaffen konnte.

Da saß er noch viele Jahre ganz hoch über dem Theatrum mundi und konnte als abschließende Meinung in das Stammbuch eines Freundes schreiben:

Die Welt, obgleich sie wunderlich,
Ist gut genug für dich und mich.

Darum, hochansehnliche Trauerversammlung, setzen wir keine Jammermiene auf! Der Wilhelm Busch lebte so weit weg von unseren Gebräuchlichkeiten, daß wir mit ihnen nicht an den Toten herantreten dürfen.

Er wird mit einem feinen Lächeln um den gütigen Mund hinübergegangen sein.

Im Olymp aber mögen sie den Mann mit dem rassigen Künstlerkopfe freudig begrüßt haben, und es mag geschehen sein, was der alte Homer erzählt:

»Und unermeßliches Lachen erscholl den seligen Göttern.«

ALBERT EHRENSTEIN: GEORG TRAKL

1914

Wochenlang war Georg Trakl als Leutnant in einer Sanitätskolonne hin und her durch Galizien gezogen, ohne in Aktion treten zu können. Dann gingen sie freiwillig in Eilmärschen nach Grodek, wo ein Hilfsplatz ohne Ärzte und Verbandzeug war. Nach fünf Tagen »Grodek« wollte er sich töten. Er schluchzte: »Nein, ich kann nicht mehr leben, ich muß mich erschießen.« Kameraden versuchten, ihn zu beruhigen, nahmen ihm den Revolver ab. Aber ein Regimentsarzt machte Meldung beim Etappenkommando, und Wochen nachher, nachdem Trakl bereits längst Herr seiner selbst geworden war und ruhig und unbehelligt Felddienst versehen hatte, erhielt er bei Tarnow Befehl, nach Krakau zurückzugehen. Er glaubte, er käme zur Dienstleistung in die Spitalsapotheke. Zu seinem Schrecken erwies es sich, daß er zur Beobachtung seines Geisteszustandes ins Krakauer Garnisonsspital abkommandiert war. Vom 10. Oktober an konnte Georg Trakl keine Nacht mehr schlafen, in verfolgungswahnsinniger Furcht, eines Tages als Verräter aufgehängt zu werden. Trakl schrieb an einen Freund: »Meine Gesundheit ist wohl etwas angegriffen, und ich verfalle recht oft in eine unsägliche Schwermut ... Telegraphieren Sie mir einige Worte.« Hätte die grenzenlose Melancholie des in eine Spitalzelle Gesperrten durch Entlassung, häusliche, freundliche Pflege geheilt werden können? Ein kleines Fieber, eine Angina veranlaßte die Ärzte, ihn zurückzubehalten, in einem düsteren Milieu, das auf Trakl nur den Eindruck machen konnte, er solle nächstens hingerichtet werden. In einem Schreiben vom 27. Oktober traf er letztwillige Verfügungen, schrieb: »Ich fühle mich fast schon jenseits der Welt.« Dann entfloh er der Angina, der Enge der Welt. –

Trakls Bursche, den sein Herr stets voll Güte behandelt, mit dem er alle Mahlzeiten geteilt hatte, der Bergarbeiter Matthias Roth, schrieb: »Mir nämlich erbarmt halt mein Herr immer und das werde ihn mein Leben nimmer vergessen ... Ich denke immer und immer an meinen Werthen, lieben guten Herrn, daß er so elendig und auf Solche Weise zugrunde gehen mußte! Also den 3. Abends war er noch so gut, und Brüderlich sagte er noch um halb 7 Uhr, bringen sie mir Morgen um 7½ einen Schwarzen und ich soll Schlafen gehn. Und den 4. wars anders, mein lieber Herr, brauchte keinen Schwarzen mehr, denn bei der Nacht hat ihn der liebe Gott zu sich gerufen.«

Der Bursche brachte den »Schwarzen« pünktlich, sah aber durchs Guckloch, wie sein Herr mit geschlossenen Augen tiefatmend auf dem Rücken im Bett lag, und wollte den sonst so Schlaflosen nicht wecken. Als sich Trakl lange nicht rührte, kam der Bursche mit einem Wärter wieder; sie riefen, rüttelten, sprengten Wasser – Trakl lag wie gelähmt, ohne die Augen zu öffnen, nur die Brust hob und senkte sich im Krampf. Ärzte kamen und ließen den Burschen nicht mehr ins Zimmer; die polnischen Wärter stießen den Treuen immer wieder zurück. Hie und da konnte er einen Blick ins Zimmer werfen; spät am Abend lag Trakl noch unbeweglich da, nur das Herz ging stürmisch auf und ab. Am 4. November früh war die Leiche mit einem Leintuch zugedeckt. In der Totenkapelle wiederholte der Bursche sein Verlangen, den Herrn noch einmal zu sehen, so ungestüm drohend, daß man den Sarg öffnete. Er sah eine Schnittwunde an der Schläfe, und eine am Hals (wohl von der Obduktion). Sieben Särge wurden summarisch eingesegnet, durch Zivilisten in den Militärfriedhof getragen, in Einzelgräber versenkt. Beim Begräbnis Georg Trakls war der Bergarbeiter Matthias Roth der einzige Anwesende.

»Am Abend versinkt ein Glockenspiel, das nicht mehr tönt,
Verfallen die schwarzen Mauern am Platz,
Ruft der tote Soldat zum Gebet.
O, ihr zerbrochenen Augen in schwarzen Mündern ...«

Es starb Trakl in Krakau, starb um Galizien, starb für uns, nahm das Leid auf sich, bis er es nicht mehr ertrug und dahinschwand. Sein Leben war stets umschattet gewesen, sanfte Melancholie vor dem Tod, den er immer sah, ein Hintaumeln vor der Verwesung, die er immer fühlte. Hie und da freute ihn noch das Braun des Waldes, dann floh er wieder in die Betäubung, die ihm Wein, Veronal, Morphium schufen ... Der stärkste Eindruck seines friedlichen Lebens war es gewesen, als er einmal vom vierten Stocke eines Hauses einen Zigarettenstummel abwärts fallen und dann glimmen, hinglimmen, verglimmen sah, übergehen in ein Nichts, in graue Asche. Und stundenlang konnte er von dem gräßlichen Anblick sprechen, den ihm eine Kröte bereitet, irgendwo in der Nähe eines Tunnels. ... Nun kam er nach Galizien, sah, wie ein Schwerverwundeter sich und der Qual eines Blasenschusses ein Ende setzte, sah, wie menschliches Hirn die Wände bespritzte. Sein Mitgefühl entrückte ihn, wie er es in seinem herrlichsten Gedichte, im »Helian« prophezeit hatte: »verliert sich der Fremdling in schwarzer Novemberzerstörung.«

Er war von Hölderlins Art, aber er durchlief rascher die Bahn. Wir sollen nicht klagen, »wenn ein eherner Engel im Hain des Menschen antritt«. Er war der Vollendung nahe in dem schmerzlichen Rufen seiner Gedichte. In ein Stammbuch schrieb er: »Schaudernd unter herbstlichen Sternen neigt sich jährlich tiefer das Haupt.« Wir wenigen, denen er teuer war, hoffen wenigstens dieses – aber sein schlichtes, früh von hinfälligem Silbergrau geätztes Haupt wird sich nicht mehr in unserer Mitte tiefer senken, er ließ uns allein. »O wie einsam endet der Abendwind.« –

»Menschheit vor Feuerschlünden aufgestellt,
Ein Trommelwirbel dunkler Krieger Stirnen,
Schritte durch Blutnebel, schwarzes Eisen schellt,
Verzweiflung, Nacht in traurigen Gehirnen ...«

Georg Trakls Gedichte waren eine Todesahnung, er war ein Dichter der Verwesung, und nicht nur die zitierten Zeilen wußten früh um den zermalmenden Krieg. Eben darum mußte er die wenigen unter den seienden Dingen, die ihm gefielen, immer wieder sagen. Die Farben Blau und Braun, Mond und Mohn, Ölbaum und Amsel kehren wieder in seiner stoischen Landschaft, bis ans Ende. Sein letztes Gedicht »Grodek« ist von den andern kaum verschieden. Er war in einem hohen Sinne unverbesserlich, in den »Gedichten« noch mochte die Qualität variieren von irdischen Anfängen bis zum himmlischen »Helian«.

In »Sebastian im Traum« singt er sein monotones Lied bereits mit so großer Inbrunst, daß qualitative Intervalle nicht mehr vorhanden sind und nur die Prosastücke in diesem ekstatischen Buche einen Weg hinaus über die unübertreffliche Vollkommenheit der Gedichte andeuten. Die düsterpathetischen Prosavisionen lassen eine nun zerstörte Entwicklungsfähigkeit gewaltig ahnen. Aber man ließ diesen Dichter, der mehr Suicid als Cid war, als Kriegsfreiwilligen aufs Schlachtfeld. Er wäre vielleicht ein stiller Sänger des Kampfes geworden. Nun ist er ganz still geworden. In Salzburg geboren, in Krakau gestorben – dazwischen liegt das alte Österreich. Einige in Wien und Innsbruck und Berlin kannten ihn. Wenige wissen, wer er war; wenige wissen um sein Werk: daß keiner in Österreich je schönere Verse schrieb als Georg Trakl.

JOHANNES URZIDIL: FRANZ KAFKA

1924

Ich sehe in diesem Raume die Freunde und Verehrer eines Menschen und Dichters versammelt, dessen höchste menschliche Eigenschaft zugleich seine stärkste dichterische Magie erzeugte. Wenn es in irgendeinem Falle restlose Kongruenz des Lebens und des Künstlertums gegeben hat, so war dies bei Franz Kafka. Dieser seltsame Mann schuf so wie er lebte, in den selbstgewählten Mühen einer herzensstrengen Prosa, geadelt durch die unwillkürliche Bescheidenheit der wahren Erkenntnis. Das Leben solcher Menschen wird nur von den Allernächsten gewürdigt. Ihr Tod aber vereinigt die Zerstreuten, ihr Tod ist keineswegs etwas Negatives, vielmehr eine große Tatsache des Geistes, ein Kernpunkt geheimnisvoller und stets wachsender Solidarität.

Wie könnten wir vor einer Erscheinung, die ihr ganzes Leben aus Wahrheit, Reinheit und Schlichtheit zu bauen verstand, uns besser verneigen, als indem wir uns an ihr unseres eigenen Gewissens bewußt werden? Wie vermögen wir, eine Generation sehr schwankender Werte, dieses sich uns mächtig aufdrängende Beispiel lebendiger und dauernder mit uns fortzutragen, als: indem wir es zu einem wirkenden Teil unserer selbst machen? Indessen das äußere Gebilde von uns genommen und unerforschlichen Bewahrungsstätten anvertraut wurde, scheint uns schon in der Bindung an diesen Verstorbenen ein neues, besseres Herz zu wachsen. – Dies ist vielleicht ein Sinn, eine Weisheit, eine Besänftigung aus diesem Abschied.

Die Wahrheit, meine verehrten Freunde, ist nur dort zu Hause, wo der Geist und das Leben nicht ohne einander handeln können. Bei den meisten von uns stimmen sie fast überhaupt nicht, bei ganz wenigen vielleicht teilweise überein. Aber nur dort, wo die Eigenschaften der menschlichen Natur mit den Eigenschaften des Stiles innig verwandt sind, kann man dieser Natur, kann man diesem Stil einen rückhaltlosen Glauben schenken. – Der Mensch sollte weder den Künstler, noch der Künstler den Menschen in sich einschließen. Nur wenn beide Konturen ineinander fallen, erfolgt die wahre Fleischwerdung des Wortes.

Franz Kafka war ein Fanatiker seiner inneren Wahrheit. Wir wissen, daß in seinem ganzen Werke keine gezierte Zeile steht, daß über seiner ganzen kostbaren Prosa nirgends ein erzwungenes Lächeln, eine ersonnene Feierlichkeit lagert. Das vielfach Fragmentarische seines Schaffens ist uns ein Zeichen seines Wahrheitsdranges. Weil er um der Wahrheit willen mit seinen Gestaltungen kämpfte, zerbrach er sie; er zerbrach sie, weil er das Innere zeigen wollte, ihre innere Wahrheit. – So scheint es mir, daß er nur einen Bruder hatte: Kierkegaard – und nur einen Leitspruch: Daß nämlich nur der bis ans Ende Beharrende selig wird.

Heute wissen noch wenige, was für ein Meister in Franz Kafka von uns gegangen ist und kaum ist jemand im Bereiche unserer deutschen Gegenwartsliteratur nachbarlich genug, um Kafka für das zu danken, was er ihr schenkte – man kann sagen: ohne daß sie es noch eigentlich richtig bemerkte. So müssen wir warten, bis der Zeit wieder jene zarten Organe nachgewachsen sein werden, die notwendig sind, um das Allertiefste und Feinste zu erfassen. Heute könnte diesen antikisch im modernen Sinne anmutenden, edel einfältigen und still-großen Dichter vielleicht Knut Hamsun danken. Sonst wüßte ich niemanden.

Aber ich weiß, daß sich um das Werk des wundersamen Genies Franz Kafka wie um einen Kristallisationspunkt immer mehr Werte der Verehrung und Liebe anordnen werden und daß dieses Vermächtnis mit einer einigenden Kraft stets alle Guten an sich heranziehen wird.

KURT TUCHOLSKY: MAXIMILIAN HARDEN

1927

Maximilian Harden ist tot. Es ziemt sich, auf das Grab dieses großen Schriftstellers einen Kranz zu legen. Aus welchen Blumen –?

S. J. pflegte, wenn von Harden die Rede war, zu sagen: »Dem schreibe ich einmal meinen schönsten Nekrolog –!« Er hätte es getan, denn er kannte ihn nicht nur ganz, sondern er hatte auch die so seltene Gabe, einem Toten nachrufend ein Leben zu rekonstruieren und eine Figur auf ihre platonische Idee zurückzuführen. Diesen Nekrolog nun hat er nicht schreiben dürfen. Ich glaube, daß wir damit eine der besten Charakteristiken Maximilian Hardens verloren haben – niemand hat das Zwiespältige, das in diesem Essayisten war, so gut erkannt wie sein Freundfeind S. J. Aus welchen Blumen sei der Kranz –? Es wird bei fünfzigsten und sechzigsten Geburtstagen so viel zusammengelogen, daß wir angesichts eines Todes aussagen wollen, als gebe es keinen Schmerz. Also die Wahrheit.

Harden ganz zu begreifen und abzuschildern vermag nur der, der mit ihm groß geworden ist. Er ragte in unsre Generation hinein wie ein Turm: ein historisches Bauwerk. Das Mordattentat, das deutsche Offiziere auf ihn verübt hatten, war nicht der Grund seines letzten Schweigens – es war der Anlaß. Er verstand diese neue Welt sehr gut, weil er ihre geschichtliche Entstehung kannte – aber er verstand diese Welt nicht mehr, von der er behauptete, sie liefe falsch. Das gibt es nicht. Die Realität ist niemals falsch. Sie ist.

Maximilian Harden hat den Deserteur Wilhelm bekämpft, als der noch Kronprinz war – ›Phaeton‹ nannte er ihn – und es kostete auch damals schon allerhand, die Wahrheit zu sagen:

Harden hat seine Festungsstrafe abgesessen. Sein glitzernder Feind war sein eignes Widerspiel: er fiel fast automatisch zusammen, als der nicht mehr war; sein Gleichgewicht war von Stund an gestört, ihm fehlte etwas. Er hat über Ebert die erfreulichsten Sätze geschrieben – ein Ersatz war der nicht.

Wenn Schriftsteller Analogien im Tierreich haben –: dieser war eine Schlange. Schön, gefährlich, giftig, böse, im Jagdeifer herrlich anzusehen, nimmersatt. Er stand turmhoch über den deutschen Journalisten, deren erster er war – die Gockel des Leitartikels, die ihn heute bekrähen und sich überlegen dünken, nur, weil jener tot ist und sie leben, dürfen auch nicht im selben Zimmer mit ihm genannt werden. Sein Fachwissen war fast so schmerzlich groß, wie seine Personalkenntnis, und es spricht für die ganze Dumpfheit und Beschränktheit der deutschen Beamtenkaste unter zwei Regimen, daß kein Amt mit diesem Mann jemals zusammengearbeitet hat. In Frankreich hätten ihm alle politischen Karrieren offen gestanden – niemals haben die Franzosen solche Begabungen in fressender Negativität verkümmern lassen. In Deutschland – Freilich: er hatte keine Konsulatsexamen gemacht.

Maximilian Harden war einer der wenigen deutschen Journalisten, die eine Macht bedeuteten. Davon gibt es nicht viele: der deutsche Zeitungsbesitzer will keine Macht, sondern Geld verdienen (daher ist die deutsche Zeitung im allgemeinen sauber und wenig korrupt) – der deutsche Journalist braucht nicht bestochen zu werden, er ist so stolz, eingeladen zu sein, ein paar Schmeicheleien ... Er ist schon zufrieden, wie eine Macht behandelt zu werden. Er übt sie nicht aus. Zu Harden floß der breite Strom der Information, die Abwässer des Klatsches, die Springbäche der witzigen Verleumdungen ... er wußte alles. Und er verwertete es auf eine gradezu meisterhafte Weise. Wie das Gehörte in der Klammer wiederkehrte, in kleinen fingierten Gesprächen aufblitzte, wie eine Intimität unsicher machte, die dem Angegriffenen zeigte, daß der Angreifer längst innerhalb der Festungsmauern stand, während die Besatzung ihn noch draußen wähnte – das wurde nur abgeschwächt durch einen Stil, mit dem sich unsereiner niemals hat befreunden können.

Der Stil war nicht der Mann. Karl Kraus, der ›den im Grunewald‹ vernichtend geschlagen hat, hat nicht die ganze Armee besiegt – da waren noch Reserven, die nicht im Kampf gestanden hatten. Der Mann war überhaupt nicht zu schlagen, weil er zu vielfältig, zu gespalten, zu vibrierend war – er war niemals ganz zu fassen. Zu fassen war der Stil, jener belächelte, nachgeäffte, parodierte, übersättigte und überpfropfte Stil, von dem ein Botschafter einmal gesagt hat, er sei eine Landschaft, durch die Mayonnaise fließe. Manchmal aber trug der Strom klarstes Gebirgswasser, und merkwürdigerweise allemal dann, wenn Harden nicht für sein Blatt schrieb. So ist zum Beispiel sein Nachruf auf Erzberger – als echte Journalistenarbeit in der stärksten Eile für das berliner ›*Acht-Uhr-Abendblatt*‹ geschrieben – ein Meisterstück schärfster und feinster Charakterisierung. Er konnte so schreiben, daß ihn auch der Mann auf der Straße verstand. Hätte er stets so geschrieben –: er wäre keines natürlichen Todes gestorben.

Der junge Harden ist Schauspieler gewesen, der alte ist es geblieben. Aber seine zweite Natur war ihm zur ersten geworden, und was vielen als Pose erschien, war seine Art, sich zu geben, – die war ganz echt. Freilich war er nie liebenswerter und bezaubernder wie dann, wenn er sie verließ. Dann ... wie war er dann?

Ich habe Maximilian Harden erst nach jenem Mordversuch kennen gelernt, bei dem übrigens der preußische Justizminister gefragt werden darf, ob denn die Attentäter, deren schmutzige Gesinnung aus jedem Wort sprach, ihre Strafe auch zu Ende abgesessen haben. Es sollte mich nicht wundern, wenn sie im Dunkel der Verwaltungsmaßnahmen heimlich begnadigt worden wären ... Damals also sah ich ihn zum ersten Mal, und was mir da entgegentrat, war ein Europäer. Abneigung hin, Kritik her –: ich habe jedesmal wieder diesen kleinen Schauer der Ehrfurcht gehabt, wenn ich mit ihm sprechen durfte. Da war jemand.

Das war einer, der die Unterhaltung wie eine Florettklinge führte – seine Ähnlichkeit mit Josef Kainz war nicht nur äußerlich. Er sprach nicht so schnell, nicht mit jenem Furor der Rede – er dachte, wie Kainz sprach; aber er sprach langsam, überlegt, die Pointen liefen haardünn aus, oben blitzte das Licht und ein Tröpfchen Gift, wenn er wollte. Es kitzelte, tat kaum weh – erst zu Hause merkten die Opfer, daß sie tödlich getroffen waren. Er liebte es, in ernste Gespräche bewußt grobe Berlinismen zu flechten; sie wirkten in seinem Munde niemals roh, er veredelte noch die derbsten Wörter, es war etwas sehr Seltsames. Einen Eindruck aber wurde man niemals los, wenn man mit ihm sprach – und ich besinne mich noch genau, wie erschütternd das besonders in der Inflation gewirkt hat: er war ein Europäer. Verknüpft mit allen Ländern dieses Kontinents, geistig verwandt mit den Geistigen, die sie leiteten – er bewegte sich mühelos unter ihnen, war kein Geduldeter, kein geschmeicheltes Schreiberchen, das von der Atmosphäre in Genf schon beschimpft wurde – ein Gleichberechtigter unter Gleichen, so lebte er dahin.

Und das wußten sie. Harden hat unter allen deutschen Journalisten das größte Echo im Ausland gehabt – er gehörte zu ihnen, sie fühlten das, hier war eine Brücke zu dem sonst unzugänglichen Deutschland. Sie glaubten ihm; sie verstanden die Methodik seines Denkens, seine Dialektik, seine Bildungselemente – er war ihnen vertraut. Nie hat das einer genützt. »Ein Zeitungsschreiber ...« hieß es bei den Kaiserlichen. »Ein Außenseiter ...« bei den Republikanern. Er verachtete beide.

Wenn der Schriftsteller packte, dann packte er mit Zangen. Unvergeßlich ist mir der Jugendeindruck, den ich bei der Lektüre seines Artikels über den sadistischen Erzieher Dippold empfing. Der hatte einen Jungen des Bankdirektors Koch zu Tode gequält – und wie Harden die Herren Eltern hernahm, wie er sie öffentlich auspeitschte, weil sie aus Unachtsamkeit, aus Lässigkeit, aus Faulheit ein junges Leben hatten zerstören lassen ... das erinnerte an die besten Pamphlete aller Literaturen. »Jede Proletarierfrau«, so stand da ungefähr, »wäre auf einen Notschrei ihres Kindes sofort zum Tatort gefahren. Frau Rosalie Koch schrieb einen Brief.« Mene mene tekel – – so ein Satz stand wie ein Flammenzeichen am dunkeln Himmel der Bourgeois. Was bleibt davon –?

Es bleibt immer viel weniger als man glaubt. Die Geschichtsfälscher sind schon an der Arbeit, und die emsigen Handlanger des Herrn Eulenburg schreiben ein wackres Buch nach dem andern; welcher Historiker wird die Warnungsrufe Maximilian Hardens nachschlagen; seine Prophezeiungen (Frühjahr 1914: »In diesem Sommer wird Schicksal«) – wütenden Angriffe, seine Hiebe und seine Attacken?

Moritz Heimann hat einmal von Maximilian Harden gesagt: »Er lügt nicht. Er ist eine Lüge.« Hart: wenn es ein ethisch vernichtendes Urteil ist. Wahr: wenn es den Schein meint, der dieser Mann war, eine Zwiebel, deren Blätter du abstreifen konntest, immer wieder neue Blätter, immer wieder – und was kam dann? Dann kam nichts. Er ist nie weise geworden wie etwa der alte Clemenceau, dessen Lebenserfahrungen zum Schluß eine Art Extrakt ergeben haben. Maximilian Harden ist nicht alt geworden – er war, als er starb, nicht mehr jung.

Mit ihm ist ein Typus dahingegangen, der für die nächsten fünfzig Jahre kaum wiederkehren wird: ein Einzelgänger von Format und Einfluß. Er hat in den letzten Jahren seines Lebens wiederholt davon gesprochen, die *›Zukunft‹* wieder aufleben zu lassen – ich glaube nicht, daß diese Gattung Zeitschrift in Mitteleuropa heute möglich und wünschenswert ist. Denn es kommt nicht mehr darauf an, die Welt originell, isoliert, ganz von oben zu sehen – gegen alle zu sein und fern von allen –: sondern es kommt darauf an, bei der Masse zu bleiben, mit ihr zu sein – als Führer oder Widersacher oder Aristokrat oder Mönch – aber bei der Masse. Die

Zeitschrift, in der es einer ›allen aber gehörig sagen kann‹, ist eine gute Sache; die Tat, die man mit allen und für alle tun kann, eine bessere.

Eine ›*Zukunft*‹ ist Vergangenheit geworden. Ihrem Schöpfer gebührt, als einem Gulliver unter Pygmäen, die Ehre, die die mittlern Beamten der Journalistik und der Politik ihm nur formal und aufatmend gewähren werden. Sie waren sein – aber ›er war nicht unser‹. Wir grüßen das Andenken Maximilian Hardens.

ROBERT MUSIL: RAINER MARIA RILKE

1927

Als die Nachricht vom Tode des großen Dichters Rainer Maria Rilke nach Deutschland kam und in den folgenden Tagen, wenn man einen Blick in die Zeitungen richtete, um zu sehen, wie diese Botschaft von der deutschen Literaturgeschichte aufgenommen werde – denn täuschen wir uns nichts vor! der Prozeß des Ruhmes wird heute in dieser ersten Instanz entschieden, da es so gut wie keine geistig übergeordnete weiterhin für die Literatur gibt! – so konnte man etwas feststellen, was ich kurz ein ehrenvolles öffentliches Begräbnis zweiter Klasse nennen möchte.

Man schien sagen zu wollen – Sie wissen ja, wie sich durch Stellung der Nachricht im Blatt und Art des Drucks der Grad des Ohrenspitzens ausdrückt –: Hier ist etwas immerhin Erwähnenswertes geschehn, aber weiter haben wir nicht viel dazu zu sagen! Dieses Weitere überließ man dem Feuilleton, das es auch ehrenvoll erledigte. Aber stellen Sie sich vor, wie das in manchem anderen Fall gewesen wäre! Wie man eine Trauer der Nation daraus gemacht und das Ausland aufgefordert hätte, zu sehen, wie wir trauern! Die Spitzen des Staats hätten sich in Ehrfurcht gebogen, Leitartikel wären gehißt worden, der biographische Salut hätte gedröhnt, und wir wären m. e. W. untröstlich gewesen, wenn es auch nicht allen Beteiligten ganz klar gewesen wäre, warum. Mit einem Wort, es wäre ein Anlaß gewesen.

Rilkes Tod war kein Anlaß. Er bereitete der Nation kein festliches Vergnügen, als er starb. Lassen Sie uns einige Augenblicke der Besinnung daran knüpfen.

Als ich gewahr wurde, wie gering der Verlust Rilkes im öffentlichen Rechenexempel veranschlagt wurde – er wog

kaum so schwer wie eine Film-Première, so war, ich gestehe es offen, mein erster Einfall, auf die Frage, warum wir heute zusammenkommen, zu antworten: weil wir den größten Lyriker ehren wollen, den die Deutschen seit dem Mittelalter besessen haben!

Es wäre erlaubt und ist doch auch unerlaubt, so etwas zu sagen.

Gestatten Sie mir, mit dieser Unterscheidung zu beginnen. Sie soll in keiner Weise die Größe Rilkes einschränken, verklauseln oder einem Kompromiß unterwerfen. Sie soll nur den Begriff der dichterischen Größe überhaupt richtigstellen, soweit er heute unsicher geworden ist, damit wir nicht eine falsche Ehrfurcht beweisen und das Bild Rilkes über einem Fundament aufbauen, das keinen Halt hat.

Die neuzeitliche Gepflogenheit, daß wir Deutsche immer einen größten Dichter haben müssen – gewissermaßen einen Langen Kerl der Literatur – ist ein üble Gedankenlosigkeit, die nicht wenig Schuld daran trägt, daß die Bedeutung Rilkes nicht erkannt worden ist. Weiß Gott, woher sie stammt! Sie kann ebensogut vom Goethekult kommen, wie vom Exerzieren, von der konkurrenzlos unübertroffenen Qualität der X-Zigarette wie von der Tennisrangliste. Es liegt ja auf der flachen Hand, daß der Begriff der künstlerischen und geistigen Größe niemals nach Metermaß und Nummer bestimmbar ist. (Auch nicht nach dem »Umfang« des Werks oder des Bereichs behandelter Gegenstände – sozusagen nach der Handschuhnummer des Schriftstellers!: dennoch gilt zweifellos das Viel-schreiben bei uns für schwerer als das Wenigschreiben!) Niemand hat in so edler Weise kundgegeben, daß der Begriff der künstlerischen Größe nicht ausschließend ist, wie Rilke, welcher stets der selbstlose Förderer seiner jungen Mitbewerber gewesen ist.

Denken Sie einen Augenblick daran, daß das schmächtige Werk Hardenbergs und Hölderlins zur gleichen Zeit entstanden ist, wo sich das mächtige Werk Goethes vollendete; daß gleichzeitig mit den Riesenwürfen von Hebbels dramatischem Würfelspiel die knappen Entwürfe Büchners entstanden sind: Ich glaube nicht, daß Sie empfinden werden, eines von diesem wäre durch das andere zu ersetzen, wäre wegen eines anderen zu entbehren; sie sind beinahe völlig den Begriffen des Mehr, Weniger, Größer, Tiefer, Schöner, kurz jeder Art von Graduierung entzogen. Dies ist der Sinn dessen, was eine überschwengliche Zeit den Parnaß, eine Zeit, welche die Würde und Freiheit liebte, die Republik der Geister genannt hat. Die Höhe der Dichtung ist keine Spitze, auf der es immer höher geht, sondern ein Kreis, innerhalb dessen es nur ungleich Gleiches, Einmaliges, Unersetzliches, eine edle Anarchie und Ordens-Brüderlichkeit gibt. Je strenger eine Zeit in dem ist, was sie überhaupt Dichtung nennt, desto weniger Unterschiede wird sie darüber hinaus zulassen. Unsere Zeit aber ist sehr tolerant in dem, was sie Dichtung nennt; es genügt ihr unter Umständen schon, – wenn der Papa ein Dichter ist. Dem entspricht es, daß sie auf der anderen Seite den Begriff des Stars, des Cracks im Verlagsstall, des Literaturchampions auf die Spitze getrieben hat, – wenn er als Federgewicht auch natürlich nicht ganz den gleichen Anspruch auf Beachtung erheben darf wie die Schwergewichte des Boxsports!

Rainer Maria Rilke war schlecht für diese Zeit geeignet. Dieser große Lyriker hat nichts getan, als daß er das deutsche Gedicht zum erstenmal vollkommen gemacht hat; er war kein Gipfel dieser Zeit, er war eine der Erhöhungen, auf welchen das Schicksal des Geistes über Zeiten wegschreitet ... Er gehört zu den Jahrhundertzusammenhängen der deutschen Dichtung, nicht zu denen des Tages. [...]

Wenn ich von der Vollkommenheit gesprochen habe, zu der Rilke das deutsche Gedicht emporgehoben hat, so ist damit zunächst nur ein äußeres Kennzeichen gemeint. Ich kann es Ihnen beschreiben, wenn ich Sie an den überaus bezeichnenden Eindruck erinnere, dem man beim ersten Lesen seiner Werke ausgesetzt ist. Nicht nur sinkt kaum ein Gedicht, kaum eine Zeile oder ein Wort sinken aus der Reihe der übrigen herab, und man hat das gleiche Erlebnis durch die ganze Reihe seiner Bücher. Es entsteht so eine beinahe schmerzliche Spannung wie eine gewagte Zumutung, die noch dazu ganz ohne allen Aufwand an Orchester, ganz wie natürlich, nur von dem einfachen Flötenklang des Verses begleitet, geleistet werden soll.

Weder vor ihm, noch nach ihm ist diese hohe und ebene Spannung des Eindrucks, diese edelsteinklare Stille in der niemals anhaltenden Bewegung erreicht worden. Weder das ältere deutsche Gedicht, noch George oder Borchardt haben dieses freie Brennen des Feuers ohne Flackern und Dunkelheit. Das deutsche lyrische Genie wirft wie der Blitz eine Furche auf, aber das Erdreich darum häufelt es sorgsam oder nachlässig auf; es zündet wie der Blitz, aber es ritzt nur wie der Blitz; es führt auf den Berg, aber um auf den Berg führen zu können, muß man zuvor immer wieder unten sein. Damit verglichen, hat Rilkes Gedicht etwas breit Geöffnetes, sein Zustand dauert wie ein gehobenes Anhalten.

In diesem Sinne habe ich von seiner Vollkommenheit und Vollendung gesprochen. Es bezeichnet das eine bestimmte Eigenschaft und zunächst noch nicht Rang und Wert. Im Schönen haben, wie Sie wissen, auch Unvollendung und Unvollkommenheit ihre Würde. Ja, so paradox es klingt (wenn es in Wirklichkeit auch nichts anderes bedeutet als unser Unvermögen zu genauer Bezeichnung), diese innere Planheit und Faltenlosigkeit, diesen aus einem Guß geformten Charakter des Gedichts findet man oft auch in der Poesie jener Versschwätzer, die ein Gedicht so glatt hinschreiben, wie ein Barbier eine Wange rasiert. Ja, noch viel paradoxer!: man hat den Unterschied nicht immer bemerkt.

Es gab eine Zeit, wo jeder bessere junge Mann mit schwülen Augen Gedichte in der Weise Rilkes machte. Es war gar nicht schwer; eine bestimmte Art des Schreitens; ich glaube, daß Charleston schwieriger ist. Darum hat es auch immer scharfsinnige Kritiker gegeben, welche das bemerkten und Rilke einen Platz – fast bei den Kunstgewerblern des Verses anwiesen. Die Zeit, wo man ihn nachahmte, war aber kurz, und die Zeit, wo man ihn unterschätzte, dauerte sein Leben! Als er jung war, galt Dehmel für einen Mann, und er – für einen Österreicher! Wenn man ihm wohlwollte, fügte man etwas von slawischer Melancholie hinzu. Als er reif war, hatte sich der Geschmack gewendet; nun galt Rilke als ein feiner, ausgegorener Likör für erwachsene Damen, während die Jugend andere Sorgen zu haben glaubte.

Gewiß ist nicht zu leugnen, daß die Jugend auch für ihn mancherlei Liebe hatte. Aber es ist nicht zu übersehn, daß ihr da vielleicht wirklich eine Schwäche unterlief. Ich sehe nirgends heute Rilkes Geist im Wirken. Was es heute an Gewissens- und Gefühlsspannung gibt, ist nicht die Art der Spannung Rilkes. So ist es möglich, daß er noch einmal geliebt wird, weil er ent-spannt! Dazu ist er zu anspruchsvoll! Er stellt mehr als infantile Ansprüche an die Liebe! Das möchte ich, wenn nicht zeigen, so doch andeuten.

Ich könnte es tun, indem ich Sie auffordere, den Weg Rilkes von den Frühen und Ersten Gedichten bis zu den Duineser Elegien zu verfolgen.

Wir würden dabei in einer ungemein fesselnden Weise sehn, wie früh er fertig ist – genau so wie der junge Werfel; – aber wie seine Entwicklung von da an erst beginnt! Die innere wie die äußere Form erscheint von allem Anfang an (wenn natürlich auch Versuche dazwischen kommen und wieder aufgegeben werden) wie ein feines Rippenwerk vorgezeichnet; blaß; rührend verschlungen mit typischen Jugenderscheinungen; verblüffend durch die Umkehrung, daß sich weit mehr »Manier« in den ersten Anfängen findet, als in den späteren Wiederholungen! Man könnte zuweilen sagen: der junge Rilke mache Rilke nach. Aber dann erlebt man das für den Künstler ungeheure Schauspiel, wie sich dieses Schema füllt. Wie aus Prozellan Marmor wird. Wie alles, was von Anfang an da war und sich kaum verändert, von einem immer tieferen Sinn gestaltet wird: Mit einem Wort, man erlebt das ungeheuer seltene Schauspiel der Gestaltung durch innere Vollendung!

Statt dieser Entwicklung in ihren Schritten zu folgen – wobei ein jeder wohl am besten den Dichter selbst zum Führer nimmt –, möchte ich jedoch lieber versuchen, die tiefen Beziehungen, von denen ich spreche, an der Erscheinung der fertigen Rilkeschen Poesie zu verdeutlichen, indem ich noch einmal, aber diesmal nach innen hin, an den ungewöhnlichen Eindruck anknüpfe, den sie hervorruft.

Ich habe ihn, mit den ersten tastenden Worten, eine klare Stille in einer niemals anhaltenden Bewegung, eine gewagte Zumutung, ein gehobenes Dauern, ein breites Geöffnetsein, eine beinahe schmerzliche Spannung genannt, und man darf wohl hinzufügen, daß Spannungen am leichtesten dann den Charakter des Schmerzes annehmen, wenn sie sich nicht ganz begreifen und lösen lassen, wenn sie in den Ablauf unserer Gefühle einen Knoten bringen, der nicht wie die gewöhnlichen geknüpft ist. Der Affekt des Rilkeschen Gedichts hat eine große Besonderheit. Wir werden sie verstehn, wenn wir uns darüber Rechenschaft geben, daß dieses Gedicht eigentlich niemals ein lyrisches Motiv hat. Es hat auch niemals einen besonderen Gegenstand der Welt zum Ziel. Es spricht von einer Violine, einem Stein, einem blonden Mädchen, von Flamingos, Brunnen, Städten, Blinden, Irren, Bettlern, Engeln, Verstümmelten, Rittern, Reichen, Königen ...; es wird ein Gedicht der Liebe, der Entbehrung, der Frömmigkeit, des Kampftumults, der einfachen, ja sogar der mit Kulturreminiszenzen belasteten Beschreibung ...; es wird ein Lied, eine Legende, eine Ballade ...: Nie ist es das selbst, was den Inhalt des Gedichts ausmacht; sondern immer ist es ein Etwas wie das unbegreifliche Dasein dieser Vorstellungen und Dinge, ihr unbegreifliches Nebeneinander und unsichtbar Verflochtensein, was den lyrischen Affekt auslöst und lenkt.

In diesem milden lyrischenAffekt wird eines zum Gleichnis des anderen. Bei Rilke werden nicht die Steine oder Bäume zu Menschen – wie sie es immer und überall getan haben, wo Gedichte gemacht wurden –, sondern auch die Menschen werden zu Dingen oder zu namenlosen Wesen und gewinnen damit erst ihre letzte, von einem ebenso namenlosen Hauch bewegte Menschlichkeit. Man kann sagen: im Gefühl dieses großen Dichters ist alles Gleichnis, und – nichts mehr nur Gleichnis. Die vom gewöhnlichen Denken getrennten Sphären der Wesensgattungen scheinen sich zu einer einigen Sphäre zu vereinen. Niemals wird etwas mit einem anderen verglichen – als zwei andere und Getrennte, die sie dabei bleiben –; denn selbst wenn das irgendwo geschieht und gesagt wird, irgendeines sei wie das andere, so scheint es schon im gleichen Augenblick seit Urzeiten das andere gewesen zu sein. Die Eigen-schaften werden zu Aller-schaften! Sie haben sich von den Dingen und Zuständen losgelöst, sie schweben im Feuer und im Wind des Feuers.

Man hat dies Mystik genannt, Pantheismus, Panpsychismus ...; mit solchen Begriffen tut man aber etwas hinzu, das überflüssig ist und ins Ungewisse führt. Lassen Sie uns lieber bei dem bleiben, was uns vertraut ist; wie verhält es sich denn nun wirklich mit diesen Gleichnissen? Bei nüchternster Betrachtung? Es verhält sich bemerkenswert genug; das Metaphorische wird hier in hohem Grade Ernst.

Lassen Sie mich dazu mit etwas Beliebigem beginnen: ein Schriftsteller vergleiche einen bestimmten Novemberabend, von dem er erzählt, mit einem wollenen weichen Tuch; ein anderer Schriftsteller könnte ebensogut ein eigenartig weiches Wolltuch mit einem Novemberabend vergleichen. In allen solchen Fällen liegt der Reiz darin, daß ein schon etwas erschöpfter Gefühls- und Vorstellungsbereich dadurch aufgefrischt wird, daß ihm Teile eines neuen zugeführt werden. Das Tuch ist natürlich kein Novemberabend, diese Beruhigung hat man, aber es ist in der Wirkung mit ihm verwandt, und das ist eine angenehme kleine Mogelei. Nun, es liegt – eine gewisse Tragikomik in dieser menschlichen Neigung für Gleichnisse. Wenn die Spitzen der Brüste mit Taubenschnäbeln oder mit Korallen verglichen werden, kann man, streng genommen, nur sagen: Gott behüte uns davor, daß es wahr sei! Die Konsequenzen wären nicht auszudenken. Man gewinnt aus den menschlichen Gleichnissen eigentlich den Eindruck, daß der Mensch niemals dort recht aushalten kann, wo er sich gerade befindet. Er gibt das niemals zu; er umarmt das ernste Leben; aber er denkt dabei zuweilen an eine andere!

Es ist ein schönes, wenn auch ein wenig altmodisches Gleichnis, zu sagen: ihre Zähne waren wie Elfenbein. Setzen Sie statt dessen einen sachlich-nüchternen, aber richtig anderen Ausdruck, so heißt das – höchst unerwünscht –: sie besaß Elefantenzähne! Vorsichtiger, aber immerhin noch verfänglich: ihre Zähne besaßen die optischen Qualitäten von Elefantenzähnen, mit Ausnahme der Form. Ganz vorsichtig: ein ich weiß nicht was war gemeinsam. Ersichtlich ist das die übliche Tätigkeit des Gleichnisses: wir lösen das Erwünschte los und lassen das Unerwünschte zurück, ohne daß wir daran erinnert werden wollen, und wir lösen das Feste in das Gerüchtweise auf.

Was man der Kunst an Unernst, verglichen mit der Wirklichkeit, vorwirft, was in ihr auch wirklich an Divertissement liegt, Oberflächlichkeit, »letzter Neuigkeit«, an Modischem, Dienerischem ...: es freut mich, schon an einem so einfachen Beispiel, das der Aufnahme in jede Schulgrammatik und -poetik gewürdigt wird, zeigen zu können, wie sich alles das in dem Gebrauch spiegelt, den man von den Gleichnissen macht.

Er hängt tatsächlich mit einer bestimmten Welt-Anschauung (dazugehörig: Kunst als Erholung, Zerstreuung, spontane Erhebung) zusammen. Und nun frage ich Sie: Statt zu sagen, der Novemberabend sei wie ein Tuch *oder* das Tuch sei wie ein Novemberabend, könnte man nicht beides in einem sagen? Was ich frage, Rilke hat es immerwährend getan.

Bei ihm sind die Dinge wie in einem Teppich verwoben; wenn man *sie* betrachtet, sind sie getrennt, aber wenn man auf den Untergrund achtet, sind sie durch ihn verbunden. Dann verändert sich ihr Aussehen, und es entstehen sonderbare Beziehungen zwischen ihnen.

Das hat weder mit Philosophie, noch mit Skepsis, noch mit irgend etwas anderem zu tun als dem Erleben.

Ich möchte Ihnen zum Abschluß ein Lebensgefühl beschreiben. Aber ich schicke voraus, daß ich es nur andeuten kann. So wenig es nach Rilke aussehen wird, Sie werden mehr davon in seinen Gedichten finden als in meinen Worten. Und ich habe bisher eigentlich nur von einer einzigen Schönheit unter den vielen seines Werks in ihren Beziehungen gesprochen; aber es muß mir genügen, darauf hinzuweisen, wie schon diese in einen großen Entwicklungszusammenhang gehört. Und eben das, dieses Einbezogensein des Kleinsten ins Größte, ist Rilke.

Eine feste Welt, und darin die Gefühle als das Bewegliche und Veränderliche: das ist die normale Vorstellung. Eigentlich aber sind beide, die Gefühle und die Welt unfest, wenn auch innerhalb sehr verschiedener Grenzen. Daß die eine zur Wand für die anderen wird, hat zwar seine guten Gründe, ist aber ein wenig willkürlich. Und eigentlich wissen wir das ja recht gut. Daß kein Einzelner heute weiß, wessen er morgen fähig sein wird, ist kein ganz ungewöhnlicher Gedanke mehr. Daß die Übergänge von der moralischen Regel zum Verbrechen, von der Gesundheit zum Kranksein, von unserer Bewunderung zur Verachtung der gleichen Sache gleitende, ohne feste Grenzen sind, das ist durch die Literatur der letzten Jahrzehnte und andere Einflüsse vielen Menschen zu einer Selbstverständlichkeit geworden. Ich möchte nicht übertreiben. Betrachten wir den Einzelnen, so ist diese »Fähigkeit zu allem« recht starken Hemmungen unterworfen. Wenn wir aber die Geschichte der Menschheit, also die Geschichte der Normalität par excellence, betrachten, so kann es keinen Zweifel geben! Die Moden, Stile, Zeitgefühle, Zeitalter, Moralen lösen einander derart ab oder bestehen gleichzeitig in solcher Verschiedenheit, daß die Vorstellung kaum abzuweisen ist, sich die Menschheit wie eine gallertartige Masse zu denken, welche jede Form annimmt, die aus den Umständen entsteht. Natürlich haben wir ein eminentes Interesse daran, das zu leugnen, nämlich das praktische und moralische des jeweiligen Zustands. Es ist die ewige Tätigkeit des Lebens und zugleich sein Selbsterhaltungstrieb, die Wirklichkeit fest und eindeutig zu gestalten. Es ist nicht zu übersehen, daß die Schwierigkeiten dafür überall dort sich verstärken, wo das Gefühl beteiligt ist. Darum schalten wir es nach Möglichkeit aus, wenn wir Wahrheit, Ordnung und Fortschritt wollen. Zuweilen schalten wir es aber vorsichtig auch wieder ein, z. B. im Gedicht oder in der Liebe. Das sind bekanntlich recht unlogische Vorgänge, aber man darf vermuten, daß die Eindeutigkeit des Erkennens überhaupt nur dort vorhält, wo die Gefühlslage im großen stabil ist. Ich kann das hier nicht weiter ausführen; aber Sie werden bemerkt haben, daß unser Umgang mit dem Gefühl nicht mehr ganz geheuer geworden ist. Und da dies dem geschärften Verständnis der Gegenwart nicht verborgen geblieben ist, läßt sich aus vielerlei Zeichen schon erwarten, daß wir einer großen Problemstellung nicht nur des Verstandes, sondern auch der Seele entgegengehn.

Und nun gibt es ein Gedicht, das in der Welt des Festen eine Ergänzung, Erholung, einen Schmuck, Aufschwung, Ausbruch, kurz Unterbrechung und Ausschaltung bedeutet; man kann auch sagen, es handelt sich da um bestimmte und einzelne Gefühle. Und es gibt ein Gedicht, das die im ganzen Dasein versteckte Unruhe, Unstetheit und Stückhaftigkeit nicht vergessen kann; man könnte sagen, hier handelt es sich, wenn auch nur in einem Teil, um das Gefühl als Ganzes, auf dem die Welt wie eine Insel ruht.

Das ist das Gedicht Rilkes. Wenn er Gott sagt, meint er dies, und wenn er von einem Flamingo spricht, meint er auch dies; *deshalb* sind alle Dinge und Vorgänge in seinen Gedichten untereinander verwandt und tauschen den Platz wie die Sterne, die sich bewegen, ohne daß man es sieht. Er war in gewissem Sinn der religiöseste Dichter seit Novalis, aber ich bin nicht sicher, ob er überhaupt Religion hatte. Er sah anders. In einer neuen, inneren Weise. Und wird einst, auf dem Weg, der von dem religiösen Weltgefühl des Mittelalters über das humanistische Kulturideal weg zu einem kommenden Weltbild führt, nicht nur ein großer Dichter, sondern auch ein großer Führer gewesen sein.

ALFRED DÖBLIN: ARNO HOLZ

1929

Wie
lange schon
sah ich ... nicht ... den Mond!
Im
dumpfen Zimmer,
gebückt zwischen Büchern,
Tage,
Wochen, Monate
lang,
saß ich ... und schrieb!
Dinge, die mich qualvoll einst geschmerzt, Dinge,
die mich
freudig einst bewegt,
Dinge von vor tausend Jahren, Dinge, die noch niemals
waren,
Dinge,
Dinge, Dinge,
Dinge!
....
Wie ... fern mir das jetzt alles liegt! ... Wie
fremdab weit!

Ja es ist ... Herbst! Herbst ... auch in mir!
Herbst!
Vorbei ... die Zeit, da ich noch jubelnd hoffte! ... Vorbei
die Zeit, da ich noch
fröhlich
war!
....

Nur
Eins noch! Eins!

Das
dumpfe,
karge, einsam enge
Zimmer,
Der Stuhl, der Tisch, der
gelbe Lampenkreis, ... die ... bleichtoten Bücher
ein
Wust ... Papier
und
»Dinge« ... »Dinge« ... »Dinge«
»Dinge!«

So hat er, der hier liegt, gesprochen. Wo Künstlerschaft ist, da ist auch Betrübnis, Verzagen und Einsamkeit nicht fern. Und wo in Deutschland Künstler sterben, da ist die Klage und die Anklage des Verkanntseins schon fast selbstverständlich. Aber um den Mann, der hier liegt, ist etwas Besonderes. Dieses Ausmaß von Ignorierung, dieser Grad der Ablehnung bei einem unermüdlich arbeitenden, aufs strengste seines Ziels bewußten Künstler: das ist sogar in Deutschland beinahe ohne Beispiel. Er war ein Mann des Wortes und von dem, was ihn bis zum Bersten füllte, gingen seine Lippen über, von diesen Klagen, Anklagen, Drohungen, Verzweiflungsausbrüchen, geschlagener als Hiob nannte er sich, den Enterbtesten aller Enterbten, den Verachtetsten aller Verachteten, den Elendsten aller Elenden... Und so in eine furchtbare Isolation gedrängt und des warmen Zusammenhangs mit einer mitempfindenden Menge beraubt, ... wie ist es möglich, daß dieser Mensch, der jetzt hier liegt, Jahrzehnte sich aufrecht erhalten konnte, immer wieder niedergeworfen, von immer mehr Bitternis gefüllt und doch recht eigentlich nie verzagend und recht eigentlich nur in gelegentlichen Schwächeaugenblicken resignierend, er, geschlagener als Hiob, der Enterbteste aller Enterbten, der Verachtetste aller Verachteten, der Letzte aller Letzten. Ja, er war dies alles, und er war es zugleich nicht. Was ihn aufrecht erhalten hat, das ist nicht nur seine robuste ostpreußische Natur gewesen, seine Lebensfreudigkeit, seine Lust an diesem Dasein, auch dies alles würde einmal von einem solchen Katarakt von Unglück verschüttet worden sein, es ist auch nicht der Fanatismus des Besessenen, des von einer Idee Gejagten, auch dieser Fanatismus hätte keine Jahrzehnte einem solchen Rammblock von Nein und Nein standhalten können. Es ist da, glaube ich, ein Geheimnis von Arno Holz' Lebensweg und Schicksal anzudeuten, wenigstens ein Zipfel der Decke, die über diesem Leben liegt, ist, glaube ich, zu heben. Als Arno Holz zweiundzwanzig Jahre alt war, erschien von ihm das erste Werk, die erste Äußerung, die eine Bewegung des wirklichen Arno Holz war, das »Buch der Zeit«. Und wenn man dieses Buch durchblättert, so stößt man auf ein Gedicht, das in unheilvoll dreizehn Strophen gegliedert ist, es schildert das bittere Geschick eines in seiner Dachkammer verkommenden Dichters. Sein Geschick vollzieht sich, während gleichzeitig seine Phantasie und Träume immer ekstatischer und großartiger aufblühen. Das Gedicht in den unheilvoll dreizehn Strophen hat merkwürdig und zum Staunen den Titel »Phantasus«, und siehe da, welch eine Wahrheit, welche merkwürdige Ahnung: es schildert das wirklich kommende Geschick von Arno Holz! Wie ist es zu verstehen, daß er so sicher im Beginn seiner Laufbahn, in diesen unheilvoll dreizehn Strophen das traf, treffen konnte, was sich dann vollzog, vor allem die Bindung seines Lebens an die wuchernde Phantasie, die schmerzliche Einsamkeit und das Ende? Dinge dieser Art werden nur geahnt, wenn sie auch ... gewollt werden! Zuinnerst, möchte ich vermuten, ist dieser Lebenslauf von ihm auch gewollt worden! Es war eine Seelenschicht in ihm da, die brauchte nicht nur den Kampf, sondern auch die Einsamkeit, ja vielleicht auch die Bitterkeit, die Zurückwerfung, es schützte sich ... trotz allen Schmerzes ... etwas in ihm; es umgab sich da etwas sehr Zartes mit solchem fürchterlichen Mantel und einer Schale und fand seine Sicherheit. Man kann nicht viel von dem Geheimnis lüften, an das das junge Gedicht mit den dreizehn Strophen führt. Aber diese seltsame Prophetie, dieses Wissen, läßt etwas hinter die Kulissen dieser scheinbar kernhart knorrigen Natur blicken und hinter das Geheimnis, wie es möglich war, daß einer leben konnte, ein Könner ersten Ranges mit solchem grausigen Geschick, als der Enterbteste aller Enterbten, der Verachtetste aller Verachteten, der Letzte aller Letzten. Es ist eine Freude, wenigstens zu vermuten, daß er, der jetzt Tote, in geheimnisvoller Weise gegen sein Schicksal gewappnet war.

Ich habe zu fragen, wo dieser Könner und Kämpfer nun hier liegt, wofür er gekämpft hat und was sein Vermögen war. Seine Rolle war, ist und wird sein: in Deutschland den Bruch mit einer faulen und unechten Überlieferung einzuleiten und vollziehen zu helfen. Er ist in diesem notwendigen Kampf und in der Leistung vorbildlich und eine Parallelerscheinung zu dem Fahnenträger des 18. Jahrhunderts, dem Aufklärer und Vorwärtsführer Lessing. Er hat den Bruch mit einer hohlen Überlieferung eingeleitet und hat zuerst und auf das machtvollste in Deutschland das Bekenntnis zur Gegenwart und zur Großstadt abgelegt. Er ist aufgestanden gegen die trübe Nachahmung, die Dinge aus zweiter Hand, gegen das Hymnische, verlogen Orphische, gegen die eitle Abseitigkeit, und obwohl er bald der Abseitigste von allen sein mußte, war er doch am stärksten hier und mitten unter uns. Er ist gegen die Kunstsprache der Geibel, George aufgetreten und hat zur natürlichen Sprache des Volkes und seiner Melodie gedrängt. Er mußte radikal sein, denn so hohl seine Gegenspieler waren, sie blieben trotz allen Anrennens immer stark, weil sie verbündet waren mit der Tradition und einem schlechten abgelebten Bildungsideal. Es ist nicht wahr, daß ihn eine Welle gehoben hat, der Naturalismus, eine Flut, und wie die Ebbe kam, lag Arno Holz für den Rest seines Lebens am Strand. Er war von Haus aus verbunden mit den lebendigsten forttreibenden Kräften des geistigen Lebens, er hat es ausgesprochen und gewußt, daß jede poetische Technik eng mit den Lebensverhältnissen der Nation verflochten ist; diese aber ändern sich und mit ihnen unterliegt die Technik dem historischen Wechsel der Dinge.

Andere, die von ihm gelernt haben, schwenkten nach dem Abflauen der Durchbruchsbewegung in das alte, ehemals bekämpfte Lager über, Holz aber stand, wo gekämpft wurde, ob man ihn sah oder nicht sah, ob man ihn nannte oder nicht nannte, immer mit an erster Stelle, ihm kamen auch die als Expressionismus bezeichneten späteren Durchbruchstöße nicht überraschend, die lebenskräftigen Grundgesetze dieser Bewegung hatte er längst gefaßt und sie waren ihm geläufig.

Ich rede für die Sektion für Dichtkunst an der Akademie der Künste, und da die Pflege und die Forderung der deutschen Sprache zu unseren Aufgaben gehört, so ist es meine Pflicht, auf Arno Holz hinzuweisen, der unser Mitglied war und nun hingeschieden ist. Ich habe auf ihn hinzuweisen, denn er hat diese Sprache großartig, auf das großartigste, mit der strengsten Verantwortung und immensem Können gemeistert. Und es ist nicht nur die Stärke dieser Leistung zu feiern, sondern auch ihre Eigentümlichkeit. Er hat sie nämlich deutsch, ich möchte sagen auf das allerdeutscheste, gemeistert. Es liegt vor uns das Werk »Phantasus«, von ihm selbst genannt »mein Riesen-Phantasus-Nonplusultra-Poem«. Die schreckliche Scheu, die den Mann schon zeit seines Lebens entsetzt hat, liegt noch jetzt über seinem großmeisterlichen barocken Buch. Aber man möge wissen, hier ist ein Sprachschöpfer am Werk. Der dies schrieb, war kein Magister, kein Gottsched, man hat ihm diese Worte nachgerufen; er hatte den theoretisierenden Zug, den viele Köpfe von wirklichem Ingenium haben. Daß dieses eigentliche Werk nicht einmal von den Literaturfreunden gelesen und gefeiert wird, daß die Autoren nicht aus ihm lernen, daß sie ihre Sprache unverändert weiter orientieren an abgelebten Mustern, an alter Metrik, ist kein gutes Zeichen für den Sprachsinn unserer Zeit. Klar hat er die urdeutsche Formel für die Lyrik ausgesprochen, die auf jede Musik durch Worte als Selbstzweck zu verzichten habe und die lediglich von dem Rhythmus getragen werden dürfe, der aus dem Ausdruck dringt. Fruchtbar sind die Gedanken von Holz und dies Werk Phantasus, man kann zum einzelnen stehen, wie man will, für Lyrik und Prosa in gleicher Weise! Eingezwängt in seine Wohnung wie ein tibetanischer Mönch, der in die Erde vergraben wird und nur mit seinem Dämonen spricht, lebte er, und da haben allmählich seine Ideen und Spekulationen mit ihnen sein Werk ins Grenzenlose ausgedehnt, Realistik und Überrealistik flossen ineinander, es kam in diese Epik-Lyrik der Zug ins Enzyklopädische, die ungeheuerlichen kosmischen Bilder. Je tiefer die Einsamkeit, um so mächtiger wurde die phantastische Ausweitung. Nun liegt der Vorwärtsstürmer still und ruhig, in derselben Ruhe, wie viele seiner Gegner liegen . . . und wie wir alle liegen werden. Seine Fackel ist aber nicht erloschen. Die Klinge, die er geführt hat, ist nicht zum alten Eisen geworden, sie wird weiter schlagen in anderen Händen.

In die heiße Namenlosigkeit des Feuers legst du dich jetzt, du tapferer Mann, du atlasstarker Träger des Unglücks und der Bitterkeit. Sei bedankt für alles, tapferer Mann, stolzer toter Bruder.

THOMAS MANN: HUGO VON HOFMANNSTHAL

1929

> Er losch auf einmal aus so wie ein Licht.
> Wir trugen alle wie von einem Blitz
> Den Widerschein als Blässe im Gesicht.

Ihr Telegramm geht mich um einige Zeilen an über Ihren und unseren edlen Toten, um einen Beitrag zur publizistischen Trauerfeier, einen Nekrolog. Ich werde Ihnen schlecht dienen können. Mein Herz ist zu tränenvoll, als daß jetzt Worte daraus hervorgehen könnten, und die Gedanken zu vertieft und hingelöst in ein unendliches Gefühl des Lebens, des Todes, des Schicksals und der Freundschaft, als daß ich mich ihrer bemeistern könnte und möchte. Viele Federn regen sich jetzt zu seinen Ehren, und seit gestern, seit ich glauben und als Wirklichkeit zu verstehen gelernt habe, was die Natur, der Lebenstrieb selbst während verstörter Minuten anzunehmen sich sträubte, mag ich nichts lesen, als was von ihm handelt, von diesem Bruder in der Zeit, der nun aus der Zeit gegangen, von seinen letzten Tagen und Stunden, und was sein Sohn über die Tat des anderen und über den Vater mitzuteilen weiß.

Ich habe im Blatt die naiv-einsichtigen Worte des jungen Raimund unterstrichen und lese sie immer wieder: »Mein Vater stammte aus einer anderen Zeit. Der Krieg hat die Begriffe geändert, und er hat sich nur schwer hineingefunden. Er arbeitete auch vielleicht anders, als es die heutige Zeit verlangt. Er sprach mir über ein Stück für Reinhardt, etwas Revueartiges. Und er wollte wieder jede Figur voll in sich erstehen lassen, ehe er an die Arbeit ging. Ich versuchte, ihn zur Auffassung zu bringen, diese Sache als Alltagsarbeit leichter zu nehmen, rascher zu schaffen. Das wollte er nicht verstehen. Er nahm alles ungeheuer ernst ...« Junge Menschheit, neue Welt. Da ist sie und sieht uns ähnlich, weil wir sie in die Welt gesetzt haben, spricht freundlich von uns und sieht ein, daß wir einer anderen Zeit angehören. Es ist lieb von ihr, daß sie uns zur Keßheit überreden möchte, aber wir sind ungelehrig – auch in meiner Scheu und Unfähigkeit zeigt sich das, diesem Toten ›rasch‹ einen Nachruf zu schreiben.

»Der Krieg hat die Begriffe geändert, und er hat sich nur schwer hineingefunden.« – Als er das letzte Mal hier bei mir war, vor wenigen Wochen, hatte er, zurück von einer Autotour nach Italien, von der er erfüllt war, einige Tage mit Grippe im Hotel gelegen, und man sah es ihm an. Er schien gealtert, grau geworden, seine Gesichtsfarbe war nicht die beste. Aber sein Wesen war von einer Wärme, Liebenswürdigkeit und Anmut, daß keine Besorgnis seines Äußeren wegen aufkommen mochte und ich mich glücklich an meine erste Begegnung mit ihm erinnert fand: vor mehr als zwanzig Jahren, als ich ihn zuerst in Rodaun besuchte und in dem schönen, fast bühnenbildhaften Barocksalon seines Heims, der den Blick auf den Gartenplatz gewährt, wo er ›Elektra‹ geschrieben, zuerst den Reiz seines Gespräches erfuhr. Ohnedies hingenommen von der Atmosphäre Wiens, dem Älteren, Milderen, Holderen, das den Norddeutschen, im bäuerlichen München Angesiedelten daraus ansprach, war ich bezaubert von der Konzentration dieser Kultur in der Person ihres Dichters. Ich verbrachte den Tag mit ihm, ich ging neben ihm durch seine Landschaft, er las mir in seinem Arbeitszimmer, wo ich eine geistvolle Plastik von Minne bewunderte, aus Lustspielentwürfen vor. Das erste Mal. Die Meinen bestätigen mir mein Entzücken von damals. Briefe und fast alljährlich wiederkehrende Begegnungen in München, Salzburg, Wien haben seitdem geistig-menschliche Beziehungen unterhalten, die nun ins Ewige gelöst sind. Habe ich sie nach ihrem Wert zu schätzen gewußt? Wie der Mensch

das Leben schätzt, solang es im Fleische ist, noch unerlöst. Traurigmerkwürdig genug, wie die Materie uns die Aussicht aufs Ewige verstellt. Unsere Einbildungskraft reicht nicht aus, oder sie gibt sich nicht dazu her, uns das Irdische im Licht des Todes erblicken zu lassen, da doch nur dieses Licht uns seinen Wert erkennbar machen würde. Ich habe nicht gewußt, wie Hofmannsthals Hingang mich schmerzen werde, noch habe ich ganz verstanden, was uns zusammenführte und durch die Jahrzehnte zusammenhielt. Das Wort ›Freundschaft‹ bedürfte heute seiner Genehmigung. Aber trotz aller Unterschiede der Geburt, der Überlieferung und Lebensstimmung nenne ich, sehend gemacht durch den Tod, die Wahrheit bei Namen, wenn ich von Brüderlichkeit, von Schicksalsverwandtschaft spreche. Wären wir beide weniger ›schwierig‹ gewesen! –

Nun also, neulich, das letzte Mal – und das Leben verhinderte jede Ahnung, daß es das letzte Mal sein möchte, es verstellte die Wahrheit, hielt das Gefühl und seinen Ausdruck hintan – saßen wir mit den Frauen und plauderten. Wir sprachen von Deutschland, seinen Meistern, von dem Verhältnis unseres Volkes zur Politik, von der Zerrissenheit und leidvollen Gehässigkeit, die dies fremde Element in seine Seele getragen, von der Strenge der Ansprüche, die seit fünfzehn Jahren, etwa seitdem wir beide vierzig geworden, die Zeit an die Lernfähigkeit, Lernwilligkeit des deutschen Menschen stelle. Er hatte ausdrücklich und im voraus gewünscht, daß wir von diesen Dingen sprächen. Ich darf seine Konversation nicht rühmen, weil es aussähe, als bildete ich mir ein, ihm ein würdiger Gesprächspartner gewesen zu sein. Ich war entzückt wie je. Er hatte eine Art zu verstehen, bevor man sich selbst verstanden, das im Fluge Aufgefaßte zu vervollkommnen und fortzuführen, die der Unterhaltung ein traumhaft entschwertes, übermütig pointierendes Gelingen verlieh. Hinter dem Gegenständlich-Psychologischen aber, das das Gespräch berührte, erörterte, flüchtig benannte, stand persönlich – wenn auch gemeinsam mit vielen – Durchlebtes; das Schicksal einer Generation, deren geistiger Aufbau sich vor dem Kriege vollzogen hatte, unserer Generation, die wir vierzig waren, als der Krieg ausbrach. Dahinter stand, unausgesprochen, der Gedanke an die Härte der Zumutungen, die seit fünfzehn Jahren an Herz und Hirn – sehr körperlich gesprochen – des einzelnen gestellt worden sind. Manche schlichte Konstitution ist diesen Anforderungen erlegen, die unter milderen Umständen behaglich hätte dauern können. Wir sahen bei Menschen unserer näheren und weiteren Umgebung die Abmagerung des Körpers, das sklerotische Fahlwerden der Gesichtsfarbe, sahen ein verstörtes, seiner selbst nur dumpf bewußtes Versagen, Nicht-mehr-mit-Können und Am-Wege-Bleiben. Und nun dies Hirn von umfassendster und empfindlichster Feinheit, dies kostbarste Sein, dem die Welt, der Kosmos, die Ordnung, ›die Monarchie‹ untergeht, auf das dieser Zeittumult, dies negerhaft Neue und Junge einstürmt, welches zweifellos Leben, mit allen Rechten des Lebens ausgestattetes Leben ist und mit dem man sich auseinandersetzen muß, in dem Bewußtsein freilich, sich selbst und seine Zeit überlebt zu haben. ›Der Turm‹, sein leidvoll-chaotischstes Gedicht, das er liebte wie sein Schicksal, ist das Denkmal von Hofmannsthals Ringen mit dem Neuen, der Revolution, der Jugend. Nahe bei ihm aber, als sein Fleisch und Blut, kann diese Jugend selbst nicht mit – überanstrengtes Österreichtum, nicht ›keß‹ genug, beim Jazz der Zeit seinen Mann zu stehen. Ist er schuld daran? »Gott im Himmel«, hört man ihn fragen, »vielleicht hätte ich überhaupt nicht Vater werden, keine Söhne haben dürfen?« Und während der »Alte«, dem »es schwer wird, sich hineinzufinden«, in heldenhafter Schönheit und Würde seine geistige Pflicht tut, schießt sich verzagende Jugend neben ihm eine Kugel in den Kopf. Da springt das starr gewordene Blutgefäß in dem kostbaren Hirn, und sprachlos, in Gram und Entsetzen, geht der Vater, der wundervolle Dichter, zugrunde.

Tränen – Tränen.

HEINRICH MANN: ARTHUR SCHNITZLER

1931

Andere Tote hinterlassen den noch Lebenden den Eindruck des Verehrungswürdigen, der Größe, zuweilen des Furchtbaren. Was Arthur Schnitzler zurückläßt, ist Liebe. Sein Werk kann nur geliebt werden. Sein Andenken kann nur geliebt werden. Er hat zwei großen Mächten des Lebens seine Erkenntnis und seine Kunst dargebracht. Die großen Mächte sind die Liebe und der Tod, und sie sind verbündet. Davon war ihr Dichter durchdrungen. Die Liebe ist nur, weil der Tod ist, und er wäre nicht ohne sie.

Niemand in der Welt und im Jahrhundert hat die Gebrechlichkeit und die Kostbarkeit unserer wahrhaft erlebten Stunden fühlbar gemacht wie Schnitzler. Bei keinem anderen ist das Glück so sehr Glück, das heißt vergänglich und unschätzbar. Während es am höchsten strahlt, rückt immer schon der Schatten heran. Die langen, langen Zeiten der Leere, der Einsamkeit, der Todesgedanken vor und nach dem Augenblick des Glücks, sie umstehen diesen Augenblick, sie spähen hinein, und gerade darum erglänzt der Augenblick so zauberhaft, darum ist das Glück ein so einziger, gefährlich schöner Aufschwung. Bezahlt wird mit dem Tod – oder mit dem Altern, das ein verzögertes Sterben ist.

Das grausame Wissen um die Vergänglichkeit war für Schnitzler verschärft durch die Erfahrungen des Arztes. Um wie viel bewundernswerter wird noch hierdurch seine Freude am Spiel – Spiel im Grauen. Er überwand die Allgegenwart des Todes und gab sich mit seiner ganzen Kraft dem Spiel des Lebens hin. Auf der Bühne und im Buch ließ er Gestalten alles nachahmen, was ihn beglückt hatte, was er fürchtete. So vervielfachte er sein eigenes Leben. Auch diesen Wert hatte für ihn die Dichtung. Sie erweiterte den Abstand vom Tode.

Sie vermehrte unendlich die Lust und die Qual, zu empfinden.

Die Kunst ist lebenfördernd, lebenvermehrend – daher ihr Ernst. Sie scheint nur zu spielen, manche aber hielten sie für die wahre Wirklichkeit. »Im Nichts aller Dinge ist es noch die am wenigsten unnütze Beschäftigung, zu schreiben.« Was Flaubert gesagt hatte, dachte auch Schnitzler. Er war werkgläubig, und so war er verantwortungsbewußt. Sein Sinn für die Nichtigkeit der äußeren Dinge hielt ihn nicht ab, zu handeln, vor die Welt zu treten und etwas in ihr auszurichten. Trotz allem, was die Seele beschweren kann, blieb der reife Mann noch immer heiter und leicht, wie einst der glänzende Jüngling gewesen sein soll. Seine geheime Trauer drang wohl durch, auch wenn er Komödien schrieb. Aber er stand fest im Leben.

Schnitzler auf der Lebenshöhe, in Wien vor dem Kriege! Wer hinkam, fand Glanz, Gleichmaß, Erfolg. Die Straßen waren bewegt von denselben leichten, maßvollen Rhythmen wie die Prosa Schnitzlers. Seine Personen gingen zwischen hindurch und grüßten einander. Sie grüßten auch ihn, seine Stadt kannte ihn. Durch die Mariahilfer Straße fuhr der alte Kaiser im offenen Zweispänner und ohne sich anzulehnen. Die wehenden Federn, die schmale Rückenlinie im hellblauen Tuch, dem Volk waren sie vertraut, es winkte ihnen nach. Aber auch den Dichter der Stadt kannte jedes Blatt im Prater. Dorthin führte er eines Abends den Fremden, dem er kaum erst begegnet war, und dem er so wohl wollte. Ein Zweispänner fuhr durch die Sommernacht. Der Gast saß dem Dichter Wiens gegenüber und hatte vor sich eins der seltensten menschlichen Erzeugnisse. Alles, was damals lebte und da war, wirkte zusammen, um diesen emporzutragen. Der Friede, das mächtige Reich und die geliebte Stadt, diese sichere Grundlage seiner Echtheit und Volkstümlichkeit; dazu der noch herrschende Sinn für das Menschliche, Neugier und Freude vieler angesichts des Geistigen; besonders aber die übliche Achtung, die Achtung der Zeitgenossen vor dem

Schaffen der Künstler: alles zusammen verlieh dem Ausgezeichneten, Begünstigtsten eine Lebensfülle ohnegleichen.

Er liebte den Ruhm und genoß ihn. Man muß ihn gesehen haben, wie er aus seiner Loge auf die Bühne stürzte, um den Beifall in Empfang zu nehmen. Sein Blick war entrückt. »Ein sehr bekannter Autor –« sagte er einst in seinem Garten und wendete dabei die Stirn nach oben, die Sonne beschien sein ganzes schönes Künstlergesicht. Er sprach aber auch, auf den Balkon seines Hauses gelehnt: »Dies Haus ist spät gekommen. Genug, es ist gekommen«; – und darin meldete sich wieder das Dunkel. Denn es naht doch immer, und erst recht, wenn so viel erreicht ist. Was tut man, um es aufzuhalten? Arbeiten, unersättlich gestalten und fortzeugen, die große Zahl der Stücke, der Novellen und Romane geduldig und täglich vermehren im Glauben an ihre Dauer: sonst bliebe nichts. Sogar der Ruhm wäre eitel, aber er ist ein Vorzeichen der eigenen Dauer.

Frank Wedekind nannte den »Leutnant Gustl« das beste Werk Schnitzlers. »Leutnant Gustl« ist ein Monolog, genau in der Mitte zwischen Novelle und Drama, und gesprochen wird er lautlos im verschwiegenen Innern des Helden. Denn der Held wäre nach dem, was ihm hier zufällig zustößt, eigentlich verpflichtet, sich umzubringen oder den Dienst zu quittieren, und nur ein neuer, der unvorhergesehenste Zufall rettet ihn diesmal. Darauf ist indes nicht immer zu bauen, und einmal wird das Glück doch jedes heiteren, lange verwöhnten Leutnant Gustl gründlich müde. Sein noch junger Dichter wußte es schon damals voraus. Wir werden nur fallweise gerettet. Die Gefahr bleibt, sie nimmt zu, denn wir altern. Das Altern ist das Unglück selbst; so empfand er.

Kaum irgend etwas erschüttert in der Geistesgeschichte der letzten Zeit, wie das Altern Schnitzlers. Was zeitgebunden ist vom Glück, verließ ihn mit dem glänzenden Frieden und der Macht seiner Stadt. Die Überfälle des Unglücks, oft von ihm erfunden und dargestellt, jetzt trafen sie wörtlich ein. Endlich blieb er ganz allein in seinem Haus, vergangen war das kleine

Getümmel der Liebe, des Erfolgs, und Stille senkte sich. Leer und unwürdig schien ihm die ganze neue Wirklichkeit. Was er noch schrieb, verlegte er zurück in seine gute Zeit. Das jetzt Geschehende haßte er, denn es war nur politisch, nur von der Macht bestimmt. Nirgends gab es mehr die früher übliche Achtung vor dem sittlichen Erleben und seiner literarischen Formung. Er aber hielt dies noch immer im Nichts aller Dinge für das einzige, das lohnt. Er hat standgehalten in all seiner Trauer, er war ein tapferer Mann. Er konnte sich wohl plötzlich auf sein Alter besinnen. »Der alte X – mein Gott, ich nenne ihn den alten X, und er ist zwei Jahre jünger als ich! Schrecklich!« In Salzburg sagte er einst: »Wer tot ist, der ist sehr tot.« Dann aber kehrte der tapfere Mann zurück an seine Arbeit, unseren einzigen, schmalen und ungewissen Ausweg aus der Vergänglichkeit.

Am Tisch unter Bekannten bekam er einmal harte Züge; es wurde von Illusionen gesprochen. »Ich kenne keine Illusionen. Ich mache mir keine.« Man hätte erwidern wollen, daß das Leben sich geradezu messen lasse an den Illusionen, und daß es aufhöre mit ihnen. Vor diesem verstummte man. Er war mit dem Tode vertraut schon seit seiner heitersten Jugend, schon in dem Stück, das er besonders geschätzt hat: »Liebelei.« Zuletzt hatte der Tod keinen Wortführer wie ihn. Er hat Abschied genommen mit jener unheimlichen und bezwingenden »Flucht in die Finsternis«, einer Dichtung, die ein klinisches Bild ist, einer Beobachtungsreihe, die ansteigt bis zur großen Vision. Dann starb er – fiel an seinem Schreibtisch hin als einer, der sein Werk getan hat, bis zum Ende im Dienste zweier großer Mächte: Liebe und Tod.

Wir Übriggebliebenen wissen von ungezählten Freuden, schmerzlichen oder leichten, tiefen oder süßen, aber alle einst von ihm angestiftet, wenn wir ihn lasen, wenn wir ihn aufgeführt sahen. Das Lachen, von ihm in einem Theatersaal erregt, war übermütig, aber es war auch zärtlich, wie das Lachen nicht oft ist. Er hatte Anmut, und er hatte Kraft. Die Schicksale der Menschen standen auf und sprachen, so oft er es wollte. Er beschwor unsere Teilnahme an ihnen, der Atem des Menschentums strömte zwischen uns und ihm. Er war ein großer Lebender, bevor er ein großer Toter wurde. Wir danken ihm.

Ich habe darzubringen den Dank ganzer Geschlechter, die sein Werk lieben, die sein Andenken lieben. Ihm danken durch mich seine Genossen, die Schriftsteller, und ihre Vertretung in der Preußischen Akademie der Künste, deren Ehre größer wurde durch ein solches Mitglied. Zuletzt empfange Arthur Schnitzler den Dank eines Freundes. Auch ich begleitete ihn in einigen Stunden seines wunderbaren Lebens.

GOTTFRIED BENN: STEFAN GEORGE

1934

Die Gestalt, zu deren Erinnerung die Akademie Sie heute abend eingeladen und gleichzeitig mich beauftragt hat, Sie feierlich zu begrüßen, diese Gestalt, Stefan Anton *George*, wurde am 12. Juli 1868 in Büdesheim, Großherzogtum Hessen, geboren und starb am 4. Dezember 1933 in Locarno, sie wurde beigesetzt auf dem Friedhof zu Minusio am Nordufer des Lago Maggiore, man sah ein Bild des Hügels, ein einsames Grab, ganz bedeckt von einem Kranz des Deutschen Reichs.

Das ganze Volk hielt bei der Nachricht dieses Todes in Trauer inne, aufgelöst hatte sich eine seiner stärksten Bannungen, dahingegangen war einer seiner rätselhaftesten Söhne. Fünfzig Jahre hatte er innerhalb der europäischen Dichtung gelebt, aber nur wenige hatten ihn leiblich gesehen, nie hatte er öffentlich vorgetragen, nie in einer Zeitung sich geäußert, er besaß keine ständige Wohnung, keine Adresse, kaum etwas Biographisches war über ihn zu erfahren, wie ein Schild standen immer gewisse Namen vor ihm, hüteten ihn, waren sein Kreis, erhöhten und verdunkelten ihn zugleich.

Diese Gestalt begann mit Schalmeien und schloß mit Hörnern, stieg auf als Idyll und endete als Revolution. Um uns diesem deutschen Schicksal und seinem europäischen Sinn in einer kurzen Rede zu nähern, muß ich es mit einigen Zeichen umziehen, es weniger schildern als deuten, und vielleicht wird einer sagen, ich deutete es kühn. Aber mir scheint nichts zu kühn, um es in diese Zeit zu deuten. Es gibt Augenblicke bei den Völkern, wo sie ihre Stadt aufgeben müssen und die Tempel der Götter und die Grabmäler der Vorfahren und sich an die Schiffe halten: das war die Voraussetzung für Salamis, und die fünfzig Jahre, die dann folgten, rechtfertigen den

Entschluß noch heute vor der ganzen Welt. So sehe ich diese Gestalt am Ende ihres Weges die Fähre besteigen und der Grieche sein, der seine Stange festschnallt am Ruderstift, wie es in den »Persern« des Äschylos von den Salamiskriegern heißt, ich sehe sie kämpfen zwischen den Inseln und dann mit einem Kranz und einem Zweig den hyperboreischen Fernen zu entschwinden.

Diese Gestalt also – wenn in den letzten Jahrzehnten in einem der europäischen Länder die fünf größten Dichter der Zeit genannt wurden, nannte man sie. Ihr Werk ist den Titeln und auch den Erscheinungsjahren nach so bekannt, daß ich es kaum zu nennen brauche. Dies Werk begann etwa 1890 und endete 1919. Es besteht aus Gedichtbänden, einigen Prosastücken, zahlreichen Übersetzungen. Die Grundlage des Werkes war das Gedicht. Sie wissen, es wurde mit einer bestimmten Orthographie geschrieben: nahezu ohne Interpunktion, das hatte er von Mallarmé übernommen, und mit kleinen Anfangsbuchstaben, das entsprach einer alten Forderung von Jacob Grimm, dazu hatte man eine eigene Buchdrucktype erfunden, eine besondere Schrift, die St-G-Schrift, entworfen von Melchior Lechter, nie ist eine Zeile anders als nach diesen formalen Prinzipien hergestellt erschienen, das alles will sagen: die Strophe als solche hat Gestalt, ist Ausdruck und Beziehung, sie ist Morphologie, und hier stoßen wir zum erstenmal auf die starke Betonung des Visuellen und Ornamentalen, das auch geistig das ganze Werk Georges durchzieht, auf das Typisierende und Normbildende, man kann auch sagen das Disziplinäre, das, wie wir sehen werden, für unsere Gedankengänge so bedeutungsvoll wird.

Ich sagte, wir finden in seinem Werk zahlreiche Übersetzungen, ja, in der Tat ganz ungewöhnlich viel. Er übersetzte aus dem Spanischen, Italienischen, Französischen, Englischen, Norwegischen, Holländischen, Polnischen, er übersetzte Verlaine, D'Annunzio, Jacobsen, Rosetti, Shelley, Ibsen, Swinburne, Kloos, Verwew, Verhaeren, Rimbaud,

Rolicz. Es finden sich in seinen Dichtungen erstaunlich viel Andichtungen und Lobreden, etwa auf Nietzsche, Hölderlin, Jean Paul, Goethe, Dante, Leo XIII., Ludwig von Hofmann, Böcklin und zahlreiche Widmungen an Berühmte und Unberühmte. Dies und Mallarmé und Jacob Grimm, die eben erwähnten, sollen uns eine vorläufige Formel bieten, die uns weiterhelfen soll, das ganze Wesen zu erfassen, sie lautet: George war das großartigste Durchkreuzungs- und Ausstrahlungsphänomen, das die deutsche Geistesgeschichte je gesehen hat.

Die Ströme, die sich in ihm vereinigten, waren etwa folgende: Das neue Gefühl für die Sprache, das Ende des Jahrhunderts erwacht war, sie war ja plötzlich etwas ganz anderes geworden, sie war aus den Händen der Philologen in die der Völkerpsychologen und Anthropologen, auch der Erkenntnistheoretiker gelangt, war plötzlich nicht mehr Abbild und Ausdruck des Lebens, entsprach nicht der Wirklichkeit, diente nicht der Wirklichkeit, sondern sie war eine metaphorische Überspannung des Seins, eine Schöpfung in sich und ohnegleichen, geistige Mächte radikaler, metaphysischer Art standen hinter den Lettern und Lauten, schaffende, rufende, beschwörende Mächte, und nur an diese wandte sich das Gedicht. Worte schon, aber nur als anthropologische Laut- und Lastträger, weitausgeschweifte Primitive, zaubervoll und immer totemistisch, diese trugen seine Welt. Ewig unerklärliches Sein der Strophe –: das große Geschlecht der französischen Symbolisten hatte ja gerade sein Werk in diese Richtung vorgetragen, George hatte bei ihnen verkehrt, einiges war in ihn eingedrungen, und als Ausdruck davon sehen wir ihn in seinem frühesten Gedichtband sich eine eigene, dem Spanischen angeähnelte Lingua romana erfinden, und am Schluß des Gedichtes »Ursprünge« im »Siebenten Ring« Verse einer künstlich geschaffenen Sprache der Kindheitsstufe anwenden, und diese Laute sollen keineswegs dionysisch wirken, melodiös oder musikalisch – George war programmatisch antimusikalisch, auch das wollen wir festhalten –, sondern hier sollten Worte auftreten nur als Kunstingredienzien, absolute Sprache, vokaler Urlaut vor der Zivilisierung des Wortes zum Inhalts- und Verständnisträger, sie sollten eine Welt ausschließen und an ihrer Stelle eine neue Ordnung bauen.

Auch das Aristokratische, Strenge, das George von vornherein eignete, war eine aufkommende Stimmung der Zeit. Das Plausible, Fixe, Massenhafte, das die Naturwissenschaften und der Sozialismus heraufgebracht hatten, war am Ende. Etwas Zögernd-Weihevolles drang in die Epoche vor: aus Goethe, auch aus Baader: »Alles Lebendige hat eine Atmosphäre«, und »Jede Kultur beginnt mit Bedecken des Samens mit Erde«; Richard Wagner setzte hinzu: »Sehen und Schweigen, dieses wären die Elemente einer würdigen Errettung aus dieser Welt, nur wer aus solchem Schweigen seine Stimme erhebt, darf endlich auch gehört werden«, er erklärte, daß in der Kunst nichts, was der Öffentlichkeit entgegenkomme, auch nur den allergeringsten Wert habe, und auf diese Stimme aus Bayreuth antwortete die andere aus Turin, daß es niemandem freistände, für sie Ohren zu haben, daß es ein Vorrecht ohnegleichen sei, ihr Hörer zu sein. Dies alles strömt durch die Verse Georges: »Zu meinen Träumen floh ich vor dem Volke«, oder: »Des Sehers Wort ist wenigen gemeinsam«, oder: »Mit wenig Brüdern flieh die laute Horde« –, und dieses Fliehen und Fremdling bleiben und »Siedler auf dem Fels« und »scheues Auge«, das blieb wohl in der Tat einer der Grundzüge und eines der Grundgesetze seines ganzen Lebens.

Aber noch etwas Seltsameres gibt es in den Entsprechungen von George und der Zeit. In die Gedankengänge der Epoche reicht auch jenes Georgesche Erlebnis hinein, das als sein geheimnisvollstes gilt, das, von dem die Jünger sagen, daß man nur mit apokalyptischen Tönen von ihm reden dürfe, ich meine: Maximin. Es ist die neue Feier des Jünglings, die begann. Nietzsche, Burckhardt, Bachofen hatten die Griechen des fünften und sechsten Jahrhunderts so gedeutet, nie sind wahrscheinlich junge Leute wieder so behutsam, so liebevoll, so durchaus mit Hinsicht auf ihr Bestes behandelt worden und, fügte Wagner hinzu, hat man je von einem englischen oder französischen Jüngling gehört? Nur die Deutschen kannten nach den Griechen den Epheben, den Griechen, deren Geschichte, wie Hegel sagt, mit einem Jüngling beginnt: Achill, und mit einem Jüngling endet: Alexander, und die Deutschen, in deren Siegfried und Konradin so viele Elemente ihrer tiefsten Geschichte ruhen. Dies stand nun hinter dem Kreis, der Platen mehr liebte als Schiller und Goethe, in dem die Neugeburt griechischer Leibhaftigkeit, Regeneration der Ratio an der Physis Erlebnis und Lehre wurde, in dem die Sokratische Tiefe, das höchste Geistige an leiblichen Spuren zu entdecken, zu neuen Prägungen führte; aus Georges Vision »Der Christ im Tanz« hören wir dieses Ideal von christlicher Leidverfeinung und hellenischen Maßen reden, und in seinem Vers »Apollon lehnt geheim an Baldur« lehnt er zwei Götter aneinander, aber auch zwei Länder, und Griechenland, das ist ja immer der griechische Mann.

Dies wären einige Beziehungen der Zeit zu ihm, aber was von ihm in sie ausströmte, war von vornherein noch universaler; und zwar gingen diese Ausstrahlungen nicht allein in die Literatur, sondern vor allem in die Geisteswissenschaften, man kann geradezu sagen, diese verfielen ihm, sie fielen ihm zu. 1898 waren seine Gedichte zum erstenmal in der Öffentlichkeit erschienen, und es war gleich darauf, daß ein so großer Mann wie der Geschichts- und Kulturphilosoph Breysig sie in seinem Kreis zelebrierte, der Literarhistoriker der Berliner Universität sie in den Preußischen Jahrbüchern besprach, der Philosoph Simmel dem Dichter seine Geschichtsphilosophie widmete. 1902 erschien das Buch von Klages über George, es folgten die von Gundolf und von Wolters. In Büchern über Hölderlin, Plato, Pindar, Napoleon, in Arbeiten über Musik, Plastik, Staats- und Geschichtslehre, über Norm und Entartung, über Heldensagen bezog man sich auf George, in Philologie, Ästhetik und Ideenlehre nannte man ihn. Mir scheint seit je dieser Einbruch Georges in die deutsche Wissenschaft eines der rätselhaftesten Phänomene der europäischen Geistesgeschichte zu sein, wohl nicht allein erklärbar aus dem Werk Georges, sondern auch dadurch, daß man sich der Verfassung der Wissenschaften um 1900 erinnert, ihres völligen substantiellen und moralischen Kernschwunds, ihrer weltanschaulichen Zerrüttung und methodischen Verwirrung durch die Naturwissenschaften, nun übergab sich so viel eigene Subjektlosigkeit sofort dem Einen, der Gestalt war und forderte, dem innerlich Gesicherten als dem intuitiven und unableitbaren Typ, nun vollzog sich in seinem Namen der Sieg der Transzendenz über die Natur, der in Europa bereitlag, und wenn ich Ihnen jetzt noch zu den vorhin genannten Namen die von Troeltsch und Frobenius, Worringer und Scheler, Spengler und Curtius, Keyserling, Bertram und Schuler nenne, so werden Sie mit mir sagen, daß sich der deutsche Idealismus in seinem vollen Glanz wie niemals vorher in diesen Jahren um einen einzigen Kern zu lagern scheint.

Welches ist nun dieser Kern? Wenn wir George einmal nicht durch die Nebelschicht seines Kreises betrachten, der hinter jedem Wort das Dröhnen heiliger Stimmen und einen Durchbruch auf Ebenen jenseits der Personalität und den Einbruch prästabilierter Welten erblickt, wenn wir uns ihm nähern mit der unendlichen Ehrfurcht, die ihm gebührt, aber doch methodisch, da wir von seiner Person zu großen Dingen weiterwollen, so gewinnen wir ungefähr folgendes Bild. Betrachten wir seine wunderbarsten Gedichte, auch seine berühmtesten, nehmen wir jenes:

> Komm in den totgesagten park und schau:
> Der schimmer ferner lächelnder gestade –

Es handelt sich also um einen Park, einen herbstlichen, der schon totgesagt ist, und nun entdeckt der Dichter unverhofftes Blau, späte Rosen, welke Astern und schließt:

Verwinde leicht im herbstlichen gesicht ·

Es ist ein unendlich zartes, stilles Landschaftsgedicht, etwas japanisch, weggewendet von Verfall und Bösem, ganz eingestellt zu stiller Sammlung und innerem Genügen.

Dies Gedicht hat drei Strophen zu je vier Reihen, so sind die meisten gebaut, nehmen wir ein anderes ebensolches dazu, es ist ein unvergleichlich schönes, vielleicht das wunderbarste Gedicht der zwanzig Jahre von 1890 bis 1910, es ist auch eines seiner berühmtesten, es ist dies:

Gemahnt dich noch das schöne bildnis dessen
Der nach den schluchten-rosen kühn gehascht ·

Auch dies ein Parkgedicht, von einem Park handelt es, darin ein Weiher, tiefe Heimlichkeit, ein Schwan löst sich vom Spiel des Wasserfalls und legt den Hals in eine Kinderhand. Wieder haben wir etwas Zauberhaftes, tiefes Idyll, reines Bild, über alles fein und zärtlich in der inneren Haltung wie im Versfall. Nehmen wir nun noch ein drittes hinzu, den Schlußvers eines anderen Gedichtes, er lautet:

Ich frage noch: wer kommt wenn sanft
Die gelbe primel nickt am ranft
Und sich das wasser grün umschilft
Der mir den mai beginnen hilft?

Oben sagte ich japanisch, dies ist altdeutsch, von Walther von der Vogelweide bis zur Barocklyrik könnten solche Schlußverse stehen. »Den Mai beginnen«, wieder haben wir das bukolische Motiv, stilles, dörfliches Sein, einfache, fast einfältige Reime grenzen das Ich in seinem sicheren Hort ab, gegen eine ebenfalls sichere Erde, eine »Erde, gabenfrisch«. Denken Sie nun einen Augenblick an Nietzsche oder Hölderlin, wieviel Zerstörung ist in ihnen, gegen wieviel unsägliche Qualen erkämpfen sie ihre Verse, aus wieviel Schatten tritt bei ihnen das Bild, bei George ist alles zart, klar, apollinisch, alles erscheint gesetzlich, und das ist an sich schon unendlich eindrucksvoll in einem Land, aus dessen Dichtern so leicht etwas hervorstürzt, das nicht vom Wort eingeholt, nicht vom Wort eingehüllt wird, sondern nackte Substanz bleibt, schäumendes Gefühl. Aber nun wollen Sie noch einen Augenblick mit mir an Nietzsche und George, diese beiden zusammen, denken, an die Verse nämlich, die George diesem Nietzsche in einem Gedicht zuruft, die Schlußverse, es scheint mir so ungemein bedeutungsvoll, das Bild dieser beiden großen Geister antithetisch zu vertiefen, er ruft ihm, dem rettungslos am Gedanken und Wort Zugrundegehenden, zu:

> Dort ist kein weg mehr über eisige felsen
> Und horste grauser vögel – nun ist not:
> Sich bannen in den kreis den liebe schließt ...

Was für ein merkwürdiger Ruf nach dort oben: den Kreis, den Liebe schließt, den ruft George zwischen die Gletscher, als ob sie Organe besäßen, um Ratschläge entgegenzunehmen, und Rückwege bereithätten, um herabzuführen –, dort oben sehen Sie das unendliche Weitermüssen aus des Lebens Mittag in des Lebens Nacht, und hier die Möglichkeit heimzukehren, sich zu bannen, einen, der alles mit einem Kreis umschließt und der das Dämonische mit dem Menschlichen besiegt.

Was ist nun aber dies Menschliche? Und jetzt berühren wir Georges Kern, seine Größe, bis hierher waren es die Schalmeien, jetzt beginnen die Hörner. Ist es das Weiche, Lyrische, Mondsucht, die Parkstimmung oder ist es das, was über den Park hinausführt, ihm eine Anordnung gibt, ihn bindet, ihn gesetzlich macht, ihn geistig prägt, mit einem Wort ihn stilisiert? Anders gefragt: Womit besiegt das Menschliche das Dämonische, nicht der absolute Mensch, sondern der heutige, der geschichtliche Mensch, der nicht mehr im Zeitalter monotheistischer Beschwörungen lebt, sondern im Zeitalter nach Nietzsche, nicht mehr im Zeitalter pazifistischer Entschränkungen und individualistischer Verfeinerungsräusche, sondern im Zeitalter der Stahlgewitter und der imperialen

Horizonte? Die Antwort lautet: Der abendländische Mensch unseres Zeitalters besiegt das Dämonische durch die Form, seine Dämonie ist die Form, seine Magie ist das Technisch-Konstruktive, seine Welt-Eislehre lautet: die Schöpfung ist das Verlangen nach Form, der Mensch ist der Schrei nach Ausdruck, der Staat ist der erste Schritt dahin, die Kunst der zweite, weitere Schritte kennen wir nicht.

Immerhin: Form! Wir betreten vulkanisches Gebiet, die deutsche Gefahrenzone! Form, das ist für weite Kreise Dekadenz, Ermüdung, substantielles Nachlassen, Leerlauf, für George ist es Sieg, Herrschaft, Idealismus, Glaube. Für weite Kreise tritt die Form »hinzu«, ein gehaltvolles Kunstwerk und nun »auch noch eine schöne Form« –; für George gilt: die Form ist Schöpfung; Prinzip, Voraussetzung, tiefstes Wesen der Schöpfung; Form schafft Schöpfung. Sagen Sie für Form immer Zucht oder Ordnung oder Disziplin oder Norm oder Anordnungsnotwendigkeit, alle diese Worte, die uns so geläufig wurden, weil in ihrem Namen auch die geschichtliche Bewegung sich zu prägen versucht, das ist Georgesches Gebiet.

Nicht also weil George einen Park besingt, sondern weil er sein Parkgefühl in logisch stilisierte Formen bannt und wir diese Formen als verbindlich, dauernd und überlieferbar empfinden, darum sprechen wir von ihm. Nicht also weil George in seinem letzten Werk »Das Neue Reich« von 1919 den unsäglichen Haß des Zeitalters gegen den Liberalismus sachlich so sah, wie ihn viele sahen als »beworfen mit Speichel niedrigster Umwerbung«, »Geifer gemeinsten Schimpfs« – nicht weil er die frühe Rassenvision hatte: »Verwildert zerfallene weiße Art –: Blutschmach! Stämme, die sie begehen, sind wahllos auszurotten«; nicht weil er den großen alten Mann sah, bevor er kam, hören Sie die Prophetie:

> ... da entstieg gestützt
> Auf seinen stock farblosem vororthaus
> Der fahlsten unsrer städte ein vergessner

Schmuckloser greis ... der fand den rat der stunde
Und rettete was die gebärdig lauten
Schließlich zum abgrundsrand gebracht: das reich ...

Nicht weil er 1919 einen jungen Führer sah, »das keusche, klare Barbarenaug«, »der Mann, der vertritt«: »Ich bin gesandt mit Fackeln und mit Stahl, daß ich euch härte«, ihn hebbelsch hart und felsenhaft sah: »Was heut mich umbiegt, wird mich morgen brechen« –, das alles ist es nicht! Die Kunst wird nicht tiefer, wenn die Geschichte sie bestätigt, die Idee nicht reiner, wenn eine Wirklichkeit sie deckt. Es ist vielmehr die unerbittliche Härte des Formalen, die über seinem Werk liegt, durch die er sein Werk schuf, ihm Einheit und Norm erkämpfte, und der er sein Leben zum Opfer brachte; es ist der »ästhetische Wille«, dieser deutsche Wille, der im Kunstwerk eine Welt aufrichtet und eine überwindet, *formend* überwindet, das ist es, was George in die große abendländische Perspektive der Zukunft stellt.

Dies Formproblem wird nämlich, der Meinung bin ich, das Problem der kommenden Jahrhunderte sein. Wollen wir es daher nochmals in seiner ganzen Schärfe erfassen. George also, auch wo er scheinbar politisch, scheinbar prophetisch, scheinbar aktuell und legislativ auftritt, verläßt niemals den formalen Standpunkt, er bleibt immer und allein und in uneingeschränktem Umfang der absolute Gestalter, bleibt der Artist, betreibt l'art pour l'art, das heißt eine Kunst, die keiner Ergänzung von der moralischen oder soziologischen Seite her bedarf. Er hat nie zurückgenommen, was er in einem seiner Aufsätze schrieb: »In der Dichtung – wie in aller Kunstbetätigung – ist jeder, der noch von der Sucht ergriffen ist, etwas ›sagen‹, etwas ›wirken‹ zu wollen, nicht einmal wert, in den Vorhof der Kunst einzutreten.« Ein andermal, in jedem Ereignis, in jedem Zeitalter erblicke er nur ein Mittel künstlerischer Erregung. Ein drittes Mal: »In der Dichtung entscheidet nicht der Sinn, sondern die Form –«: dies also liegt vor, dies ist George, wir kommen über diese Ausschließlichkeit nicht hinweg, aber gerade sie ist es ja, die uns aufklärt und die uns die ganze Zukunft bedeutet: dieser Wille zur Form, dieses neue Formgefühl, das ist nicht Ästhetizismus, nicht Intellektualismus, nicht Formalismus, sondern höchster Glaube: entweder es gibt ein geistiges Weltbild, und dann steht es über der Natur und der Geschichte, oder es gibt keines, dann sind die Opfer, die Kleist, Hölderlin, Nietzsche brachten, umsonst gebracht.

Es ist das Formgefühl, das die große Transzendenz der neuen Epoche sein wird, die Fuge des zweiten Zeitalters, das erste schuf Gott nach seinem Bilde, das zweite der Mensch nach seinen Formen, das Zwischenreich des Nihilismus ist zu Ende. Im ersten herrschten Kausalität, Erbsünde, Abstammungsseufzer, Psychoanalyse, Ressentiment und Reaktion, im neuen plastische Prinzipien, Konstruktionen innerhalb gesetzter Horizonte. Man kann auch sagen, es geht von der Deszendenz zur Aszendenz –: auch der Züchtungsgedanke fällt unter dies Formproblem. Es wird also ein Zeitalter des Geistes sein, nicht des unfruchtbaren Geistes, sondern des realen Geistes, der nirgends die Wirklichkeit verläßt, sondern im Gegenteil ihr Stimme gibt, sie fruchtbar, sie erbfähig macht, sie kultiviert, sie mit Blüten überzieht. Ein Geist, der der Natur nirgends ausweicht, sondern ihr überall ins Auge sieht, in ihr Sphinxauge, in ihr gefährliches, schönes, zweideutiges Sphinxauge, vielleicht einen Augenblick auch von ihr träumt, aber doch für den Menschen auf Ordnung sieht. Dieser Geist ist ungeheuer allgemein, produktiv und pädagogisch, nur so ist es zu erklären, daß sein Axiom in der Kunst Georges als *ein* Kommando lebt. Es ist der Geist des *imperativen Weltbildes,* das man an vielen geschichtlichen Stellen kommen sieht.

L'art pour l'art – das ist also gar kein esoterisches und mystisches Prinzip, l'art, Kunst, es ist das Höchste, und jeder kann sich herankämpfen. Und dies Sichherankämpfen an schwere Dinge: in Mühen, auf Wegen und Umwegen, mit Rückschlägen, in immer härterem und gestählterem Elan, dies Georgesche Prinzip, dies Volks- und Erziehungsprinzip, das ist die großartigste und heroischste Realisation des abendländischen Geistes, der Asiate arbeitet sich nicht heran, er nimmt auf andere Weise auf. Natürlich kann man auch geschlagen werden, erfahren, daß man nicht alles vermag, substantielle Rangtragödien werden kommen, aber eine Moral, die nur an das Volk heranträgt, ihm ins Haus trägt und sagt, daß jeder alles kann, das ist überhaupt kein politisches Prinzip, kein Erziehungsprinzip, das ist Fellachengeist.

Abendländischer Geist, der neue, der wird sprechen aus jener Welt der ungeheuersten Klarheit, die sich vorbereitet, die sich nähert, ihre Linien sind Verachtung jedes Geschöpfes der Furcht, des Hoffens und des Sehnens, feste bezwingende Gesetze, objektive Machtverhältnisse, Klarheit, Unterschied, Tat. Eine Welt, die sich gegen das Mütterliche richtet, das Faustische, das Christliche, gegen alles Allzufrühe und Allzuspäte, es ist dorische Welt. Form und Schicksal. Moira –: der jedem zugewiesene Teil, der Raum des Lebens, den die Arbeit füllt am Staat und am Marmor. Zucht und Kunst – die beiden Symbole des neuen Europas, wenn es noch ein neues geben soll, da steht George und es gibt kein Zurück. Es gibt kein Zurück in eine vielleicht sehr schön gewesene deutsche Innerlichkeit, zu blauen Blumen und Idyll; aber auch kein Zurück zu einem geschwächten, einfältigen, begriffslosen, undistinkten Denken. Es gibt nur das Weiter im Ausprägen neuer Herrschaftsgrenzen, dort, wohin andere nicht gelangten oder wo sie stürzten, es gibt nur das Weiter in die Fügungen jener männlich solaren Kultur, die in Ägypten immer wieder die Unterworfenen mit Tier- und Hundegöttern niederhielt, die in Griechenland und dem heidnischen Rom über den Mutter- und Erdsymbolen verbundenen Völkern zum Siege gelangte und die in den sagenhaften Hyperboreern, denen das Abendland die Urform seiner Zivilisation verdankt, als so mächtiges Feuer brannte, daß von ihm noch ein Abglanz auf dem unvergänglichen Satz Nietzsches ruht: »Jenseits des Eises, des Nordens, des Todes *unser* Leben, *unser* Glück.« Es gibt nur den Geist und das Schicksal, die Religion ohne Götter, oder die neuen Götter: Form und Zucht. Es gibt nur die Kunst, so endet die Epoche, die imperative Kunst, die Raum setzt, Grenzen setzt, anordnet, das Maßlose gliedert, in der der Staat und der Genius sich erkennt und sich vermählt. Damit nehmen wir Abschied von George – χαῖρε wir müssen die Stadt verlassen und die Grabmäler und die Tempel der Götter, uns an die Schiffe halten, die Gigantomachie hebt an. Vier gebrochene Weinreben, wie in Athen, von den Hängen des Rheins auf seinen Hügel, und unter dem Fries, auf dem die neuen Dorer mit den Zentauren ringen, soll eine seiner Zeilen stehen, von der nun jeder weiß, was sie bedeutet: »Die Jugend ruft die Götter auf.«

WALTER MEHRING: KURT TUCHOLSKY

1936

Lieber Peter Panter,

nun schreibe ich Ihnen da zum letzten Male; und so sinnlos ist mir das Schreiben noch nie vorgekommen. Früher, wenn ich einen Brief an Sie in den Kasten warf, – und als Sie in Ihrem Pariser Faubourg Le Vésinet wohnten, ich in der Rue de Vaugirard, geschah das drei- bis viermal die Woche, – lächelte ich selig wie ein preußischer Säugling, dem man die erste Spielzeug-Handgranate ins Händchen gibt, im Vorgeschmack Ihrer Antwort. In deutscher Sprache hat keiner Briefe geschrieben wie Sie. Die an mich gerichteten hatte ich sorgfältig gesammelt, jedes Stück, jeden Zettel; auch jenes Couvert mit dem großen Tintenklecks drauf; Sie hatten ihn blau umrandet und dazu geschrieben: »Das hat die Post gemacht!« Sie sind alle verloren! Es wäre einer der herrlichsten Tucholsky-Bände geworden.

Jede Zeile, jede Polemik von Ihrer Hand war ein Brief, gerichtet an die heroischen Dummköpfe, die Gangster mit Gymnasialbildung und die Sonnewendpriester in Gesundheits-Wellersatz-Wäsche. Die Adressaten konnten nicht einmal mogeln, sie hätten das Schreiben nicht erhalten. Es traf sie mit tödlicher Sicherheit. Man hat Ihnen den Empfang allseitig durch Ausbrüche zügellosen Hasses bestätigt.

Seit drei Jahren sind diese Briefe an die uns aufgezwungenen Zeitgenossen ausgeblieben; und vor einem Jahr kam der letzte private an mich. Hätten Sie gewußt, wie wir alle darauf gewartet haben; wie wir uns gesehnt haben, zu wissen: Was sagt Peter Panter dazu? Es hätte nichts mehr an dieser zum Zeitgeist beförderten dementia geändert. Aber wir wären jedes Mal für ein paar Stunden den Albdruck losgeworden: Nein, wir träumen nicht! Es gibt noch ein gesundes Hirn, eine unbestechliche Vernunft!

Dank Ihnen waren wir ja nicht überrascht! Wer je Sie gelesen hatte, mußte wissen, daß es so und nicht anders kommen würde. Darf ich Sie zitieren?

»Lieber Mehring,

vielen schönen Dank für Ihren werten Schrieb! Ich bin schrecklich neugierig: haben Sie ein Heim? Wo wohnt das? Sieht man von da den sacré Kör? Haben Sie eine puanderie? Wie ist es überhaupt? Hei!

Des weiteren, lieber W. M. – ein chronischer Katarrh, wie er auf mir sitzt, mag ja das Weltbild stören. Aber jedennoch: so wenig wir von dem, was sich da ereignet, überrascht worden sind, je desto weniger kann ich noch mitmachen. Was die Nichtüberraschung angeht, so sehe ich uns noch beide schweren Schrittes auf der Gare St. Lazare herumstolpern, wir beredeten es alles, und es hatte etwas leicht Komisches: um uns brausten die Leute, und wir hatten es mit dem kl. Weltuntergang. Und wir haben doch recht behalten, ein größerer steht bevor, und so sehr ich gegen die Leute bin, die, wie der gute O. gesagt hat, »eine Villa mit prachtvollem Weltuntergang« besitzen, so klar sehen wir ja wohl, was nun kommen wird ...«

Nein, ich zitiere nicht weiter: Es hören Leute zu, die darauf lauern, Ihre sublimsten Worte kotig zu interpretieren. Für solche Umwelt, mit der man sich erst wieder über das ABC verständigen muß, war Ihre Schreibweise – zum höchsten Ruhme sei es Ihnen gesagt – nicht bestimmt. Und darum schwiegen Sie. Es sind Ihre Einwände:

»Denken Sie sich bitte, wir gingen noch einmal an unserer alten Penne vorbei, also jetzt, heute – und da seien durch ein Wunder noch dieselben Pauker am Werk. Wir kommen gerade in die Pause. Und wir hören die Gespräche: »Au – Mensch – heute gibt er die Hefte zurück? Ob er sie zurückgibt? Ich habe sicher eine IV!« usw. Also gut, wir grinsen ein bißchen wehmütig oder amüsiert – aber es ist doch ganz und gar ausgeschlossen, daß Sie oder ich mehr als eine kleine Anregung für ein paar Verse mit nach Hause nehmen. Es ist doch ganz und gar ausgeschlossen, daß wir das nochmal *ernst* nehmen könnten! Könnten wir? Sicher nicht...

Und nun soll ich das immer weitermachen? Immer wieder diesen albernen Jargon bewitzeln, über den ich auch in der Karikatur nicht mehr lachen kann... Mein Herz schlägt nicht mehr schneller. Ich lese nicht mehr die deutschen Zeitungen, seit Monaten habe ich keine mehr in der Hand gehabt. Es reizt mich gar nicht mehr. Ich weiß kaum mehr, wie die maßgebenden Schießbudenfiguren heißen...«

Sie würden sich eins lachen über die Punkte, durch die ich schamhaft einige Ihrer Sätze ersetze. Ich möchte nicht an Ihrem Grabe das Gemurmel mancher Leidtragender hören: also doch ein Drückeberger! Aus der Reihe getanzt! Haben Sie das gehört: wir gingen ihn nichts mehr an!... Die ganze Terminologie des Kasernenhofes, die so viele mit auf die große Reise genommen haben.

Sie haben es mir immer und immer wieder bestätigt, daß das neue falsche Pathos Sie ebenso angeekelt hat wie das alte. Es ist, um einem noch die ganze Emigration zu verleiden! (Das sage ich nur hier, an Ihrem Grabe, Peter Panter! Es spitzen schon wieder die Unberufenen die Ohren!) Sie haben es hinter sich! Und wir wissen nicht, was wir vor uns haben! Aber eins weiß ich, daß noch einmal – in zehn, in zwanzig Jahren dieselben Leute, die Ihnen diese Konsequenz Ihres unbeirrbaren Verstandes heute ankreiden möchten, entdekken werden: Wie prophetisch recht hat Peter Panter damals gehabt, als er schrieb:...

»Und dann wieder alles, wie wenn nichts gewesen wäre? Und so: »Ach, wissen Sie, ich war ja im Herzen immer gegen Hitler – aber sehnsemah, die Umstände – – –.«

Und trotzdem: »Rheinsberg« und das »Pyrenäenbuch«, »Mit 5 PS.« und »Lerne lachen ohne zu weinen«. – Das soll es nicht mehr geben? Lächelt die Mona Lisa nicht mehr? Verstummt Wendriner, unser Berlin Don Quixote? An den Sie mehr Herz verschwendet haben, als die meisten ahnten? ... Kein Satz mehr des Wrobel, kein Vers mehr des Tiger, der uns verblüffend das Wort von der Zunge nahm? Andere betätigen sich als Gedankenleser – das ist ein einträgliches, weil unkontrollierbares Gewerbe. Sie lasen die Hintergedanken! Da gab es keine Ausflucht.

Dem kleinen Manne, dem Wedding-Knoten, dem Wendriner und dem General haben Sie aufs Maul gesehen! Und haben das Gröbste durch Ihren Geist geadelt! Berlin war nur einmal Weltstadt! Als Sie es schrieben!

Lieber Peter Panter!

Es ist plötzlich ganz dunkel um uns geworden, hier draußen!

Ich schließe, wie Sie Ihren letzten Brief schlossen:

»Als Ihr guter, getreuer und herzlichst grüßender«

CARL ZUCKMAYER: ÖDÖN VON HORVATH

1938

Wir stehen sehr arm und ratlos an diesem Grabe, und es ist, als müsse jedes Wort versagen vor einem Schicksal, das die starre, blicklose, schweigend unerbittliche Maske zeigt – vor einem Unglück, das ohne Sinn erscheint und aus dem blinden, blindwütigen Zufall geboren. Unser Schmerz möchte sich auflehnen, die Fäuste schütteln, anrennen wider jene höhere Gewalt, die außer Schuld und Sühne, außer Gesetz und Verantwortung steht – und doch müssen wir uns beugen vor der Wucht und Mahnung des Unabänderlichen – vor der unteilbaren Gewalt von Leben und Tod, Sinn und Widersinn, Geist und Vernichtung.

Der Freund – der Mann, von dem wir Abschied nehmen, fand einmal die Antwort auf die furchtbarste Frage, die sich von Menschenlippen und aus Menschenherzen hebt: die Frage nach Gottes Güte.

Sie wurde ihm von einem Kinde gestellt – vor einem Jahr, als wir noch zusammen in Österreich lebten – wir gingen an einem Bauernhof vorbei, dessen Bewohner zu den besten und bestgesinnten Menschen des Ortes gehörten und die durch eine Kette grausamer Schicksalsstreiche und Unglücksfälle nahezu vernichtet worden waren.

Das Kind fragte plötzlich:

»Warum läßt Gott zu, daß diesen Leuten alles das passiert – und so viel Schlechte und Böse laufen herum und bleiben ungestraft? Und wenn er es zuläßt – warum sagt man dann, er sei gut?«

Ödön gab darauf die einzige Antwort, die vielleicht einem Kinde faßlich sein mag – und auch die Theologie aller Zeiten kennt keine bessere:

»Man kann nicht wissen, was Gott mit den Menschen vorhat.«

In dieser Antwort liegt kein Verzicht und kein Verzagen, aber eine tiefe, ahnungsvolle Bescheidung und eine große, mutige Glaubenskraft.

Du Freund, der uns so grausam weggerissen wurde, den wir verloren haben – Du lieber und sehr geliebter, nie verlierbarer und unvergeßlicher Mensch: Was hatte Gott mit Dir vor? Mit Deinem Erscheinen, Deinem Aufleuchten auf unsrem fahlen Stern, mit dieser blitzenden Sekunde in den dunklen Fluten der Ewigkeit, mit diesem jäh herabstürzenden Ende, das eine Fülle von Hoffnung begrub?

Und wie sollen wir begreifen, daß es von Dir nun in der Vergangenheit zu reden gilt und daß Du nicht mehr teil hast an dem, was wir »das Leben« nennen, weil unser Blick nicht darüber hinaus reicht?

Ich weiß, es ist nicht Dein Wille und nicht in Deinem Sinn, und es wäre nicht würdig vor der stummen Majestät des Endgültigen, wollte man Weihrauch streuen, große Worte machen und den falschen Trost der Gloriole weben.

Du wußtest Dich einem Orden eingeschworen, der der strengste und nüchternste dieser Erde ist und nur ein unbrechbares Gelübde kennt: das der Wahrheit.

Ihr hast Du mit Deinen besten Kräften und mit so viel glückhafter Begnadung, wie Deinem Wesen geschenkt war, Dein Leben lang gedient. Du hast jung begonnen und mußtest jung enden – und doch stehst Du nicht in der Reihe jener früh Vollendeten, von deren Genius Du den Mundhauch und das heimliche Schwingenwehen verspürtest.

Du durftest Dich nicht verschwenden, das Feuer Deines Herzens war nicht bestimmt, zu verflackern und rasch zu verglühn.

Alles an Dir war Anfang, Anstieg, versprechendes Beginnen.

Das Werk, das Du uns zurückläßt, war die Skizze, der Entwurf, die geheime Planung zu einem größeren Werke von haftender Schönheit und Bedeutung, das Dir zu schaffen nicht mehr erlaubt wurde. –

Dein Leben und Hiersein, Dein liebenswertes Menschentum, an das uns die Erinnerung begleiten wird, solange wir atmen, war Skizze und Entwurf, war Knospe und Wurzel zu einem edlen, starken und brüderlichen Leben, dessen Entfaltung noch vor Dir lag.

Dein innerstes Wesen war: Tapferkeit und Bereitschaft – jene echte und schmucklose Tapferkeit des Herzens, die sich nicht brüstet, die leise und nobel bleibt, deren Licht und Waffe »Humor« heißt und deren Sieg die Güte ist. Dein Lachen, Dein Witz, Deine kindhaft unbändige und doch vom heimlichen Wissen beschattete Freude am Skurrilen, am Verwirrenden, an Maske und Fratze und am klappernden Würfelspiel des unberechenbaren Vorfalls – all das band sich und verwob sich mit dem schönen und zarten Gespinst Deiner verklungenen Lebenstage – und Du erschienest uns oft wie ein zeitloser Spaziergänger oder ein Ruhender auf einer Bank, der das Vorüberziehende und Vorbei-Eilende staunend betrachtet – begierig es zu erkennen und doch stets in leiser und wägender Distanz – verträumt und scharfsichtig zugleich – ein Fremder, ein Beurlaubter auf unsrer Erde, vielleicht ein Vorposten aus einer besseren und reineren Welt – und doch mit aller Nähe und Kleinheit dieser Erdgestalt aufs innigste vertraut.

Ja, dem Kleinen und Kleinsten gehörte Deine besondere Art von Liebe – den Anonymen – denen, die »Masse« sind und Masse bilden, ohne es zu wissen und ohne sich zu bekennen – und die doch in der steten und unbegriffenen Sehnsucht leben, Mensch zu werden und eines edleren Menschentums teilhaftig zu sein.

Du hast ihre Sprache verstanden, Du hast oft die Seelenlosigkeit ihrer Zufallsworte enthüllt, und doch erspürtest Du dahinter die geheimen Herztöne der Unerlöstheit, der Not, der Trauer, der Hoffnung aller Kreatur. Und aus der schmucklosen, der unverblümten Sprache des dumpfsten, des zeitgebundenen Alltags erwuchs Dir ein ganz persönliches und neu geartetes, ein zartes und kraftvolles Dichtertum.

Das große Versprechen in Deinem Schaffen war nicht so sehr sein Inhalt, seine direkte Aussage – als jene seltsam feinhörige Sprachform – jener gedichthafte, liedhafte Klang, der ganz Dein eigen war und der einer großzügigen, vornehmen und – dies sei betont – im tiefsten Sinne frommen Geistes- und Herzenshaltung entsprach.

Alles war Anfang, alles war Plan und Beginn.

Wer in den letzten Jahren, den letzten Monaten der von Katastrophen und Untergängen bedrängten Zeit, mit Ödön von Horváth lebte, der weiß um dieses Keimende und Werdende, um den Ernst dieses Strebens und Suchens, dem alles, was geschah, und gerade das Bittere und Vernichtende, zur besseren Sicht und Einsicht, zur Klärung und zur Erkenntnis dienen mußte.

Wir haben gemeinsam die Nacht erlebt, in der Österreich unterging, und wir haben uns in dieser Nacht zum letzten Mal die Hand gedrückt, bevor es uns auseinanderwehte.

Dann haben wir Dich erwartet – aber Du bist nicht mehr gekommen. Und jetzt stehen wir an Deinem Grab, über dem keine Salve knattert – an einem Totenbett, das ohne heldisches Gepränge ist – und unsrem Abschied von Dir bleibe jedes hohle Pathos fern und jede respektlose und gemeine Anbiederung mit den Gewalten, deren unerbittliche Größe, deren unnahbare Ferne und Heiligkeit Du voll Scheu und Schauer erkannt hast.

Und wenn Dein Tod ein noch so grausamer Beilhieb war und noch so unbegreifliches Zeugnis ablegte von der furchtbaren Verkettung des Menschen in das Vorbestimmte und Unverhütbare – so geschah er doch inmitten der Freiheit, die Du liebtest – inmitten der weiten und freien Atemzüge eines lebendigen, eines menschenwürdigen, eines starken und kämpferischen Daseins.

Er riß Dich weg, er trennte Dich ab von uns Lebenden –

aber er ließ die reine Essenz, den bleibenden Niederschlag Deines Wesens unberührt. Das aber verschmilzt sich mit alledem, was unberührbar bleibt von den zerstörenden Mächten, von Neid, Haß, Unterdrückung und Niedrigkeit und worin sich die Ahnung von einer schöneren und reineren Menschlichkeit immer wieder auf Erden darstellt.

Und so betrachtet, so gewußt, verliert auch der Tod seine Schrecken und zeigt uns eine Stirn von stiller, edler und verklärender Majestät. So betrachtet, ist der Tod nur ein Übergang und eine Verwandlung, die das wahrhaft Lebendige ewig bewahrt – ja, vielleicht ist er wirklich, wie ein Dichter ihn nannte: die mildeste Form des Lebens.

Du lieber und geliebter Freund, Du treuer und brüderlicher Mensch. Wenn wir jetzt Abschied nehmen von Dir, so ehren wir Dein Wesen und Wirken damit, daß wir hier nicht nur Deiner allein gedenken, sondern der Tausenden, die unter den sinnlosen Streichen der Gewalt und des Unheils täglich dahinsinken und noch hinsinken werden – all der »Viel hunderttausend Ungezählt – was unter die Sichel fällt« – der Ungezählten auch, die verurteilt bleiben zum Leben in ungeliebten Ländern oder einer entstellten, verlorenen Heimat – derer, die den Frieden wollen und deren Los aufgezwungener Krieg ist – all derer, denen Dein Herz und Deine Freundschaft gehörte und denen Dein Werk Hilfe und Halt werden sollte.

Du bist nun sehr weit weg vom Gewimmel und Gewirr unseres Lebens – und doch mit seinem Ursprung ganz nahe und fest verbunden – und Dein inneres Auge, das der Unsterblichkeit gehört, schaut nun vielleicht einen Teil von jener einen und einzigen Kraft, die gesetzgeberisch unser Leben und unsere Treue fordert: der Wahrheit.

Wir, die wir zurückbleiben und weiterleben, erneuern vor Deinem stummen Angesicht unser Gelübde, das am Anfang jeden Kunstschaffens und am Ende jeder Prüfung steht: der Wahrheit zu dienen.

Mag sie auch heute weit verbannt scheinen und kaum noch

ein glimmendes Licht in einer großen Finsternis – so wird doch Menschenatem nicht aufhören, es wieder und wieder zu entfachen – dem Tag entgegen – dem Tag einer zukünftigen, einer freien und edleren Welt.

PETER SUHRKAMP: OSKAR LOERKE

1941

Größeres wolltest auch du, aber die Liebe zwingt
All uns nieder, das Leid beugt gewaltiger,
Und es kehret umsonst nicht
Unser Bogen, woher er kommt.

Diese Strophe Hölderlins kam mir in den Sinn, als mir die Nachricht durchgegeben wurde, daß der Freund, der Gefährte, der Helfer nicht mehr sei. Denn das alles war mir Oskar Loerke. Schon in der ersten Bestürzung meldete sich bald das Gefühl, daß nicht er der zu Beklagende sei, sondern wir, die wir nun unsern Weg weiter ohne ihn finden müssen. Und wenn ich das sage, denke ich gewiß auch an den unvergleichlichen Dichter und ehrfürchtigen Essayisten, gewiß auch an den Lektor des Verlages; seine prüfend-hegende und fördernde Arbeit, aber recht eigentlich gilt dieses Gefühl einem ganz seltenen Menschen.

In der Stunde des letzten Abschieds fehlt uns jeder Mensch – dieser aber wird bitter von uns entbehrt werden, lange und lange Zeit und jede Zeit, die uns noch bleibt. Von diesem wird mit der Zeit das Ungewöhnliche deutlicher werden, und in jedem von uns wird die Beschämung noch wachsen, für ihn nicht genug Gutes getan zu haben, die Beschämung über die eigene Herzensträgheit. Er nahm Gutes nur entgegen, wenn es ihm aufgedrängt wurde.

Oskar Loerke war die Güte selbst. Es konnte sein, daß er ungeschickt, linkisch, sogar tapsig wurde, vor lauter überströmender Güte. Das Wort konnte sich ihm, dem Dichter, verwirren vor dem übermächtigen Ansturm, aus der Fülle seines Herzens. Und in alltäglichen, gleichmäßigen Arbeitsstunden war seine Güte eine sanfte Gewalt. Er war jeder Frage, jedem Menschen, jedem Ding und aller Kreatur zugeneigt. Und das niemals prüfend oder skeptisch, sondern herzlich bereit zu fördern, niemals um zu scheiden, sondern um zu finden, anzustrahlen und zu hegen. Wurde seiner Zuneigung allerdings das Unechte und das Falsche dargeboten, geriet er in flammenden, polternden Zorn; begegnete ihm das Gemeine, verstummte er in einer hilflosen Bitternis, wandte sich ab und ging angeekelt in seine Einsamkeit. Die Welt hat seinem reinen Herzen zuviel von ihrem Wermut geboten, und daran eigentlich ist Oskar Loerke gestorben!

Das heißt nicht, daß ihn persönlich besonders harte Schicksale trafen. Daran hatte er sein Teil wie jeder Mensch, jedenfalls hat er es nie anders genommen. Er hat nicht mit seinem Leben gehadert, sondern getreulich und dankbar hingenommen, was ihm zufiel. Freude und Schmerz waren ihm nicht Höhen und Tiefen, sondern durch alles hindurch schimmerte ihm das Endgültige. »Das Maß aller Dinge, wie es in jedem Leben verwahrt ist, läßt sich nicht längen und kürzen«, wußte er und fügte hinzu: »Darum ist Weltschmerz ein Irresein des einzelnen.« Er hatte Teil an der Urfreude und dem Urleide »als an ewigen Ordnungen«. Im privaten Gram und privaten Glück fand er etwas Miserables!

Aber es war diese Weltzeit, die seinem Herzen zuviel bitteren Wermut bot. Jedoch war er des Lebens in seinem Herzen so sehr inne, daß es ihm immer wieder Aufrichtung gebot. Am Ende war es die unzulängliche Leiblichkeit, die seinen Willen lähmte, und da wechselte das Herz hinüber in den Tod als die mildeste Form des Lebens.

Wir alle wissen gewiß, daß er fortan lebt und leben wird in der Gemeinschaft derer aus allen Zeiten, die er hier und in dieser Zeit als »Hausfreunde« ehrfurchtsvoll empfing und bewirtete aus der Fülle seines gütigen, lebensgläubigen, durch Verdüsterung und Klüfte strahlenden Herzens.

FRANZ WERFEL: STEFAN ZWEIG

1942

Ein Mann ist mit seiner Frau aus dem Leben gegangen. Inmitten des millionenfälligen unfreiwilligen Sterbens in dieser Kriegszeit hat die Welt einen Augenblick lang aufgehorcht, betroffen von diesem freiwilligen Sterben. Nicht nur die persönlichen Freunde und nicht nur die Bewunderer und Verehrer dieses Mannes fragen mit erschrockener Stimme: Warum? Sooft ein Mensch, und sei es der bescheidenste und unauffälligste, diese schwere Tat tut, geht ein Schauder durch die Seele derer, die ihn kennen, ein Schauder, der viel tiefer ist als das allgemeine menschliche Grauen vor dem Tod. Jene Tat nämlich, von der wir sprechen, ist genau dort zu Hause, wo das menschliche Wesen die Grenzen der Natur überschreitet. Innerhalb der gesamten Schöpfung gibt es außer dem Menschen keine Kreatur, die freiwillig stirbt. Im Sinne der Naturordnung ist es ganz und gar absurd, daß der Lebenstrieb sich selbst aufhebt. Nur der Geist ist imstande, das Absurde zu vollbringen.

Jeder freiwillige Tod ist darum ein Geheimnis, das der Tote mit sich nimmt, obwohl er es vermutlich selbst nicht kennt.

Wird aber unsere Vernunft vor solch ein Geheimnis gestellt, so wächst heimwehartig ihr Drang nach rationalistischen Erklärungen. Sie findet solche Erklärungen in Menge und in den meisten Fällen sind sie schlüssig und einleuchtend: Unheilbare Krankheit, Armut und Not in jeder Form, unerfüllte Liebe, enttäuschte Liebe, Angst vor einem verlassenen Alter, überhaupt Angst aller Arten vor der Zukunft, Exil, Verlust des Vermögens, der Arbeitsmöglichkeit, der Sicherheiten des Lebens – all das sind zureichende Gründe dafür, daß die Waage der Seele in einer dunklen Stunde aus dem Gleichgewicht geraten kann und der Lebenstrieb sich gegen sich selbst kehrt. Stimmen aber diese Gründe und Erklärungen für den Mann, für den Freund, dessen Gedächtnis wir heute ergriffenen Herzens feiern?

In keinem der Briefe Stefan Zweigs bis zum letzten Tage deutet auch nur ein Wort auf die Minderung seines körperlichen Wohlbefindens hin, geschweige denn auf Krankheit. Stefan Zweig war auch nicht einsam. Er hatte eine junge Frau, die mit ihm in den Tod ging. Er hatte Freunde, mehr als jeder andere in der ganzen Welt. Diese Freunde hingen an ihm. Er lebte in einem Land, das er als das schönste Land dieser Erde liebte und mit Begeisterung pries. – Stefan Zweig war zweifellos wohlhabend. Es gibt keinen zweiten Schriftsteller, der mit ähnlicher Großmut und Freigebigkeit seinen Kollegen geholfen hat wie er. Wo ihm ein großes Talent begegnete, nahm er sich seiner mit vollkommener Neidlosigkeit und seltenem Fanatismus an, immer wieder, obwohl er aus Erfahrung wußte, daß große Talente solche Dienste oft mit absprechender Kritik und höhnischen Entlarvungen vergelten. – Stefan Zweig war weltberühmt. Die Universalität des Namens teilte er nur mit ganz wenigen, und ich wüßte niemanden, mit dem er die Universalität eines breiten und andauernden Erfolges geteilt hätte. Das Publikum liebte nicht nur eines, sondern die meisten seiner Werke und blieb ihm nicht nur ein Jahr treu, sondern nun schon zwei Jahrzehnte. Ob man nach Kairo kam oder nach Kapstadt, nach Lissabon oder Shanghai, nach Batavia oder Mexiko City, es gab keine Buchhandlung, in der die Bücher Stefan Zweigs nicht in der vordersten Reihe prangten und zwar fast ohne Unterbrechung. Man sollte denken, solch ein Erfolg sei eine Droge, begeisternder als Heroin und solch ein Ruhm ein ewiger Champagnerrausch. (Weder diesem Ruhm noch seinem Erfolg drohte wie bei andern Meistern ein Ermatten und ein Abstieg). War der Rausch nicht stark genug, die inneren Stimmen zu betäuben, Stimmen unerbittlicher Selbstbetrachtung, Stimmen der Angst? – Lebte in Stefan Zweig die Vision einer so furchtbaren Zukunft, daß er die Emigration in das unbekannteste aller

Länder dem drohenden Kampf um ein Visum in einen möglicherweise nicht vorhandenen Zukunftsstaat vorzog?

Es ist wahr. Auch diesem von Schicksalssternen und eigenen Gaben so sehr begünstigten Manne ist das Exil nicht erspart worden. Wie wir anderen alle wurde er nicht nur aus den räumlichen, sondern auch aus den geistigen Grenzen der Heimatwelt verbannt. Spätere Geschlechter werden einmal die Tragik jener Dichter und Schriftsteller ermessen, die man ausgestoßen hatte aus ihrer Sprache und die wie ahasverische Bettler auf der Schwelle einer fremden Grammatik und einer fremden Kultur hockten und weder die Jugendkraft noch auch das Verlangen und die Demut besaßen, diese Schwelle zu übertreten. Doch auch in dieser Hinsicht war Stefan Zweig ein Hoch-Bevorzugter. Im kaiserlichen Wien aufgewachsen, im Reichtum groß geworden, in einer Epoche und an einer Stätte der Verfeinerung und des künstlerischen Enthusiasmus, war er schon als ganz junger Mensch in die große Welt gekommen. Er hatte die halbe Erde bereist und hatte viele Sprachen gelernt, er hatte Beziehungen und Freundschaften zu den Besten überall angeknüpft, ich nenne nur Verhaeren und Romain Rolland. Und er, der den fremden Kulturen so sehr verpflichtet war, verpflichtete sich als ein Meister der Übertragung und des Austausches dieser Kulturen wieder. Wenn ich nicht irre, war er der erste, der Gedichte von Arthur Rimbaud in vollkommene deutsche Verse gegossen hat. Der uralte Hang des Juden zum Mittlertum – auf einer fast schmerzhaften Hochspannung von Gegensätzen in der eigenen Brust beruhend – beseelte ihn mit idealem Feuer. Keiner war weniger an die sogenannte Scholle gebunden als Stefan Zweig. Keiner unter allen Emigranten war weniger Emigrant als dieser wirkliche Weltbürger, der in den Ländern des Exils zu Hause war, ehe es noch ein Exil gab.

Man könnte danach fast meinen, dieser Wunderkluge habe mit der ahnungskräftigen Besonnenheit des biblischen Joseph in den sieben fetten Jahren für die sieben mageren Jahre vorgesorgt. Wahrhaftig, ein Wunderkluger. Er gehörte zu den ganz wenigen, denen es gelungen ist, mit dem Todfeind niemals in Berührung gekommen zu sein. Der Mahnung »Lieber ein Jahr zu früh, als einen Tag zu spät« hat er treulich gehorcht. Er verließ Österreich zu einer Zeit, als die schwärzesten Schwarzseher noch eine Katastrophe nicht sahen. Obgleich er Frankreich und Paris über alles liebte, dachte er nicht daran, sich dort anzusiedeln, trotz aller Maginotlinien. Von England ging er nach New York und von New York nach Brasilien, genau ein paar Monate nach Pearl Harbor. (Rechtzeitigkeit ist eine Tugend, die Stefan Zweig nicht nur in der Stoffwahl seiner Werke, sondern auch in der Gestaltung seines Lebens bewährt hat.) Denken wir einen Augenblick an jene, die dem Todfeind in die Hände fielen, die in Gefängnissen und Konzentrationslagern hängen blieben, die auf den Landstraßen der okkupierten Länder umherirrten, die nach Polen verschickt wurden, die hoffnungslos Tage und Nächte vor den Türen der Konsulate lungern mußten! Doch denken wir nur an jene, die ihre Existenz verloren und wieder aufbauten und noch einmal verloren und sie nun mit leeren und wunden Händen das soundsovieltemal neuerlich aufbauen müssen! Erscheint uns da das Emigrantenlos von Stefan Zweig, der in jeder Stadt seines Exils von internationalen und literarischen Würdenträgern bewillkommnet wurde, nicht als ein ausgesuchtes Himmelsgeschenk? Können alle jene Erklärungen, die ich angeführt habe, für uns noch länger gelten? Ist das Geheimnis dieser Tat nicht dunkler geworden, anstatt lichter?

Hunderttausend scheiden alljährlich freiwillig aus dem Leben. Niemand billigt darum ihrem furchtbaren Entschluß irgendeine Größe zu. Im Falle Stefan Zweig ist es anders. Ich wenigstens, als ich die erschütternde Nachricht hörte, hatte das dunkle Gefühl, daß in dieser Tat eine heimliche Größe verborgen sei.

Ich kann und will das Geheimnis nicht entschleiern. Nachspüren aber möchte ich jenem dunklen Gefühl, das mich beschlich. Vor vielen Jahren sagte Stefan Zweig einmal zu mir: »Als ich Kind war, habe ich fest geglaubt, daß die Medizindoktoren, wenn ich alt bin, den Tod bereits abgeschafft haben werden.« Dieser Satz entschleiert eine ganze Epoche, eine ganze Welt. Es ist die Welt des liberalen Optimismus, die mit abergläubischer Naivität an die Selbstherrlichkeit des Menschen glaubte, das heißt in Wahrheit an die Selbstherrlichkeit einer winzigen bürgerlichen Bildungsschicht, an ihr heiliges Recht, ihren ewigen Bestand, ihren schnurgeraden Fortschritt. Die Ordnung aller Dinge schien geschützt und gestützt zu sein durch ein System von tausend Sicherungen. Dieser humane Optimismus war die Religion Stefan Zweigs, dieser Wahn der Sicherheit sein väterliches Erbteil. Im Gegensatz zu anderen war er nicht nur ein Mitläufer, sondern ein echt und kindlich Gläubiger der humanistischen Religion, in deren Hut er aufgewachsen ist. Wohl kannte er die Abgründe und näherte sich ihnen immer wieder als psychologischer Deuter und Gestalter. Aber unverrückbar dehnte sich über ihm der Himmel seiner Jugend, den er anbetete, der Himmel des Geistes, der Literatur, der Kunst, der einzige Himmel, den der liberale Optimismus kannte und gelten ließ. Vielleicht war die Verdunkelung dieses Geisteshimmels einer der Schläge, die Zweig nicht überwinden konnte. – »Es ist mir«, klagte er einmal, »als hätten wir nicht eine, sondern drei Generationen durchstehen müssen.« So furchtbar war die Erde geworden, wie es der verwegenste Angsttraum eines satanischen Utopisten nicht zu ahnen gewagt hätte. Der Mensch, früh aus dem Liberalismus kommend, aller Bindung ledig, voll ökonomischer Naseweisheit und sozialer Schwindelei, drauf und dran, durch Wissenschaft den Tod und das Übel abzuschaffen, derselbe Mensch, siehe da, entpuppte sich als Todbringer, Mörder, Missetäter, Folterer und Gefolterter wie noch nie in der Geschichte. Und im Zusammenbruch stand unser Freund, hilflos, mit dem Leiden, aber nicht mit dem Zorn des Jeremias, den er einst dramatisiert hatte.

Ja, Stefan Zweig war ein Mann ohne Zorn, Darum war er

auch einer der ganz wenigen echten Pazifisten, die es gibt. Für ihn bedeutete der Krieg die irdische Hölle, an die man nur mit Heulen und Zähneklappern denkt. Wenn in der Zeit des Entschlusses, in der Zeit von München der Krieg in seiner Gegenwart von uns Zornigen herbeigesehnt wurde, dann erblaßte er bis in die Lippen und kehrte sich ab. Siegeswillen, Verfemung und Verbannung waren nicht stark genug, in ihm Racheglut zu erwecken. Das Strohfeuer eines ebenso natürlichen wie oft kostenlosen Hasses, der sich für Gesinnung hält, brannte in seiner Seele nicht. Viele der Nur-Zornigen mißverstanden ihn deshalb.

Sie hielten ihn für einen Leisetreter und Opportunisten, während in ihm ein Zehren des Leides am Werke war. Ich weiß genau von diesem Leiden, habe ich doch schon während des ersten Weltkrieges seine fassungslose Verzweiflung gekannt.

Es ist nicht zu leugnen, Stefan Zweig floh vor dem Krieg. Er floh vor dem Kriege in das ferne Brasilien, um dort eines seiner Opfer zu werden. – In einem seiner letzten Briefe habe ich folgende Zeilen gefunden: »Die Leute reden so leicht von Bombardements; wenn ich aber lese, daß die Häuser zusammenstürzen, stürze ich selbst mit den Häusern zusammen –«. Sein Tod beweist, daß diese Worte wahrhaftig nicht übertrieben sind.

Es wird mir, so hoffe ich, nicht verdacht werden, wenn ich als Nicht-Berufener und als Laie an diesem ehrwürdigen Orte vor der heiligen Lade einen Midrasch zitiere, eine uralte talmudische Legende. Als Nero und die Kinder Israels, so erzählt der Midrasch, nach dem Untergang Pharaos und seines Heeres im Roten Meer, am rettenden Ufer in jubelnden Triumphgesang ausbrachen, da unterbrach die Stimme Gottes das wilde Lied. »Wie«, klagte die Stimme Gottes, »so viele Geschöpfe meiner Hand sind vernichtet, und ihr, die ihr auch nur Geschöpfe seid, ihr jubelt, ihr tanzet, ihr triumphiert?«

Wir Zornigen, wir Rachsüchtigen, wir triumphieren über jeden Untergang, der dem Todfeinde bereitet wird, und ich tadele uns nicht darob. In Stefan Zweig war aber etwas von jener Stimme Gottes inkarniert. Wenn er in den Zeitungen von Millionenverlusten in Rußland las, so begann sein Gesicht nicht zu strahlen, sondern sich zu verfärben. Er sah nicht Zahlen vor sich, die ihn befriedigten, sondern Geschöpfe in Todesqual, mit denen er sich identifizierte. Und mehr als das. Er verlor die flugbereite Hoffnung aller Wunschträume, die Frucht des Entsetzlichen werde das Gute sein und eine geklärte lichte Welt warte hinter den Kulissen der Katastrophe schon auf ihren Auftritt. Nein, er ahnte, er wußte, es werde und müsse schlimmer werden von Tag zu Tag. Sein vom humanistischen Optimismus verwöhntes Herz erkannte urplötzlich die ganze eisige, unlösbare Tragik des Menschen auf der Erde, die eine metaphysische Tragik ist und daher jedes ausgeklügelten Heilmittels spottet. Es war in ihm zuletzt nur mehr schwarze Hoffnungslosigkeit, das Gefühl der Schwäche und ein bißchen ohnmächtige Liebe. Da nahm er die Welt ernst und sich selbst ernst und die Erkenntnisstufe, auf der er sich befand. Dieses Ernstnehmen aber ist die Größe, die in seiner Tat liegt und die so mancher gefühlt hat. Diese Größe sei nicht unser Vorbild. Wir sind keine Pazifisten. Wir verleugnen die Kriege nicht. Unser Zorn ist uns heilig. Komme was wolle, wir werden unser Leben verteidigen. Wir glauben an den Sieg. Er suchte den Frieden. Er suchte ihn im Nichtsein.

Möge er ihn gefunden haben im wahren Sein, an das die weisesten Herzen glauben, und aus dem die einzige Hilfe quillt, die es gibt im Sternenall, dessen wir ein Teil sind!

EMMY BALL-HENNINGS:
ELSE LASKER-SCHÜLER
1945

Eine uralte Vergangenheit war es, die in Else Lasker-Schüler auflebte. Sie hätte Mirjam heißen und sein können, die einmal den jungen Moses im Binsenkörbchen bewachte, am Flusse des Niles. Immer spiegelte sich der geheimnisvolle Stern der Fruchtbarkeit in ihren dunklen Morgenlandaugen. Man konnte vergessen, daß sie eine Frau war, schwarz das Haar und bezaubernd sternbegabt. Sie konnte sich in einen jungen David verwandeln, der Psalmen singend vor der Bundeslade tanzt. Sie hat gezeigt, daß sie Seele, nur liebende Seele war.

Nicht weiß ich, ob es heute noch eine spezifisch jüdische Dichtung gibt. Ist dies der Fall, kann sie sich nicht strahlender und reiner zeigen als in Else Lasker-Schüler. Doch ist hier etwas, das über das Konfessionelle weit hinausgeht. Wie anders wäre es sonst möglich, daß uns die Dichterin so stark berührt? Sie betete, dichtete in der Harfensprache des Herzens, und dies ist der Klang, der uns bei Else Lasker-Schüler in seinen Bann zieht. Sie spannt den Bogen zwischen dem Alten und dem Neuen Testament. Wir erkennen und lieben die Brücke, die von einem Ufer zum andern führt.

Einmal wurde eine Nachfrage gehalten, ob es heute noch christliche Dichter gebe, da antwortete unter vielen andern auch Else Lasker-Schüler: »Ich habe schon als Kind die Tiefe des Judentums erkannt und aus den Lehren der Propheten vom unsichtbaren Gott erfahren und weiter im himmlischen Klang vernommen vom heiligsten Juden, Jesus Christus.« Und ferner bekennt sie im »Ostwart-Jahrbuch«: »Wie ein Goldgräber nach Gold gräbt, so habe ich nach Gott gegraben und hoffe wert zu sein, aus dem Judentum zu stammen. Ihm

entströmte Jesus Christus, der die Welt krönte und zum Mahle lud ... Aus dem Judentum erwählte er seine zwölf Jünger, die sein reines Blut in Krüge füllten, von dem man kaum nippen dürfte ...« Aber wahre, wirkliche Kunst, was immer sie aufrufen und erheben mag, ist immer religiös, und es bedürfte nicht der Erörterung dieser Frage, wenn sie uns nicht bei Else Lasker-Schüler so nahe liegen, aus ihren hebräischen Liedern zugleich das Christliche klingen würde.

Schon sehr früh wollte sie nach Jerusalem und hat mir oft davon erzählt, doch konnte ich die Notwendigkeit der Reise nicht einsehen. Sie war weltfremder als ein Märchen.

Sie ist aber doch nach Jerusalem gekommen und ist dort geblieben. Und ich kann und mag mir nicht vorstellen, daß sie dort etwa unter einem Himmel voller Rauch begraben liegt. Es wird, so hoffe ich, doch ein wenig blau über ihrem Tode blühen und viele Blumen über die geschlossenen Morgenlandaugen. Sie sagte einmal:

> »Ich suche allerlanden eine Stadt,
> Die einen Engel vor der Pforte hat.«

Und diesen Engel wird sie wenigstens im himmlischen Jerusalem gefunden haben.

HANS MAYER: GERHART HAUPTMANN

1946

Gerhart Hauptmann ist, wie es scheint, in Not gestorben. Im »Elend«, wenn man dieses Wort in seinem ursprünglichen Sinne versteht: als Ausdruck des Verbanntseins, eines Zustandes der Heimat- und Heimlosigkeit. So aber stand es um Hauptmanns letzte Tage. Er war abermals in Agnetendorf, in jenem Schlesien, wo er 1862 begonnen hatte. Wir wissen, daß der Dichter es so gewollt hat: es war sein Wunsch, in Schlesien in seinem Hause zu bleiben. Gerhart Hauptmann starb in seiner Heimat und doch außerhalb der Heimat: er starb im »Elend«.

Zweideutig wie diese letzten Tage waren auch die letzten Lebensjahre des Greises. Auch damals lebte er im Lande, und doch auch wieder nicht. Daß es so kam, war sein Wille, und hier wird man von Schuld sprechen müssen. Nicht darin, daß Hauptmann in Deutschland blieb, statt als freiwillig Verbannter zu leben und weiter zu schaffen. Gewiß nicht. Vielleicht nicht einmal dadurch, daß er schwieg, daß seine geliebte und uns allen teure Stimme schwieg, als Hauptmanns früheste und treueste Freunde vertrieben, geächtet, bespien wurden, als man die Dichterakademie »säuberte« und die Brüder Mann oder Ricarda Huch freiwillig mit den Geächteten den Kreis verließen, als alle Werte, Bücher und Staatsgedanken, denen Gerhart Hauptmanns Bekenntnisse von jeher gegolten hatten, nun vom käuflichsten Zeitungspöbel geschmäht und geschändet werden konnten. Es gibt Schuld durch Nichttun; vielleicht war es unziemlich und ungerecht, von Hauptmann hier ein Tun, den Verzicht auf sein Schweigen zu verlangen.

Allein der Dichter sprach: er sprach für die »andern«. Er spendete den »deutschen Gruß«, hob die Hand, hißte auf seinem Hause die Hakenkreuzfahne – knapp ein Jahr, nachdem das republikanische Deutschland, unter dem Hohn der Goebbels-Presse, den 70. Geburtstag seines Dichters, des demokratischen Poeten, gefeiert hatte. War es nicht herzzerreißend, dieses Leben des Gedemütigten im Dritten Reich? Das Schweigen, das man über ihn verhängte und das nicht einmal integral sein durfte, denn ab und zu erklang ein sorgfältig abgemessenes Zeitungslob, durfte auch einmal wieder ein Hauptmann-Stück auf einer – möglichst geringen – Bühne erscheinen; diese kärglich abgezirkelten Ehrungen dritten Grades, die man nur gelegentlich zu Propagandazwecken etwas anschwellen ließ. Etwa um auf der Pariser Weltausstellung einen Führer- und Gefolgschaftsfilm nach Hauptmanns »Vor Sonnenuntergang« zeigen zu können; mit dem frechen Augenblinzeln: »Ihr seht, Gerhart Hauptmann gehört nämlich zu uns ...« Das alles war sehr schmerzlich.

Denn von nun an und für unsere Generation steht der Dichter in widrigem Streit. Mancher im Inland wie im Ausland möchte ihn ächten, zu leicht befinden und von der Seelenwaage stoßen. Viel enttäuschte Liebe steckt in solchem Haß, auch viel echtes Leid, das der Dichter nicht zu teilen bereit war. Doppelt widrig gar, wenn man, um Hauptmann für sich zu retten, den Dichter und den Menschen zu trennen sucht: also gültige Gestalten, die ein nicht gültiger Mensch geschaffen haben sollte. Unangemessen gerade bei diesem Dichter, der menschliche Bewährung durch erfülltes Leiden immer wieder als zentrales Thema ergriffen hatte ...

Vielleicht hat man auch in den letzten Jahren, wie schon zu Hauptmanns Beginn, von ihm erwartet, was er nicht zu geben oder zu sein vermochte. Als dieser große neue Dichter entdeckt wurde, in einer denkwürdigen Aufführung seines »Vor Sonnenaufgang« durch die »Freie Bühne« in Berlin, brandete um ihn der Streit. Die konservative, an idealistische Sonntagserhebung gewöhnte Welt des Hohenzollernreiches schrie auf über diese »Elendsmalerei« und »Armeleutedichtung«. Nur der alte Fontane in seiner »Vossischen Zeitung«

war bereit, solche neue Dichtung anzuerkennen. Und mit ihm jene jungen Studenten, Schriftsteller und Künstler, die von nun an in Gerhart Hauptmanns (und bald darauf auch in Strindbergs, Gorkis oder Shaws) Namen kämpften: die künftigen Schriftsteller des deutschen Liberalismus und der Weimarer Republik.

Aber auf der anderen Seite stand bereits Franz Mehrings Kritik: das Urteil des Marxisten und Sozialisten, der in Hauptmanns Dramen (und mit den Jahren in zunehmendem Maße) die klare soziale Haltung, die Anklage hinter der Klage vermißte. Auch er verlangte vom Dichter, was der nicht sein konnte. Schon damals war Leidenschaft und Enttäuschung um ihn, dessen ungeheure Gestaltungskraft niemand verkennen mochte – und der sich doch als geistige, erst recht als politische Gestalt nicht fassen ließ. Immer wieder erwartete man von Gerhart Hauptmanns Dichtertum eine »Botschaft«, verbindende und verpflichtende Erkenntnis – und immer wieder blieben die Hände leer. Rührend und bedrückend war dabei, daß auch Hauptmann selber sich unablässig um solche geistige Sinngebung mühte, immer wieder erfolglos. Daß er alle Mythen und Welten bemühte, pietistische und satirische, aztekische und griechische, Klassik und Romantik, Goethe und Shakespeare, – und immer doch wieder nur Bilder mitbrachte und Gestalten, bestenfalls großartige Visionen, niemals aber mitteilbare Gehalte. So daß auch sein Versagen unter dem Dritten Reich weit weniger mit Opportunismus zu tun hat, wie man allzu rasch gemeint hat, als mit einer geheimen Unfähigkeit des Dichters, seine Wirklichkeit zu verstehen und in ihr Stellung zu nehmen. Dieser Zwiespalt aber führt so tief zu den Wurzeln von Gerhart Hauptmanns poetischer Existenz, vielleicht zu den Antagonismen deutschen Dichtertums überhaupt, daß man ihn noch weiter deuten sollte.

Schaut man die lange Reihe unvergeßlich geprägter, für sich lebender Hauptmann-Gestalten entlang, so sind die eigentümlichsten immer solche, die nicht tun, sondern leiden und erleiden. Um sie weht nicht die Luft der Tragödie, wo aus der Tat die Schuld oder Verstrickung erwächst: die Hauptmann-Dramen, und zwar die unvergeßlichen vor allem, zeigen Getriebene, gestoßene Menschen, denen »es zustieß«, ohne daß sie sich recht darüber klar geworden wären, wie alles kam. Und denen nichts bleibt, als mitzumachen, zu leiden und unterzugehen. Man nennt das dann »Schicksal« oder »Zufall« oder »Laune«: immer aber regiert ein fremder Wille, nicht der eigene der Gestalten. Rose Bernd ist das Objekt der Männer und ihrer Begierde, ganz wie die uneheliche Dienstmädchenmutter der »Ratten«, die von den Männern und der Polizei getrieben wird; oder Schluck mit seinen Pfefferminzküchlein, der zur Laune des großen Herrn spielen und agieren muß, oder die verführte und verstoßene Pfarrerstochter Dorothea Angermann; oder das sterbende Hannele; oder Arnold Kramer, der mißgestaltete, von der Gesellschaft gejagte Künstler; oder Michael Hellriegel und der Glockengießer Heinrich, die von den kindhaften Frauengestalten Pippa und Rautendelein abhängen. Ein gewaltiger Zug der Gestalten – aber sind es nicht alles Willenlose, alles Getriebene, denen etwas zustößt?

Ihr Dichter kann ihnen nicht helfen. »Hier geht kein Weg«, heißt es in »Und Pippa tanzt«, diesem wundervollen und erschreckenden Symbol eines deutschen Lebens.

Gerhart Hauptmann wußte ihnen keinen anderen Weg als den des Leidens, und zwar eines sinnlosen, nicht durch Tun oder Schuld erzeugten, eines bloß erlittenen Leidens. Ihm bleibt, wie einst einem Georg Büchner, jenem anderen Dichter »leidender und gedrückter Gestalten«, bloß das Mitleid des Dichters mit seinem Geschöpf.

Den Dichter des Mitleids hat man Hauptmann immer wieder genannt. Was aber ist Mitleid? Insgeheim doch wohl Bewußtsein der Ohnmacht, der Verzagtheit, die nicht helfen, wohl nicht einmal das Unglück deuten kann. Das Unglück in Hauptmanns Dramen hat die Form des Unentrinnbaren, es ist Verstrickung. Die Welt ist eine feindliche Welt, die als solche erlitten werden muß, wie Hellriegel seine Blindheit und der fromme Bräutigam der Rose Bernd den Verlust seines Auges erleiden muß. Ihr Dichter weiß ihnen keinen Rat.

Nur der frühe Gerhart Hauptmann hatte die deutsche Gesellschaft kritisch erlebt und gezeichnet: in den »Webern«, im »Florian Geyer« oder im »Biberpelz«. Später nimmt er sie fürchterlich ernst: unwillkürlich macht er ihre Maßstäbe zu den seinen. Das Ergebnis sind Werke, die bloß noch in plötzlichen Zügen eine poetische Verdichtung der Gestalten spüren lassen, den Rest aber an platteste Spießbürgerei verschwenden, wie in dem Professorenulk der »Jungfern vom Bischofsberg«, dem Familiengezänk des Gabriel Schilling und »Vor Sonnenuntergang« oder der Kleinbürgerei des »Peter Brauer«.

In zunehmendem Maße hatte der reife Hauptmann den Abstand zur deutschen Wirklichkeit verloren: sie wurde ihm zur Wirklichkeit schlechthin.

Hier hat auch die für den Dichter des »Ketzer von Soana« so bezeichnende Antithese zwischen Trieb und Geist ihre Ursache. Da Hauptmanns Geistigkeit niemals eigentlich gesellschaftlich-politisch war, auch niemals weltbürgerlich, sondern aus den schlesischen Ursprüngen stets einen Zug des mystischen Pietismus mitzutragen hatte, den sie dann an den »Narr in Christo Emanuel Quint« oder den Lehrer Gottwald oder August Keil weitergab, so mußte ihr auf der Gegenseite auch eine übersteigerte, mystifizierte Form der Sinnlichkeit entsprechen. Das wurde dann die »Insel der großen Mutter«, ein Werk, das in der Übersteigerung die Grenzen des Komischen erreicht, oder auch, in gestalteter Form, der »Ketzer«, die Frauenwelt der Sidselill und Rautendelein, auch die Sinnlichkeit eines Flamm oder die einer Hanne Schael im »Fuhrmann Henschel«. Beides aber, Sinnlichkeit wie herrnhuterischer Geist, sind erlittene »schicksalhafte« Gaben.

Auch ein besonderes Grauen ist diesem Werke nicht fremd, das stark mit einer besonderen Form unterirdischer Grausamkeit verbunden ist. Da sind Szenen und Visionen schon in »Kaiser Karls Geisel«, in der Folterung der Bauern im Geyer, in der späten Iphigenie, die unheimlich anmuten, einem Bereich entstammend, der zwischen Trieb und geistiger Klarheit den Ausgleich nicht fand.

Hauptmann selber hat das geahnt. Immer wieder sucht er, seiner Natur gemäß, statt der leitenden, mitteilbaren Erkenntnis oder Idee, eine Gestalt, eine Vision, ein Bild, das aus der Welt der »einsamen« Hauptmannschen Menschen herauszuführen vermöchte. Ein griechisches Ideal soll hier weiterhelfen: allein vom »Bogen des Odysseus« zu den Iphigenien wird daraus auch nur wieder eine Wiederholung deutscher Schicksalskräfte.

Bleibt Welt und Gestalt Goethes. Mancher hat leichthin über Hauptmanns Goethe-Dasein als der Laune eines großen Künstlers gelächelt. Allein es war ernster und mehr. Nicht aus Eitelkeit, sondern aus tiefem Bemühen um ein geistiges Zentrum für das eigene Schaffen suchte Hauptmann dem Bilde Goethes nachzukommen. Aber es blieb beim Standbild, bei der Allegorie, ohne, wie im Parallelfalle Thomas Manns, zum Symbol, zum verwandelten neuen Geist zu werden. So wurden äußerlich Hermann und Dorothea, Dichtung und Wahrheit, Iphigenie, Faust-Eulenspiegel-Hamlet, von Hauptmann in parallelen Werken nachzubilden versucht. Und »als Hafis verbring ich meine letzten Jahre« – dichtete der Greis 1944, der, dem westöstlichen entsprechend, einen »Diwan des alten Schenkwirts« seinem Alterswerk zugesellte.

Ein großer Dichter hat uns verlassen, beispiellos in unsere Zeit und Literatur hineinragend durch die Fülle seiner Gestalten und Schicksale.

Er hat ihre Welt gesehen und geschildert. Deuten müssen sie andere. Noch eine letzte große Vision gelang Gerhart Hauptmann 1942 in dem »Großen Traum«. Darin heißt es: »Du siehst dein großes Mutterland verschlicken zum pestilenzialisch faulen Sumpf und alles wahrhaft Edle drin ersticken.«

So war er in den letzten Jahren dem Volke wieder ganz nah, und ganz klar im Angesicht der echten Fragen von jener Klarheit, die in Hauptmanns Jugend die »Weber« entstehen ließ. Sehnsucht war das Motiv der Weber, Sehnsucht war abermals das Abschiedsmotiv des Greises. »Nulla crux, nulla corona« stand auf Florian Geyers Schwert. Auch Gerhart Hauptmanns Dichterruhm gründete im Leid.

MAX RYCHNER: THOMAS MANN

1955

Wir haben uns heute – noch bewegt von seinem Hingang – zusammengefunden, um einen in unserer schwierigen Menschenwelt zu Ruhm gelangten Meister deutscher Sprache auch hier zu feiern, einen Meister, den Natur und Schicksal ebenfalls, auf ihre Weise, ausgezeichnet haben, mit der Auszeichnung der hohen Jahre. Lange leben heißt, sich verwirklichen müssen; wir blicken hin auf die in Tun und Leiden geschaffenen Wirklichkeiten, welche »Buddenbrooks« heißen und »Der Zauberberg«, »Josef und seine Brüder«, »Lotte in Weimar«, »Doktor Faustus«, »Bekenntnisse des Hochstaplers Felix Krull«, und blicken auf die Novellen, die Essays, auf ein reichbelebtes Lebenswerk, das einst bloße verborgene Möglichkeit war, vor dessen großer Tatsache wir jedoch bereits annehmen: es *mußte* wohl sein, und es mußte wohl *so* sein, denn es *ist*. Wir sind schnell bereit, uns das Außergewöhnliche als notwendig zu erklären, und das notwendig Geschehene wird dann leicht zum Selbstverständlichen, wo doch ein solches Lebenswerk etwas schlechthin und beständig Überraschendes ist, ein freies Geschenk, das zu erhoffen die Zeitgenossen des Dichters weder den Mut, noch den Glauben, noch die Phantasie hatten. Nun liegt es da, in unsern Händen, und erhebt seine Fragen und seine Forderung an uns, köstlich und unbequem, entzückend und aufstörend; und ein jeder, dem die Stellung der deutschen Kultur in der Welt nicht gleichgültig ist, darf heute stolz sein auf diese Lebensleistung eines anderen.

Es gibt bei uns eine aus der Antike sich herleitende Verehrung für die, wie man sie nennt, »Frühvollendeten«, für so hochbegabte Jungverstorbene unter den Dichtern wie Trakl, Heym, Stadler, auf die noch ein Abglanz der geisterfüllten

Jugendherrlichkeit von Novalis, Keats, Büchner fällt. Früh vollendet das Leben, unvollendet das Werk, das dem Auserlesenen verwehrt, uns entzogen wurde. Doppelt sinnlos scheint uns ein solcher Tod, und wir neigen dazu, die unerschaffenen Werke, das heißt den Gedanken an sie, doppelt mit Sinn zu beladen und sie, von denen wir nichts wissen und nur ganz vag träumen können, als Verluste an eigener Hoffnung, damit an eigener Existenz zu beklagen. Wir träumen von den Möglichkeiten eines solchen Entrückten, die bloßes Versprechen blieben, und wir erhöhen ihren Wert beliebig, willkürlich, mit dem lyrischen Pathos, das ein früh abgebrochenes, schöpferische Fülle verheißendes Leben in uns erregt.

Ein achtzigjähriges Leben hingegen ist durchartikuliert, und die Wirklichkeit seiner Leistungen, seine begrenzten, aber *erfüllten* Möglichkeiten verlangen nicht Träumerei oder ungebundenes Spekulieren von uns, sondern staunende Aufmerksamkeit, Mitgehen in ihrem künstlerischen Prozeß, unterscheidende Vernunft. Die Tatsache eines langen Lebens, eines umfangreichen Werkes ist ebenso geheimnisvoll wie ein nach wenigen schöpferischen Andeutungen früh untergegangenes Dasein. Nicht war zu erwarten, daß dieser Verfasser der kleinen, mit wachsamer Geduld ausgeschliffenen Erzählungen »Der kleine Herr Friedemann« und »Das Wunderkind«, ein schmerzensreicher und heiterer Artist, daß er je ausholen würde zu der langen Treue und Mühsal, die der epochale Stoff der »Buddenbrooks« forderte.

Und doch war mit der Prosa des Zwanzigjährigen, der ohne Studienziel ein wenig an der Münchener Universität herumwilderte, etwas für unsere erzählende Prosa geschehen: eine zitternde Verantwortlichkeit der Form, der Sprache gegenüber war da ins Spiel getreten, die sämtlichen Klischeevorstellungen von Jugendüberschwang, ungebändigter Fülle, titanischem Wollen widersprach. Behutsam, feingewogen, zehnfach überprüft wurde jedes Wort, jeder Satz hingesetzt unter dem angeborenen und selbstauferlegten Zwang zur Präzision, aus der Einsicht, daß Gott im Detail steckt ...

Thomas Mann
Return to artist

Wo fand sich der früh vaterlose junge Mensch, der in Lübeck, seiner Vaterstadt, das Gymnasium schließlich ohne Schlußexamen aufgegeben hatte und nach München übersiedelt war? Zunächst in weicherer Lebensluft, wo die Kunst, als solche und um ihrer selbst willen, heiter genommen, aber hochgestellt wurde, wo es den Thron gab und Schwabing, Wagnermusik und Bierfeste, bayrisches Bauerntum und italienische Renaissancepaläste, das Hauptquartier des George-Kreises und den »Simplizissimus«, die dionysischen Seelenverbindungen Alfred Schulers mit dem antiken Rom in der Erwartung einer Wiederkunft seelischer Urmächte in der »Blutleuchte«, und, dicht daneben, das Kabarett der »Elf Scharfrichter«, wo ferner Paul Heyse, der Groteskdramatiker Frank Wedekind und die humorvolle Spötterin über den feierlichen George-Kreis, Franziska von Reventlow, lebten, wie auch die beiden Fundamentalkritiker der abendländischen Vernunftentwicklung: Ludwig Klages, in dem sich sein späteres Hauptwerk »Der Geist als Widersacher der Seele« vorbereitete, und Theodor Lessing, der den »Untergang der Erde am Geist« schrieb. Welche Vielfalt von Persönlichkeiten, Tendenzen, Experimenten, welche Versuchungen für ein Talent, das sich selbst zu versuchen begann! Nicht nur schriftstellerisch: der junge Mann war in einer Versicherungsgesellschaft tätig, aber er hielt es nicht aus wie Kafka; nach einem Jahr lüftete er den Hut und ging, ebenfalls nach einem Jahr schied er aus seiner Stellung in der Redaktion des »Simplizissimus«. In dieser Zeitschrift waren Erzählungen von ihm erschienen, in denen sich Melancholie und Karikatur verbinden und deren Charakterportraits in ihrem haarfeinen Umriß an den die Übertreibungen streng und skurril durchführenden präzisen Strich der Simpl-Zeichner erinnern ...

München, das heißt Wagner, hat aus dem jungen Dichter einen Wagnerianer gemacht, der nichts so gut verstand wie das Sichverzehren des Lebens. Doch er sah auch das Mißverhältnis zwischen dem großen Walten der Lebensmächte und dem bescheidenen bürgerlichen Lebensritual, das sie bannen soll ... Schopenhauer hat ihm den Blick geschärft; so sieht er die Menschen als tragische Marionetten des metaphysischen Lebenswillens, unangepaßt an die gesellschaftlichen Lebensverhältnisse, nicht nur seelisch, sondern auch vital. Wie oft wählte der Lebenswille die Form der Krankheit, um sich mit ungewohnten Mitteln durchzusetzen, auf erhabene Weise bei Schiller, bei Kleist, bei Dostojewski, Nietzsche, die Thomas Mann im essayistischen Werk feiert, und in deren Region er sein selbstgeschaffenes Genie, Adrian Leverkühn, entsandt hat. Da ist Krankheit eine höhere Angepaßtheit an den bis zur Grausamkeit tyrannischen Schöpferwillen, der allein auf das Werk, nicht auf geordnetes Leben abzielt; sie ist ein Wille zur Heiligung durch Werke ...

Die Epoche selbst, die des korrekten Senators Thomas Buddenbrook, verlangte unter anderem auch nach Selbstverspottung, und sie schuf sich die Mittel dafür. Ich habe Namen genannt, den einen, wichtigsten, noch nicht: Nietzsche. In den Werken Thomas Manns ist die von Nietzsche erreichte, das heißt geschaffene Sprachstufe erstmals erzählerisch aktuell geworden. Nietzsche, der so gern die Formel »Wir Psychologen« anwandte, fand in dem dreißig Jahre Jüngeren einen Psychologen, der ihm verwandt war und in das von ihm neu erschlossene Gelände nachrückte. Zeitgemäß, oder wie es hieß: modern sein, das hieß für Thomas Mann nicht, Stoffe aus der Welt des frisch entdeckten vierten Standes in der sprachlichen Mittellage der Gustav Freytag oder Paul Heyse, oder an einer vom Mundartlichen aus sich erhebenden Volkssprache wie der Hauptmanns darzustellen; es hieß, als Künstler Nietzsches Prosa-Schöpfung als eine der großen folgenreichen Tatsachen der Zeit erkennen. Nicht die prophetischen Verkündigungen vom Übermenschen, von der Ewigen Wiederkunft, der Umwertung aller Werte, auch nicht der unanschauliche Zarathustra mit seinen phantastisch flügelmännischen Gebärden, nicht sie haben den jungen Erzähler überwältigt und gefangen, sondern die Gewagtheit der Aussage, die hochbewußte, weltläufig elegante Durchbildung eines kulturkritischen Geistes, in dem viele Zeiten von den frühen Griechen bis zu den modernsten Abendländern zu der Gegenwart seiner lyrisch entzückten Essayistenprosa drängten. Dies war die kulturbewußteste, zugleich krisenbewußteste Sprache, persönlich noch bis in die Satzzeichen und eben darum in Hochspannung auf das Allgemeine bezogen, sie war gewußt und gewollt, ganze Gebirge der Epigonenliteratur zur Sprachlosigkeit verdammend und in weit höherer Potenz aktuell als etwa Zolas in der Stoffgliederung weitangelegte, aber im Sprachstil konventionelle, auf das Kollektive hin geordnete Romanwelt ...

Schopenhauer, Wagner, Nietzsche, die Sterne der ersten Lebenshälfte, werden in der zweiten nicht preisgegeben, aber sie werden in eine umfassendere Konstellation aufgenommen, deren lichter Mittelpunkt nun Goethe heißt. Schillers sentimentalem Geschlecht entstammend, hat sich Thomas Mann, der Ironiker, dem Pathetiker mit einer brüderlichen Gebärde zugewandt, ihm auch verbunden in der um eigene Entbehrungen wissenden Liebe zu dem von Natur und Geist fast überreich Gesegneten, zu Goethe. Bei diesem konnte er das Wort finden: »Von der Vernunfthöhe herunter sieht das Leben wie eine böse Krankheit und die Welt einem Tollhaus gleich«. Das hat er zeitweilig auch so gesehen, und die nach 1933 mächtigen Beherrscher des kürzesten aller Reiche, denen der Name Weimar Schall und Rauch war, haben nicht nur ihm diese Blickweise, die der Groteske, nahegelegt. Aber ein schöpferisches Vermögen wie das seine verleugnet zwar die Vernunfthöhe nicht, läßt sich indessen ebensowenig auf sie beschränken. Es bleibt dem Ganzen, damit dem ganzen Menschen, auch seinen Tiefen und Untiefen verschrieben, dem »dunklen und schweigenden Ehrgewissen der Tiefe, das sich nicht betrügen läßt von den hellen Fiktionen des Tages«. Unser Dichter sieht den Menschen leidend, sich mühend, heiter spielend, angewiesen auf den »Segen oben vom Himmel herab«, wie in der Schrift geschrieben steht, und »mit Segen von der Tiefe, die unten liegt.«

Zwischen dem Oben und Unten ist das Menschenland, sind »Dichterslande«, wo neben einem Zauberer im Höchsten wie Goethe auch ein Virtuos und Schelm wie Felix Krull in dem Element der Gewöhnlichkeit seine Zaubereien betreiben darf, da auch er über sich hinausweist, nämlich auf die unbedachte Möglichkeiten verfügbar haltende, sie überraschend anbietende Sphäre des Hermes, Bruder Apolls, des Vermittlers zwischen den Menschen, zwischen Menschen und Dingen, des Gottes, der die Augenblicke hoher Gunst an uns heranführt und schließlich die Seelen der Abgeschiedenen wortlos zur Unterwelt geleitet. In dieser hermetischen Sphäre ist das Dasein leicht geworden, erhoben ins Gleitende, Schwebende, in ein künstlerisches Spiel jenseits von Gut und Böse auf dem Welttheater jener Täuschungen und Illusionen, mit denen unsere Tiefe ihr vieldeutiges Wesen treibt. »Letzte Wirkung der Kunst ist Gefühl der Anmut«, lautet ein Wort Goethes; wir wissen alle, wie wenig diese Wahrheit den Banausen der Kunst gilt. Dem Dichter gilt sie unendlich viel, ebensoviel wie Schillers schwer errungene Wahrheit in dem Wort: »Der Mensch ist nur da ganz Mensch, wo er spielt.« ...

Ich vergleiche diese Stunde mit dem achtzigjährigen Leben, dessen Leistung zu gedenken ist, und ich erkenne, was ich schuldig blieb und bleiben muß. Ich spreche aus einer Generation, die um ihre Lebensmitte noch Hauptmann, Hofmannsthal, George, Rilke am Werk erlebt hat, desgleichen Shaw und Conrad und Joyce; Valéry, Gide, Claudel, Giraudoux und desgleichen Hamsun, Pirandello, Gorki. Das sind große Namen der Literatur, Namen von Toten, die eben noch das Leben selber in seiner das Höchste ausspielenden Schöpferkraft bedeuteten. Die ragenden Männer, von denen einige das hohe Alter erreichten, sind dahingegangen, und mit ihnen eine Epoche. In unserm Sprachraum allein waren wunderbarerweise noch drei alte Magier am sausenden Webstuhl der Zeit wirkend geblieben: Rudolf Alexander Schröder, Humanist und dezidierter Christ, Lyriker und Vermittler des antiken Dichtererbes; Hermann Hesse, der innige Musikant in Versen und, in seinen Romanen, Zeichendeuter unserer Daseinsbedrängnisse – und Thomas Mann. Sie waren uns erhalten geblieben, Frühvollendete, was ihr Können betrifft, denen Lebensdauer und späte Vollendung gewährt wurde, große abendländische Überlieferung in ihrem Schaffen lebendig vermittelnd, unter uns, bei uns, wo deren Adergeflecht auf eine fast tödliche Weise zerrissen wurde und nun nach Heilung verlangt. Heilende sind sie alle drei; jeder von ihnen ist durch ein langes Dasein zu seiner Reife gekommen und hat Zeugnis abgelegt von ihr. Aber wir – sind wir der Reife oder Weisheit alter Männer gewachsen? Zumal wenn sie sich spielend gibt und scherzhaft wie bei dem Dichter, der hier zur Gegenwart aufgerufen werden sollte? Bei dem, der geschrieben hat, das Humoristische sei »geradehin als das Wesenslement des Epischen anzusprechen«? Der an Shakespeare »die Ironie des absoluten Schöpfers« bewundert? Der Ironie und Objektivität in eins setzt und in Apoll, dessen Harfe und Bogen seinen Büchern golden aufgeprägt sind, einen Gott der Ferne und Distanz, »des Leidens nicht, sondern der Freiheit, einen objektiven Gott, den Gott der Ironie« erkennt? Der von sich bezeugt hat: »Ich bin weit eher zum Repräsentanten geboren als zum Märtyrer, weit eher dazu, ein wenig höhere Heiterkeit in die Welt zu tragen, als den Kampf, den Haß zu nähren ...«

Ein wenig höhere Heiterkeit ... Ist das wenig, wenn wir um uns blicken in eine zerstörte, auf Zerstörung und Selbstzerreißung unheimlich bedachte Welt? Ist dem Menschen denn so viel an Möglichkeiten der Selbstbefreiung und des Lächelns gewährt, daß er auf die höhere Heiterkeit und ihre Weisheiten leichthin verzichten wollte?

Das sind rhetorische, mithin ironische Fragen. Wir stehen vor dem Werk, dem das Glück später Vollendung zuteil wurde – wir ermessen das Leben, das sich an dieser Leistung verzehrt und bewahrt hat. Beide sind gelitten, gewollt, erschaffen – gedichtet. Im Überblick gewahren wir jede Einzelheit im Gesamtleben der Bezüge, keine Härte, keine Polemik, keine Satire bleibt da unverbunden mit menschlicher Teilnahme, mit vergeistigtem Schmerz, mit jener Heiterkeit, die sich eine höhere nennen darf, da sie sich nicht anmaßt, das Höchste zu sein. Die Gegensätze und Widersprüche der weltanschaulichen Standpunkte bleiben als Momente eines lebensgeschichtlichen Prozesses bestehen; sie haben ihre Stelle in einem sinnvollen Gefüge, und keinem Einzelmoment ist erlaubt, sich aufzuwerfen und über das Ganze zu herrschen. Sie bezeichnen Stationen eines Strebenden, der sich in dem Goethewort wieder erkennen darf, dem Wort: »Wir bekennen uns zu dem Geschlecht, das aus dem Dunkeln in die Helle strebt.«

Wir gewahren die hochgespannte Arbeit des Dichters an sich selbst, an seinem Werk und damit an uns, in denen seine Mühe sich zum Entzücken an solcher Teilnahme verwandelt. An seinen Groteskschilderungen und Karikaturen geht uns auf, daß sie Mangelformen des Wirklichen sind, Negative, die von sich weg auf ein unzerstörtes, heiles Menschenbild hinweisen. Dieses, so ahnen wir, ist zu sehr begabt mit Traumschönheit, um in ersonnener Gestalt und unmittelbar dichterisch zur Erscheinung gebracht zu werden; es ist so reich an jeder Fülle, daß es von seiner hohen Verborgenheit aus die ihm nächsten Geschöpfe des Dichters mit Gaben bedenkt – nicht nur dieses, sondern der Dichter aller Zeiten. An diesem heilen Inbild des Menschen wird der Mensch unserer Zeit gemessen mit seinen Mängeln und Verkümmerungen, und noch jeder Seelenkrüppel, jeder Sünder oder Verbrecher hat unter seinen verzerrten Wesenszügen auch einen des Inbilds.

Der Begriff der Harmonie, eine Wunderschöpfung unserer hohen Ahnen, der Griechen, ist heute verfemt, ja verhaßt und doch – wie vermöchten wir am Wirrsal der Zeit zu leiden, ohne von ihr einen Begriff zu haben, woher holten wir die Kraft, auf Ordnungen, Übereinstimmungen, Gerechtigkeiten hin arbeitend zu wirken, wenn nicht eine Instanz in uns von Harmonie wüßte und ihr entgegen, nach ihrer hellen Region, nach ihr selbst verlangte?

Aus ihr fällt ein Licht auf die allesamt sich mühenden Menschen in dem epischen Riesenwerk, das uns hier beschäftigt, auf die gesegneten, und doppelt bewegend auf die unglücklichen.

Wir blicken zurück auf ein Leben, dem alle dunklen Mächte vertraut waren, das jedoch in seiner geliebten Arbeit in den höchsten Augenblicken dem Hellen, dem Heilen, dem Harmonischen geweiht war. Zu früh galt es Abschied zu nehmen von dem Dichter, den am Werk zu wissen tröstlich war, auch in trostlosen Tagen. Uns bleibt, was er uns schuf, sein Werk, beglänzt vom Lichte höherer Heiterkeit.

Dieses Licht aber soll nicht mehr aus unserm Dasein schwinden.

HANS EGON HOLTHUSEN: GOTTFRIED BENN

Rede auf Gottfried Benn zum siebzigsten Geburtstag

Berlin, 2. Mai 1956

Es ist dies nicht die Stunde, Gottfried Benns Werk wissenschaftlich zu untersuchen, seinen so eifrig und reichlich interpretierten Texten neue kritische Perlen abzugewinnen. Es scheint mir vielmehr der rechte Augenblick zu sein, daß sich einmal einer mit Nachdruck dazu bekennt, daß es ein *Glück* ist, ihn zu lesen. Dies Geständnis scheint mir dringend angebracht zu sein in einer Gegenwart, die das gesellschaftlich Nützliche gewissermaßen verabsolutiert hat und jeden einzelnen mit ihren soziologischen Leitideen an die Kandare nehmen will. In Amerika, und zwar in den Vorhöfen seiner berühmtesten Universität, wurde ich Benns wegen von klugen Leuten einmal sehr energisch ins Gebet genommen: Was denn dieser lyrische Monologismus, so wurde ich gefragt, diese Verachtung des Geschichtlichen, diese ruchlose Metaphysik der Form, was das alles denn um Himmels willen für soziale Konsequenzen haben müsse, das sei ja überhaupt nicht auszudenken! Denn daß alles von einzelnen Gedachte und Geschaffene vor dem großen Ganzen der Gesellschaft zu verantworten sei, das sei in diesem Lande, in den Vereinigten Staaten also, einfach selbstverständlich, »taken for granted«. Dem gegenüber, einem derartig penetranten gesellschaftlichen Wohlwollen gegenüber, das nach Kräften bestrebt zu sein scheint, den einzelnen daran zu hindern, in seiner Haut sich wohl zu fühlen, kann es ein Genuß sein, ein sublimes Vergnügen, sich dumm zu stellen und beispielsweise für das tatenlose Glück im Sinne des Vergil zu schwärmen, für das Glück des Lesens, die genießende und erkennende Muße, der

es auf Bilder, Zeichen, heimliche Einsichten ankommt, und nicht, im Augenblick jedenfalls nicht, auf die Belange der werktätigen Bevölkerung. Es kann, sage ich, beinahe schon zu einer menschlichen Pflicht werden, sich einzusetzen für jenes geniale Dösen, das Benn in seinen Büchern so denkwürdig beschrieben hat, für den Mann am Fenster, den »Autobrodler« und Selbstentzünder, der Einzelheiten sammelt, Beobachtungen und Stimmungen erntet. »Ein Roman im Sitzen«, so kennzeichnet er diese innere Verfassung in seinem Essay über den »Phänotyp«: »ein Held, der sich wenig bewegt, seine Aktionen sind Perspektiven, Gedankengänge sein Element. Das erste Wort schafft die Situation, substantivische Verbindungen die Stimmung, Fortsetzung folgt aus Satzenden, die Handlung besteht in gedanklichen Antithesen.« Was dieser Mann neben seiner gesellschaftlich interessanten Tätigkeit als Hautarzt sein Leben lang getrieben hat, es mag in den Augen eines stramm soziologisch denkenden Zeitgenossen fragwürdig, ja anstößig sein, aber eben darum liegt darin für den heutigen Menschen eine Chance, seine innere Vollständigkeit zu bewahren. Hören Sie eine Passage wie diese, ein Stück aus dem »Ptolemäer«: »Eine weiche weiße Luft fällt um dich wie warmer Schnee, die Rinden und die Vorblüten treiben im Geheimen, dann ist alles da und dann die endenden Sommer mit dem Violett der Distel und der schwefelgelben, der heißen süßen Rose Diane vaincue –, so verkünden sich und so vergehen die Jahre. Wo du auch hinhörst, es ist letzter Klang, immer Ende, finale Lust, von hohen Schneefeldern stürzt ein Bach, ein Wald von grauen Ölbäumen schmilzt herauf aus der Tiefe, Trauer und Licht, wie still das alles in dir ruht, und dann die endenden Sommer mit dem Violett der Distel und der schwefelgelben, der heißen süßen Rose Diane vaincue.« Das ist Luxus, das ist die üppigste Verwöhnung des Gehörs. Leseluxus, hörende Berauschung. Es ist gleichsam ein zartes Berühren von lustempfindlichen Schleimhäuten der Sprache, das erst nach der Überwindung irgendeiner im Begrifflichen und Syntaktischen liegenden Schamschwelle überhaupt möglich wird, und es ist ein denkbar hoher Grad von Annäherung an das Ausdrucksgesetz der Musik – denken Sie nur an die wörtliche Wiederholung des Rosenmotivs –, es ist so sehr Musik, daß man mit dem verliebten Herzog Orsino von Illyrien in der ersten Szene von Shakespeares »Was ihr wollt« ausrufen möchte:

> Wenn die Musik der Liebe Nahrung ist,
> Spielt weiter! Gebt mir volles Maß! Daß so
> Die übersatte Lust erkrank' und sterbe.
> Die Weise noch einmal! – sie starb so hin …

Benn hat zahlreiche Seiten solcher Prosa geschrieben, scheinbar »träumerisch« komponierte, in Wahrheit genau kalkulierte, in vollkommen schönen Kadenzen hinsinkende Seiten, beladen mit Reizstoffen bis in die letzte Halbzeile hinein, triefend von rhythmischer, vokabulärer und metaphorischer Süßigkeit wie Bienenwaben im September, und er hat, was vielleicht noch mehr besagen will, den Vorrat der wertbeständigen (um nicht zu sagen »unsterblichen«) deutschen Lyrik um eine Reihe von Meisterstücken vermehrt, die nach menschlichem Ermessen wohl nicht wieder daraus verschwinden werden.

Es begann als eines der verwegensten sprachlichen Abenteuer der Epoche, es begann um 1912 mit den rabiatesten Sprengstoffattentaten einer revolutionär gesinnten Jugend, mit der Zerfleischung dessen, was bis dahin Schönheit hieß, mit der Zertrümmerung der Syntax, Zersplitterung des Wortschatzes und seiner chaotischen Überflutung aus anscheinend ganz poesiefremden Bereichen: Jargon und Fachsprachen strömten herein, Massen von Fremdwörtern aus der Medizin, der Psychologie, der Philosophie. Was in Frankreich durch Apollinaire und die Seinen, in Rußland durch Alexander Block, Majakowski und andere, in England durch die Imagisten unter Führung von Pound und Eliot geleistet wurde, das geschah in Deutschland durch Benn und seine Generation, vor allem aber durch ihn: die Poesie zerriß ihre

Gewänder, der ästhetische Kanon einer versinkenden Epoche, nenne man sie Spät- oder Neuromantik, Viktorianismus, Spätbürgerlichkeit, Traditionalismus oder wie auch immer, wurde dem Feuer übergeben, die Sprache des Lyrikers stürzte sich in das Wagnis einer rücksichtslosen und begeisterten Verhäßlichung, die Schönheit – so hat erst kürzlich ein Kritiker sich ausgedrückt – zeigte ein verbranntes Gesicht. Die Sprache exaltierte, sie glänzte durch neuartige Intensitäten, Schroffheiten, Brechungen, Überschneidungen, durch unerhörte Schockwirkungen und Kakophonien, und gleichzeitig eroberte sie neue Provinzen des Bewußtseins. Ein Wortgedächtnis von schier unabsehbarer Reichweite wurde mobilisiert, wahre Wunderleistungen sprachlichen Erinnerns wurden vollbracht. Die Sprache schien sich in ein System von sinnlichen Reflexen verwandelt oder als ein solches erkannt zu haben, ihre Impulse eilten als Nervenströme, als elektrische Wellen durch den Körper des Schreibenden, und an den Übergangsstellen zwischen Nervenende und Nervenende, den sogenannten Synapsen, entstanden die heißesten Überraschungen, der kühnste dichterische Kalkül. Dies alles ist als revolutionäre Entfesselung zu verstehen, als der Akt einer beinah verzweifelten Selbstbefreiung, gleichzeitig aber als ein Werk der strengsten Disziplin, als ein unendlich gespannter, unendlich geduldiger und mühsamer Umgang mit einem höchst delikaten und schwer verfügbaren Material. Was bei Edgar Allan Poe begonnen, durch Mallarmé auf die Spitze getrieben wurde und dann, auf französischer Seite, in Paul Valérys Verskunst noch einmal kulminiert hat, das wurde durch Gottfried Benn auch im deutschen Gedicht auf musterhafte Weise verwirklicht: die artistische Zucht, die Laboratoriumsgesinnung, die Flaubertsche Askese. So entstehen die anfangs erwähnten Glücksmöglichkeiten: aus dem Zusammentreffen der neuartigen, revolutionär gesteigerten Sensibilität des Dichters und der sich gleichzeitig entwickelnden, vielmehr durch ihn, den Dichter, erzogenen Empfänglichkeit des Hörers und Lesers. Unserem heikelsten Sprachbedürfnis, unserem fortgeschrittensten Wirklichkeitsgefühl wird Genüge geleistet: nicht nur durch das lyrisch-rhapsodische Verströmen einer Passage wie die über die schwefelgelbe Rose, sondern auch durch die nicht weniger faszinierenden Gegeneffekte, das Krasse, das Kalte und Grimmige, das spöttisch-parodistische Synkopieren und Gelenkebrechen, die schönen Eisblumen der Ironie, die hinreißend kadenzierten Zynismen. Es ist das eine und gleichzeitig das andere, es ist die einzigartige Kontrapunktik zwischen diesem und jenem, zwischen Bitter und Süß, Entzauberung der Berauschung.

Glück also, wir sprechen von Glück, von Zauber und Genugtuung: wieso denn aber und woher? Wie kommt es, daß Gedichte, die krass, bitter, auf eine häßliche Weise schön sein wollen, Gedichte mit verbranntem Gesicht, wie kommt es, daß sie uns das schmerzlich beglückende Erlebnis einer unverhofften Innewerdung verschaffen können, daß sie uns von Herzen aufseufzen lassen in dem Gefühl, daß »alles«, ja alles wahrhaftig »so ist«? »In der Kunst«, so lautet eine der herrlich einfachen und treffenden Notizen des Malers Georges Braque, »zählt nur das, was man nicht erklären kann.« Ich will mich nicht anheischig machen, trotzdem einen Erklärungsversuch zu unternehmen: für das ästhetische Erkennen, ähnlich wie für das theologische, ist der Gegenstand das Geheimnis, und das Geheimnis ist das »Phänomen«, man kann von weitem darauf hinweisen, kann es ahnungsvoll umkreisen, aber man kann es – per definitionem – nicht begrifflich definieren. Man wird immerhin vermuten dürfen, daß es etwas Gemeinsames geben muß zwischen einem bedeutenden Dichter und seinen Lesern, etwas, das tiefer liegt als Meinungen, Ideologien, selbst Glaubenssätze, ein allgemein Betreffendes, das mit Zeitgenossenschaft und geschichtlichem Lagegefühl zu tun hat, vielmehr darin zu suchen ist, in einem gemeinschaftlichen Sinn für Rhythmus, Bilderfolge und Figurenschnitt, schließlich in einer elementaren Grundbefindlichkeit, die wir ebenso vage wie allumfassend als »Stimmung« bezeichnen können.

In unserem Falle ist es die großartige und tragisch beladene europäische Abendstimmung, die auch von Dichtern wie Thomas Mann, Paul Valéry und anderen gefühlt worden ist, die gelegentlich bei Goethe schon anklingt. Es ist, im engeren Sinne, ein durch Nietzsche heraufbeschworenes Erlebnis, es ist die Stimmung Spät, Vorbei und Nevermore, die Stimmung eines endenden und sich vollendenden Kulturkreises, Septemberstimmung. Wir sollten uns vielleicht hüten, hier vorschnell mit dem leicht irreführenden Begriff »Nihilismus« einzuspringen, der Bennsche Nihilismus ist ja etwas überaus Produktives, er glaubt an die »formfordernde Gewalt des Nichts«, es ist ein Bilder sammelnder, Ernten einbringender, die Erträgnisse aller kulturfähigen Jahrtausende vor sich anhäufender Nihilismus, ein ungeheuer ergiebiger September. Es ist ein Nihilismus, der sich selbst gewissermaßen gegen den eigenen Strom versteht, daher die leitmotivisch wiederkehrende Wendung: »Nihilismus ist ein Glücksgefühl«. Niemand hat mit so fabelhafter Beschwörungskraft das Luxurieren der Menschheit in allen ihren Epochen und Kulturen zu vergegenwärtigen vermocht wie dieser Dichter: das Ausgepichte, Preziöse und Phantastische, das chromatisch Erhitzte, die Infinitesimalrechnung der künstlerischen und geschmacklichen Einbildungskraft. Einmal ist es das aspasianische Raffinement des perikleischen Athen, dann der harte asketische Kontur der dorischen Welt, dann wieder das kaiserliche Wien, das New York der glorreichen zwanziger Jahre, dann das Basrelief des Khmertempels in Angkor Vat, das Wimmeln und Wuchern auf den Kultbildern der »asiatischen Michelangelos und kambodjanischen Berninis«, und immer wieder sind es die Treibhausblüten des Hochkapitalismus, Diaghilew oder Picasso oder Caruso in einer Auftrittspause, die Pawlowa, die nur tanzen konnte, wenn sie aus einem Zimmer voll weißen Flieders kam, sommers so gut wie winters, und in allen Metropolen war es die unerläßliche Bedingung. »Nihilismus ist ein Glücksgefühl«: das bedeutet, daß dieser Dichter gewissermaßen den »fruchtbaren Moment« gefunden hat, durch den allein das Glück in seiner Vollkommenheit, als ein Glück über das Glück hinaus, faßbar wird für den menschlichen Geist. Denn wie sollte das Glück als ein reines Phänomen, als unvermischte Essenz, das Glück als *Idee* zu erkennen sein, wenn nicht in der Situation des Abschiednehmens und in der Perspektive des Nevermore? Wir alle wissen, daß es so ist. Glückverheißende Zukunftsträume, etwas wie die letztwillige Illusion des Goetheschen Faust – »Auf freiem Grund mit freiem Volke stehen« –, die ja denn auch von Mephisto mit einer kalten Dusche des Zynismus kommentiert wird, alles Derartige hat Benn immer als unerträglich empfunden. Glück ist für ihn nur in der Vergegenwärtigungskraft der rückblickenden Melancholie. Darum liegt über seinen Gedichten dies berückende Spätnachmittagslicht, das wir von Nietzsche her kennen: Septemberzauber, der stille heimsucherische Glanz Claude Lorrainscher Landschaften. »Heiterkeit, güldene, komm!«, so schrieb vor siebzig Jahren der einsame Zeichendeuter von Sils Maria: »Du, des Todes / Heimlichster, süßester Vorgenuß!« Bei Benn ist diese Stimmung womöglich noch um einen Grad reifer, später, weicher geworden. Das Dithyrambische ist hinweggesunken, eine schwermütige Gelassenheit, die sich nur noch wenig bewegt, wird fühlbar: »Trauer und Licht« ist seine Formel, und noch einmal: »Trauer und Licht.«

Diese Stimmung ist in Gottfried Benns Arbeiten von Anfang an da, schon in der frühesten Lyrik und in der Rönne-Prosa von 1916 ist sie da, und sie ist sich selber treu geblieben durch viereinhalb Jahrzehnte hindurch, und in dieser Stimmung tritt ein Wahrsein zutage, das den Hörenden in seinen Bann zwingt: Wahrheit in doppelsinniger Gestalt: als eine geschichtlich bedingte, an Perspektive gebundene und als eine geschichtlich unbedingte, das Immerwährende und Immerselbige des Menschseins betreffende Sinnentfaltung. »Perspektive« war ja, um nur kurz daran zu erinnern, eines der vernichtenden Argumente der spätnietzscheschen Erkenntnistheorie: die Welt »hat keinen Sinn hinter sich, sondern unzählige Sinne« – aber auch die »Nietzsche-Lage«, so »final« sie für den Augenblick erscheinen mag, ist sich selbst als historisch und problematisch gegeben. Während das Herbsterlebnis, die großräumige Septemberstimmung als ein zyklisch wiederkehrendes Immerdar und Ein-für-allemal, als ein ungeschichtliches Überhaupt der conditio humana empfunden wird. Jenes an Nietzsche orientierte »Lagebewußtsein« aber, wie läßt es sich näher bestimmen?

Herbstgefühl und das Einsammeln von Bildern: ist es dies – oder ist es nicht vielmehr die Beschwörung einer unvordenklichen Menschenfrühe, Eiszeitjäger und Südseetraum, Meer- und Wandersagen und die betelkauende, zuckerrohrlutschende Menschenwildnis der vorzivilisatorischen Regionen, die hier gegen die qualvoll übersteigerte Bewußtheit des europäischen Spätlings heraufgerufen wird? Es ist einerseits der »Schwellungscharakter der Schöpfung«, Huldigung an das »Leben«, Variation auf ein Thema von Nietzsche, nur ohne dessen phantastischen Züchtungstraum und mit einem starken Einschlag von medizinischer Fachgesinnung, ein bärbeißiger Biologismus und Naturalismus, andererseits aber ein eisiger Intellektualismus, das aristokratische Nein des Geistes. Einerseits ist es die revolutionäre Situation, die Schaffung neuer Sprache für eine geschichtliche Lage, die sich selber noch nicht begriffen hat – »der Mensch steht ganz woanders als seine Syntax, er ist ihr weit voraus« –, das leidenschaftliche Brio des Hier-und-heute-Seins, die sprachliche Montage zur Einkreisung des gegenwärtigen »Phänotyps« – und andererseits ist es das Uralte, das älter ist als alles, was wir bisher für alt gehalten haben. *Natur* ist das eine, Natur in einem naturwissenschaftlich unerbittlichen Sinne, der noch das Schöpferische im Menschen als Naturvorgang begreift, als Hyperämie, Blutdruckschleier, phallische Schwellung, und *Form* ist das andere, Form als die asketische, alles Natürliche verneinende Widernatur. Ein anderes Gegensatzpaar lautet: Geschichte und Kunst beziehungsweise

Geschichte und Geist, und dies ist für Benn wohl die eigentlich entscheidende und hebelbildende Antinomie, dies ist die Stelle, wo er sich unnachgiebig polarisiert. Geschichte ist ein Chaos von blutigem Unsinn, ein sinnbetäubender Karneval blinden Wollens, Geschichte ist: »Jahrhunderte als Wolkenverschiebung«, und die Welt ist, wie es schon bei Nietzsche beschlossen wurde, nur als ästhetisches Phänomen erträglich. Ist aber nicht, so könnte man fragen, die Geschichte immer doch die ständige Herausforderung an den erwidernden Geist und insofern ein sinnförderndes Moment? Benn sieht auch diese Frage und gibt einmal folgende Antwort: »Ambivalenz der Dinge: auf der einen Seite die Entbindung des Geistes durch die Schlachten und andererseits die Einreihung aller derartigen Vorgänge durch den Geist unter die animalischen Bewegungen, unter die Geologie, – diese Antinomie war ohne Ende ...«

Mit einem Wort: die Thematik dieses Dichters ist von der allergrößten Spannweite. Sie ist von einem einzigen Gedanken beherrscht oder vielmehr von einem einzigen Urmotiv, das sich in einer drängenden Fülle von Gedanken, Antithesen und Problemstellungen entfaltet. Sie hat uns in dichterischer Sprache einen neuen Horizont eröffnet, der unser klassisches Bild von Herkunft und Geschichte des Menschengeschlechts außer Kraft zu setzen scheint, der erheblich umfassender ist als der Gesichtskreis des christlich-antiken Lagebewußtseins. Eine neue Vision von unserem Schicksal, eine neue *Mythe des Menschen* formt sich vor unseren Augen: es ist der *Mensch des Quartär,* gesehen in der schwermütigen, von halkyonischen Abschiedsschauern überflogenen Stunde des Abschieds: »Wieder war eine solche Stunde da«, so hat Benn diesen Durchblick durch die Zeiten beschrieben, »eine Stunde, in der sich etwas abzog von der Erde: der Geist oder die Götter oder das, was menschliches Wesen gewesen war, – es handelte sich nicht mehr um den Verfall des einzelnen, auch nicht einmal den einer Rasse, eines Kontinents oder einer sozialen Ordnung, eines geschichtlichen Systems, sondern etwas weit Ausholenderes geschah: die Zukunftslosigkeit eines ganzen Schöpfungsentwurfes trat in das allgemeine Gefühl, eine Mutation – an ein Erdzeitalter gebunden, an das hominine –, mit einem Wort: das Quartär ging hintenüber.« Eine Stelle wie diese hat prophetischen Klang, hier taucht der moderne Artist und Intellektualist bis in Schichten der Wahrnehmung hinab, die dem poeta vates vorbehalten schienen, Schichten der Ahnung und Weissagung, in denen über den Sinn der Geschichte entschieden wird. Man soll sie nicht als vorwitzige Handleserei und Sterndeuterei in Sachen Geschichte verstehen, eine solche Äußerung, sondern so, wie ein dichterisches Weissagen von jeher hat verstanden werden wollen: »Lang ist/ die Zeit, es ereignet sich aber/ das Wahre«, so lesen wir bei Hölderlin. Wo ereignet es sich, das Wahre? In Hölderlin selbst. Eine Prophezeiung, die den Untergang einer Kultur betrifft, ist selbst noch ein Zeugnis eben dieser Kultur.

Und nun die Frage, auf die seit langem alles hinzudrängen scheint, die Frage, die auch in den Denkbewegungen unseres Autors eine ganz maßgebliche Rolle spielt, wenn auch immer nur die melancholische Rolle des Verneintwerdens: die Frage, ob es in einer solchen Welt überhaupt angebracht ist, von »Wahrheit« zu sprechen, ob nicht, wie alles geschichtliche Handeln, so auch alle an ihren geschichtlichen Ort gebundenen Ideen sinnlos sind: »Gedanken, Gewäsch, aber man hat Inhalt, die Zeit vergeht.« Man kann ja – und von Benn her gesehen, ist das ganz unvermeidlich – darauf bestehen, daß alle im Laufe einer jahrtausendelangen Geistesgeschichte ans Licht geförderten Wahrheiten zu ihrer eigenen beschränkten und vergänglichen Perspektive verurteilt sind, man kann das »Fazit« dieser Perspektiven ziehen und damit der »Idee der Wahrheit« überhaupt den Laufpaß geben. Das ist spätestens seit Nietzsche ein wohl unerläßliches Denktraining, das ist eine spezifisch moderne »Wahrheit«, die sich aber natürlich selber wieder als problematische Perspektive verstehen kann.

So verirrt man sich im Labyrinth eines endlosen Perspektivismus, wenn man nicht wie Benn – auch diesmal wieder in Anlehnung an Nietzsche – im Sein und Sinn des Kunstgebildes, in »Stein, Vers, Flötenlied« das Bleibende, dem Problem der Wahrheit sonderbar Entrückte erkennt. »Stil«, sagt Benn, »ist der Wahrheit überlegen.« Was aber will er damit sagen? Will er nicht, daß ihm dieser Satz geglaubt wird? Daß man ihn für »wahr« hält? Wir sehen, daß wir der vertrackten Pilatusfrage durch keinerlei Hakenschlagen entrinnen können, noch in den heimlichsten Winkeln unseres Bewußtseins holt sie uns ein.

Nun ist diese Feier, glaube ich, nicht die Gelegenheit, das durch den Begriff der Nietzsche-Lage bezeichnete philosophische Problem über die bisherigen Andeutungen hinaus noch weiter zu verfolgen. Die Gestalt, sagte Hofmannsthal, »erledigt das Problem«, und genau dies ist der Anspruch, den auch Benn erhebt, wenn er behauptet, daß es der Herrschaftsbereich der Kunst ist – Stein, Vers, Flötenlied –, wo allein die Sinnfrage sich positiv beantworten läßt:

> Ein Wort, ein Satz –: Aus Chiffren steigen
> erkanntes Leben, jäher Sinn –.

Das eigentümliche Wahrsein der Poesie ist ja an die Grenzziehungen des philosophischen, des theologischen, des wissenschaftlichen, »weltanschaulichen« oder politischen Denkens nicht gebunden, wunderbare Freiheit herrscht an allen Grenzübergängen, jeder Visumszwang ist außer Kraft gesetzt. Das »gläubige« Gedicht ist so wahr wie das vermeintlich »ungläubige«, der katholische Dichter ist der Bruder dessen, der alle Religion für »regionale Stimmung« erklären kann und auf sie zurückblickt wie »auf ein Bühnenleben«, vorausgesetzt, daß auch dieser ein Dichter ist. Wie käme es sonst, daß manche Gedichte dieses radikalen Neinsagers von denen, die es angeht, ganz ebenso innig geliebt werden wie manche Gedichte von Eichendorff, und zwar mit eben denselben Kräften des Gemüts, daß für viele von uns Gebilde wie »Einsamer nie als im August« oder »Die trunkenen Fluten fallen« ganz dicht neben »Es war als hätt der Himmel« ihren Platz haben? Wer demgegenüber einwenden würde, es sei dies doch wohl ein »rein ästhetischer« Reiz, dem man da auf den Leim gegangen sei, der hätte uns eben immer noch nicht verstanden. Was wir meinen, ist allerdings »Wahrheit« – als ein Sich-Erklären von Sinn in »sinnlicher« Gestalt; niemand, der seinen Eindruck ernstlich durchdenkt, sollte dem widersprechen können. Auch jenes großartige Herbst- und Untergangserlebnis, das sich in philosophischer Sprache als »nihilistisch« deuten kann, ist wahrheitshaltig, kann eine Stimmung der Wahrheit genannt werden, dieses:

> Über allem steht die Doppelschwinge
> einer zehrenden Unendlichkeit:
> Welten – Werke – letzte Dinge –:
> todgeweiht.

Es gibt dezidiert christliche Dichter, die das gleiche Erlebnis sehr viel grimmiger, verzweifelter ausgedrückt haben, dies berühmte, dies unausweichliche Urerlebnis, das man einst »Vergänglichkeit« nannte, das Verdammtsein alles Geschaffenen zur Nichtswürdigkeit, zu Wurmfraß, Fäulnis und Verwesung. Ja, es gibt Stimmungen der Wahrheit, die sich in ganz verschiedenen Zeiten und Bewußtseinslagen wiederholen, helle, düstere, euphorische und melancholische, gelassene und erregte, und die Dichter, die von ihnen ergriffen werden, wiewohl unter ganz verschiedenen geistesgeschichtlichen Voraussetzungen, müssen immer wieder zu gleichsinnigen, wenn auch nicht gleichlautenden Ergebnissen gelangen.

So können wir es uns erklären, daß ein Autor, der als Bilderstürmer, Brückenabbrecher und entschiedener Antiklassiker begann, mit dem Gesamtertrag seines Werkes dennoch ein Zeugnis ablegt für die ungebrochene Kontinuität humaner Kunstübung und Wahrheitsfindung. Nicht daß er »zu Kreuze gekrochen« wäre auf seine alten Tage oder daß er neuerdings zu einer Art von Traditionalismus oder neuer

Klassizität zurückgekehrt wäre, wie dieser oder jener, der einst als Umstürzler begonnen hatte. Das nicht – er ist seiner künstlerischen Schicksalsformel treu geblieben bis heute, er hat bei seiner staunenerregenden Rückkehr in die Öffentlichkeit nach zwölfjährigem Schweigen im Jahre 1949 mit souveräner Gelassenheit die »Phase II« des Expressionismus verkündet, hat es vermocht, mit dem Elan seiner Ausdruckskunst, von der wohl niemand erwartet hatte, daß sie einen Altersstil entwickeln würde, nicht nur die Kritik zu überzeugen, sondern auch die Jugend zu begeistern. Kein konservativer Rückschlag also gegen die eigenen Anfänge, sondern eine instinktive Übereinstimmung mit älteren Verwirklichungen des dichterisch Wahren und in den Quellgründen der Produktivität eine meisterliche Sicherheit, durch die der Unterschied zwischen Umsturz und Bewahrung, Fortschritt und Überlieferung gewissermaßen Lügen gestraft wird. In der rhythmischen Geste, in Versmaß und Strophenbau, Tonfall und Kadenz kehren goethesche, eichendorffsche, novalishafte Stimmungen wieder, ja es gibt Gründe, mit denen man beweisen kann, daß sogar das barocke Kirchenlied, insbesondere die Lieder Paul Gerhardts, zu den Vorbildern seiner Kunstübung gehört. Jene für Benn so charakteristische Achtzeilenstrophe, dreihebig, teils jambisch, teils daktylisch phrasiert und vierfach gereimt, Ausdrucksvehikel einer gefaßten und weit hinausblickenden, einer herbstlich klaren und doch merkwürdig schmelzenden Melancholie, wie sie uns in einer Reihe von berühmten Gedichten (vor allem aus den zwanziger Jahren) wie »Die Dänin«, »Valse triste«, »Meer- und Wandersagen« oder »Theogonien« begegnet: woher könnte sie stammen, wo im gesamten Bereich unserer poetischen Überlieferung könnte sie ihr Muster haben, wenn nicht in Liedern wie »O Haupt voll Blut und Wunden« oder »Befiehl du deine Wege«! Gerhardt: auch er wurde, wie Benn, nicht weit von Berlin geboren und hat sein Leben teils in der Nähe dieser Stadt, zum großen Teil innerhalb ihrer Mauern verbracht: ein sehr ansprechender Gedanke, muß ich sagen! Das innerlich Gemeinsame wäre dann die eingeborene Seelenlage des evangelischen Pfarrhauses, es wäre der besondere Daseinsgeschmack eines norddeutschen Protestantismus, der ja bekanntlich auch Gottfried Benn von Bluts wegen und durch Erziehung mit auf den Weg gegeben wurde, nicht zu seinem Schaden, wie er selber mit Genugtuung vermerkt hat. Am Versmaß kann man es erkennen, aber ist es wirklich nur das Versmaß? Hören Sie folgende Strophe aus »Valse triste«:

> Niemandes –: beuge, beuge
> dein Haupt in Dorn und Schleh'n,
> in Blut und Wunden zeuge
> die Form, das Auferstehn,
> gehüllt in Tücher, als Labe
> den Schwamm mit Essig am Rohr,
> so tritt aus den Steinen, dem Grabe
> Auferstehung hervor.

Eine unwiderstehlich sanfte gegenseitige Durchdringung ganz verschiedenartiger, historisch weit auseinandergerückter Bewußtseinslagen findet statt, hier und an anderen Stellen, eine Osmose der Wahrheiten im Element einer mythischen Bildlichkeit. Eine Kommunikation zwischen allen Chiffrensprachen ursprünglichen Menschseins, die alles zweifelhaft erscheinen läßt, was man gelegentlich über das schroffe und traditionslose Fürsichsein unseres Dichters hören oder lesen kann. Wollen wir aus Gottfried Benn einen nihilistisch maskierten Christenmenschen herausdeuten? Beileibe nicht! Mit mehr, wenn auch nicht mit ausschließlichem Recht würde man an ihm Züge eines Mystikers entdecken können, Hinweise auf eine Methode des Erkennens, die so apriorisch, so »archetypisch« ist, daß man annehmen möchte, sie sei mit der Erschaffung der menschlichen Seele selbst schon gesetzt und vorgeschrieben worden, mit ihrem ewigen Hangen zwischen Ja und Nein, Entweder und Oder, mit ihrem eingeborenen Erlebnis des Gegensatzes und dem Verlangen, diesen Gegensatz aufzuheben in einer augenschließenden, weltumgreifenden Alleinheit. »Eine starke panische Gewalt«, so liest man im »Ptolemäer«, »war in mir tätig, die unmittelbare Vereinigung mit der Dingwelt zu vollziehen, die Stigmata der Jahrhunderte versinken zu lassen, die verschüttete, kindsmörderisch ertränkte Einheit des Seins zum Aufbruch zu erwecken und die abendländischen Phantome von Raum und Zeit in die Vergessenheit zu rücken.« Diese Erfahrung ist ein Musterbeispiel für die Vermählung der einzelnen Seele mit dem, was Heraklit den »allgemeinen Sinn« der Welt genannt hat: das strenge und wahrhaftige Fürsichsein eines geschichtlichen Wissensentwurfs taucht zurück in etwas, das immer wahr gewesen ist und immer wahr sein wird. Ich zitiere ein berühmtes Fragment des großen Ephesers: »Drum tut es not, dem Allgemeinen zu folgen. Obwohl aber der Sinn allgemein ist, leben die vielen, als hätten sie ein Denken für sich.«

Was ist Abendland, was ist Geschichte, was ist Öffentlichkeit? Eine Bemerkung Goethes fällt mir ein: »Trauriger Anblick einer grenzenlosen Verwirrung ..., das Wahre hie und da nur aufseufzend.« Sie, verehrter Herr Benn, würden diese Notiz gewiß für würdig halten, in einem Ihrer Texte zu figurieren. Gibt es überhaupt eine Beziehung zwischen der Wahrheit und dem öffentlichen Leben? Ist es wahr, daß es einmal einen großen preußischen General gegeben hat, der behaupten konnte, »auf Poesie sei die Sicherheit der Throne gegründet«? (Sein Name ist Neidhardt von Gneisenau.) Es war die Epoche der Freiheitskriege, Leyer und Schwert waren damals verbündet. Der Satz scheint auf unsere Situation nicht mehr anwendbar zu sein, Leyer und Schwert haben nichts mehr miteinander zu tun, das Königreich ist versunken, Preußen ist dahin, Berlin ist einsam geworden und von geschichtlicher Versteppung bedroht. Aber daß Sie diesem Berlin die Treue gehalten haben, daß Sie ihm im Jahre 1947 unter dem Titel »Lotosland« die präziseste, nüchternste und gleichzeitig faszinierendste Schilderung gewidmet haben, die es gibt, daß Sie hier inmitten einer Bevölkerung von hart bedrängten »Inselniggern« (Ihr Ausdruck!) Ihren Posten nicht verlassen haben und als der bedeutendste deutsche Dichter der Gegenwart immer noch an dem Ort wohnen, wo die Nation ihre tiefste Wunde empfangen hat, das alles legt uns den Schluß nahe, daß sich die Poesie mit ihrer »garantierenden«, ihrer sinnstiftenden und leben-helfenden Kraft auch heute noch bewähren kann. Sie haben keine öffentlichen Aufrufe und Reden verfaßt, Sie haben gedacht und gebrütet, am Fenster gestanden und Beobachtungen aufgezeichnet, aber wenn schon – wiederum laut Heraklit – auch die Schlafenden Tätige und Mitwirkende sind beim Geschehen der Welt, um wieviel mehr sind es die Dichter! Wir danken Ihnen für ihr Werk, im Namen Berlins und im Namen der Nation, wir danken Ihnen für das immer neue Glück, Sie lesen zu dürfen, für den zungenlösenden, starstechenden Ausdruck, wir danken Ihnen für die Gunst, einen Dichter von Herzen lieben zu dürfen, der uns unter überaus schwierigen Bedingungen sagt, wo wir stehen und wer wir sind. Sie repräsentieren etwas, in einer merkwürdig sinnblinden, düsteren und schweratmigen Stunde der Geschichte, in einer Stunde der Fledermäuse repräsentieren Sie etwas, wonach alle fühlende Menschheit hungert und lechzt, auch wenn sie es selber nicht weiß: Unabhängigkeit, Wahrhaftigkeit, den reinen Urlaut der Poesie.

JOHANNES R. BECHER: BERTOLT BRECHT

1956

Ein Trauern ist in der Welt. Wir in Deutschland trauern um ihn, in dieser unserer Trauer ist Deutschland eins. Es trauern in den Völkern, in jedem Erdteil alle diejenigen, welche die Kunst lieben, Sehnsucht haben nach Frieden und eine neue Menschenordnung zu schaffen gewillt sind. Liebe zur Kunst, Sehnsucht nach Frieden, der Wille zur Errichtung einer neuen Menschenordnung: diese drei Elemente sind in der Gestalt Brechts untrennbar vereint. Darum auch ist Deutschland, das friedliebende, das freiheitliche, in seiner Trauer um Bertolt Brecht eins. Darum ist in der Welt auch jeder mit einbegriffen in diese Trauer-Unendlichkeit, der es empfindet, wie tief die Liebe zur Kunst, die Sehnsucht nach Frieden und als Suchen nach neuen, menschenwürdigen Lebensformen unabdingbar miteinander verbunden sind.

Brechts Werk ist ein schlüssiger Beweis dafür, daß ein bedeutendes Kunstwerk in unserem Jahrhundert nicht nur möglich, sondern daß es eine lebensnotwendige Forderung ist, wie sie die Völker den Künstlern gegenüber erheben. Brecht widerlegt aufs großartigste das sterile Gerede von der Überholtheit der Kunst, von dem zur Unwirksamkeit verurteilten poetischen Gedanken. Jede Art von Après-nous-le-déluge-Stimmung war ihm zuwider. Nichts dergleichen. Kunstwert stand ihm höher denn je. Und so ist es. Kunstwerke haben Bedeutung mehr denn je.

Bertolt Brecht hat uns Maß und Würde gelehrt und sie uns vorgelebt und vorgebildet, in neuen Formen, ebenso schlicht wie reichhaltig. Jede Übertriebenheit war ihm ebenso wesensfremd wie jede Art von Betriebsamkeit, und so sind wir

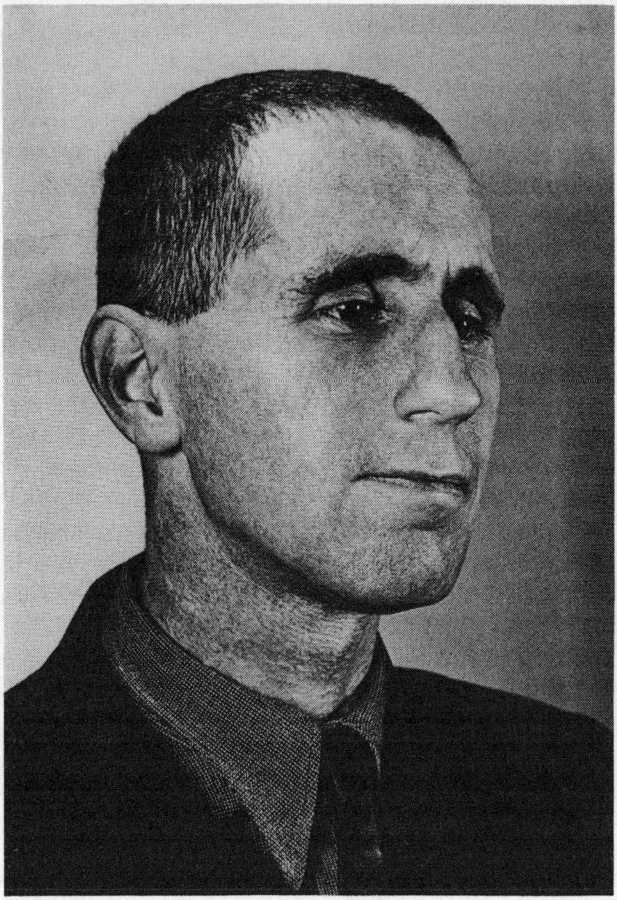

auch von ihm gebeten, auf jede Würdigung zu verzichten, die das Urteil der Nachwelt vorwegnimmt. Wir können diesem Wunsch um so eher nachkommen, als wir des Urteils der Nachwelt über sein Werk gewiß sind. Aber wir dürfen dessenungeachtet sagen, in Brechts Schaffen wurde die Dichtung Macht, und verbündet mit den guten Mächten dieser Welt, wurde sie zu solch einer Übermächtigkeit, daß weder die Gegner noch auch die Feigen und Lauen ihrer Wirkung sich zu entziehen vermochten. Man mag über Brechts Dramaturgie streiten und sich selbstverständigen, vielleicht noch jahrhundertelang, aber unbestritten bleibt und von Dauer seine dichterische Größe, sein dramatisches Genie. Das wird uns Brecht nicht verargen dürfen, wenn wir in diesem Sinne dem Urteil der Nachwelt vorgreifen.

Die Macht des Friedens, die Macht der Arbeiterklasse, des Sozialismus haben dem Werk Brechts Machtbewußtsein, Machtfülle und Machtvollkommenheit verliehen, und eine überwältigende Kraft geht davon aus.

Brecht, das ist Ermutigung, Verheißung; Brecht, das ist Glaube an die Dichtung und das Wissen um ihre unvergleichliche Wirksamkeit. Brecht, das heißt, die Zukunft ist gegenwärtig, das kommende Jahrhundert hat schon begonnen, wie es bei ihm heißt:

> Träume! Goldnes Wenn!
> Sieh die schöne Flut der Ähren steigen!
> Säer, nenn
> Was du morgen schaffst, schon heut dein Eigen!

Mit diesen Worten hat Brecht der Vision des Künftigen eine reale Kraft gegeben, aber der Standort, den er gewählt hat, die Deutsche Demokratische Republik, war ihm zugleich auch der weltanschauliche Standpunkt, der ihm einzig und allein Gewähr dafür bot, daß solche kühnen Perspektiven sich auch verwirklichen lassen. Die Deutsche Demokratische Republik war darum sein Staat. Er stand mit ihm auf du und du, er war ganz der Seine.

Brecht war als Dichter ein Arbeiter. Seine Dichtung war Präzisionsarbeit, er verabscheute den Ausschuß. Weniger war mehr, wußte er und verwendete sparsam seine reichen Mittel. So erreichte er eine einzigartige Konzentration des Ausdrucks. Dichtung war ihm nicht Ausweitung, nicht Abschweifung, nicht Ausschweifung, sondern Abstrich, Fassung, Verdichtung.

Es wurde ihm nicht immer leicht gemacht, aber vor allem hat er es sich nie leicht gemacht. Und so hielt er allen Versuchungen, Heimsuchungen, allen Schwierigkeiten und Prüfungen stand, wovon ihm in seinem Jahrhundert nichts erspart blieb. Der strengste Richter war er sich selber gegenüber. Oh, wie hielt er sich in Kontrolle! Welch eine Disziplin! Er war unbeirrbar, unbestechlich. Er ließ sich Zeit, er konnte warten. Er sah sein Werk wachsen, auch dort, wo der Erfolg noch nicht sichtbar war. Den außerordentlichen Erfolg, den Weltruhm, der ihm in den letzten Jahren beschieden war, schrieb er, wenn er überhaupt einmal davon sprach, weniger seinem eigenen Verdienst zu als vielmehr der Tatsache, daß das sozialistische Prinzip, dem er diente, zu einem weltweiten System geworden war und daß in diesem weltweiten System die Kunst einen ehrenvollen Platz einnahm.

In welchem Deutschen unserer Zeit war solch ein Reichtum der Gedanken mit solcher volksliedhaften Einfachheit verbunden! Wer hat das Harte mit solcher Zärtlichkeit ausgesprochen!

Wer konnte so hartnäckig und zärtlich sein zugleich! Wer hat Zärtliches gesagt mit solcher Härte! Welcher Chronist unserer Epoche sah das goldene Wenn des Morgens in der schönen Flut steigender Ähren so klar wie er! Wer verstand die Mütterlichkeit in ihrer Wärme, ihrer Bedrohtheit und ihrer Unbesiegbarkeit wie er! Wer war uns ein so guter Kamerad, wer solch ein treuer Freund der Jugend!

Gorkis Mutter lebt in vielerlei Gestalten in dem Werke Brechts fort. Der großen Mutter Deutschland und den Müttern der Welt hat Brecht ein unvergängliches Denkmal gesetzt. In der Unendlichkeit des Trauerns hören wir die Klagen der Mütter, die um Brecht, ihren vielgeliebten, so mit Recht gefeierten Sohn, weinen ...

Er hat das Haus des Berliner Ensembles, dessen Bühne, zu einer Stätte gemacht, von der ein Glanz ausging, über Deutschland, über die Welt. Er hat in Gemeinschaft mit seiner Gefährtin ein Ensemble geschaffen, das seinem dramatischen Genie entsprach und eine Heimstätte bester deutscher Dichtung geworden ist. Jedes Wort, das er sprach, sei es in Versen, in Prosa, in Dramen, in theoretischen und praktischen »Versuchen«, wie er allzu bescheiden seine Arbeiten nannte, war eine Verteidigung der Poesie, des Friedens, der wahren Menschenrechte.

So darf die Trauer-Unendlichkeit uns zugleich auch zur Gewißheit werden, daß sein Werk ins Unendliche weiterreicht und selber ein Unendliches ist.

Wir sprechen mit ihm und fragen ihn über seinen Tod hinweg, und er spricht mit uns und antwortet uns über seinen Tod hinweg. Er sitzt mit uns zu Tisch: Solch eine Art von Nähe ist diese Art von Abgeschiedensein, welch eine brüderliche Nähe!

... o Abschied allzuschwer:
Zum Wiedersehen aber wird das Scheiden,
Und Abschied wird zur Immerwiederkehr.

Das mittelalterliche »Mitten wir im Leben sind vom Tod umgeben« hat er abgewandelt in den Satz: »Mitten im Tode sind wir umfangen vom Leben« – umfangen tief und ganz von dem Seinen.

Er ist uns nur so weit entrückt, daß wir sein Bild allseitig zu betrachten vermögen, nicht weiter hat er sich von uns entfernt. Dieses Bild nimmt, je ernsthafter wir es beschauen, immer neue Züge an. Ein neues Wirklichkeitsbild ist entstanden in dem seinen ...

. . . Ach, wir
Die wir den Boden bereiten wollten für Freundlichkeit
Konnten selber nicht freundlich sein.

Aber Bert Brecht, der große Dichter, der wunderbare Genosse, war es – freundlich. Freundlich zu jedermann, auf daß alle freundlich werden, menschlich werden!

Zu dieser »Freundlichkeit« gehörte auch vielfaches gesellschaftliches Wirken. Sei es in der Deutschen Akademie der Künste, als Präsident des PEN-Zentrums, in der Friedensbewegung, im Deutschen Schriftstellerverband und auch im Ministerium für Kultur, dessen Künstlerisch-Wissenschaftlichem Rat er angehörte. Freundlich und sachkundig, vielerfahren und stets bescheiden, saß er dort wie unter seinesgleichen . . .

Nun hat er Platz gefunden gegenüber einem, der seinesgleichen ist und dem er wesensverwandt ist so wie jeder große Dichter jedem großen Denker. Gegenüber dem Grabe Hegels auf dem Dorotheenfriedhof in der Chausseestraße, neben seiner Wohnung, in der er am 14. August in einer kühlen Sommernacht gestorben war. Der gedichtete Gedanke – das durchdachte, das denkende Gedicht. Der angestrengte Begriff, die hohe, edle Vernunft des Denkens und die schöne, klangvolle Vernünftigkeit des Dichters: sie beide ruhen nun beieinander, vereinen sich und erheben sich als ein Zeichen des Sieges der Vernunft über die Jahrhunderte hinweg.

Über Deutschland aber, das heute in der Trauer, der unendlichen, eins ist, stehen nach wie vor seine Worte und bleiben stehen so lange, bis wir die Schrift unsichtbar machen dürfen, wenn unser Werk des Friedens vollbracht ist: »Das große Carthago führte drei Kriege. Es war noch mächtig nach dem ersten, noch bewohnbar nach dem zweiten. Es war nicht mehr auffindbar nach dem dritten.«

Trauernd um Brecht, wurden wir aufgeschreckt durch die Nachricht von dem Verbot der Kommunistischen Partei Deutschlands in der Bundesrepublik. Brecht hätte dazu nicht geschwiegen. Er hätte dargelegt, daß die Partei weiterleben wird, trotzdem, trotz alledem, und wachsen wird zu einer ungeahnten Stärke. Er hätte das Lob der Partei gesungen wie in seinem Gedicht:

Der Einzelne hat zwei Augen
Die Partei hat tausend Augen.
Die Partei sieht sieben Staaten
Der Einzelne sieht eine Stadt.
Der Einzelne hat seine Stunde
Aber die Partei hat viele Stunden.
Der Einzelne kann vernichtet werden
Aber die Partei kann nicht vernichtet werden.
Denn sie ist der Vortrupp der Massen
Und führt ihren Kampf
Mit den Methoden der Klassiker, welche geschöpft sind
Aus der Kenntnis der Wirklichkeit.

In all seiner Nüchternheit, und gerade darum, war Brechts Werk eine strahlende Gewißheit von Triumph des Sozialismus. Bertolt Brecht verheißt uns:

... eines Tages war das nicht mehr so
Und zu Ende waren tausend Jahre Not.
Aus der Jammer: Über der Getreidekammer hob sich hoh
Eine wunderbare Fahne, die war rot.

Diese rote Fahne neigt sich tief, von Trauer umflort, vor unserem Genossen, unserem Freunde, vor dem Dichter, vor dir: Brecht.

WALTER JENS: ALFRED DÖBLIN

1957

Ich studierte Medizin, weil ich die Wahrheit wollte« ... das Bekenntnis des Arztes Alfred Döblin zeigt die Perspektive, unter der sein Lebenswerk, vom »Schwarzen Vorhang« bis zum »Hamlet«, gesehen sein will. »Wahrheit«, »Erkenntnis«, »Redlichkeit« blieben über ein halbes Jahrhundert hinweg die Leitbegriffe dieses sehr einsamen Mannes, dessen poetische Intentionen sich erst heute, nach seinem Tod, als Zentralgedanken der Literatur unseres Jahrhunderts erweisen. Erst jetzt rückt der Schriftsteller Döblin aus seiner Vereinzelung in die Reihe zurück; erst jetzt werden die anderen sichtbar, Kombattanten derselben Schlacht, Gefährten, die zur gleichen Zeit das gleiche dachten ... der Poet und Erkenntnistheoretiker Broch, der Schriftsteller mit dem vivisektorischen Blick eines Arztes, Robert Musil, der Mediziner Benn – die ganze Schar aus der Nachfolge jenes Georg Büchner, der sich als erster um die Kommunikation von naturwissenschaftlicher Analyse und poetischer Umschreibung bemühte und damit die Verbindung von Vision und Nomenklatur, Linnéscher Benennung und visionärem Beschwören überhaupt als möglich erwies: vom »Lenz« führt der Weg geradenwegs zur »Ermordung einer Butterblume« und endlich zum »Hamlet«.

Döblin hat seine Anfänge niemals verleugnet; der Mitarbeiter des »Sturm« war zeitlebens Expressionist: mochten die Übergänge gleitender, die Antithesen – hier das Normale, dort die Abseitigkeit – selbstverständlicher werden ... die Kontur blieb scharf, die Sprache exakt und voll kühner Fügungen. Man spürt, hier wurde ein Weg beschritten, dem mehr als individuelle Bedeutung zukam; nicht zufällig gleichen die lebenslangen Wanderungen Alfred Döblins den

Expeditionen Musils und Benns. Von »Morgue« bis »Après-lude«, vom »Törless« zum »Mann ohne Eigenschaften«, vom »Schwarzen Vorhang« bis zum »Hamlet« gilt die Betrachtung immer dem gleichen Phänomen; hier wie dort steht am Ende nicht, wie bei den meisten Expressionisten, das Menetekel des Epigonalen, sondern die Klassizität des Alterswerks.

1905, als der Siebenundzwanzigjährige bei dem großen Alfred Hoche in Freiburg promovierte (»Gedächtnisstörungen bei der Korsakowschen Methode«), war das Erstlingswerk bereits niedergeschrieben, die Novellen folgten, und im Umbruchsjahr der deutschen Literatur, 1910, hatte Döblin schon längst eine Dimension erobert, die erst in den Novellen Georg Heyms, beim frühen Kafka, im »Malte«, in Musils »Vereinigungen« und den Rönne-Novellen wieder sichtbar wurde. Schon die »Ermordung einer Butterblume« zeigt das ganze Inventar des Expressionismus: die Typologie des Irren, das Wechselspiel von Normalität und Ekstase, Erinnern und Vergessen, die Phänomenologie der Großstadt (»Man wird nervös in der Stadt, die Stadt macht mich nervös«), den Einbruch des Unheimlichen mitten im Vertrauten, die Verselbständigung der Teile (»ihn empörte das eigenwillige Vorwärtsdringen seiner Füße«), die plötzliche, das gewohnte Verhältnis von Subjekt und Objekt umkehrende Vermenschlichung des Unbelebten (»Die Bäume schritten rasch an ihm vorbei« statt: »Er schritt rasch an den Bäumen vorbei«), das Hinabsinken eines Namens – Herr Michael Fischer – ins Anonyme, die Heimkunft des Wahnsinnigen in die unermeßlichen Tiefen des Es, endlich die Umkehr aller vertrauten Bezüge (»er mußte wohl hier im Wald kondolieren, den Schwestern der Toten«) und die Realisierung des Paradoxen. Die Beziehungen zu Kafkas »Beschreibung eines Kampfes« ergeben sich wie von selbst; mitten in der Banalität des Alltäglichen, auf einem Spaziergang, überfällt den Menschen die Schuld, nur eine Sekunde lang hält er sich für größer als er ist: aber diese Zeit genügt, um für immer über sein Leben zu entscheiden. Plötzlich tritt ein Fremdes in die Welt; die ermordete Blume wird zum Symbol einer ungeheuren Verschuldung, die, wie bei Kafka, ganz realistisch, mit der Technik eines geschulten Pathologen beschrieben werden kann: »Nun saß er ganz blöde in seinem Schlafzimmer, sagte laut vor sich hin: ›da sitz ich, da sitz ich‹ und sah sich verzweifelt im Zimmer um. Auf und ab ging er, zog seine Sachen aus und versteckte sie in einer Ecke des Kleiderspindes. Er zog einen schwarzen Anzug an und las auf seiner Chaiselongue das Tageblatt. Er zerknäulte es im Lesen; es war etwas geschehen, es war etwas geschehen. Und ganz spürte er es am nächsten Tage, als er an seinem Pulte saß. Er war versteinert, konnte nicht fluchen, und mit ihm ging eine sonderbare Stille herum.«

Was war hier zu tun? Gab es noch etwas anderes als die Beschwörung der einmal erfahrenen Paradoxie in immer neuen Variationen? Die Praktiken Kafkas also? Nein, Döblin ging einen anderen Weg; nicht »handeln«, sondern »warten«, nicht »sich aufbäumen«, sondern »stillhalten«, nicht »tun«, sondern »leiden« erschien ihm, zumal seit seiner Beschäftigung mit der Weisheit des Ostens (»Die drei Sprünge des Wang-Lun«) und der Tradition des mythischen Erbes (»Berge, Meere und Giganten«) als die oberste Maxime des Lebens: zurückzukehren in den Schoß der Erde, Heimat in der Ruhe des Leblosen zu suchen ... alles andere ist Donquichoterie – Wadzeks Kampf gegen die Dampfturbine, ein Verzweiflungskampf gegen die Technik, nicht weniger als die Selbstüberhebung jenes Transportarbeiters Biberkopf, der, statt auf die Welt zu hören, immer nur seinen eigenen Maximen folgt und dafür in der Stunde, wo der Tod an ihn herantritt, zu büßen hat: erst da gibt er endlich her, was er sich anmaßte, erst da wird er wieder Bruder der Tiere, Krume und Same, sucht einen Platz in der hartgefrorenen Erde, die ihn nicht will, hört endlich auf, die »starke Kopraschlange« zu sein, pfeift auf seine Kraft und Herrlichkeit, erkennt, daß er zwar seine Arme, aber nicht seinen Kopf gebraucht hat (»Hat er ein Herz gekriegt und ein Kopp und Augen und Ohren, und er denkt, ist gut, wenn er anständig ist, was er anständig nennt, und sieht nichts und hört nichts und lebt druff los und merkt nichts, man kann tun, was man will«); erst da wird Franz Biberkopf endlich bescheiden, erst da geht ihm das Wissen des Rebellenführers Wang-Lu auf, daß das Glück allein in der Bescheidung, die Klugheit allein im Erdulden liegt. –

Dem »Alexanderplatz« folgten Jahre des Schweigens, die Erwartung des Unheils, dann, auf der Flucht von Europa nach Kalifornien, die kopernikanische Wende, die den vielfach Umhergetriebenen zum Christentum führte: Alfred Döblin, seit 1936 französischer Bürger und zur gleichen Zeit schon mit jener Südamerikanischen Trilogie beschäftigt, in der sich bereits eine radikal andere Deutung des technischen Zeitalters ankündigt, wird zum frommen Katholiken. Das Reich der Geschichte erscheint dem Gewandelten nun unter neuen Zeichen; in der Kontinuität der Jahrhunderte zeigen sich übergreifende Gesetze; »Historie«, nicht mehr »Situation« wird zum Leitwort des reifen Döblin, der in den Mittelpunkt der »November«-Trilogie nicht einen Mann vom Schlage des Transportarbeiters Biberkopf, sondern den Studienrat Becker stellt, einen Mystiker wie den Redakteur Esch aus Hermann Brochs »Schlafwandler«-Trilogie, mit deren letztem Teil sich die Döblinsche Darstellung, trotz weit stärkerer Historisierung, vielfach berührt. –

Wie Biberkopf und Becker – beide aus dem Gefängnis, beide aus dem Lazarett entlassen – ist schließlich auch Hamlet, Edward Allison, ein Heimkehrer aus Bereichen, die ihn seiner Umwelt entfremdet haben. Noch einmal kommt ein Mann nach Hause; noch einmal klingt das wichtigste Thema der deutschen Literatur unseres Jahrhunderts an, die Legende vom Fremden, der seine Heimat nicht mehr wiedererkennt, die Geschichte Beckmanns, Stillers und Andreas Kraglers, das Märchen von Hamlet und Kari Bühl, die Sage jenes vielgewanderten Homerischen, Joyceschen, Hauptmannschen Odysseus, der, durch seine Fremdheit, auch die Daheimgebliebenen unversehens verwandelt. Dieses Thema, das vor allem, bei Pavese und Vittorini, die italienische Literatur geformt hat (dort ist es meistens der »Amerikaner«, der seiner Umwelt den Spiegel vorhält, um damit auch sich selbst, einen abseits stehenden Mann, der nicht mehr dazugehört, zu erkennen), wird im »Alexanderplatz« und »November 1918« nur vorläufig berührt: Becker und Biberkopf sind, trotz aller Aktivität, nur Objekte der Gesellschaft oder Exponenten der Historie, betroffene Opfer, an deren Schicksal sich die zeitbestimmenden Kräfte ablesen lassen. Edward Allison aber, der Krüppel, eine Gestalt wie Tollers Hinkemann, Hemingways Jake (aus »Fiesta«) oder Joseph Roths Andreas Pum, ist mehr als Opfer und Objekt, ja, er, der Ohnmächtige, anfangs ganz und gar Geschlagene, löst sich am Ende aus aller Verstrickung und »beginnt ein neues Leben« ... und das nicht mit Hilfe einer dialektischen Volte, nicht, wie Biberkopf, unter anderem Namen, nicht in der Traumszene des Irrenhauses, sondern im Zeichen des Tags und der Analyse. Freilich, ehe das gelingt, muß er in den Hades hinab, das Schicksal der Katabasis bleibt ihm nicht erspart; die Heilung ist mühsam, die Wiedergewöhnung an den alten Kontinent – Thema des Expressionismus: der Mensch, der sich in Asien verlor – erfolgt nur sehr langsam. Dennoch deckt sich der Schluß beinahe wörtlich mit der hymnischen Verklärung des »Alexanderplatz«-Endes: »Ich begegne Menschen, ich nehme an ihren Dingen teil und erfahre, es sind meine. Ich habe meine Erbschaft noch nicht angetreten. Ich sehe, ich habe oder hatte Arme und Beine, aber viel mehr hatte man mich schon nicht gelehrt. Ich preise den Himmel, daß ich noch mehr erfahren konnte. Dieses ungeheure Leben, diese Masse, an mich, an den Menschen, an sein Inneres gebunden, endlich wurde ich ihrer ansichtig und stellte mich ihr, als ein Stück von ihr.« Der Mensch kehrt zurück in den größeren Zusammenhang, reiht sich ein (»und Schritt gefaßt und rechts und links ... es ziehen mit uns hundert Spielleute mit«), nicht ein dumpfes, tierisch zu verehrendes Schicksal, sondern die Helle des Tages erwartet den

Zurückgekehrten, erwartet Biberkopf, erwartet Edward Allison. Beide fahren am Ende in die »wimmelnde und geräuschvolle Stadt hinein«, beide wissen: man wartet auf sie.

Aber erwartete man Edward nicht immer? Gewiß, aber damals, als er aus dem Kriege kam, war es nicht eine Begegnung von gleich zu gleich, sondern nur die Vermischung zweier Ängste: der Kranke fürchtete die Gesunden, die Gesunden fürchteten den Kranken, weil sie wußten, daß die kaum gezähmten Dämonen nun wieder hervorbrechen würden ... an ihm, den von einem fremden Stern Zurückgekehrten, müßte sich alles entscheiden, an ihm – so wollte es Alice, die Mutter, so fürchtete es Gordon, der Vater – sollten die kaum geschlossenen Narben wieder aufbrechen. Plötzlich griff die Vergangenheit in die Gegenwart ein, längst Vergessenes stieg noch einmal empor, und während man sich noch darum bemühte, dem Kranken mit Hilfe analytischer Hilfen über seine Kriegstraumen hinwegzuhelfen, während man ihn mit Geschichten und alten Legenden zu beruhigen suchte, enthüllte man sich unversehens selbst, und das Verhältnis von Jäger und Wild kehrte sich um: »Man glaubt sich im Sattel, scheint zu reiten, später kommt es einem anders vor. Manchmal hat man die Vorstellung: es sei da eine Spinne und ein Spinnetz, aber wir sind nicht die Spinne, sondern die Fliege, die im Netz zappelt.«

Im einzelnen ist auch in diesem letzten Werk alles gut expressionistisch, alles ganz typisch für Döblin: das Gegeneinander von Geschichte und Mythos, Zeit und Vorwelt, Kosmos und Modernität, das biblische Pathos, die Technik des klassischen Erziehungsromans, die assoziativ geformte Struktur der einzelnen Szenen, die Antithetik von medizinischer Analyse – Dr. King ist eine Figur der Literatur um 1910 – und visionärem Ausbruch – Alice am Afrikanischen Meer, eine Szene wie aus Benns »Geburtstag« –, das Spiel mit unerwarteten Paradoxien: Hamlet, den man fürchtet und auf Reisen schickt und dann doch wieder benutzt ...

Noch einmal klingen die Leitworte »Freiheit«, »Wahrheit«

und »Redlichkeit« an; aber wie kompliziert, unendlich verschachtelt erscheint dem alternden Dichter nun das einstmals so leicht lösbare Problem. Wahrheit, so erweist es sich jetzt, ist nicht nur heilend; Wahrheit zerstört auch, Redlichkeit geht über Leichen; am Ende, als das Haus der Allisons leer steht und die Bewohner geflohen sind, fällt das Wort: »Hier hat die Wahrheit gehaust.« In der Tat, dem Christen Döblin ist Wahrheit mehr als Richtigkeit; unbarmherzig und mitleidslos, von religiösem Pathos erfüllt, gewinnt sie noch einmal eine Bedeutung wie in der griechischen Tragödie. Die Erkenntnis identisch mit der Vernichtung ... im großen Roman der Analyse kehrt nicht zufällig das Motiv des König Oedipus wieder. Wie geheimnisvoll-vielfältig ist diese Erkenntnis, die nur sinnvoll erscheint, wenn sie, in sokratischem Sinne, unmittelbar zum Handeln führt! Anschaun allein, Bestehenlassen – die These des frühen Döblin – reicht nicht mehr hin, man muß zur Veränderung bereit sein. Fast scheint es, als blickte der Dichter am Ende seines Lebens auf seinen eigenen Anfang zurück, wenn er den alten klugen Dr. Mackenzie sagen läßt: »Man muß kein Wort zwischen sich und die Dinge kommen lassen. Die Worte, unsere Begriffe, alle diese festgefrorenen Urteile stören. Sie verhindern die Berührung mit den Dingen. Man muß dazu gelangen, die Worte wegzuräumen. Das legt den Weg zu den Dingen frei.«

»Die Worte verhindern die Berührung mit den Dingen« ... in der Tat, das ist noch einmal 1910, das ist wortwörtlich der »Törless«, das ist Benn (»Schweig. Asien ist tiefer«), das ist der Wang-Lun. Aber spricht Döblin wirklich durch den Mund des müden Dr. Mackenzie? Ist sein Blick nicht auf die Aktion gerichtet, auf die Bewegung, die den Raum überwindet, die gesamte Vergangenheit mobilisiert und noch einmal die Geschichten des Mythos, die Erzählungen der Engel und die heiligen Zungen aus dem Testament herbeizwingt? – Nein, Döblin hört nie auf, »Historiker« zu sein, all seine Situationen sind jederzeit auf mythische Analogien zurückzuführen, hinter den unscheinbarsten Fakten steht die geschichtliche Entsprechung; die Menschen des »Hamlet« sind Menschen der Spätzeit, die ihren Standort mit Hilfe früher Legenden bestimmen. Alles ist vielschichtig und voll geheimer Entsprechungen; man verbirgt sich, indem man enthüllt; man erhellt, indem man sich versteckt; man vergißt, um erinnert zu werden. Und dennoch, ungeachtet aller Formkühnheit, aller Staffelung in Raum und Zeit zum Trotz ... wie streng gegliedert ist dieses Buch! Im Zentrum: die Spinne im Netz, Edward, der Heimkehrer, der das Blut seiner Familie saugt und sie zu immer neuen Geständnissen zwingt; an der Peripherie: der Kampf zwischen dem Vater und der Mutter, zwischen Persephone und Lear, der Totengöttin und dem wilden Eber. Welche Fülle der Vergleiche, Beispiele, gleichsam spielerischer Analogien zwischen Heute und Einst, dem Heimkehrerschicksal des Edward-Odysseus-Orestes! Welch kunstreiches Spiel von Treffen und Verfehlen, Traum und Vergessen, Wahrheit und Schein ... und das alles, diese ganze Beschreibung eines Familienkonfliktes, erweitert sich am Ende zu einem großen Symbol, indem sich nun noch einmal die visionäre Kraft des alten Expressionisten erweist: der Zerfall der Familie erscheint nur als ein Beispiel für einen viel umfassenderen Verfall; der Streit zwischen Eltern und Kindern, der Versuch, einander zu benutzen, bezeichnet die Angst vor dem Frieden, die Furcht vor der Ordnung, die versucherische Haßliebe zum Kriege.

So steht am Schluß des Buches, wie im »Alexanderplatz«, wie im »Dieb« von Georg Heym, wie in Brochs »Schlafwandlern«, die Apokalypse – dort, wo Alice Allison sich im Schönheitspalast der Madame Suzanne den Händen des Teufels überläßt und zur Dirne, zur »Hure auf dem rosinfarbenen Pferd« im expressionistischen Sinne herabsinkt.

Noch einmal die Sprache der Bibel, noch einmal die Rückkehr zur Erde: »Die Geißler, die halbnackten auf den Straßen. Und überall sinken Tote in den Boden, zurück in die Erde, die gute Erde«, noch einmal, wie im »Alexanderplatz«, »das langgezogene Lied des Todes«, noch einmal die schrecklichen Trommelwirbel an der Wende der Zeiten: »Ich höre Marschrhythmen, Schläge, Trommelwirbel, einer gleicht dem anderen. Aber darüber spannt sich langsam, feierlich, gräßlich die lang, lang gezogene Melodie, die menschenmörderische, verschlingende Melodie. Sie gräbt sich in das Gehirn. Sie leert die Seele aus. Sie raubt das Bewußtsein. Ein Krater tut sich auf. Er schluckt uns.«

Und trotz allem: das neue Leben. Trotz allem, trotz Emigration, Verfolgung und Bitterkeit ... ein alter Mann kehrt zu seinem Anfang zurück, faßt alle Motive zusammen, schafft ein Lebenswerk von der Bedeutung der »Schlafwandler«, des »Mannes ohne Eigenschaften« und des »Doktor Faustus«. Während die Altersgenossen meist als resignierende Epigonen enden, gelingt Alfred Döblin die große Synthese, ein Roman von erschütternder Klassizität. Der Ring schließt sich, die ersten Bilder gleichen den letzten. Wie Michael Fischer an seinem Freiburger Fenster steht – »die Sonne schien in diesen Tagen oft auf die Stadt, das Münster und den Schloßberg, schien mit aller Lebensfülle. Da weinte der Verhärtete eines Morgens am Fenster auf, zum erstenmal seit seiner Kindheit. Urplötzlich, weinte, daß ihm fast das Herz brach« ... so steht der todkranke Dichter, 1955, zwei Jahre vor seinem Ende, am Fenster, spricht »von Leben und Tod, die es beide nicht gibt«, und sieht aus den Fenstern jener Klinik, in der er vor fünfzig Jahren promovierte, auf die gleiche Landschaft hinaus. »Heute hat man endlich, weil meine Abfahrt so nahe bevorsteht, die unteren Fenster meines Zimmers gesäubert, durch die ich von meinem Platz hinter dem Tisch hinausblicke, und das, was ich sehe, soll die Stadt Freiburg sein. Manchmal vergesse ich es und grüble und frage: bin ich in Mainz, bin ich irgendwo in Paris? Aber die große, die gewaltige Zypresse steht da, der Riesenstamm, der Staat mit seiner Bürgerschaft, seinen Burgen, seinen Armeen. Jetzt enthüllen sich mir langsam manche Geheimnisse dieser stummen Riesengesellschaft. Ich erzähle nun, was ich täglich sehe.«

Als Döblin seiner Frau diese Zeilen diktierte, war »Hamlet«, das Meisterwerk eines großen Schriftstellers, schon beendet. Aber die Geschichte seines Autors, der Weg von der »Ermordung einer Butterblume« zum »Wang-Lun« und vom »Alexanderplatz« zum »Hamlet«, von den ersten Arbeiten im »Sturm« bis zu den Traktaten der letzten Freiburger Jahre, ist noch nicht geschrieben.

STEPHAN HERMLIN: JOHANNES R. BECHER

1958

Der Tod des Dichters

In memoriam Johannes R. Becher

Nahe schon ist der Herbst, nah ist im Fall der Frucht
Das Verklingen des Lieds, dort wo der Wald erdröhnt
  Tief vom Sturz seiner Toten
    Und den Stürmen, die südwärts wehn.

Denn bestimmt ist's, daß groß auf sich Verdunkelndes
Schlaf kommt, schattender Hauch, groß wie das Sehnen nach
  Stille, wenn nach des Lichtes
    Glanz der heftige Tag verstummt.

Sie auch ziehen davon, hin mit den Winden, und
Nächtlich rauscht überm Haupt weissagend Vogelflug,
  Doch es leuchtet Verheißung
    Dem Verlassenen dort am Weg.

Auch der Völker Entschluß ist es geheimnisvoll,
Sie, die dauernden, schaun überm Gebirg das Licht
  Und es hält sie nicht länger,
    Die Erschütterten, weil es tagt.

Doch dem Weilenden, der fernhin entschwinden sieht,
Unaufhaltsame, sie, die keine Mühsal schreckt,
  Die den Abgrund nicht fürchten
    Und die Drohung der Wasser nicht,

Nimmermüde, wohin sie die Bestimmung ruft,
Irrend oft im Gestrüpp ihrer Beladenheit,

Finsternissen entsteigend,
Nie vergessend des alten Traums;

Ihm auch kündigt sich an hellerer Zeiten Bild
Und was lange schon herrlich verheißen ist
Wehet auch durch die Stille
Einer Dämmrung und macht sie schön.

Ach, ihn blendet der Tag strömend mit Sommerlicht,
Und der Atem geht schwer, ringend im Mittagsdampf,
Wenn die feindlichen Stimmen
Schreckverworren vorüberfliehn.

Wolken! Wolken! Zu euch! Furchtbare Gleichnisse!
Aufglanz oben im Licht! Treibend in Lüften ihr!
Angstlos Schöne, zu euch will
Blick und Hauch, daß die Unruh schweigt.

Flüssen nach auf der Bahn eisiger Wasser und
Über Ebenen hin, hallenden Wäldern, weit
Drüben brechen sich Meere
Ungeheuer am schwarzen Fels;

Wo der stählerne Pfeil fliegt vor dem Schall, und wo
Adler stürzen in Nacht, Türme am Horizont
Künden nahenden Sturm, wo
Regen wandert im hellen Raum.

Denn gegeben ist ihm nimmer, nicht dort, nicht hier
Stillung bitteren Zwists. Lang schon, zu lang im Streit
Lieget, im unerhörten,
Mit dem künftigen jeder Tag.

Neues wächst aber fort, so wie die Zeit es will.
Die ist des Darbens müd. Ihn aber ruft es weit.
Was auch ohne ihn blühet
Preist er künftigen Glücks gewiß.

HANS ERICH NOSSAK:
HANS HENNY JAHNN
1960

Am 29. November 1959 starb Hans Henny Jahnn im Blankeneser Krankenhaus an den Folgen eines Herzinfarkts. In der Nacht vor dem Tode hatte er, wie er seiner Frau noch berichten konnte, das gesamte Szenarium eines Theaterstücks mit dem Titel *Die andere Seite greift ein* entworfen. Er lag dann mehrere Tage in seinem kahlen Arbeitszimmer aufgebahrt, neben dem Konzertflügel, ganz ohne die obligaten Blumen. Wie jung er aussah! Wie ein Knabe, der beim Spielen müde geworden und eingeschlafen ist. Der Kopf ruhte auf einem alten Kissen aus graugelbem Veloursamt, das eine Bekannte vor Jahren für den Hund des Hauses gestiftet hatte. Die Beisetzung fand auf dem alten Nienstedtener Friedhof statt. Freunde und Verehrer, Schriftsteller und Künstler sowie Vertreter von Akademien und Behörden gaben dem Dichter in großer Zahl das letzte Geleit. In der Kapelle wurde nur Orgelmusik von Sweelinck gespielt. Der selbstentworfene, kistenartige Sarg – ähnlich dem, der in der *Niederschrift des Gustav Anias Horn* genau beschrieben ist – war so schwer, daß er von den jungen Menschen, die ihn trugen, auf dem kurzen Wege zur Gruft dreimal abgesetzt werden mußte. Jemand äußerte: »Ein Zinksarg, das bedeutet Protest gegen den Tod.« Die Abschiedsworte am Grabe sprach ein Freund, mit dem eine gegenseitige Vereinbarung bestand. – Alles war anders und wie improvisiert; mehr so, als ob Kinder Sterben und Beerdigung spielen, und gerade deshalb von einer rührenden Feierlichkeit und ganz vertraut. Ganz dem Leben Jahnns angemessen.

Es ist von ihm gesagt worden, er wäre zu spät geboren.

Gewiß, es gab viele barocke Züge an ihm. Schon der naiv-pathetischen Würde seines Auftretens nach, mit der er den nicht weniger naiven Anspruch auf würdevolle Behandlung erhob, ist man geneigt, ihn neben die repräsentativen Gestalten des siebzehnten Jahrhunderts zu stellen. Übrigens war er von einer archaischen Häßlichkeit, aber das vergaß man sofort über dem liebenswert Kindlichen und überwältigend Hilflosen seines Wesens. Auch der Vielseitigkeit seiner Begabungen und beruflichen Betätigungen nach scheint er eher in die späte Renaissance als in unser spezialisiertes Zeitalter zu gehören. Er hat sich ja nicht nur als Dichter, sondern auch als Orgelkonstrukteur einen Namen von überragender Bedeutung gemacht. Von seinen Verdiensten auf diesem Gebiet braucht hier nur auf die Erhaltung der Hamburger Jacobi-Orgel Arp Schnitgers und auf Jahnns letzte Schöpfung, die große Orgel für das Rundfunkgebäude in Ostberlin, hingewiesen zu werden. Außerdem brachte er im eigenen Ugrino-Verlag die Werke früher Barockmusiker heraus, und zwar in endgültigen Ausgaben, die heute von allen Organisten der Welt gespielt werden. Das verdienstvolle Unternehmen verschlang alle seine Einnahmen und brachte ihn in dauernde wirtschaftliche Bedrängnis. Ferner muß noch der hormonalen Experimente gedacht werden, mit denen Jahnn sich befaßte; er spricht von einem Zufall und bezeichnenderweise von seinem Geruchssinn, der ihn während der Bewirtschaftung seines Hofes auf Bornholm darauf gebracht habe. Damit ist das Gebiet seiner Interessen und Tätigkeiten keineswegs abgesteckt. Er war ein polyphoner Mensch, aber alles andere als ein in sich versponnener, norddeutscher Sonderling. Mit empfindlichster Wachsamkeit reagierte er auf alle Tagesereignisse, machte sie zur eigenen Sache und nahm mit größter Unerschrockenheit dazu Stellung. Er hatte ein ausgesprochenes Bedürfnis nach Geselligkeit und nach direktem Einfluß auf seine Umgebung. Es fehlte ihm nicht an Humor, und wer bei ihm zu Haus hat verkehren dürfen, wird bei Tisch von der breiten, hausväterlichen Wärme überrascht gewesen sein, die

Jahnn ausstrahlte, eine Eigenschaft, die wohl heute als völlig verloren gelten kann.

Dennoch stimmt die Behauptung vom Zu-spät-Geborensein nicht, und der oberflächliche Hinweis auf das Barocke muß als irreführende Ausrede abgelehnt werden. Richtig dagegen ist, daß Hans Henny Jahnn völlig naiv von außerhalb der Zeit an die Zeit herantrat und darum weder in seine noch in irgendeine Zeit paßte. In früheren Jahrhunderten hätte er zweifellos auf dem Scheiterhaufen geendet, und wenn unser Zeitalter ihn nicht verbrannt hat, so nur deshalb nicht, weil es noch wirksamere Methoden erfand, mit einer lästigen Erscheinung fertigzuwerden, zum Beispiel die des Totschweigens. Er wäre verbrannt worden – und würde morgen wieder verbrannt – nicht wegen seiner speziellen Ketzerei und weil er ein Heide war, sondern wegen der monomanischen Unbedingtheit, mit der er Menschlichkeit predigte. Dadurch fühlt sich die Gesellschaft, die doch, wenn sie überhaupt bestehen will, sich und ihre Institutionen für die einzig mögliche Wirklichkeit zu halten hat, als inhumane Abstraktion entlarvt, und das läßt sich keine Gesellschaft, welcher Zeit und Schattierung auch immer, bieten. Hierin allein und nicht etwa in geringfügigen Abwegigkeiten, die polemisch übertrieben wurden, um Hans Henny Jahnn zu vernichten, ist der Grund für die allgemeine Ablehnung zu sehen. Es mangelte ihm gänzlich an Instinkt für das politisch oder wirtschaftlich Realisierbare, darin lag zugleich die hinreißende Überzeugungskraft seiner Persönlichkeit und seine Tragik, ja, mit aller Ehrfurcht gesagt, seine Tragikomik. Parteien versuchten zuweilen, sich für den Moment seiner Stimme zu bedienen, doch seine maßlose Empörung pflegte sehr bald auch die zu erschrecken, die in der Tendenz mit ihm einig waren, und so kam es, daß sie sich, oft um der Sache willen, von ihm abwandten. Er war zu groß, um ins Sektiererische zu verfallen, doch wie unsäglich er unter dem Scheitern seiner Absichten und dem Gefühl gelitten hat, daß seine Person eher hemmend als fördernd für seine Pläne war, verraten die Briefe aus den letzten Jahren. Diese Tragik warf ihn immer wieder in die Vereinzelung zurück, und vielleicht darf man sagen, daß wir ihr seine großen Dichtungen zu verdanken haben, die eine nicht enden wollende Klage über die Vergeblichkeit allen Tuns und eine beschwörende Frage nach dem Bleibenden sind.

Hans Henny Jahnn ist 1894 in Stellingen geboren, damals noch eine dörfliche Gemeinde an der Peripherie Hamburgs. Sein Vater war Schiffbauer, die Vorfahren sollen aus Danzig und dem Mecklenburgischen stammen. In dieser Herkunft sind zwei Grundelemente seines Wesens zu suchen: das Meer und die verläßlich angeborene Vertrautheit des Handwerkers mit Material. Oder anders ausgedrückt: die große anonyme Atembewegung, die noch den alltäglichsten Satz Jahnns hebt und senkt, und die tast-, riech- und schmeckbare Substanz seiner Bilder.

1915 emigrierte er als Kriegsgegner nach Norwegen. Um zu erklären, was der dreijährige Aufenthalt in einer heroischen, vom Meere umspülten und angefressenen Landschaft für Jahnn bedeutet hat, kann man nur auf den alten Mythos hinweisen, nach welchem Rhea ihr Kind Nymphen und Kentauren zur heimlichen Aufzucht anvertraute, da es sonst von Kronos gefressen worden wäre. Als Jahnn 1918 zurückkehrte, war er bereits der, als den ihn uns die Totenmaske zeigt: nicht ein von Dämonen gehetzter und in asketischer Abwehr zu ihnen stehender Mensch, nicht ein komplexer Charakter, der an der Krankheit aller Modernen, dem Zweifel an sich selbst, zu leiden hatte, sondern ein von Dämonen Aufgezogener und ihnen Verpflichteter, der ihre Sache mitleidend vor den Menschen vertrat. Damit war das Thema für ihn gegeben; mit zwanzig Jahren kann die Entwicklung Jahnns als abgeschlossen gelten. Von Jugend- und Alterswerken läßt sich bei ihm nicht reden; alles, was in den nachfolgenden vierzig Jahren entstand, ist nichts als eine großartige Variation, auch darin der geschichtslosen Natur gleich. Jede nur literarische, fachwissenschaftliche, psychologisierende oder gar moralisierende Sicht vermag deshalb dem Phänomen

Jahnn niemals gerecht zu werden. Ihn zu kritisieren, ist nicht schwer, aber ein intellektuelles Ja oder Nein ändert nichts an einer Natur, die in einer Welt existiert, »aus der ich nicht entfernt werden kann«, wie er selber bekennt. Damit ist zugleich das Unzeitgemäße und die eindeutig dramatische Position Jahnns erwiesen.

1920 wurde er für sein Drama *Pastor Ephraim Magnus* von Oskar Loerke mit dem Kleistpreis ausgezeichnet. Die literarische Öffentlichkeit reagierte entrüstet. Anerkennende Bewunderung einiger weniger und giftige Feindseligkeit des großen Durchschnitts waren von da an ein für Jahnn typisches Los, das sich bis zu seinem Tode und noch darüber hinaus nur zu oft wiederholen sollte. Auch wenn seine Stücke in gekürzten und gemilderten Fassungen zur Aufführung kamen, mußten sie meistens schon nach ein paar Abenden vom Programm abgesetzt werden. Das Publikum fühlte sich befremdet und schockiert, es kam zu Theaterskandalen, und die Tageskritik trug sowohl durch ihren üblichen Mangel an Ranggefühl als auch durch billige Gehässigkeiten dazu bei, Jahnn als einen abwegigen, im Schmutz wühlenden und das bürgerliche Anstandsgefühl beleidigenden Autor abzustempeln, den die Allgemeinheit nicht zu dulden brauche. Es beweist die Echtheit seiner Anlage, daß die dauernden Anfeindungen ihn nicht irre machen konnten und daß er frei von kleinlichen Ressentiments blieb.

Das gleiche gilt für sein erzählerisches Werk. Weder der frühe Roman *Perrudja* noch die umfangreiche Trilogie *Fluß ohne Ufer*, zu der noch ein Epilog in einem schwer entzifferbaren Manuskript vorliegt, sind in ihrer Bedeutung für die deutsche Literatur bisher auch nur annähernd gewürdigt. Selten, daß ein Buchtitel so treffend für ein Werk und seinen Autor ist. Alles, was Hans Henny Jahnn geschrieben hat, ist Fluß ohne Ufer und ohne Aufhören; Form und Abschluß sind kaum mehr als Konvention. Die große anonyme Stimme läßt sich nicht einengen und klingt weiter, ganz gleich, ob sie sich im Rauschen einer Birke oder in dem des Blutes kundtut, ob sie als Aufschrei eines Tieres oder als Oberton einer Orgelpfeife lebendig bleibt. Immer ist die Stimme selber das eigentliche Thema; das vordergründig Romanhafte des Daseins wird vor ihr, vor dieser »dröhnenden Stille«, zu einer krampfhaften Fehlleistung. Die Stimme ist ganz unmystisch und ohne jede Romantik, nicht realistisch, sondern real. Und niemals kosmisch, sondern immer ganz irdisch. Es ist die mütterliche Stimme der Erde selbst, mit der sie jubelnd oder klagend am Gesang der Planeten teilnimmt. Der Monolog eines einsamen Sternes in einem Sternbild.

Daß die in lärmender Emsigkeit befangene Zeit kein Ohr dafür hatte, mag zu verstehen sein. Ganz unbegreiflich bleibt es jedoch, daß man Jahnn als einen krassen Materialisten abtat, wie es noch anläßlich seines Todes in einer Tageszeitung geschah. Es zeugt geradezu für das Fehlen jeden religiösen Instinkts und für die selbstgerechte Taubheit der Zeitgenossen, daß kaum jemand von dem alttestamentarischen Pathos angerührt wurde, das wie ein Orgelton jede Äußerung Jahnns trägt. Denn es ist die sinnenhafte Melodik der Psalmen und das Sprachgewitter der Propheten, was uns aus seinem Munde wiederklingt und überwältigt; ja, der Ursprung dieses Pathos läßt sich noch weiter zurückverfolgen, zu der Wehklage Gilgameschs um seinen Freund Enkidu, ein Hinweis, der um so berechtigter ist, als Jahnn selber sich zu dem alten Epos bekennt. Und wer wagte wohl Gilgamesch einen Materialisten zu nennen, nur weil er ein Heide war? Und noch unverständlicher ist, daß niemand vor den Figuren der Engel stutzig geworden ist, die in fast allen Werken Jahnns durch ihr Auftreten die Tragik der menschlichen Situation offenbar machen. Freilich waren ihm die Engel keine Abstraktionen, keine platonischen Ideen und vor allem keine Boten des Himmels oder Seelen Abgeschiedener, sondern ganz animalische Wesen, der Umarmung bedürftig und des Umarmens fähig. Wenn überhaupt rational daran zu deuten erlaubt ist, möchte man diese Engel als die schuldlose und, wie alles Natürliche, androgyne Kreatur bezeichnen, die wir einmal gewesen sind und die nun heimatlos umherirrt, da sie um der historischen Wirklichkeit willen von uns im Stich gelassen wurde. In dem Oratorium *Neuer Lübecker Totentanz* klagt die arme Seele des guten Menschen: »In mir tönte der Akkord des Lichtes und der geordneten Materie. Doch ich erreichte das Bild nicht, das zu werden meinem Fleische als Aufgabe gestellt war. Ich fiel von meinen Eltern ab und von der Gesundheit; der makellose Vorgang des Wachsens verschlechterte sich an mir zur Entartung.« Die tragische Sehnsucht nach Wiedervereintsein mit der reinen Kreatur war das Grundmotiv der Jahnnschen Dichtung und seines Lebens.

Der Name Hans Henny Jahnn blieb weiteren Kreisen fast unbekannt. Er hatte keinen Tageskurs; verlegerisch gesprochen, war er ein schlechtes Geschäft. Die meisten seiner Werke sind nur in kleinen Auflagen erschienen, auch das vielfach nur mit finanzieller Hilfe von privater oder staatlicher Seite. Insbesondere der Stadt Hamburg muß dankbar gedacht werden, denn sie hat sich ihrem ungewöhnlichen Sohn stets als großzügiger Förderer bewiesen. Erst in den allerletzten Jahren ist der Name Jahnn durch Auswahlbände und Taschenbücher auch einem größeren Publikum Begriff geworden. Vor allem die jüngsten der Jungen beginnen sich, überdrüssig der menschlich unverbindlichen Mache der Nachkriegszeit, auf ihn zu berufen. Auch das Ausland hat inzwischen Übersetzungsrechte erworben. Es wird in den kommenden Jahrzehnten nicht an Doktorarbeiten und Monographien fehlen. Der Tod ist immer noch die beste Reklame für einen außerordentlichen Menschen.

Für den kleineren Kreis derer, die ihn von Anfang an erkannten, war er weit mehr als eine Figur der zeitgenössischen Literatur. Es war keineswegs so, daß wir uns als eine Art Jünger fühlten, die der Faszination des Meisters bedingungslos erlagen. Auch nicht, daß wir sein Werk ohne Kritik hinnahmen oder mit seinen zeitlichen Absichten ohne Bedenken übereinstimmen. Stets war es zunächst er selber, der uns menschlich und sinnenhaft anrührte und um den wir vom ersten Augenblick der Begegnung nicht aufhörten zu bangen wie um einen seltenen und unseres Schutzes bedürftigen Fremdling. Wenn wir uns immer wieder, oft gegen Vernunft und eigenen Willen, helfend und korrigierend neben ihn stellten, so verteidigten wir, ohne uns dessen bewußt zu sein, etwas in uns, das als verschüttet galt, etwas ganz Unbrauchbares, dessen wir uns als altmodisch schämten; und das nun plötzlich wieder Leben zeigte und durch die Kruste brechen wollte, weil einer da war, der es anrief und den Mut hatte es zu sein.

Das schwere kindliche Leben, das Hans Henny Jahnn uns vorgelebt hat, lehrte uns wieder an die naturbedingte Notwendigkeit der dichterischen Existenz glauben. Daß eine so beunruhigende Erscheinung in unserem funktionalisierten Jahrhundert möglich war, läßt uns wieder hoffen, daß auch die Zukunft mehr sein wird als ein dürres Rechenexempel für ein Elektronengehirn, und der Mensch mehr als ein sozialer Quotient.

CURT HOHOFF: HERMANN HESSE

1962

Hermann Hesse war ein deutsches Phänomen von fast schon symbolischer Macht über die Gemüter. Obwohl seit Jahrzehnten in der Schweiz lebend, obligatem deutschen Tun und Lassen mehr oder minder polemisch und gefühlvoll abgewandt, hat dieser Sohn deutscher Missionare aus Württemberg die deutsche Flucht aus der Wirklichkeit in das Reich poetischer Träume als Mensch und Autor dargelegt wie selten einer. Er hat eine Legende darüber entstehen sehen und hat wie jeder Autor von Einfluß alles getan, diese Legende zu nähren und zu schmücken. Da ist Hesse der Kriegsfeind und Friedensfreund, der Liebhaber der Pflanzen und Blumen, der Gärtner, der Helfer junger Menschen, mit hohen Preisen dekoriert, ein Liebling des deutschen und schweizerischen Publikums; melodiös nennt man seine Verse, sensibel seine Romane –: und alles war eine einzige Flucht in Traum und Imagination.

Hermann Hesse ließ sich nach dem Ersten Weltkrieg in Montagnola (Tessin) nieder. Wie der Schweizer Carl Spitteler nach dem Ersten, erhielt der Schweizer Hesse nach dem Zweiten Weltkrieg, 1946, den Nobelpreis. Eine gelehrte Bibliographie verzeichnete im Jahre 1949 nicht weniger als 85 eigene Bücher Hesses, 21 Bücher über ihn und viele Hunderte von Beiträgen journalistischer Art. Sein Ruhm begann im Jahre 1903 mit dem Erscheinen des Romans »Peter Camenzind« in der *Neuen Rundschau*.

Camenzind ist ein Naturbursche, der sich als Landstreicher und Wanderer auf Tour begibt. Er haßt die großen Städte und ist erfüllt von Ressentiments gegen Literatur und Kunst. Er hält sie für »Ästhetengeflunker«. Diesen Peter zieht es unwiderstehlich zur Natur und einem naturgemäßen, ländlichen Leben, wo man körperliche Kräfte braucht, trinkt, raucht und sich der Faulheit ergeben darf. Es handelt sich um den Protest gegen die moderne Zivilisation und den Rückzug eines romantischen Gemüts auf zeitlos menschliche Werte. Camenzind läßt eigentlich nur *ein* Vorbild gelten, den heiligen Franz von Assisi, das Genie des ursprünglichen Liebens und Glaubens, der Einträchtigkeit des Menschen mit Tieren und Blumen. Schließlich kehrt Peter in sein Dorf zurück und soll Gastwirt werden: Das ist eine bürgerliche Kehrseite seiner wahren, der inneren Existenz. Hier wird deutlich, daß Camenzind ein Selbstbildnis Hermann Hesses selber ist. Es heißt nämlich: »Ich hatte den Wunsch, in einer größeren Dichtung den heutigen Menschen das großzügige, stumme Leben der Natur nahezubringen und lieb zu machen. Ich wollte sie lehren, auf den Herzschlag der Erde zu hören, am Leben des Ganzen teilzunehmen und im Drang ihrer kleinen Geschicke nicht zu vergessen, daß wir nicht Götter sind und von uns selbst geschaffen, sondern Kinder und Teile der Erde und des kosmischen Ganzen ...«

Der Roman brachte es in wenigen Jahren auf weit über hunderttausend Exemplare: in ihm muß sich eine halbe Generation wiedererkannt haben, so wie sich eine andere halbe Generation sechzehn Jahre später im »Demian« wiedererkennen sollte. Der Literatur im engeren Sinne war Hesse schon früher aufgefallen. Rainer Maria Rilke und Wilhelm von Scholz hatten sein erstes Prosabändchen »Eine Stunde hinter Mitternacht« wohlwollend besprochen, und der nächste Band, »Hermann Lauscher«, fiel dem berühmten Verleger Samuel Fischer in die Hände, der prompt das nächste Werk, eben den »Camenzind«, übernahm.

Hermann Hesse ist in Calw an der Nagold, einem württembergischen Städtchen, geboren. Sein Vater war Geistlicher und hatte längere Zeit in Indien als Missionar gewirkt. Das Elternhaus war streng christlich geprägt, und wie Hermann Hesse seinem Freund Hugo Ball erzählt hat, wurden in seinem Vaterhaus die Psalmen täglich gebetet und gesungen wie katholische Priester täglich ihr Brevier beten. Der Sohn Hermann hat freilich früh gegen die puritanische Welt des Elternhauses rebelliert. Er wurde auf eine Lateinschule geschickt, wo er es nicht aushielt. In seinem Roman »Unterm Rad« erzählt er von seiner Schultragödie. 1895 trat er als Lehrling in eine Buchhandlung in Tübingen ein, erlernte das Antiquariat und zog 1899 als Buchhändler nach Basel. Nach dem Erscheinen des »Camenzind« gab Hesse den Beruf des Buchhändlers auf, heiratete eine Baslerin und zog an den Bodensee.

Hier erhielt er eines Tages den Besuch eines berühmten Publizisten und Dichters, des Rechtsanwalts Ludwig Thoma aus Bayern. Die beiden gründeten eine Zeitschrift, die zuerst einfach *Süddeutschland* hatte heißen sollen, schließlich aber unter dem Titel *März* 1907–1913 erschien. Das Blatt vertrat gewisse antiberlinische Tendenzen. Der Ruf »Los von Berlin« ging damals durch die Lande und berief sich auf die Natur, das Land, Goethe, föderalistische und traditionelle Gedankengänge. Nun hatte Hesse eine eigene Zeitschrift, und hier sind im Lauf der Jahre die Vorabdrucke seiner Erzählungen erschienen, die dann in den Bänden »Diesseits«, »Nachbarn« und »Umwege« zusammengefaßt wurden. Hier erschien auch, innerhalb der Erzählung »Diesseits«, eins der bekanntesten Hesseschen Gedichte, in dem die Themen der kommenden Werke, Weltflucht und Einsamkeit, vorweggenommen sind:

Seltsam, im Nebel zu wandern!
Einsam ist jeder Busch und Stein,
kein Baum sieht den andern,
jeder ist allein.

Voll von Freunden war mir die Welt,
als noch mein Leben licht war;
nun, da der Nebel fällt,
ist keiner mehr sichtbar.

Wahrlich, keiner ist weise,
der nicht das Dunkel kennt,
das unentrinnbar und leise
von Allen ihn trennt.

Seltsam, im Nebel zu wandern!
Leben ist Einsamsein.
Kein Mensch kennt den andern
jeder ist allein.

Man hört deutlich die Verfinsterung der Freude an der Natur durch Angst und Trauer aus dem Gedicht. Die Finsternis hängt mit der großen Krise des Menschen und Dichters Hesse zusammen. Sie kündigte sich in einer seltsamen Unrast und tiefer Unzufriedenheit mit den europäischen Verhältnissen an.

Er entschloß sich 1911 zu einer Reise nach Indien. Das Land enttäuschte ihn zunächst. Aber später sollte Indien für den Autor reiche Frucht tragen, indem er die Träume der eignen Brust indisch-östlich stilisierte. Das geschah in dem Roman »Siddhartha«, im »Indischen Lebenslauf« und schließlich im »Glasperlenspiel«.

Im Grunde handeln alle Bücher von einer Flucht aus der Wirklichkeit in das Land der selbstgesponnenen Träume. Auch als Hesse zu Anfang des Weltkriegs mit Romain Rolland zusammen eine Friedensaktion plante, wurde seine Passivität ihm zum Verhängnis, und er mußte Rolland das Geständnis ablegen: »Ich bin völlig unpolitisch und bekenne mich zur asiatischen Passivität.« So hat er später auch andere politische Ideen abgelehnt. Er sagte etwa von Europa: »Ich glaube nicht an Europa, sondern einzig und allein an die Menschheit.« Diesem abstrakten Glauben glaubte er mit privaten Aktionen am besten dienen zu können. Er versah seine eigenen Gedichte mit Aquarellzeichnungen und verkaufte sie an Liebhaber. Den Erlös überwies er der Kriegsgefangenenfürsorge.

Später hat Hesse seine Flucht aus der Realität umstilisiert zu jener Legende, von der ich anfangs sprach. Die Schwierigkeiten und »Finsternisse« der Vorkriegszeit, zu denen persönliche Krankheit und ein unheilbares Leiden seiner ersten Frau beitrugen, wurden mit der Unordnung im eigenen Innern begründet. Er vertraute sich der damals berühmt gewordenen psychoanalytischen Methode an und ließ sich in siebzig Sitzungen analysieren. Als Frucht dieser Krisen und ihrer vermeintlichen Lösung erschien der Roman »Demian; die Geschichte einer Jugend«.

Hesse ließ den Roman unter einem Pseudonym erscheinen, als Emil Sinclair; den Namen hatte er von dem Freunde Hölderlins übernommen. Aber Korrodi von der *Neuen Zürcher Zeitung* erkannte hinter Sinclair den Autor Hesse und lüftete das Pseudonym. »Demian« ist ein Roman über die Nöte der Pubertät, die sich in elementarem Haß auf den Vater und das Vaterhaus entladen. Es war ein Lieblingsthema der gleichzeitigen expressionistischen Jugend. Für den Pietistensproß Hesse waren die Nöte der geheimnisvollen Sexualität dämonische Zustände, die das Gewissen nicht loslassen. Er hat sich nie von diesem Problem befreien können und wollen: im Grunde sind alle Romane, bis zum »Glasperlenspiel« Versuche, junge Menschen über diese entscheidende Klippe hinwegzubringen.

Hesse zog sich, nachdem er 1924 und 1931 ein zweites und drittes Mal geheiratet hatte, ganz in die Stille von Montagnola zurück. Die bedeutenden Bücher dieser Jahre waren der »Steppenwolf« und »Narziß und Goldmund«, zwei Romane, in denen Hesse seine eigene, scheinbar idyllische, in Wirklichkeit dämonisch unterwühlte Welt darstellte. Während »Narziß und Goldmund« in einem erträumten Mittelalter der Scholaren leben, spielt der Steppenwolf in der Gegenwart. Nationalismus, Krieg, Geldrausch und Technik werden angegriffen – als Medizin bietet Hesse Wolfgang Amadeus Mozart und das »magische Theater« an. Diese Gegenwelten sind ehrenhaft – aber hilflos, so wie Hesse später das Glasperlenspiel als Heilmittel gegen die böse Welt namhaft machen wird, ohne aber sagen zu können, worin das Spiel besteht.

Die Stärke Hesses lag überhaupt nicht im Moralischen und Missionarischen. Seine Botschaften sind vag und utopisch. Sie lag im einfachen Leben. Alle seine Bücher wollen zu einer Idylle führen – und sei es die Ruhe im Mittelpunkt der Zyklone. Er selbst hat in Montagnola solch eine Insel erhalten, und in ihrer Beschreibung leistet er sein Bestes. Es heißt: »Zuweilen im Leben, mag es im übrigen sein, wie es wolle, trifft doch etwas wie Glück ein, etwas wie Erfüllung und Sättigung. Gut vielleicht, daß es nie lange währen darf. Für den Augenblick schmeckt es wundervoll, das Gefühl der Seßhaftigkeit, des Heimathabens.« Hier sieht man, wie Hesse seinem Thema von Jugend auf treu geblieben ist. Das Stichwort lautet: Befreiung des Ichs zu sich selber. Der Steppenwolf, Demian, Narziß und Goldmund und das Glasperlenspiel sind die immer identischen Stationen dieses Weges. Die Heilung besteht nicht darin, daß ein junger Mensch in das reale Leben eintritt und sich bewährt, sondern er flieht in die Ferne, in die Idylle, in die Vergangenheit oder die Einbildung.

In Briefen hat Hesse seine Tendenz deutlich ausgesprochen. Er hat sein Leben lang so getan, als ob er zu einer kleinen Anzahl von Menschen spreche – dabei haben etliche seiner Bücher Auflagen von fünfzig-, hundert- und hundertundfünfzigtausend Exemplaren erreicht. Sonderbarerweise hat Hesse auch – obwohl er die Presse verachtete und geradezu vom »feuilletonistischen Zeitalter« sprach – mehr als tausend Artikel in Zeitungen und Zeitschriften erscheinen lassen. Er wollte als Autor durchaus nicht ungehört bleiben, was ja auch paradox gewesen wäre, aber er hat immer so getan, als handle es sich bei seinen Romanen und Erzählungen, Gedichten und Skizzen um eine Sache für die *happy few.*

Der Dichter und seine Gemeinde, der Autor als Sprecher einer Gruppe von Auserlesenen, der Dichter als Führer und Erzieher eines Knaben, und dieser Dichter zugleich als Weiser und Priester, der sich am Schluß für den Schüler opfert –

das ist, wörtlich und im übertragenen Sinne, der Inhalt des »Glasperlenspiels«. Diese starke Epopöe gilt den Hesse-Verehrern als Höhepunkt des Werks. Das Buch konnte, als es während des Kriegs fertig wurde, in Deutschland nicht erscheinen – weil für den Autor Hesse seit Beginn des Kriegs keine Papierkontingente mehr frei waren.

Die Glasperlenspieler muß man sich als eine Art von Orden vorstellen. Die Regeln des Ordens und des von ihm betriebenen Spiels stellen eine Art von Geheimsprache dar, an der mehrere Künste und die Mathematik teilhaben. In diesem Spiel sollen Ergebnisse und Gehalte der Wissenschaften zueinander in Beziehung gebracht werden. Es ist »ein Spiel mit sämtlichen Inhalten und Werten unserer Kultur«. Der Orden bildet eine Hierarchie, eine pädagogische Behörde. Die Glasperlenspieler sind angewidert von unserem feuilletonistischen Zeitalter, der Hesse-Zeit. Sie möchten ihre Persönlichkeit in totaler Hingabe an das Glasperlenspiel auslöschen und sich der pädagogischen Behörde willig ein- und unterordnen.

Dieses Gerüst wird exemplifiziert an einem Knaben. Knecht erzieht ihn zu einem Glasperlenspieler. Der Roman steht in der Überlieferung des deutschen Bildungs- und Erziehungsromans. Während wir jedoch bei Goethe oder Gottfried Keller erfahren, was die Helden lernen und zu welchem Ziel und Zweck sie gebildet werden, erfahren wir von den Glasperlenspielern so gut wie nichts. Es wird nur gesagt, daß, was sie täten, ungemein wichtig, nämlich »kulturschöpfend« sei; was für eine Kultur »geschöpft« wird und welche Schöpfungen für diese Kultur in Frage kommen, wird nicht verraten.

Eine Menge Leser wandte sich nun brieflich an Hermann Hesse. Die Gleichgültigkeit des Dichters gegenüber allen Realitäten der sozialen Welt hatte sie frappiert. Hesse hat sich mit freundlicher Energie distanziert und sagte, er halte es nicht für die Aufgabe des Dichters, seinen Lesern Normen für soziales und tägliches Verhalten aufzustellen.

Hermann Hesse war ein Autor, der auf erstaunlich schmaler Basis das deutsche Publikum zwischen den beiden Weltkriegen erobert hat. Er war der Autor des individuellen Katzenjammers, des Nicht-fertig-Werdens mit sich selbst, der Quälerei und Distanzlosigkeit. Er lehnte die soziale Bindung ebenso wie die künstlerische ab: das »Versagen vor den Aufgaben des Lebens« sei das eigentliche Thema Hesses, schrieb Ernst Robert Curtius. Hesse zweifelte am Sinn der Sprache und teilte die Verzweiflung so vieler Autoren der Jahrhundertwende am Sinn der Dichtung, auch der eigenen. Im Grunde wollte er der Literatur entfliehen. Seine Helden sind Musiker, Maler, Bildhauer, Schnitzer, Lehrer und Äbte. Schließlich erfindet er einen Orden, doch Knecht, der Held des »Glasperlenspiels«, tritt wieder aus, und was er findet, ist der Tod. Auch das ist ein deutsch-romantisches Thema. Der edle Mensch, zu gut für die böse Welt, muß untergehen.

So wurde Hermann Hesse der letzte »große« Dichter des deutschen Bürgertums. Der Befund wird durch den Stil Hesses bestätigt – er schreibt ein gebildetes, klassizierendes Deutsch, geschult an den Mustern einer größeren Vergangenheit. Die Liebe einer Generation von Lesern hat ihn bestätigt und am Ende selbst zu einem Symbol der Vergangenheit werden lassen –: einer besseren Vergangenheit.

WOLFGANG HILDESHEIMER: GÜNTER EICH

1972

Günter Eich / Bewerbung

Einige Kenntnisse in
Wildbachverbauung,
unerschrocken
vor elektrischem Strom,
kann auch mit Tieren umgehen,
Regenwürmer laufen mir nach,
gewandt in Handelskorrespondenz
und Stenographie
ausgestorbener Sprachen,
besonders gotisch, mandschurisch,
tocharisch, eine
Allround-Begabung,
geeignet
für leitenden Posten
in submarinem Betrieb.

Für Wolfgang und Silvia, aber vielleicht
habt Ihr garnichts geeignetes!
Günter (26. 2. 65)

Wolfgang Hildesheimer / Verspätete Antwort

Wir haben keinen Wildbach.
Gotische Korrespondenz
erledigen wir selbst, sind
Punkt und Kummer gewöhnt.

Für unsere Nachtigallen warst du
zu hellhörig; zu alt, um das Gebirge
abzukarren. Für leichten Dienst aber
hätten wir dich gern gehalten. Du wärest
mit uns in die Binsen gegangen,
das Wild zu wechseln,
das Bockshorn zu jagen.
Über Freizeit und Gehalt
hätten wir gern
manches Wort mit dir
verloren.

Nachwort

Compesce clamorem, ac sepulcri
mitte supervacuos honores.

Noch lebt
ein windiger Vollstrecker:
dein Mann im Ohr. Er sagt,
die erste Version, die Lerche,
sei ein Druckfehler. (Ich glaub ihm
nicht.)
Aber die endgültige Fassung,
– Hüter deines Bettes! –
die sei zum Greifen. Ist bereits
vergriffen; Nachruf.

Ich rufe dir nicht nach.
Den Passanten flüstere ich
deine Vorhersagen zu. Und unverhörens
treffen sie ein, pünktlich
wie der Zug der Zeit. Dich,
unter der Erde,
ficht es nicht mehr an,
recht zu behalten.

Die Verstorbenen des Jahres 1972

Flick, Lübke, der Herzog von Windsor,
Gulbenkian und Truman – wahrhaftig,
du hättest dir diese Gesellschaft
nicht ausgesucht. Doch neben dir,
mißmutig, fehl am Platz wie du, Ezra Pound.
A man of no fortune and with a name
to come. Wie du.

Wollten wir nicht

Wollten wir nicht noch zusammen
das Hieb- und Stichfest feiern? Es fällt
im neuen Jahr auf einen
Donnerstag, den Tag des heiligen
Unernst, du weißt schon, des beliebten
Märtyrers. Wollten wir nicht bei Veltliner
in triftigen Gründen sitzen
und Wörter verspielen? Und wer das Wort
»Jahrhundert« sagt, der zahlt eine Münze.
Ich sage das Wort: wir brauchen die Münzen
zum Vertrinken, du bist
auf Verwirkung bedacht.

Ein Donnerstag wie jener Tag, an dem du
die Brauchbarkeit des Todes
bewiesen hattest, den triftigen
Abgrund. Verwirkt. Von nun an
wirst du jeden geschlagenen Tag
tot sein.

Absage

Günter Eich hat
abgesagt. Er sei leider
tot, lasse zwar grüßen,
doch lege er Wert auf
die Feststellung:
das Zeitliche habe er
nicht gesegnet.

HEINRICH BÖLL: INGEBORG BACHMANN

1973

Niemand sollte, denke ich, Ingeborg Bachmanns fürchterliche Todesart allzu hurtig mit ihrem geplanten Romanzyklus *Todesarten* in Verbindung bringen und in ihrem Werk Anspielungen auf und Ahnungen über einen Feuertod suchen.

Man hat, wie es zur Grausamkeit der literarischen Szene zu gehören scheint, ohnehin den Schmerz und die ebenso hohe Abstraktheit wie Sinnlichkeit ihrer Poesie zu sehr literarisiert. Man hat aus der Anrufung den Ruf, der zum Schrei wurde, nicht hören wollen, man hat Ingeborg Bachmann selbst zu Literatur gemacht, zu einem Bild, einem Mythos, verloren in und an Rom, diese österreichische Protestantin, die als Mädchen auszog, die höchsten intellektuellen Abenteuer zu suchen, sie bestand und dann anfing, den Großen Bären und die Heiligen Leonhard, Antonius, Vitus, Rochus anzurufen (»weil du gelitten hast«).

Daß in der Ikonisierung einer lebenden Person eine schrittweise Tötung versteckt sein kann, müßte gerade an ihr deutlich werden. Ich mag die Art ihres Todes nicht symbolisieren, mythologisieren oder gar eine metaphysische Schleife draus winden. War Ingeborg Bachmann nicht gefangen in dem Bild, das andere sich und andere aus ihr gemacht haben? Ich weiß nur, daß sie immer beides war: immer da und immer abwesend; da, wenn einer sie brauchte, und dann war der großen Dichterin ihre Zeit keineswegs zu kostbar, etwa ein Zimmer zu besorgen oder in halb Italien nach einem geeigneten Hotel zu telefonieren; mancher Versprengte und polizeilich Gesuchte aus der Berliner Studentenbewegung wird sich hoffentlich ihrer Hilfsbereitschaft und Gastfreundschaft erinnern.

Denn sie war eine Dichterin und damit beides: engagiert – und das andere. Und sie war beides ganz: mit leiser Stimme und doch voller Energie, wie wenn sie Gedichte vorlas. Hinter ihrer habituellen Nervosität, einer Art ständiger Gebrochenheit, die immer den Zustand »kurz vor dem Zusammenbruch« signalisierte, verbargen sich Zähigkeit, Kraft, auch Direktheit, die spontan zu Freundschaft und Hilfsbereitschaft wurde, und sie selbst hat am wenigsten irgend etwas »literarisiert«, wenn ihr auch manches unglückselig geriet oder ausging. Wie jeder andere Mensch war auch sie auf Glück und Heil aus, nicht auf Unglück und Unheil, wie es ihr reichlich zuteil wurde.

Und sie war noch etwas, das nicht selbstverständlich ist: mutig. Es gehörte Mut dazu, 1953, nachdem im Jahr davor Paul Celan auf die peinlichste Weise mißverstanden worden war, vor der Gruppe 47 aus der *Gestundeten Zeit* zu lesen; indem sie ihr ihren Preis verlieh, widerlegte die Gruppe 47 zum dritten Male (nach Eich und Ilse Aichinger) den Ruf, der ihr fälschlicherweise anhaftete, einer banalisierten Vorstellung von Wirklichkeit anzuhängen. Es gehörte Mut dazu, 1958 dem Komitee gegen Atomrüstung beizutreten, sich 1963 der Klage gegen Dufhues anzuschließen und 1965 die Erklärung zum Vietnamkrieg zu unterschreiben. Man sollte nicht versuchen, diese Art Mut und Engagiertheit aus der großen Dichterin herauszudividieren, denn das eine gehört zum anderen. »Ich mit der deutschen Sprache, dieser Wolke um mich, die ich halte als Haus, treibe durch alle Sprachen.« Und hat sich weder in dem einen noch dem anderen Deutschland je auch nur andeutungsweise wohl gefühlt: »Sieben Jahre später in einem Totenhaus trinken die Henker von gestern ihre goldenen Becher aus.«

Natürlich gibt es da auch genug Klatsch, und gewiß wird der eine oder andere bemerken, sie sei wohl gelegentlich unter ihr Niveau gegangen; ich möchte nur feststellen, daß man Niveau haben muß, um darunter oder darüber zu gehen. Ja, sie war Gott sei Dank nicht »gleichbleibend«, sie hatte Blößen, gab sie sich und zeigte sie. Gottes Segen über alle Gleichbleibenden, die ihres Niveaus so sicher sind, daß sie nie drunter und nie drüber geraten.

Das Erstaunlichste an Ingeborg Bachmann war ja, daß diese brillante Intellektuelle in ihrer Poesie weder Sinnlichkeit einbüßte noch Abstraktion vernachlässigte und daß sie jenen immer mehr zum Aussatzmerkmal denunzierten großen Komplex, den man Emotion zu nennen pflegt, wieder in den höchsten Rang erhob. Wenn Emotion ungefähr mit Bewegung oder Bewegtheit, Emotionslosigkeit mit Unbewegtheit oder Bewegungslosigkeit übersetzt werden kann, darf ich feststellen: unbewegt war Ingeborg Bachmann nie. In manchen ihrer Gedichte verbirgt sich ein Element, das volksliedhaft hätte werden können, wäre das Volk beider Deutschland und Österreichs bereit gewesen, die liedhafte Bitterkeit anzunehmen.

Hoffentlich werden sich nicht zu viele Lesebuchautoren, Eltern, Erzieher und Nikotingegner dieser schrecklichen Begebenheit mit mahnendem Zeigefinger bedienen: Ingeborg Bachmann, die über einer glühenden Zigarette einschlief. Wir, die wir sie gekannt haben, wissen, daß es nicht Zufall und nicht bloß eine Unart war, und daß es doch nicht »ins Bild gesetzt« werden und noch weniger symbolhaft mit ihrem Leben und ihrem Werk verknüpft werden sollte. Sie war es, die den berüchtigten Spruch »Tapferkeit vor dem Feind« in »Tapferkeit vor dem Freund« umgeprägt hat.

Ich denke mit Schmerz an sie, mit Zärtlichkeit und in Freundschaft, und ich denke an die siebenundvierzigjährige Frau wie an ein Mädchen, und ich wehre mich gegen etwas, das leicht gesagt ist: der Tod habe sie erlöst. Nein, diese Art der Erlösung suchte sie nicht; ich würde sie gern selber fragen, ob ich mich täusche.

HERMANN KESTEN: ERICH KÄSTNER

1974

Wenn wir einen Freund begraben, begraben wir ein Stück unseres Lebens. Mit einem großen Mann, der stirbt, stirbt auch ein Teil seines Jahrhunderts. Freilich, der Schmerz kennt keine sozialen Unterschiede. Vor dem Tod sind wir alle gleich. Eine Mutter weint um ein neugeborenes Kind, obgleich es nicht mehr war als ein wenig Fleisch von ihrem Fleisch.

Es ist alles ganz eitel, sprach der Prediger. Es ist alles ganz eitel. Zu wem sprechen wir, wenn wir einen Toten rühmen, auch wenn der Ruhm so weit und so gerecht war, wie der Ruhm dieses Dichters Erich Kästner?

Der einzige, zu dem wir sprechen wollten, der Tote, er hört uns nicht mehr. Er hat sich jählings fortgemacht, sich abgewandt von uns. Schon hat man ihn verbrannt. Da ist nur ein Häuflein Asche. Es gibt ihn nicht mehr. Er ist nicht da, und ich fürchte, auch nicht dort.

Jener hat gesagt: Laßt die Toten die Toten begraben. Da gibt es zwar Friedhöfe mit tausend Toten, aber nirgends eine Gesellschaft der Toten. Auch die Literaturgeschichte ist kein PEN-Club toter Autoren. Niemand ist so allein wie ein Toter. Nichts ist so inexistent wie er.

Es ist kein Trost, weder für ihn noch für die Hinterbliebenen, daß wir dastehn und um ihn trauern.

Es gibt keinen Trost, für keinen, doch es ist eine alte Sitte, um die Toten zu klagen, in Nachrufen oder im Geheul der Klageweiber. Die Juden sagen Kaddisch ein Jahr lang. In Bayern, in Sizilien und andern primitiven Ländern gibt es einen Leichenschmaus.

Sie wissen, daß nichts sie trösten kann, und doch verlangen die guten Leute nach Trost, wenn sie nicht gleich die Roßkur des Vergessens wählen.

Wer aber seine Toten vergißt, kassiert seine Vergangenheit, das heißt, er vergißt sich selber.

Also klammern wir uns an unsere Toten, an ihren Namen, an ihren Nachlaß, an unsere Erinnerung an sie. Wir halten sie in unserm Gedächtnis, das freilich von Tag zu Tag verblaßt. Solange wir an sie denken, leben sie weiter mit uns, sagen wir zu uns selber, und glauben es nicht.

Da sind die Trophäen der Technik, Fotos, Bilder, Filme, Grammophonplatten, Handschriften. Im Tonfilm hören wir noch die Stimmen der Toten, und sehen sie noch. Wir bewahren Reliquien, ihre Uhr, ihre Locke, ihre falschen Zähne, ihre Totenmasken, Bücher, die sie gelesen oder nicht gelesen haben, ihre Brillen, und wenn es Menschen sind, die etwas geschaffen haben, so glauben ihre Häuser, die sie bauten, sie bleiben eine Weile, oder Brücken und Kirchen, es bleiben Bilder, die sie malten, Musik bleibt, die sie geschrieben haben, oder Bücher, die sie verfaßt haben, Apparate und Maschinen, die sie erfunden haben, oder Kuren und Heilmittel, nach ihren Rezepten. So hören wir die nachgelassene Musik der Toten, die überlieferten Verse der Toten, wir lesen die neuen Auflagen der Bücher der Toten. Wir sehn auf die Sterne oder Kometen, die nach den Toten benannt sind, wir heilen einander nach ihren Kuren und Medikamenten, die man vor unserer Zeit entdeckt hat.

Wenn es also auch die Toten nicht mehr gibt, und auch Gespenster nicht, und weder Himmel und Hölle noch das Fegefeuer, und keine Totenrichter, weder die drei im Hades noch jenen Christus am Jüngsten Tag, so leben wir doch alle in einer Welt, welche die Toten geschaffen haben, und die sie uns hinterlassen haben, den Erben der Toten.

Wenn wir schon älter sind, ist der Mann tot, der uns gezeugt, und die Frau tot, die uns geboren, und der Lehrer, der uns unterrichtet hat. Wir leben nach den Sitten und Bräuchen und mit den Gesetzen und Vorschriften der Toten. Wir träumen die Träume von jenen, die vor tausend oder zehntausend Jahren gelebt haben.

Wenn wir Gläubige sind, so wiederholen wir Gebete, die viertausend, zweitausend Jahre alt sind.

Mozart und Rossini, Tizian und Cézanne, der Erbauer des Parthenon oder Mies van der Rohe und Gropius, und Homer oder Shakespeare, Heine und Büchner, Franz Kafka oder Erich Kästner scheinen uns vielmehr lebendig und gegenwärtig als ganze Horden lebender Architekten, Maler, Musiker und Dichter.

De mortuis nil nisi bene. Es ist ein ungerechter Satz, und so falsch, als wollte man von allen Lebenden nur Gutes sagen. Man soll immer die Wahrheit sagen, über Lebende wie über Tote, die Wahrheit über den toten Hitler, die Wahrheit über den lebenden Nixon.

Ich sagte von frühauf: Ich will über meine Freunde nach ihrem Verdienst das Gute sagen und schreiben, solange sie leben, und nicht erst nach ihrem Tode, wenn sie sich nicht mehr freuen können über das gerechte Lob ihrer Freunde.

Ich bin froh, daß ich auch Kästners Bücher und den Autor Kästner und den guten Freund, der Kästner war, und den unerschrockenen Weltfreund und Weltbürger, den witzigen Kritiker seiner Landsleute gerühmt habe, schon als er zu publizieren begann und ich ihn kennengelernt habe, 1927 in Berlin, und daß er es mir leichtgemacht hat, ihn und sein Werk ein Leben lang zu rühmen, denn er ist sich treu geblieben, ein Leben lang, und sein Talent wie sein Werk bewiesen vom Beginn bis zum Ende, daß er einer der großen deutschen Autoren des 20. Jahrhunderts ist, der durch seinen Witz und seine Anmut, durch seine unbestechliche Strenge eines verschmitzten und heiteren Moralisten, durch die Toleranz eines vorurteilslosen Menschenfreundes, durch seine spielerische und fehllose Meisterschaft der Sprache. Er war ein Satiriker mit Herz, ein Kinderfreund, der nie kindisch wurde, ein verzweifelter Optimist, der nie zu lachen vergaß, ein Spötter mit Sentiment, einer der klügsten Sprecher unseres Jahrhunderts, ein legitimer Sohn des Jahrhunderts und sein Bastard, aber ohne den Närrischkeiten und Fehltritten der Epoche nachzugeben.

Kästner wollte wirken, und darum wollte er gelesen werden, er hat gesagt, was mancher gedacht und keiner zu sagen gewagt hat. Er hat die bittersten Wahrheiten ausgesprochen, doch mit Charme und Grazie, mit Anmut und Witz. Und noch die bittere Wahrheit erheiterte ihn und seine Leser.

Er traf seine Zeitgenossen, seine Landsleute, er entlarvte sie, er desavouierte sie, er zog sie aus und häutete sie, wie Apoll den Marsyas. Statt den Schmerz und die Schläge zu fühlen, fühlten seine Leser sich amüsiert. Seine Leser rechneten es ihm hoch an, daß er sie hochnahm. Es stimmte sie lustig, daß er sich über sie lustig machte. Selbst die Kinder, die ja so gerne über ihre Erzieher lachen, lachten mit ihm, und merkten gar nicht, daß er sie erzog, indem er sie amüsierte, und sie besser und vernünftiger machte.

Wie Denis Diderot glaubte er nicht immer an die Macht der Vernunft und verabscheute es doch, in einer absurden Welt zu leben, und wollte sie darum vernünftiger machen, zumindest sie für vernünftig halten.

Da er immer er selber blieb, konnte er so viele Rollen spielen, in so vielen Fächern der Literatur glänzen, in Vers und Prosa, in Gedichten, Epigrammen, Erzählungen, im Drama, im Film, im Roman, in seinen Kinderbüchern und autobiographischen Büchern.

Er schrieb Verse, die nach einem halben Jahrhundert so schlagend und aktuell sind, als hätte er sie erst gestern geschrieben. Er hat zu sich gesprochen, und für sich, und Millionen, Erwachsene und Kinder, empfinden, er habe sie belauscht und artikuliert und ihre eigentliche Wahrheit ausgesprochen. Es sieht aus, als hätte er das Selbstverständliche gesagt, nur klang es erst so selbstverständlich, nachdem er es als erster ausgesprochen hatte. Es war die Vernunft, die gesprochen hatte, eine gereimte Vernunft. Sogar das Ungereimte schien bei ihm die Farbe und den Tonfall der

Vernunft zu tragen. Der Trick der meisten Zauberer ist ihre Geschicklichkeit und Geschwindigkeit.

Auch Kästner war ein Zauberer in Vers und Prosa, ein Sprachzauberer, aber ohne jeden Trick, es seien denn die Vernunft und der Witz, Charme und Grazie, sein Gelächter und seine Melancholie, seine kunstreiche Simplizität und seine schier naive Offenheit, seine moralische Klarheit und seine spöttische Menschenliebe nur die Tricks eines Moralisten gewesen, eines Volksfreundes und Weltpatrioten, der nichts anderes tat, als cultiver son jardin, aber sein Garten war die humane Welt. Die Bäume in seinem Garten waren von Lessing und Heine gepflanzt. Die Blumen in seinem Garten stammten von Friedrich Schiller und Heinrich Mann, von Wedekind und Carl Sternheim. Aber der ganze Garten glich ihm selber und sah aus wie Erich Kästner. Er war ganz frische Natur, wie ein englischer Garten, epigrammatisch wie ein französischer Garten, und voller Poesie, simpel und üppig, wie deutsche Bauerngärten. Er war ein Menschenfreund, doch entgegen manchen Menschenfreunden, die nur im Großen und im Allgemeinen lieben können, war er auch für Individuen ein ergebener und liebevoller Freund.

Ich spreche aus Erfahrung, denn wir waren Freunde und sind es geblieben fast durch ein halbes Jahrhundert, trotz der sonderbarsten Zwischenfälle einer absurden und tragikomischen Epoche, die uns auseinandergerissen, wie durch Ozeane getrennt und wie durch Wunder wieder zusammengeführt hat.

Kästners Freundschaft hatte einen kuriosen, diskreten, geradezu keuschen Zug. Wir hatten eine durch Ironie und Witz gefärbte, nie gefährdete Freundschaft, eine Freundschaft, die vertrug, ja verlangte, daß wir einander die Wahrheit sagten und oder einander die Wahrheit schrieben.

Kästner, der Mann zwischen den Stühlen, der zu keiner Partei gehört hat und immer Partei ergriff, ein Zuschauer im Parkett des Alltags, ein eigenwilliger Abonnent im Theater der Welt, ein entschlossener Individualist wurde nicht zufällig 1951, nach dem verlorenen Krieg der Deutschen und dem moralischen Sturz der halben Welt, einer der Sprecher der deutschen Autoren, und der Präsident des deutschen PEN-Clubs, dieser Vereinigung deutscher Autoren, die ihre Mitglieder nach gewissen Prinzipien ausgewählt hat, nach universalen Prinzipien.

Kästners Einfluß auf seine Kollegen und der Gewinn, den seine Kollegen daraus gezogen haben, daß er ihr Sprecher war vor Deutschen und vor aller Welt, ist sehr bedeutend. Wer hätte besser diese Aufgabe erfüllt von den deutschen Autoren, die in Deutschland geblieben waren, nämlich wieder literarische Achtung und moralisches Ansehen in aller Welt zu schaffen, als Erich Kästner?

Nicht nur für uns, für seine Freunde, und für den deutschen wie auch den internationalen PEN-Club, für die deutsche Literatur ist dieser Tag ein Trauertag. Menschen in vielen Ländern, Erwachsene und Kinder, trauern heute um ihn; denn sie alle empfinden, sie haben einen großen Freund verloren, ihren Freund Erich Kästner.

JÖRG DREWS: ARNO SCHMIDT

1979

War er am Ende überhaupt noch unser Zeitgenosse? War es nicht viel mehr nur noch Zufall, daß er, Jean Paul, den Expressionisten und Sigmund Freud etwa viel näherstehend als seinen Autorenkollegen und deren Büchern, in diesem letzten Drittel des 20. Jahrhunderts noch den Staub dieser Erde trat, die noch nie in seinem Sinne gewesen war, die er aber in eine Richtung sich verwandeln sah, welche er nur noch mit einem grimmig-hochmütig sich abwendenden »We are not amused« kommentieren konnte? Spaziergänge, ein paar Gespräche im Dorf und mit wenigen Besuchern, die er nach unerfindlichem System zu sich vorließ, und der Farbfernseher, das waren seine letzten Kontaktstellen mit zeitgenössischer Realität; alles andere kam aus Büchern, wurde am Schreibtisch und im Kopf angereichert und ging wieder in Bücher, die zuletzt schon zu lesen waren, als kämen sie gar nicht mehr aus dieser Welt: Zitatgespinste, Satyrspiele, Possen, die Reflexe gegenwärtiger Welt darin nur noch in mehrfacher Brechung erkennbar, und in ihrem Zentrum – als kulturpessimistische, melancholische Regenten – die Bücher-Patriarchen Pagenstecher, Kolderup, A & O Gläser. Solipsist in der Heide, Wortmetz, Luftschlosser, Anachoret, Lynkeus der Türmer, solche Namen und Vergleiche fand die Kritik für ihn vor allem in den letzten zehn Jahren, seit dem Erscheinen von »Zettels Traum«; Bezeichnungen, die sagen, daß er der Welt abhanden gekommen war und wie Prospero in der Zelle fast nur noch Umgang mit dem literarischen Geisterreich pflog: »Ich bin kein moderner Mann, will jedenfalls nicht hoffen.«

Dabei konnte man in den fünfziger Jahren der irrigen Meinung sein, daß hier einer, zwar ichbezogen, ganz idiosynkratisch, oder in engem Kontakt mit dem, was nach 1945 alle so oder ähnlich erlebten, besonders unerschrocken die »Nessel Wirklichkeit« anfasse, weit entfernt von allem Säuseln der neuen christlich-abendländischen Ideologie, auch ohne das Tremolo existentialistischen Vokabulars, in einer Sprache ohne sanfte Kalligraphie, vielmehr mit einer dem Expressionismus noch verpflichteten Nervosität und Intensität. Die Götterdämmerung des Dritten Reiches in der Titelerzählung seines ersten Bandes »Leviathan« von 1949, Heimkehrer- und Flüchtlingsdasein in »Brand's Haide« von 1951 und den »Umsiedlern« von 1953, kleinbürgerliche Existenz und beginnender zaghafter Genuß der neuen Prosperität in »Seelandschaft mit Pocahontas« und in »Das steinerne Herz« von 1956, die Katastrophenphantasien »Schwarze Spiegel« und »Die Gelehrtenrepublik« in den frühen und späten fünfziger Jahren, Reflexe von Korea-Krieg und deutscher Wiederbewaffnung, der in diesen Büchern gebannte bundesrepublikanische Alltag von Warenmarken bis zu Schlagern, die antiklerikalen, atheistischen, antimilitaristischen fast jakobinischen Statements – das war in höchstem Maße zeitgenössisch, aktuell, der Realität zugewandt.

Aber zugleich – und das ist heute viel deutlicher zu sehen – war es in Arno Schmidts Büchern immer ein Einzelgänger, der da durch die erzählerisch reproduzierte soziale Welt hindurchging; einer, der sich ärgerlicherweise an dieser Umwelt reiben mußte, obwohl er doch anderes und Wichtigeres im Sinn hatte: Bücher schreiben, biographischen Details verschollener Autoren nachgehen, die großen alten Schriften studieren. Die Welt war da nur sowas wie ein präzise und verächtlich wahrgenommener Widerstand bei der Verfolgung von zäh festgehaltenen Privatinteressen: Ein verschämter Romantiker, aus Enttäuschung rabiat und böse geworden, ein aufgestörter Archivar, durch die Zeitläufte in Angestelltenjob und Wehrmacht gezwungen, ein Mathematiker, Rationalist und Gelehrter, in ein Jahrhundert verschlagen, in dem Irrationalismus und Dummheit regieren, wütet gegen Gott und die Welt, weil sie ihm nicht erlauben, ungestört seine literarischen Träume zu verwirklichen. Als er dann 1958 sein Refugium in dem abgelegenen Heidedorf Bargfeld gefunden hatte, nach Flüchtlingswanderjahren in Südwestdeutschland und Hessen im geliebten niedersächsischen Flachland ansässig wurde, drang die bundesrepublikanische Wirklichkeit nur noch in amüsiert kopfschüttelnd registrierten Details in den Kosmos, den Schmidt nun – die Füße unterm Schreibtisch und von dort aus die Welt und literarische Welten erkennend und imaginierend – mit Fleiß und Leidenschaft entwarf.

Den wir für einen Linken gehalten hatten, der entpuppte sich nun als im Grund unpolitisch; der seine proletarische Abkunft aus einer schlesisch-hamburger Polizistenfamilie so ostentativ betont hatte, wurde zum literarischen Aristokraten; den Aufklärer kümmerte nicht mehr die gesellschaftlich-geschichtliche Welt, sondern die Psyche und die Sprache, die mythischen Zwänge und die Spielmöglichkeiten, die sie boten. Albert Ehrenstein, August Stramm, Wieland und, in der Philosophie, Schopenhauer, das waren die Götter seiner frühen Bücher; seit 1960 etwa, sichtbar mit dem Roman »Kaff auch Mare Crisium«, seinem vielleicht menschlich reifsten, weil zögernden, nachdenklichen, nirgends auftrumpfenden Buch, beginnt der Weg ins Innere von Sprache und Psyche; die Götter heißen nun Lewis Carroll, James Joyce und Sigmund Freud, und die Werke treten in Ideal-Konkurrenz zu deren Sprachspieltechniken und Einsichten, die Zusammenhänge zwischen Sprache, Traum und Mythos betreffend, bis schließlich in »Die Schule der Atheisten« und »Abend mit Goldrand« die Welt zur Bühne wird, auf der vergangene oder utopische Burlesken und spukhafter Hintersinn gezeigt werden.

Er stand immer neben den Hauptschauplätzen der deutschen Literatur der letzten dreißig Jahre, gehörte keiner Gruppe an, ging nicht auf Lesetourneen, und die Zahl der aufgezeichneten Fernsehminuten mit ihm läßt sich an den Fingern abzählen. Er tummelte sich nicht in den Medien, steckte seine Arbeitskraft ganz in die Literatur und schuf das wohl umfangreichste Werk aller Autoren, die nach dem Zweiten Weltkrieg zu publizieren begannen. Die Auflagen seiner Bücher waren immer vergleichsweise gering, doch seine Wirkung auf die Leser, die ihm anhingen, war enorm. Daß er sich entzog, machte ihn um so interessanter; daß man wenig über ihn wußte, förderte die Legendenbildung; daß er so fanatisch und enthusiastisch sprach, wo er lobte und empfahl, brachte ihm eine Gemeinde von Lesern ein, die der Suggestivkraft seiner Hinweise erlagen und abgelegenste Bücher – neben seinen eigenen – zu lesen, zu edieren, zu kommentieren begannen; er provozierte eine eigene Philologie schon zu seinen Lebzeiten; er litt schließlich selbst darunter, daß die Landschaft in der Ostheide, die er durch »Kaff auch Mare Crisium« und die Erzählungen des Bandes »Kühe in Halbtrauer« von 1964 zu schnurriger literarischer Prominenz gebracht hatte, das Ziel von Schmidt-Wallfahrern wurde. Das alles trug dazu bei, daß sein Werk und seine Existenz immer auch ein erhebliches Quantum des Kuriosen an sich hatten, auch in der Öffentlichkeit eben so rezipiert wurden. Aber gerade dies Närrische, Verschrobene, Skurrile, dies Gegenteil von Weltläufigkeit und Konsumierbarkeit gibt seinen Büchern ein Ingrediens, was sich, sicher nicht und nie bei einer großen Leserschaft, aber bei Literaturkennern wie eine ihr Leben erhaltende Imprägnierung auswirken wird. Auch hierin könnte er eines Tages dem von ihm so geliebten Jean Paul ähneln.

Er machte sich das Leben schwer, hatte eine konstitutionelle Unfähigkeit, länger als für wenige Stunden müßig zu sein, aber Herkunft und Lebensschicksal machten es ihm ihrerseits schwer. Am 18. Januar 1914 in ärmlichen Verhältnissen in Hamburg geboren, konnte er mit drei Jahren schon lesen, eilte also seinen Alters- und Schulgenossen intellektuell voraus – und zwar in eine geistige Isolation, Menschenferne und zugleich in ein Selbstbewußtsein, die ihn sein Leben lang nicht mehr verließen. »Introvertiert« – wenn das Wort irgendwas richtig bezeichnet, dann bei ihm. In Breslau wollte er Astronomie und Mathematik studieren, kollidierte aber mit den Nazis, ging als Angestellter in die Textilindustrie, haßte Hitler abgrundtief und äußerte das auch, erlebte Schrecklichstes im Zweiten Weltkrieg und begann dann Ende 1946 seine Existenz als freier Schriftsteller, was für viele Jahre für ihn und seine Frau ein Leben am Rande des Verhungerns bedeutete – aber ohne die er nie hätte werden können, was er wurde –. Nie vom soliden, ermunternden, bildungsbürgerlichen Hintergrund einer Familie getragen, die die Begabung des Kindes hätte zu schätzen wissen, materiell bis vor 15 Jahren eine Randgruppenexistenz, durch das Nazi-Reich um zwölf der besten Jahre seines Lebens gebracht, das hinterließ Spuren von Schroffheit und Bitterkeit, auch die Notwendigkeit und die Steigerung des ohnehin schon vorhandenen Ehrgeizes, die verlorene Zeit mit aller Intensität wettzumachen.

Nicht zuletzt daher wohl seine Abkapselung von der Welt, sein proletarisches und puritanisches Arbeitsethos. Aber die Legende von seiner völligen Verbissenheit, seiner Menschenfeindlichkeit, seiner Abwehr von allem Umgang mit Lesern muß korrigiert werden. Wer ihn einmal besuchte oder mit ihm spazierenging, der erlebte mit größter Verblüffung einen heiteren, aufgeräumten, geselligen Menschen, einen reizenden, fast gütigen Gastgeber, einen unermüdlichen und zugleich ganz konzentrierten Plauderer von großem Witz und Humor und mit viel Selbstironie, und einen Lehrer, der einem stolz und bereitwillig Hinweise auf wichtige Bücher gab und ein geradezu possierliches und höchst selbstgenießerisches Spiel mit dem trieb, was er einem über sein eigenes Werk verriet, andeutete oder verschwieg. Hinter seiner fixen Kurzangebundenheit, auch hinter den groben, zynischen, abfälligen Bemerkungen in manchen seiner Bücher steckte ein überaus verletzlicher Mensch. Daß er so wenig unter die Leute ging, hängt mit seiner tiefen Unsicherheit zusammen.

Begeisterung für Literatur

Wir verdanken ihm viel: Die vielleicht aufregendste Prosa der fünfziger Jahre, fern jener säuerlichen Betulichkeit und Provinzialität, die viele einst gerühmte Bücher jener Jahre immer deutlicher zeigen; sprachlich und erzähltechnisch komplexe Bücher in den sechziger Jahren (vielleicht erreichte er sein Bestes in dem schon genannten Roman »Kaff auch Mare Crisium« und in den mit mythischen Folien – Orpheus, Isis-Kult, germanische Mythologie – unterlegten Erzählungen von »Kühe in Halbtrauer«); jenes nach Umfang und der darin verkündeten Etym-Theorie aberwitzige Monstrum namens »Zettels Traum«, das aber trotz der Fraglichkeit seiner sprachlichen Hypothesen zumindest ein herrlicher Steinbruch ist; die späten epischen Possen und Komödien in Großformat, in denen er in einem höchst artifiziellen Idiom, deftig und altväterlich zugleich, der Sexualgroteske wie einer geradezu elfischen Zärtlichkeit ihren Lauf läßt, autobiographisch, sich selbst bekennend und sich selbst historisch werdend. Aus seinen Radio-Essays lernten wir – bei allen Einwänden im Detail –, was Begeisterung für Literatur sein kann, und in seiner Übersetzung wurden Autoren überhaupt erst lesbar, die im Original ungenießbare Schwarten produziert haben; etwa Edward Bulwer-Lytton. (Und hätte man ihm nicht doch noch die Möglichkeit geben sollen, »Finnegans Wake« zu übersetzen? Übersetzbar ist das Buch ohnehin nicht, aber wir hätten dann wenigstens ein geniales Unikum gehabt, eine Art faszinierenden Wechselbalg –

Schmidts kleine Übersetzungsproben aus »Finnegans Wake« beweisen es.)

Und nun müßte das Rühmen en detail weitergehen: Wie keiner so zärtlich und genau über Bücher und über Natur sprechen konnte wie er (die Zuneigung, die er den Menschen meist verweigerte, verschob er auf die Natur und die Bücher); wie er den Orpheus-Mythos neu deutete und reich instrumentierte in »Caliban über Setebos«; wie er Romananfänge hinzuzusetzen verstand, die wir nie mehr vergessen werden: »Nacht. Steinufer des Bürgersteigs« in der »Tina« als Einleitung zur Hades-Fahrt, das schwermütige »Nichts Niemand Nirgends Nie« der Dreschmaschine im »Kaff«, der »Nebel schelmenzünftich« in »Zettels Traum«; wie er Träume nicht als Metapher für Vage-Erdichtetes, sondern exakt, durchkonstruiert als verräterischen Aufschluß gebende Zentren, auch als mit freudianischer Präzision erdachte und kalkuliert gesetzte Pointen einbaut in »Kaff« und in »Kundisches Geschirr«; wie er selbst sich spaltet und selbdritt auftritt im »Abend mit Goldrand«, als Gläser, Fohrbach und Olmers zugleich.

Aber genug, Arno Schmidt starb am 3. Juni in einem Celler Krankenhaus. »Julia, laß das!«, seinen angekündigten Roman, an dem er eben zu arbeiten anfangen wollte, werden wir nicht mehr bekommen. Doch wir bekamen ja so viel von ihm.

FRITZ J. RADDATZ: ALFRED ANDERSCH

1980

Nein, das werde ich dieses Mal nicht schaffen: den literarisch-kühlen Rückblick auf ein sechsundsechzigjähriges Schriftstellerleben, das Archivmaterial auf dem Tisch; der Tod von Alfred Andersch hat mich zu sehr betroffen, hat mir persönlich etwas genommen – einen Freund. Einen, der es vermochte, Weg und Richtung zu weisen, ermutigte, wenn man ratlos war, verzagt; seltener Fall in der wortspitzen, dünnen Welt der Literatur, in der humane Rhetorik viel abgezapft wird, der reale Umgang mit Menschen aber meist vergiftet ist.

Daß Alfred Andersch einer der bedeutenden Anreger und Talententdecker im Nachkriegsdeutschland war, ist bekannt; seine Arbeit am *Ruf* oder als Herausgeber von *Texte und Zeichen* kennt man, und Max Benses Charakteristik aus dem Jahre 1962 galt und gilt: »Generation 1914, kleinbürgerlicher Herkunft, Bayer, Gymnasiast in München, Buchhändlerlehrling, Büroangestellter, Unzufriedener, Brillenträger, Radfahrer, Pfeifenraucher, Rilkeleser, kommunistischer Jugendorganisationsleiter, Revolutionär, Häftling, Illegaler, Soldat, Einzelgänger, Revisionist, Abtrünniger, Antifaschist, Antibolschewist, Deserteur, Kriegsgefangener in USA, Gründer und Redakteur der Zeitung *Der Ruf*, Rückkehrer, Europäer, Dialektiker, Oppositioneller, Nonkonformist, Gründer des ›Abendstudios‹ am Sender Frankfurt, Herausgeber der Reihe ›studio frankfurt‹, Redakteur am Norddeutschen Rundfunk in Hamburg, Chef des ›Radio-Essays‹ am Süddeutschen Rundfunk, Herausgeber der Zeitschrift *Texte und Zeichen*, Entdecker und Förderer jüngerer experimenteller und engagierter Literatur, Autotourist, Kenner Italiens, Frankreichs und Skandinaviens, konkreter Journalist für seltene Fälle, existentielle Intelligenz als Hörspielschreiber, Funkschriftsteller, Filmautor, Kritiker, Lyriker und Romancier, schließlich freier Schriftsteller, wohnhaft in Berzona im Tessin, Bewunderer Stendhals, Joseph Conrads und der Amerikaner des 20. Jahrhunderts, aber auch Bekketts, Genets, Arno Schmidts, Adornos und Koeppens, von bewußter, aber an sich haltender Radikalität, immer ein wenig linker Hegelianer, auch Neigungen zum religiösen Sozialismus.«

Daß Alfred Andersch einer der stilsicheren Romanciers unserer zeitgenössischen Literatur war, ist ebenso bekannt; der »linke Literat« wurde von Sieburg als »ernsthafter Künstler« bewundert und von Karl Korn gar als »konsequenter Schüler Flauberts und Thomas Manns« gefeiert. Hatte ein Kritiker nicht einmal sein »Wortmißtrauen« hervorgehoben?

Das ist es, was für mich Anderschs Haltung trug: eine Ängstlichkeit, die Mut produzierte. Eine noble Engagiertheit, die dennoch sagen konnte: »Ich würde hoffentlich stets ablehnen, Menschen überzeugen zu wollen ... Ich bemühe mich, so zu schreiben, daß dem Leser die kritische Entscheidung nicht abgenommen wird.« Diese leise Freundlichkeit prägte den Mann, prägte sein Werk – von den Romanen »Die Kirschen der Freiheit« und »Sansibar oder der letzte Grund« bis, ja: bis zu jenem Gedicht »Artikel 3 (3)«, das so viel Aufruhr erregte. Freundlichkeit ist kein Gegensatz zu Härte und Kampf, für den er Erkenntnis und Trauer weitergab ganz in dem Sinne seines Konzepts, dem Leser die Entscheidung zu überlassen.

Ein Leser gab diesen Vorgang als Resultat der »Sansibar«-Lektüre sehr präzise wieder: »Macht man sich denn in allen Kreisen keine Gedanken darüber: Warum wohl der große Einstein emigrieren mußte; und 45 *nicht* nach Deutschland zurückkehrte? Warum Thomas Mann (der nach Europa zurückkam) *mitnichten* seinen Wohnsitz am Brunnquell westdeutschen Geistes, in Bonn, aufschlug; sondern lieber in der Schweiz bleib? Warum Hermann Hesse – ich wählte, es ist dem Bürgertum eindrucksvoller, deutsche Nobelpreisträger – still in seinem Tessin bleibt? Denn es genügt nicht ganz, wenn ein Land von sich rühmen kann, daß es die *Wiege* großer Männer war; es muß auch noch den Nachweis erbringen, daß es ihr *Grab* zeigen kann – und selbst *das* ist wertlos, wenn die verehrend dorthin Pilgernden immer wieder nach irgendeinem Buchenwald gewiesen werden!«

Dieser Leser(-Kritiker) hieß Arno Schmidt.

Und solche Fragen hat Alfred Andersch in den Köpfen seiner Leser explodieren lassen. Ich erinnere mich an eine Szene, in der der gleichnamige Held seines Romans »Efraim«, Jude, Emigrant, englischer Journalist nun sein Elternhaus in Berlin-Grunewald aufsucht, nach dem Krieg – und er fühlt: gar nichts. Diese Leere gibt Andersch seinem Leser gleichsam auf, er deklamiert nicht, erteilt keine Lektion. Er macht frieren. In einer lange nach dem Roman veröffentlichten »Notiz über ›Efraim‹« hat Andersch eine Art kurzes Credo zu seinem Menschenbild abgelegt, das verrät, warum er aus Angst Mut schlägt, aus Zaudern Kraft und aus Sprache Verstehen: »Irgendwo in meinem Buch steht der Satz: ›Fast alle Menschen sind ja interessant.‹ Dieses Interessante der Menschen besteht sicherlich in ihrer Individualität ... Das Verbrechen besteht nicht darin, daß man Menschen in Massen umbringt oder krank macht, sondern daß jedes einzelne Partikel dieser Massen ein Mensch mit einem nur ihm gehörigen und in jedem einzelnen Fall höchst merkwürdigen und wertvollen inneren Leben war oder ist. Auf ganz andere Weise als die Psychologie als Wissenschaft – die ich hoch schätze –, hat der Roman seit Jahrhunderten dieses innere Leben sichtbar gemacht, und die sogenannte Krise des Romans besteht in nichts anderem als in der Frage, ob dem Menschen noch psychische Realität zugestanden wird oder nicht.«

Zu Anderschs Werk gehört jene Zeitschrift, von der Hans Magnus Enzensberger in seiner Rezension des Reprints schrieb, »eine literarische Zeitschrift von vergleichbarer

Reichweite und Qualität ist mir aus den fünfziger Jahren nicht bekannt; aber auch in der westdeutschen Gegenwart gibt es kein Gegenstück zu *Texte und Zeichen.*« Wohl wahr. Nur: auch damals war dies ein minoritäres Unterfangen, ein – wie der Titel es umgriff – unideologisches, nur nach präzisem Qualitätsmaßstab urteilendes Blatt, in dem man Resolutionen und Pamphlete kaum, wichtige Literatur fast ausnahmslos finden konnte – Grass und Celan, Walser und Arno Schmidt. Anderschs Zeitschrift war ein Diskussionsforum von höchstem Niveau – und die deutsche Öffentlichkeit (und Verlagswelt) honorierte das auch entsprechend: Die Zeitschrift ging nach drei Jahren 1958 ein. Max Frisch hat vor fast genau einem Jahr zu Anderschs 65. Geburtstag eine Rede gehalten, in der er fast aggressiv formulierte, was das ständig Anstößige an der Figur Alfred Anderschs war – daß nämlich Kunst ohne politisches Gewissen nicht auskommt, daß nicht die Schändung der Imagination das Resultat wäre, sondern ihr Ausdorren; »ich meine, jede Würdigung seines literarischen Werkes, die Alfred Andersch als einen Meister deutscher Prosa entpolitisiert, wäre ein Hohn. Es wäre auch uns nicht angemessen.«

Gewiß, die feinere Literaturkritik ist mit Alfred Andersch nicht eben behutsam umgegangen, »Efraim« und der Roman über einen möglichen antifaschistischen Widerstand »Winterspelt«, dem er den Faulkner-Satz »Das Vergangene ist nie tot, es ist nicht einmal vergangen« als Motto vorausgesetzt hatte, bekamen knallende Verrisse. Leserbriefe wiegen derlei nicht auf – und dennoch, das Gedicht eines offenbar jungen Lesers, der es als Zeichen seiner Betroffenheit wortlos einsandte, unterschrieben »andreas schwarz. 22. februar 80«, macht nachdenklich – ob da jemand mehr begriffen hat von der Arbeit eines Schriftstellers als die flotten Profis?

wir wußten, Ihnen ist zu trauen
und Ihr schreiben ermutigte uns.
mut und empörung
auch das habe ich von Ihnen gelernt:

empört euch
der himmel ist blau.

Einen Tag vor diesem 22. Februar hatte Alfred Andersch das druckfertige Manuskript seines letzten Buches dem Verlag übergeben, »Der Vater eines Mörders«, ein politischer Roman; denn tatsächlich war Andersch auf dem Münchner Wittelsbacher Gymnasium von Himmlers Vater unterrichtet worden. Als habe dieses letzte Stück Trauerarbeit ihn aufgezehrt, ausgeschöpft ...

Es mag merkwürdig klingen, unpassend gar, aber ich habe Anderschs Bücher nie lesen können, ohne mir sein Gesicht, seinen schönen Kopf, seine Augen vorzustellen, die stets zwischen bohrender Frage und Reserviertheit in der Schwebe blieben. Und auch deshalb gelingt mir ein »regel«rechter Nachruf nicht so recht: Ich war in der Woche, in der er starb, mit ihm zu einem langen Arbeitsgespräch verabredet – es bleibt eine unwägbare Bitterkeit, daß sein Tod das verhinderte. Er bekommt dadurch die physische Nähe des Sich-Entziehens. Dabei brauchten wir, brauchte ich ihn.

KARL KROLOW: PETER HUCHEL

1981

Er selbst hat verfügt, daß uns die Nachricht von seinem Tod erst Tage danach, nach seiner Beisetzung, erreichen soll: der Lyriker Peter Huchel, der in der Nacht auf den 1. Mai im südbadischen Örtchen Staufen, wo er die letzten zehn Jahre gelebt hat, im Alter von 78 Jahren gestorben ist.

Daß Natur, Landschaft sich in dauernder Veränderung befindet, daß sie Eingriffen und Gefahren durch den Menschen ausgesetzt ist, wurde uns nicht erst durch den Landschaftsschützer beigebracht. Eine »heile« Landschaft hat es nie gegeben. Der Raubbau, die übertriebene Nutzung, wie die heutige Zersiedlung, sprich Urbanisierung, gehören zum Bild der ständig gefährdeten Landschaft. Ein Gedicht von Landschaft und Jahreszeit hat immer anders ausgesehen. Um in unserem Jahrhundert zu bleiben: anders in den Heidebildern bei Liliencron als in den wildbewegten, verbal aufgerissenen Landschaften der Expressionisten, anders im hochstilisierten Gartenbild eines Georgeschen Parks. Rilkes Bäume waren schon nicht mehr die Bäume Bertolt Brechts. Die landschaftliche Einzelheit, die wuchernde Flora der Naturlyriker seit Lehmann und Elisabeth Langgässer machte sich im Gedicht gleichsam selbständig. Die berüchtigte Natura naturata breitete sich in orthodoxen Natur- und Landschaftsgedichten der Jahrhundertmitte aus. Sie war oft entmenschlicht oder doch menschenfern.

Von den bekannten Dichtern jener Jahre traf dies am wenigsten für die Landschafts- und Jahreszeitgedichte Peter Huchels zu. Sie hatten gewiß auch ihren Detaillismus, ihr Pflanzenreich und ihren Pflanzenreichtum, aber es wurde kein Katalog von Flora und Fauna daraus. Es kam nicht zur Exaltation des Seltenen und Seltsamen. Es gab nicht diese

Selbstgenügsamkeit des Autors, der solche Eigenschaft auf seine Lyrik übertrug. Gewiß gab es früh schon das bei Huchel, was man – auch bei anderen Zeitgenossen seiner und der nächst jüngeren Generation – »Naturmagie« genannt hat.

Der benutzte Ton war entsprechend: ein beschwörendes Sprechen, ein Raunen, ein Flüstern, eine bestimmte musiknahe Sprache, die einer nicht geheuren Idylle entnommen war, denn die heitere, genrebildhafte Idylle ist von dieser Naturlyrik selten verwendet worden. Magie war das Aufdecken von Erscheinungen, von Wirksamkeit hinter dem Augenschein, hinter dem Netzhaut-Eindruck, hinter dem Phänomen des Farbenspiels, der akustischen Reize. Magie stand hinter der Sinnlichkeit, von der die Naturgedichte bei uns eine Zeitlang überfüllt, ja verstopft waren, von der sie in einen grünen Kokon von Chlorophyll gewickelt waren.

Als Peter Huchel zwischen 1925 und 1930 in die Literatur eintrat, die für jene Jahre maßgeblich war, war er noch keine Dreißig. Er schloß sich 1930 dem Schriftstellerkreis der Zeitschrift »Kolonne« des Dresdner Wolfgang Jess-Verlages an. Sein Gedicht »Der Knabenteich« gewann damals einen Lyrikpreis und machte auf den jungen Autor aufmerksam.

Landschaft ist für den am 3. April 1903 in Berlin-Lichterfelde geborenen, aber in der Mark Brandenburg aufgewachsenen, auf dem Hof des Großvaters in Alt-Langerwisch lebenden, dann das Potsdamer Gymnasium besuchenden und Literatur und Philosophie in Berlin, Freiburg/Breisgau und Wien studierenden Huchel Menschenraum und Geschichtsraum. Die Geographie und die Geschichte der Landschaften greifen jedenfalls nach und nach aus: nach Südfrankreich, in den Mittelmeerraum überhaupt, ins Italienische. Sie weitet sich damit aus dem engen Bezirk des Mitteleuropäischen, der deutschen Provinz. Das Wendische der Spreelandschaft bekommt Kontakt mit den geschichtsträchtigen Landschaften, den Kulturlandschaften des europäischen Südens. Der spätere künstlerische Direktor des Berliner Rundfunks (bis 1948) und der Herausgeber der von Becher und Paul Wiegler gegründeten Zeitschrift »Sinn und Form« hatte den Balkan und den französischen Midi gesehen.

Peter Wapnewski hat, als Huchel siebzig wurde, im Nachwort zum Auswahlband seiner Gedichte festgestellt: »Er hat nie Moden mitgemacht – hat allenfalls Mode gemacht. Er versagt sich den Pathos-Schrei seiner expressionistischen Zeitgenossen, sein Leiden ist leise, und so fehlt ihm auch die Naturverzückung, die zur Verschwisterung mit den Elementen des Botanischen und Zoologischen drängt ... Die Natur mit ihren Einfachheiten ist ihm von Anfang an nicht die Welt, aber die selbstverständliche Umwelt, und was geschah, das geschah innerhalb ihrer und wurde, genau und ohne Schwärmerei beobachtet, Teil des Gedichtes, das sich der eigenen Person und seiner Herkunft zu vergewissern suchte.«

Derartige Vergewisserung war es, die ihn die natürlichen Grenzen seines Gedichts ziehen ließ, das sich in gewisser Hinsicht nicht weiter entwickeln, wohl aber zu entfalten vermochte. Er hatte mancherlei »Ballast« nicht nötig: nicht den mythologischen Bildungsballast, die »Philologie« im Naturgedicht, die mit Halbgöttern in Vorgärten wirtschaftete. Dieses Inventar war bei ihm überflüssig, dagegen nicht Herkunft, Geschichte, Verhängnis und Größe des Geschichtlichen. Die späten Gedichte, die das auslaufende Geschehen, den Schrecken des letzten Weltkrieges wiedergeben, haben Weitblick, Blick für geschichtlichen Zusammenhang, Überblick über Tragik.

Gewiß sind Huchels erste Gedichte sozusagen buchstäblich gewordene Naturlaute. Der Lied- und Reimzauber war ungebrochen. Er hat es selber bekannt: »Ich raune so lang meine Verse, bis die notwendigen – die hellen und die dunklen – Vokale die Grundstimmung der Seele ausdrücken.« Dies gilt als charakteristisch mindestens für den frühen Huchel und für einige Zeit. Nur solcher Ausspruch macht dies oft mißverständlich Magische erklärlich: Es war ein natürlicher Vorgang für ihn, keine Maske, keine literarische Verkleidung, keine Stilisierung.

Nur so ist verständlich, daß manche seiner Gedichte wie vollgesogen von feuchter Atmosphäre erscheinen, mit Wasser, Schilf, Moor und duftendem Dunkel. Die Singbarkeit dieser Texte kann libellenleicht sein und ebenso erlkönighaftlockend und ängstigend, Irrlichter, die Verse geworden sind. Es sind die Kinder- und die Knabenlandschaften, die auf solche Art und Weise auftauchen und sich wieder verschleiern. Aber es muß zugleich wieder darauf hingewiesen werden, daß die Landschaft »bevölkert« ist, zunächst mit Menschen, einfachen, meist einsamen, sonderbaren Menschen, Einzelgängern, Wunderlichen, Armen, von Bettelvolk, von aus der Gesellschaft Fortgegangenen.

Diese Ruhe- und Ortlosen (und Geschichtslosen) bekommen bei ihm etwas von »Erscheinungen«. Sie sind den *Revenants* ähnlich. Die vom Leben Benachteiligten, die schutzlos Preisgegebenen erscheinen und verschwinden so, lautlos, aus den Zeilen der Gedichte. Die mit ihrer Zufalls-Existenz Beladenen wirken so, als wenn sie zuweilen in den Gedichten Peter Huchels Zuflucht suchten. Tatsächlich ist das Gedicht bei ihm ein Ort der Solidarität, der Aufnahme, der Annahme jeder menschlichen Existenz, später der Aufnahme von Zeit, Geschichte, Ereignissen, Verhängnissen, Untergang. »Daß es auch noch in unserer Zeit möglich ist, das Schwierige einfach zu sagen«, hat seinerzeit Walter Jens in Hinblick auf Huchels Gedichte festgestellt.

Landschaft ist Schutzmantel und Zuflucht angesichts solcher Verfassung. Sie rettet denjenigen, der sie besingt, wie die Menschen, hinter denen die Mächte – Gegenwart wie Vergangenheit – auflauern. Das Mürb-Durchsichtige der ernsten Landschaften Huchels erweitert sich schließlich in die Tiefe des geschichtlichen Raumes, es wird dadurch weit mehr als ein »vegetierender« Raum vergegenwärtigter oder gar verinnerlichter Landschaftslyrik. »Die Öde wird Geschichte«, heißt es am Schluß des düsteren Gedichts »Chausseen, Chausseen«, die als Fluchtwege gemeint sind, als endlose Routen eines von der vergegenwärtigten Geschichte beherrschten Raumes, eines unsicheren Raums, auf andere Weise von Angst oder Alpdruck durchzogen als die feuchten Fluß- und Teichlandschaften des jungen Dichters.

»Wohin du stürzt, o Seele,
Nicht weiß es die Nacht. Denn da ist nichts

Als vieler Wesen stumme Angst.
Der Zeuge tritt hervor. Es ist das Licht«

So lauten vier Zeilen aus dem »Winterpsalm«. Was hier noch in einem gleichsam zeitlosen Raum untergebracht wird zwischen Nacht und Licht, ist dann im »Gericht« unmittelbarer:

Nicht dafür geboren,
unter den Fittichen der Gewalt zu leben,
nehm ich die Unschuld der
Schuldigen an ...

Nicht jeder geht aufrecht
durch die Furt der Zeiten.
Vielen reißt das Wasser
die Steine unter den Füßen fort«.

Solche »zeitlichen Gedichte«, bei denen man nicht gleich von »politischer Naturlyrik« sprechen sollte, stehen im Vorhof von Klage und Anklage, im Vorfeld – literarisch gesehen – der Elegie, einer Elegie ohne Dekor, ohne die dekorative formale Verfassung des Elegien-»Gewandes«, in das sich bequem schlüpfen läßt, um zum Beispiel etwas offen und unentschieden zu halten. In den späten, zeitlichen Gedichten, in den Geschichtsgedichten Huchels ist elegische Entschiedenheit, ist Weitsicht, die sich vor Pathos zurückhält. Die Benommenheit ist gewichen wie die betäubte Schönheit mancher Landschaftsverse.

Ein Huchel-Kenner (Ingo Seidler) hat von den späteren Gedichten als von »Katalysatoren des Grauens« gesprochen. Er sah eine Übereinkunft sogar von Apokalypse und Landschaft.

Wie dem auch sei: Was bleibt, ist das, was Rudolf Hartung die »suggestive und wahre Sprache« genannt hat. Die Suggestion hat Wandlungen, Entfaltungen durchgemacht. Es sind die oft hier genannten Erweiterungen, die auch vor dem Suggestiven als poetischem Mittel nicht haltmachten:

»Nicht gewillt,
um Milde zu bitten,
stand ich vor den Schranken,
in der Maske des untergehenden
Mondes.«

In diesem Gedicht (»Das Gericht«) sieht der vor Gericht Stehende die Ohnmacht des Richters; »zerbrochene Sätze aus vergilbten Papieren« lautet bereits jetzt sein Urteil. »Er schlug die Aktendeckel zu«. Geschichte – Gegenwart – Landschaft – und das Wandelbare, das Widerrufbare an ihnen, das Atemberaubende und das Unbeschreibliche sind in den Gedichten Peter Huchels über die vielen Jahrzehnte seines stets sich zurückhaltenden, nie Gedicht um Gedicht »produzierenden« Schreibens Gestalt geworden. Ein halbes Jahrhundert ist darüber vergangen.

MARCEL REICH-RANICKI: PETER WEISS
1983

Peter Weiss ist tot: Der weltberühmte deutsche Dramatiker und Erzähler starb am 10. Mai in der Stadt, in der er einst Zuflucht gefunden hatte und in der er seit Jahrzehnten lebte – in Stockholm. Er wurde 1916 in Nowawes bei Berlin geboren. Sein Vater war ein jüdischer Textilfabrikant österreichisch-ungarischer Herkunft, der nach dem Ersten Weltkrieg die tschechoslowakische Staatsangehörigkeit erhalten hatte. Damit ist schon ein fundamentales, ein entscheidendes Element angedeutet, unter dessen Einfluß Leben und Werk des Peter Weiss standen. Wie ist das zu verstehen?

In Bremen und Berlin wuchs er auf. 1934 emigrierte er mit seiner Familie über England nach Prag. Nicht Schriftsteller wollte er werden, sondern Maler. Er studierte an der Prager Kunstakademie, eines seiner Bilder wurde preisgekrönt. 1939 kam Peter Weiss nach Schweden, 1945 wurde er schwedischer Staatsbürger. Er wollte ein Schwede oder zumindest ein schwedischer Künstler und später auch ein schwedischer Schriftsteller sein. Er malte und zeichnete, er drehte experimentelle Filme, er schrieb Erzählungen in schwedischer Sprache, die er makellos beherrschte. Das Echo war schwach; in dem Land, dem er verdankte, daß er den Zweiten Weltkrieg überlebt hat, blieb er ein Fremdling.

In einem seiner schönsten Bücher, dem »Abschied von den Eltern«, findet sich die Feststellung, von der jede Deutung des Werks von Peter Weiss ausgehen sollte: »Die Emigration war für mich nur die Bestätigung einer Unzugehörigkeit, die ich von frühester Kindheit an erfahren hatte. Einen heimischen Boden hatte ich nie besessen.« Und als 1965 der

Verleger Klaus Wagenbach viele deutsche Autoren aufforderte, den für sie wichtigsten Ort zu beschreiben, da schilderten die meisten die Stadt ihrer Kindheit oder ihrer Jugend oder irgendeinen Ort, an dem sie etwas Bemerkenswertes erlebt hatten. Auch Peter Weiss steuerte einen Beitrag für diese Anthologie (»Atlas«) bei: Aber er schrieb über den Ort, für den er bestimmt und dem er entkommen war – über Auschwitz.

Immer wieder hatte Weiss die Rückkehr nach Deutschland geplant oder zumindest im Freundeskreis erörtert, zuletzt noch im vergangenen Jahr. Er konnte sich dazu nie entschließen: Ihm erging es wie jener griechischen Königstochter, von der Goethe sagt, daß ihr die Fremde nicht zur Heimat, wohl aber die Heimat zur Fremde geworden war. Überall war er erfolgreich und doch blieb er überall, auch und vor allem in dem Land seiner Sprache, ein Außenseiter, ein Fremdling.

Denn zur deutschen Sprache war Peter Weiss schon um 1950 zurückgekehrt. Seine frühen Bücher, den Mikroroman »Der Schatten des Körpers des Kutschers« und die autobiographische Erzählung »Abschied von den Eltern«, wollte kein deutscher Verlag drucken. Als sie aber Anfang der sechziger Jahre erschienen, erkannte die junge Generation, auch wenn sich der Publikumserfolg zunächst in bescheidenen Grenzen hielt, in dem Emigranten Weiss einen Erzähler, der ihr Lebensgefühl und ihre Ängste zu artikulieren imstande war. Er, zu dessen Vorbildern so unterschiedliche Schriftsteller wie Kafka und Hesse gehörten, hatte in diesen Büchern (auch im »Fluchtpunkt«) von der eigenen Heimatlosigkeit und Entfremdung, von seiner Verlorenheit und Entwurzelung erzählt. Doch die von ihm, dem Verstoßenen, dem ewigen Außenseiter erzählten persönlichen Erlebnisse wurden von den Lesern, deren Zahl ständig wuchs, als Extrembeispiele der menschlichen Existenz verstanden. Anders ausgedrückt: als Parabeln von der Situation des Individuums nach dem Zweiten Weltkrieg.

Aber erst das dramatische Werk machte Weiss zu einem europäischen Schriftsteller, dessen Bühnenstücke schließlich in allen Erdteilen gespielt und leidenschaftlich diskutiert wurden. Unvergeßlich ist für alle, die daran teilgenommen hatten, jener Abend im Herbst 1963 als Weiss auf der Tagung der »Gruppe 47« mit einer Trommel zwischen den Beinen den Versammelten lesend, singend und trommelnd ein Stück präsentierte, dessen Titel schon die Zuhörer verblüffte: »Die Verfolgung und Ermordung Jean Paul Marats, dargestellt durch die Schauspielgruppe des Hospizes zu Charenton unter Anleitung des Herrn de Sade«. Wenige Monate später, im April 1964, fand die Uraufführung im Schiller-Theater in Berlin statt: Es war, wie ein Kritiker damals schrieb, eine Sternstunde des deutschen Dramas, des deutschen Theaters.

Im Jahre 1808 werden in der Irrenanstalt Vorgänge aus dem Jahr 1793 aufgeführt, aus der Zeit der Revolution also. Doch spielt das Stück von Peter Weiss nicht auf zwei, sondern auf drei verschiedenen Zeitebenen – die dritte, das ist unsere Gegenwart. Mit dem zentralen Konflikt, verkörpert in den Personen des Marat und des de Sade, hatte Weiss unsere Epoche mitten ins Herz getroffen. Denn dem unbeirrbaren Revolutionär Marat, der nur an die Sache und an die Idee glaubt, stellte Weiss de Sade gegenüber, den Verfechter des Individualismus, der die Veränderbarkeit der Welt skeptisch beurteilt.

Eine solche Wiedergabe dieses Stückes kann freilich den Eindruck erwecken, es handele sich um ein zwar gedankenreiches, doch eher dürres oder trockenes, auf jeden Fall recht abstraktes Werk. In Wirklichkeit verdankt dieses Drama seine Kraft der Vielfalt und der Vitalität eines außergewöhnlichen Bühnentalents, eines Autors, der gewiß viel von Brecht gelernt hatte, jedoch souverän und temperamentvoll die unterschiedlichsten Stilmittel anzuwenden und zu einer wahrhaft komödiantischen Einheit zu verschmelzen wußte.

In den Mittelpunkt der öffentlichen Diskussion geriet Weiss nicht nur durch dieses Stück, das man sehr bald in Ost und West (übrigens in verschiedenen Fassungen) spielte, sondern auch und vor allem durch seine spektakuläre politische Entscheidung. 1965 erklärte er in der »Frankfurter Allgemeinen Zeitung«, er könne an eine »unabhängige künstlerische Region« nicht mehr glauben. Wenig später konnte man im »Neuen Deutschland« das Kredo von Peter Weiss lesen: »Zwischen den beiden Wahlmöglichkeiten, die mir heute bleiben, sehe ich nur in der sozialistischen Gesellschaftsordnung die Möglichkeit zur Beseitigung der bestehenden Mißverhältnisse in der Welt.« Die Schriftsteller im Westen seien, meinte er damals, vom kapitalistischen System abhängig. Und in der kommunistischen Welt? Von der dort existierenden Abhängigkeit des Schriftstellers wollte Weiss lange nichts wissen, freilich erklärte er damals unmißverständlich, daß seiner Ansicht nach der Sozialismus »Selbstkritik und volle Redefreiheit« voraussetze.

Nun hatte Peter Weiss in einem großen Kollektiv der Gleichgesinnten Zuflucht gefunden – er fühlte sich geborgen unter den Vorzeichen einer vereinenden Idee von universalem Anspruch. Weiss, der Einsame, der Ausgestoßene, der Heimatlose, glaubte die Küste des gelobten Landes zu sehen. Doch die Erkenntnis, daß jenes gelobte Land einer Fata Morgana gleicht, blieb ihm nicht erspart. Einige Jahre lang wurde er in den östlichen Hauptstädten gespielt und gerühmt. Seine Stücke waren willkommen: so das »Oratorium in elf Gesängen«, die »Ermittlung« (1965) nämlich, in dem Weiss, die Akten des Auschwitz-Prozesses verwendend, die einzelnen Stationen des Vernichtungslagers zu zeigen versucht hatte, so ferner das Agitationsstück »Gesang vom lusitanischen Popanz« (1967), das gegen das portugiesische Kolonialregime in Angola gerichtet ist, so der höchst umstrittene und von manchen Beobachtern als simple Propaganda abgelehnte »Vietnam-Diskurs« (1968).

Nach der sowjetischen Intervention in der Tschechoslowakei revidierte Weiss seine politischen Anschauungen – aber nicht etwa in Artikeln oder Interviews, sondern mit Hilfe eines Bühnenwerks. In dem Stück »Trotzki im Exil« (1970) befürwortete er zwar die kommunistische Weltrevolution, aber er distanzierte sich von den Methoden des Stalinismus. Das künstlerisch mißratene und mit allzu simplen Mitteln arbeitende Drama hatte, wie nicht anders zu erwarten war, den Konflikt zwischen Weiss und der kommunistischen Welt zur Folge: In Moskau (und bald auch in Ost-Berlin) warf man ihm »ideologische Sabotage« vor. Man übertreibt nicht, wenn man sagt, Weiss habe sich von dieser Enttäuschung nie erholt. Sein Spätwerk, zumal seine Romantrilogie »Ästhetik des Widerstands«, ist in diesem Zusammenhang zu sehen.

Zunächst hatte er in dem Stück »Hölderlin« (1971) den immerhin originellen und kühnen Versuch unternommen, Hölderlin nicht nur als Revolutionär, sondern schon fast als einen Vorläufer von Karl Marx zu interpretieren. Die zwiespältige Reaktion auf dieses (wiederum in West und Ost gespielte) Bühnenwerk mag dazu beigetragen haben, daß Weiss sich in den siebziger Jahren fast ausschließlich der Epik zuwandte.

Von den drei Bänden der »Ästhetik des Widerstands« hatte der erste, 1975 veröffentlicht, wohl das stärkste, jedenfalls das freundlichste Echo. Die Trilogie ist eine Art Erziehungsroman und zugleich die »Wunsch-Autobiographie« des Schriftstellers Peter Weiss, der seinen tatsächlichen Lebenslauf ins Proletarische überträgt. Sein Ich-Erzähler ist ein Mann des Jahrgangs 1917, der aus Deutschland emigriert, doch (anders als Weiss) am Spanischen Bürgerkrieg teilnimmt und später nach Schweden flieht. Was ist diese Trilogie? Ein Bewußtseinsprotokoll? Eine essayistische Auseinandersetzung mit unserer Epoche? Eine Chronik? Oder vielleicht eben doch – der Begriff ist ja weit genug – ein Roman? Auf jeden Fall eine strenge und streckenweise fast monomane Selbstanalyse, geschrieben von einem, der nicht zögert, sich selber auf die Anklagebank zu setzen.

Der zwiespältige Eindruck, den diese »Ästhetik des Widerstands« hervorrief und hervorrufen mußte, hat weniger mit den ideologischen und politischen Aspekten des Werks zu tun als mit seiner Sprache. Denn gerade da, wo er Denkprozesse wiedergibt, wo er sich mit Zeitgeschichtlichem und

Politischem direkt auseinandersetzt, vermochte Weiss adäquate künstlerische Ausdrucksmittel nur selten zu finden. Seine Prosa lebt hingegen da, wo er seinen Helden mit der Kunst konfrontiert – mit dem Pergamon-Altar etwa, mit Picasso oder Breughel, mit einer Kathedrale in Barcelona.

Gleichzeitig mit dem dritten Band der »Ästhetik« erschien 1981 ein weiteres Buch von Peter Weiss: seine »Notizbücher 1971–1980«. Es ist ein höchst intimes Journal, aufschlußreich, belehrend und ergreifend, in mancherlei Hinsicht wohl auch überzeugender als die überaus ehrgeizige, hier und da die Möglichkeiten des Autors doch wohl überschreitende Trilogie. Ein höchst persönliches Werk ist auch das Stück, dem Weiss ebenso als Autor wie auch als Regisseur seinen letzten Erfolg zu verdanken hatte: die vor wenigen Wochen in Stockholm uraufgeführte Bühnenfassung des »Prozeß« von Kafka, ein Drama, das, wie in der »Frankfurter Allgemeinen Zeitung« zu lesen war, als »ein moderner Todestanz am Rande des Abgrunds« zu verstehen ist.

Wie die besten seiner Werke mutet auch die Biographie des Peter Weiss gleichnishaft an: Es ist die Geschichte des Mannes, der ein Leben lang auf der Suche nach einer Heimat war – und der sie schließlich gefunden hat. Aber seine Heimat war nicht ein Land und nicht etwa eine Ideologie. Vielmehr war es die Kultur, die ihm schließlich Schutz bot.

Die Kritiker und Literaturhistoriker werden sich noch lange mit seinem vielschichtigen Werk befassen. Sie werden ihn zu jenen deutschen Schriftstellern zählen, die, aus Deutschland vertrieben, zum Ansehen, ja zum Ruhme der deutschen Literatur unserer Epoche beigetragen haben.

JOACHIM KAISER: UWE JOHNSON

1984

> Was immer man tut, wenn einer stirbt, es wird zum Vorwurf.
> Aus dem Band IV der »Jahrestage«

An Uwe Johnson war, solange seine Freunde an ihn zurückdenken können, stets etwas Besonderes. Ein vollkommen uneitler Rigorismus fast pedantischer *Genauigkeit*, die für ihn, den Unpathetischen, soviel bedeutete wie *Gerechtigkeit*. Ernst Bloch erinnerte sich, daß Uwe Johnson, einst junger Schriftsteller und Student in der DDR, bei gemeinsamen Unterhaltungen oder Seminaren kaum je etwas sagte. Wer so schweigsam ist, fühlte Bloch, an dem ist entweder nichts dran oder wahrhaft viel.

Als Walter Maria Guggenheimer, während der fünfziger Jahre Lektor im Suhrkamp-Verlag, damals Johnsons (immer noch ungedrucktes) Erstlingsmanuskript »Ingrid Babendererde« gelesen hatte, notierte er im respektvollen Gutachten: »Fontane ist ja tot.« An solchen Größen maß man ihn von Anfang an.

Dabei machte es der junge Uwe Johnson seinen Lesern gewiß noch schwerer als der spätere, dem es 48jährig in einem herrlich entspannt wirkenden epischen Gewaltakt (allen inneren und äußeren Widerständen zum Trotz) gelang, seine auf vier Bände geplante, nach dem dritten Band steckengebliebene und dann doch mit souveränem literarischem Gelingen zu Ende gebrachte Tetralogie »Jahrestage« zu vollenden. Die deutsche Literaturkritik hat sich nicht nur vor diesem Buch, sondern vor der enormen literaturgeschichtlichen und geistgeschichtlich bedeutsamen Leistung, welche die »Jahrestage«-Tetralogie bedeutet, respektvoll verneigt. Wenn nicht der Löschkalk des Fernsehens das Bewußtsein des gegenwärtigen und zukünftigen Deutschland schon derart zerstört hat, daß anstrengende Leistungen solchen Ranges überhaupt nicht mehr gesehen, erkannt, integriert und als Epen unserer Nationalgeschichte begriffen werden können, dann müßte diese Tetralogie, Johnsons krönendes Hauptwerk, fortwirken auch in künftige Zeiten. Wie heißt es im Buch: »Für wenn ich tot bin.«

Er galt als »schwierig«

Von alledem ahnte die literarische Welt freilich noch nichts, als Uwe Johnson mit seinem Erstling »Mutmaßungen über Jakob« (1959) nicht nur die deutsch-deutsche Zwietracht, sondern auch die deutsch-deutsche Wahrheit mitten ins Herz zu treffen unternahm. Wir begriffen ihn damals als den ersten gleichsam *gesamtdeutschen* Schriftsteller, der vom Westen aus Gerechtigkeit auch denjenigen zukommen zu lassen versuchte, deren Staatsmonopol um höherer Ziele willen grausame Ungerechtigkeiten, gegen die dort kein Kläger war und kein Richter, in Kauf nahm.

Johnsons Stil, trotz aller heiteren, ironischen und genauen Beobachtungen, stand einst im Verruf, galt als »schwierig«. Denn nur die vermeintlichen Konfektions-Richtigkeiten, wie schlechte Schriftsteller und Journalisten sie im trüben Einverständnis mit denkfaulen Lesern herstellen, gelten für nett und leicht verständlich. Selbst ein Max Frisch meinte damals, manchmal müsse man Johnson nachkonstruieren, als schriebe er in einer Fremdsprache. Und Grass spöttelte, Johnson-Prosa wäre dann erst »ganz leicht«, wenn man lauter Satzzeichen hinzufüge ...

Wir schätzten ihn alle – und haben ihn dennoch unterschätzt. Er schrieb sein »Drittes Buch über Achim« (1961), wo es um die Unmöglichkeit objektiver Wahrheitsfindung geht, wenn jemand gleichsam innerhalb des ganzen Unwahren lebt. Er veröffentlichte »Karsch und andere Prosa« (1964) und blieb beim deutsch-deutschen Spannungsverhältnis in dem nach wie vor unterschätzten novellenhaften Roman »Zwei Ansichten«. Dazu trat viel Essayistisches. Beispielsweise auch ein glänzender, expressionistisch gewagter »Brief aus New York«, dessen virtuos-leitmotivische Durchführung der Farbe »Gelb« und ihrer Beziehung zur New Yorker Gegenwart einen klugen, vorlauten Habilitanden dazu bewog, dem »späten« Johnson vorzuwerfen, er sei verglichen mit diesem frühen Jugendtext mittlerweile »eher rückschrittlich« (so Bernd Neumann in »Utopie und Mimesis« von 1978). Nur daß eben, gleich dem von ihm verehrten Bertolt Brecht, Johnson gelassen über solche »Philologen« hinwegstieg und jenen expressionistischen »Gelb«-Text vollkommen bruchlos und fast unverändert in seinen letzten »Jahrestage«-Band einfügte, der folglich so rückschrittlich nicht sein kann ...

Als ich ihn das letztemal viele Stunden lang mit einer Dringlichkeit befragte, die ihn beinahe belästigte (denn er war kein literarischer Wichtigtuer), da deutete er einige Wege an, auf denen es weitergehen solle mit seinen Gestalten, die ja nicht nur die »Jahrestage« (sein alle Arbeiten zusammenfassendes Hauptwerk) erfüllen. Eine, beispielsweise, im Buch selbst verheißene, aber dann nicht stattfindende Unterredung zwischen Gesine und ihrem Bankchef sollte wohl in ganz anderem Zusammenhang noch wichtig werden. Kein Ende der Beschwörung von Lebenden und Toten schien für ihn, der er nach schwerer privater Enttäuschung durchaus selbstzerstörerisch und neurotisch weitermachte, denkbar.

Aber wenn wir Freunde auch besorgt und erschüttert sahen, wie schwer Uwe Johnson das Leben und des Lebens Unwahrhaftigkeiten nahm, wenn wir auch beängstigt feststellten, wie schmerzlich bitter er alle seine armen Erdenbürger bestraft, falls sie sich auch nur ein wenig kompromißbereit in die Zwänge des Daseins schicken: sein Gedächtnis funktionierte dabei jederzeit gespenstisch gut. Reinhard Baumgart hat in einem klugen Essay fixiert, wie unerbittlich Johnson alle Versuche, einen subjektiven Waffenstillstand zu schließen zwischen privatem Gewissen und öffentlichem Funktionieren – zurückweist, zum Tode verurteilt.

Am wenigsten gestattete er dergleichen sich selbst. Seine »Jahrestage«-Tetralogie wird, wenn nicht alles trügt oder lügt oder an Indolenz zugrunde geht, einst als Beschwörung dessen erkannt und gerühmt werden, was Ostdeutschland war, welches Schicksal Kommunisten und Russen jenen Besiegten, die sich nicht geschickt anpaßten, bereiteten, was für eine Finsternis schlimmster Rechtsunsicherheit in der Nacht mies nötigender und mit Zuchthausstrafen drohender sowjetischer und deutsch-kommunistischer Gewalt mitteldeutschen Menschen angetan wurde, die keine Engel waren und nun manchmal Märtyrer werden mußten. Das ist festgehalten für immer.

Aber in einem Westdeutschland, das opportunistisch Frieden schloß mit ehemaligen Nazi-Größen, Rechtsverächtern, grinsenden Lavierern, mochte Johnson auch nicht leben. Darum seine große Liebe zu New York, seine späte Flucht nach England. In ihm ist ein idealistischer Beschwörer jenes großen zerstörten Deutschlands zu erkennen, dessen Sprache, dessen Umgangssprachen festzuhalten Johnson als literarische Pflicht empfand. Der Beschwörer vergangener, verlorener Heimat war selbst ein Heimatloser. Eben darum liebte er New York, diesen Schmelztiegel, diese »Heimat der Heimatlosen« so sehr. Darum antwortete er auf die Frage, welchen Beruf er sich eigentlich hätte wählen wollen, gar nicht nur harmlos-komisch: »Am liebsten wäre ich unsichtbar.« (Was für ein Beruf!) Und er fügte hinzu: »Schon um zu sehen, warum Leute lügen, denen man glaubt.«

Uwe Johnson beherrschte auch den »hohen« Ton. Aber das Pathos, die Fortissimo-Kadenzen jener Erzähler, die ihre Worte in erzene Glocken verwandeln können, lag ihm fern.

Gewiß: oft wird bei ihm – wie bei Balzac, bei Zola, bei Thomas Mann – gestorben. Doch der Tod provoziert keine gewaltigen Epitaph-Sätze. Er versteckt sich bekümmert in Dialoge, ins aktive Unglücklichsein von Menschen, deren Schmerz gewiß nicht banal ist, aber wortarm.

Denn Johnson, der weder über den Tod noch über die Aufgabe der Kunst zu philosophieren liebte, ist das Gegenteil eines offen brillierenden Autors gewesen. Er überließ sich nicht einer effektvollen Theorie über seine Figuren, sondern einem beispiellosen »Erinnerungsvorgang«. Das machte nun aber sein Schreiben trotz aller Vertraktheit derart selbstverständlich, daß er es überhaupt nicht nötig hatte, etwa einen »Reichtum« an originellen Beobachtungen stolz zu präsentieren, sich keck auf die Prosa-Bühne zu stellen und den Alleswisser vorzuführen. Johnson, so hieß es in *Times Literary Supplement* über *Zwei Ansichten*, brachte seine Einbildungskraft so vollkommen in Vorgängen und Dialogen unter, »daß man gar keine Einbildungskraft mehr wahrnimmt – die ist aufgegangen in das, was sie darstellt«.

Rigorismus und Erlösung

Nun knüpft er an seines Liedes Riesenteppich nicht mehr weiter. Die Tetralogie will als Lese-Soll von uns Nachgeborenen begriffen werden. Und wenigstens Gesine bleibt unsterblich.

Johnson selber aber, den der späte Erfolg sichergemacht hat und überhaupt nicht hochmütig, ist erlöst von einer Existenz, die ihm Last war. Böse lachte er einmal, als er in New York fanatische Jogger durch den Central Park rennen sah: »Die denken, die leben länger«, entfuhr es ihm. Seine Ablenkung war, dafür gibt es manche Beweise, ein wunderbares Blödeln. Auch in Briefen! Wie über einen konkreten Fall habe ich mit ihm zahlreiche Briefe gewechselt, die vollkommen realistisch über einen absolut fiktiven persönlichen

Entführungsfall in der Türkei handeln, an dem Johnson mir klug, advokatorisch die Schuld zuschob, und ich in hoffnungsloser Defensive ihm. Mit solchen Phantasiespielchen erholte er sich. (Vielleicht hatten sie für ihn eine ähnliche Funktion wie das tag- und nachtlange Kartenspielen für Richard Strauss, der ja nicht Skat klopfte, um dabei pedantisch Geld zu verdienen, sondern weil dies die einzigen Augenblicke waren, in denen es nicht in ihm komponierte.) Blödeln als Wahrheits-Pause. Im übrigen aber stürzte jener Wahrhaftigkeits-Rigorismus Johnson in eine Existenz, die er kaum mehr ertrug, deren Last er mit allen möglichen, gefährlichen Mitteln bekämpfte, und deren Gewalt er endlich erlag. Die deutsche Literatur hat viel verloren. Diejenigen, die ihn näher kannten, einen Teil ihres Lebens.

ANHANG

NACHWORT

Auch ein Klaglied zu sein im Mund der Geliebten ist herrlich,
Denn das Gemeine geht klanglos zum Orkus hinab.

Schiller: »Nänie«

Fast ein jeder hat die Welt geliebt,
Wenn man ihm zwei Hände Erde gibt.

Brecht: »Von der Freundlichkeit der Welt.«

Leben und Tod bilden im Denken der Menschen eine Einheit. Sie begegnen sich unmittelbar im Abschied von den Toten – in der vergänglichen Geste des feierlichen Zeremoniells wie im zeitüberdauernden geschriebenen Wort. Vom Wort, nicht von den nonverbalen Riten, die in Jahrtausenden verschiedenste Formen gefunden haben, soll hier die Rede sein.

Die Tradition des Nekrologs, soweit sie das Thema erhellt, ist vorzustellen; sie basiert auf der antiken und christlichen Tradition der Totenehrung. In der »Ilias« beklagt Achill den Patroklos in einer Totenrede, in den Perserkriegen der Griechen spricht Themistokles am Grabe der Gefallenen, im Peloponnesischen Krieg Perikles, dessen berühmte Rede Thukydides überliefert hat. Sie werden Nachfolger in Platon, Demosthenes u. a. finden: die Totenklage hatte sich zur Kollektivrede entwickelt. Die Römer pflegten die laudatio funebris, deren Funktion weniger politischen denn privaten Charakter hatte. Zu der laudatio trat die consolatio, also die direkte Tröstung der Trauernden durch das Argument, der Tod sei natürlich und allen Menschen gemeinsam; der Tod überwinde das Leid menschlichen Lebens. Alle Formen haben einen rhetorischen Aufbau, und alle Formen wurden von den an der griechischen Rhetorik gebildeten Kirchenvätern übernommen, Basilius, Gregor von Nazianz, Chrysostomus u. a., im 4. Jahrhundert. Die Funktion des Nekrologs ist nun neben der Ehrung des Toten und der Tröstung der Leidtragenden das Aufzeigen des bonum mortis, des Guten, das im Tode liegt, mit Hilfe philosophischer und christlicher Argumente, so durch den Glauben an die Auferstehung und die Fürbitten der Lebenden für die Toten.

Im Mittelalter spielt der soziale Stand für die Toten in der Totenrede noch eine bedeutsamere Rolle als für die Patristen. Dabei verstärkt sich der Gedanke der Fürbitte, die consolatio tritt zurück wie auch das Individuelle, die Persönlichkeit des Toten. Grundgedanke bleibt zwar die Sündhaftigkeit und Vergänglichkeit jedweden menschlichen Lebens vor Gott, überliefert aber wurde ein von Tradition und Standesbewußtsein manipuliertes Gottesbild. Luthers Glaubenssatz von der Gleichheit aller Menschen vor Gott im Angesicht des Todes änderte daran wenig, nur die Inhalte werden eindeutig, die Fürbitte wird abgelehnt, da mit dem Tod das Ewige Gericht entschieden habe; den Trauernden wird empfohlen, geistlich an sich zu denken, die Belehrung durch das Evangelium anzunehmen. Die Leichenrede wird zur Leichenpredigt, von den Lutheranern gepflegt, von den Calvinisten abgelehnt, von den Katholiken der Gegenreformation vernachlässigt.

Von 1550 bis Anfang des 18. Jahrhunderts erhält durch die nun mögliche Drucklegung die Rede, der Nekrolog einen neuen Stellenwert. Er wird rhetorischer, literarischer nach antikem Vorbild und biblischem Predigtinhalt; aber auch das Leben des Verstorbenen rückt unter dem Gesichtspunkt der Ehrung und seiner sozialen Repräsentation weitaus stärker in den Mittelpunkt. Die römische laudatio funebris erobert die Kirche und die Totenfeier. Der Leichpredigt des Pfarrers folgt die Abdankung, deren Funktion Zedlers »Universallexikon« in Band I, 1731, definiert: »Abdankung, so wird diejenige Rede genennet, die bey Beerdigung einer Person, zu des Verstorbenen Nachruhm, zum Trost der Leidtragenden und zur gebührenden Danksagung, so denen Leiden-Begleitern geschieht, insgeheim gehalten wird.« (Sp. 75f.) Das

17. Jahrhundert nennt seine Nekrologe »Christliche Leich-Trawer-Trost- und Ehren-Gedächtniß-Predigt«, so die Rede Johann Balthasar Schupps auf die Grafen Hermann Otto und Ludwig Christian zur Lippe 1646. Neben christlichem Gedankengut werden jetzt Sentenzen antiker Philosophen in die Rede hineingenommen, bei ihnen findet sich anderer Trost als nur der einer Unsterblichkeit im Jenseits; mit der Rede selbst wird der Unsterblichkeit des Toten in dieser Welt ein Denkmal gesetzt – und je rhetorisch-literarischer sie ist, um so mehr ist sie auch ein Denkmal, das der Sprechende sich selbst setzt. Die Poetiken des 17. Jahrhunderts geben vielfache Muster vor, je nach Alter und sozialer Stellung des Toten und verschieden in der Form; letztere kann allegorischen Charakter haben, im Christentum unterweisen oder die Allgegenwart der Ewigkeit in dieser Welt sinnbildlich deuten, sie kann nach antikem Muster des λόγος ἐπιτάφιος Lob- und Trostrede sein, aber auch christliche Exegese in barocker Form. Daß es oft Auftragsliteratur war, oft auch schlechtester Art, darüber macht sich schon am Ende des 17. Jahrhunderts Christian Reuter lustig, in seiner Leichabdankungsparodie »Letztes Denck- und Ehren-Mal/Der weyland gewesenen Ehrlichen Frau Schlampampe«, 1697.

Kritik an der Qualität herkömmlicher Nekrologe von Theologen übte noch der »Brockhaus« von 1864, erschienen als »Allgemeine Enzyklopädie der Wissenschaften und Künste«, 1. Sektion, 77. Theil, S. 229: »... es haben sich aber auch damals die orthodoxesten Prediger diese oft lächerlichen Salbadereien auf ihr Schuldconto und auf die Liquidation für den Beutel der Hinterbliebenen gesetzt. Auch der Katholicismus blieb nicht zurück, seine Todten mit Stand- und Leichenreden theils einzuweihen für Himmel oder Hölle, theils einzusalben für juckende Ohren, und eine Periode glanzvoller Leichenreden, wie sie in Frankreich aus Bossuet's, Fléchier's, Bourdaloue's, Fénélon's und Anderer Munde gingen, hatte der Protestantismus bis dahin nicht aufzuweisen; aber der hohe Esprit erniedrigte sich auch nicht selten zu Lobhudeleien auf königliche Maitressen. Hatte man sich früher neben dem Lobe besonders auch auf die Ausmalung der Hölle verstanden, so kam mit dem 18. Jahrh. die Zeit der sentimentalen Subjectivität und der weltlichen Färbung, der schlechten Gedichte und der gut bezahlten schwarz berandeten Lebensläufe, welche von dem Pfarrer oder Küster abgefaßt und erlesen worden, woher der Ausdruck der ›Leseleichen‹.«

So »kam mit dem 18. Jahrh. die Zeit der sentimentalen Subjectivität und der weltlichen Färbung«, urteilte das 19. Jahrhundert pauschal und vergaß, daß Nekrologe auch Literatur geworden waren, wissenschaftliche Literatur in Form eines Essays oder ›sentimentale Subjektiviät‹ in Form von Gedichten.

1791 gab Friedrich Schlichtegroll in Gotha erstmals Jahres-Nekrologe heraus: »Enthaltend Nachrichten von dem Leben merkwürdiger in diesem Jahre verstorbener Personen« mit dem Motto: πολλοὶ δὲ μέμναν ται, καλὸν εἴ τι πονα϶ῇ (Viele aber denken an Edles, wenn es mühsam erreicht ward. Pindar, 6. olympische Ode). Es sind Biographien »vorzüglicher Menschen ... Es ergiebt sich alsdann sogleich, daß bey dieser Gattung der Unterhaltung unseres Geistes sich wirklich Nutzen und Vergnügen sehr genau mit einander verbinden, da in der gleichen Erzählungen immer so vieles Brauchbares für uns selbst liegt, und die Seele ihnen daher mit besonders reger und beschäftigter Aufmerksamkeit folgt.« (S. 2) Historische Überlieferung einer Biographie erfüllt nach Schlichtegroll den Horazischen Anspruch von »Nutzen und Vergnügen« an die Poesie. Optimismus der Aufklärung prägt Schlichtegrolls Unternehmen, die Überzeugung, daß sich Kultur fortschreitend aus der Vergangenheit positiv entwickle, wobei die Mitwirkung des einzelnen an der Geschichte der Menschheit als Auftrag begriffen wird. Der Nekrolog wird zum Vorbild des eigenen Lebens: »Es ist eine Sitten- und Klugheits-Lehre in Beyspielen, das beste Erziehungs- und Bildungs-Mittel des frühern und des spätern Alters.« (S. 21)

Schlichtegrolls Idee lebte in verschiedensten Formen weiter bis in Teile dieser Anthologie hinein: »Setzt auch ja noch jemand, ein Freund, ein Schüler, dem guten Verstorbenen ein kleines Monument; so bleiben solche einzelne Bogen entweder in dem engen Bezirke der Vaterstadt, oder sie verliehren sich in eine unserer vielen Zeitschriften, in deren bunten Inhalte sie flüchtig übersehen werden.« (S. 23f.) Nur den national-chauvinistischen Aspekt möchte der Herausgeber gegenüber Schlichtegroll abwiegeln, auch wenn er seine Sammlung »Deutsche Abschiede« nennt. Wie zu Schlichtegrolls Zeiten gibt es ja nur ein kulturelles, nicht auch ein politisch geeintes Deutschland; Vaterland und Muttersprache zeugen und gebären noch Kinder, die die Vergangenheit für die Zukunft bewahren wollen, als Schriftsteller. Schlichtegroll: »Und so wird es fortgehen, so lange noch Menschen geboren werden, sich zur Würde ihrer Bestimmung erheben, und wieder dahin sterben. Vorzüglich wird Deutschland nie ermangeln, uns nicht in jedem Jahre der Verstorbenen genug aufzuweisen, die ein Andenken verdienen; und der späte Enkel wird uns, stolz auf sein Vaterland, noch segnen, daß unsere Dankbarkeit diese Kränze von Immergrün um ihre Urnen, die in den hundert Ländern dieses alten, ehrwürdigen, Staaten-Bundes zerstreut sind, gewunden hat.« (S. 61f.)

Seit der Mitte des 18. Jahrhunderts wurde ein neues Bewußtsein in der Literatur deutlich. Subjektivität sprengte die klassischen Muster der Rhetorik. Nicht mehr verständlich war eine in Auftrag gegebene, nach den Rhetoriken verfaßte Leichenrede. Subjektive Betroffenheit darf sich jetzt aussprechen, um die alten Muster neu auszudrücken: Trauer, Klage, Dank und Hoffnung. Der alte Gedanke der Unsterblichkeit des Menschen wird säkularisiert. Die Überwindung des Todes zu neuem Leben, Glaubensinhalt vieler Religionen, wird literarisch umgedeutet, d. h. von der Vorstellung bestimmt, daß der Tote in seinem Werk weiterlebt.

Die Öffnung der Literaturwissenschaft zur Soziologie, Psychologie und Anthropologie in den letzten Jahrzehnten könnte sich auch auf die Entdeckung des Nekrologs als neues Beschäftigungsfeld richten: Wer schreibt über wen, warum und wo tut er es, die Anmerkungen geben in Ansätzen Auskunft darüber. Zu fragen ist nach der Motivation des Autors, deren extreme Pole Haß und Liebe sind; Subjektivität wird immer bei dieser Gattung von Texten legitim sein, sie ist es vor allem im 19., verstärkt im 20. Jahrhundert. »Sine ira et studio«, Tacitus' Forderung nach totaler Objektivität, sie gibt es nach der Ideologiekritikdebatte wohl kaum mehr, das gilt auch und besonders für den Nekrolog in seinen vielfältigen Formen der Betroffenheit, von der feierlichen öffentlichen Gedenkrede bis zur lyrischen persönlichen Klage; intime Reduktion steht neben politischer Inanspruchnahme und ausschweifender Zustandsbeschreibung der jeweiligen literarischen Situation, Lob neben Kritik.

Betroffenheit war ein Kriterium dieser Auswahl, ein anderes die Repräsentanz der Schriftsteller, der toten wie der lebenden, ferner die Vielfalt literarischer Form. Subjektivität ist auch hier nicht auszuschließen, mancher Text oder Autor wird vermißt werden, hier setzte der Umfang Grenzen. Dennoch sollte der Gedanke eines Stafettenlaufes, einer literarischen Verzahnung sichtbar werden, für die der Stafettenstab ein Symbol ist; er wird beim Tode des Autors von anderen aufgenommen, um dann wieder weitergereicht zu werden, über Epochen, Strömungen und Moden hinweg. Betroffenheit ist auch eine Erklärung dafür, daß Nekrologe fehlen, wo man sie erwarten würde: sie wurden nie gehalten; Goethe etwa wählte erst später andere Formen des Gedenkens an Schiller. Ausgelassen wurde die gar nicht seltene Spielart des Eigennekrologs, den es in der Literatur vom Barock bis zur Gegenwart gab und gibt. Karl Heinz Kramberg hat sie 1970 unter dem Titel »Vorletzte Worte. Schriftsteller schreiben ihren eigenen Nachruf« gesammelt, quasi eine Neuauflage der 1927 in der »Literarischen Welt« gestarteten Umfrage »Wie soll Ihr Nekrolog aussehen?« Doch gerade diese Anthologie möchte dazu ein Anti-Buch sein, wenn Kramberg im Vorwort sein Unternehmen so begründet: »Letzte Worte werden von Dilettanten entwickelt. Dem Schriftsteller aber ziemt es, den Epilog des Stückes zu bedenken, das er selbst aufgeführt hat, Leichenfeiern sind üblich. Wir tun den Toten Gewalt an. Gegen diese Gewalt sich zu wenden, hat nur ein Mittel, wer sich der Sprache bedient. Das sind die Lebenden.«

Die Lebenden kommen hier gleichwohl zu Wort, aber eben nicht als Dilettanten der Sprache. Aufschluß über die Intention des Schriftstellers beim Schreiben von Nekrologen geben folgende Bemerkungen aus jüngerer und jüngster Zeit: »Über einen Dichter reden ist immer mehr oder weniger ein Reden über sich selber.« (Oskar Maria Graf) »Ein vernünftiger Nachruf, wie ich denke, wird also nicht der sein, der den Toten Zeugnisse ausstellt, sie in geltende Tugendkategorien einreiht und die Tätigkeit rühmt, durch die sie mit dem Leben der Nebenmenschen kommunizierten, sondern jener, der aussagt, wodurch der Gerühmte sich von allen, die sind, waren und kommen werden, unterschied.« (Alfred Polgar) »Nicht trauern: feststellen.« (Alfred Kerr) »Ich spreche nicht schlecht über die Toten und ihre Wörter, sondern über ihre Tabuisierung durch die Lebenden; ich schaue nicht scheel nach einem Denkmal, sondern nach dem Augenaufschlag seiner Anbeter.« (Ludwig Harig) »Schriftstellern ist es verhängt, des öfteren über hingeschiedene Kollegen öffentliche Nachrufe zu sprechen und zu schreiben. Es hilft ihnen nicht dabei das Gefühl des Verlustes, sie müssen vor dem Phänomen des irdischen Todes standhalten und nach Goethes Worten ›das Geisterzeugte fest bewahren‹, ohne wissen zu können, in welchen kristallischen Formen das Geisterzeugte weiterlebt.« (Georg Schwarz)

Gerade diesen Gedanken hat Günter Kunert im folgenden, erweiternd und kritisch befragend, aufgenommen, der Stafettenlauf des Geistes als Rückschritt – Aufklärung und Optimismus in der Krise: »Literatur bewahrt Verstorbenes und Vergangenes auf, indem sie es in einen Zustand überführt, der von Wind, Regen und Glut nicht mehr erreichbar ist: in den der Abstraktion. Das Gewesene, sobald es zu sein aufgehört hat, läßt sich anders nicht konservieren: Leben, das eben noch ist und gleich darauf schon war, wird zur aufgezeichneten Erinnerung, selbst wenn die Aufzeichnung das Präsens wählt. So entsteht der Verdacht, alle Literatur, unter Vortäuschung wiedererweckter Gegenwart beim Lesen, eine Zeitgeisterbeschwörung, sei nichts als ein einziger Nachruf. [. . .] Wie der Archäologe in den Megalithbauten das vergegenständlichte, magisch geführte Gedächtnis der Menschen sieht, denen die Anwesenheit ihrer Vorfahren durch den Bau garantiert ist, so fällt auch unser Blick auf die zu Buchstaben gewordenen Väter und Vorväter, die – als säßen wir noch in der Urzeit – uns ebenfalls auf eigentlich magische Weise nahe sind, übersichtlich im Regal geordnet, damit sie, wozu sie auch damals dienten, uns unsere Identität sowohl schaffen wie sichern. Das bedeutet keine Abwertung, sondern zeigt eher eine Kontinuität menschlichen Denkens, das sich differenziert und kompliziert haben mag, von seiner Grundlage jedoch keine Ablösung erfuhr: Die Formierung innerhalb einer Kultur, durch Überlieferung verursacht, durch Einweihung in Riten, durch die nahezu klassische Initiation läßt den Geist der Ahnen auf uns übergehen. Demzufolge könnte Literatur nicht revolutionär sein, weil – im Widerspruch zu ihrer manchmal sprachlichen Revolte – sie sich des in ihr Aufgebahrten und Eingesargten nicht entäußern kann, ohne sich selbst aufzugeben. Sie bliebe die Pyramide, deren Steine zum Barrikadenbau unbrauchbar wären.« (Günter Kunert, Verspätete Monologe, München, Wien 1981, S. 135f.)

Die hier zitierten Texte belegen, daß Schriftsteller, zeitgebunden und zeitaussprechend, bereit waren und sind, im Nekrolog eine menschliche und intellektuelle Herausforderung zu sehen, Pflicht und Bedürfnis, mit dem Wort jene zu begleiten, die den Freitod wählten wie Kleist, Stefan Zweig, Tucholsky, jene, die als Junge starben wie Novalis, Büchner, Trakl, Kafka oder in hohem Alter wie Goethe, Grillparzer,

Gerhart Hauptmann, Thomas Mann und Hesse. Lebensfragen angesichts des Todes sind auch »Überlebensfragen«, kritisch in Kunerts Sicht; Hoffnung, aus der Tradition schöpfend, bei Hermann Kesten, »wenn wir Gläubige sind«: »Also klammern wir uns an unsere Toten, an ihren Namen, an ihren Nachlaß, an unsere Erinnerung an sie. Wir halten sie in unserm Gedächtnis, das freilich von Tag zu Tag verblaßt. Solange wir an sie denken, leben sie weiter mit uns, sagen wir zu uns selber, und glauben es nicht. [...]

Wenn es also auch die Toten nicht mehr gibt, und auch Gespenster nicht, und weder Himmel und Hölle noch das Fegefeuer, und keine Totenrichter, weder die drei im Hades noch jenen Christus am Jüngsten Tag, so leben wir doch alle in einer Welt, welche die Toten geschaffen haben, und die sie uns hinterlassen haben, den Erben der Toten.

Wenn wir schon älter sind, ist der Mann tot, der uns gezeugt, und die Frau tot, die uns geboren, und der Lehrer, der uns unterrichtet hat. Wir leben nach den Sitten und Bräuchen und mit den Gesetzen und Vorschriften der Toten. Wir träumen die Träume von jenen, die vor tausend oder zehntausend Jahren gelebt haben.

Wenn wir Gläubige sind, so wiederholen wir Gebete, die viertausend, zweitausend Jahre alt sind.« (S. 416f.)

»Deutsche Abschiede«, bewußt möchte der Titel dieser Sammlung deutschsprachige Kultur vereinen, jenseits historischer und politischer Entwicklungen und im Bewußtsein, daß es eine vielfältige Kultur heute in vier Staaten gibt, in denen deutsch gesprochen und geschrieben wird und deren Literatur die Grenzen nicht akzeptierte. Insofern sind auch »Deutsche Abschiede« etwas Geschichtliches und Gegenwärtiges, eine Hoffnung auf die Vielfalt des nicht nationaldeutschen Geistes. Und Abschied nehmen heißt auch, das Gemeinsame zu bewahren, sich hinzuzufügen, nichts zu vergessen oder zu verdrängen. Dann sind Abschiede Leben, Teil der Zukunft als Hoffnung.

Gerhard Hay

ANMERKUNGEN

Die Textvorlage wird jeweils am Ende der Anmerkungen nachgewiesen; ihr Abdruck erfolgt diplomatisch, d. h. auch offensichtliche Irrtümer der Autoren wurden übernommen. Behutsame Eingriffe in die Orthographie wurden vom Verlag vorgenommen. Kürzungen in den Textvorlagen wurden unterlassen, mit einer Ausnahme: Robert Musils Nekrolog auf Rainer Maria Rilke. Gestrichen wurde hier ein Exkurs über das gegenwärtige deutsche Gedicht und den Zustand der Dichterakademie in Berlin.

Die in den einschlägigen Lexika häufig differierenden Angaben der Lebensdaten werden zitiert nach Gero von Wilpert, Deutsches Dichterlexikon. 2., erweiterte Auflage, Stuttgart 1976.

Bedanken möchte ich mich hier bei meinen früheren Kollegen vom Deutschen Literaturarchiv in Marbach a. N., bei Frau Gertrud Fiege und Herrn Winfried Feifel. Bei Bild- und Textproblemen haben sie mich in Freundschaft unterstützt. Frau Marlies Korfsmeyer vom Winkler Verlag danke ich für Engagement und gemeinsame Arbeit.

In neuerer Zeit sind u. a. folgende wissenschaftliche Beiträge zum Thema erschienen: Werner Fuchs, Todesbilder in der modernen Gesellschaft, Frankfurt a. M. 1969. – Monika Wulf-Mathies, Typologische Untersuchungen zum deutschen Gelehrten-Nekrolog des 19. und 20. Jahrhunderts dargestellt am Beispiel des Historiker-Nachrufs, Diss. Hamburg 1969. – Martin Kazmaier, Die deutsche Grabrede im 19. Jahrhundert, Diss. Tübingen 1977. – Philippe Ariès, Geschichte des Todes, München, Wien 1980.

1 WALTHER VON DER VOGELWEIDE (um 1170 – um 1230)
REINMAR DER ALTE (VON HAGENAU, † vor 1210)
Walther von der Vogelweide, Schüler Reinmars, beneidete seinen Lehrer um die Stellung als Hofpoet bei dem österreichischen Herzog Leopold VI. Seine Totenklage entbehrt nicht der Zwielichtigkeit; Nachfolger Reinmars am Hofe zu werden einerseits, andererseits der Polemik um die Tradition des Minnesangs zu gedenken. Es kam nicht zur finanziellen Sicherheit Walthers als Hofpoet in Wien.
Text nach: Walther von der Vogelweide. In dieser Welt geht's wundersam, München 1984, S. 230.

Übersetzung nach: Peter Rühmkorf, Walther von der Vogelweide, Klopstock und ich, Reinbek 1975, S. 41f.

2 JOHANN B. BUGENHAGEN (24. 6. 1485 – 20. 4. 1558)
MARTIN LUTHER (10. 11. 1483 – 18. 12. 1546)
Der Gelehrte Bugenhagen wurde 1523 Stadtpfarrer in Wittenberg, wohin er zwei Jahre zuvor als Anhänger der reformistischen Lehre gezogen war, um neben Luther und Melanchthon bedeutendster Reformator, vor allem auf organisatorischem Gebiet, zu werden. 1546 hielt er seinem Freunde Luther die Leichenrede: »Eine Christliche Predigt, bey der Leiche und Begräbnis des Ehrwürdigen Herrn D. Martinus Luthers am 22. Februar. 1546, gehalten von D. Johann Bugenhagen, Pommerano, Doctor und Pfarrherrn zu Wittenberg.
Text nach: Memoriam saecularem Funeris et sepulcari D. Martini Lutheris recolore studet D. Carolus Gottlob Hofmanns, Wittenbergae 1746.

16 DANIEL CASPER V. LOHENSTEIN (25. 1. 1635 – 28. 4. 1683)
CHRISTIAN HOFMANN V. HOFMANNSWALDAU (25. 12. 1617 – 18. 4. 1679)
In einem Grabgedicht der Lohenstein-Ausgabe von 1685 klagt Christian Knorr über beide Barockdichter: »Seit dieses Götter-Paar entrissen unserer Erden/So werden künftige gewiß nur Schüler seyn.« Beide gehörten dem Magistrat der Stadt Breslau an, Hofmannswaldau 1671 als Ratsältester, 1677 als Präses, Lohenstein 1670 als Syndikus, 1675 als Obersyndikus. Lohensteins »Lob-Rede bey Des ... Herrn Christians von Hoffmannswaldau ... Den 30. April 1679. in Breßlau Hoch-Adelich gehaltenem Leichbegängnüße« ist die wichtigste Quelle zur Biographie Hofmannswaldaus.
Text nach Erstdruck.

32 ABRAHAM GOTTHELF KÄSTNER (27. 9. 1719 – 20. 6. 1800)
JOHANN CHRISTOPH GOTTSCHED (2. 2. 1700 – 12. 12. 1766)
Als Student in Leipzig war Kästner ein Schüler Gottscheds, auch mit dem Lehrer Mitglied der Deutschen Gesellschaft. Als Professor in Göttingen hielt er engen Kontakt, ohne sich in den Streit um Gottsched und die Schweizer Bodmer und Breitinger einzulassen. Über der Polemik der Schulen stehend, konnte er sein Urteil in dem Nachruf auf Gottsched unparteiisch einbringen. Als »Betrachtungen über Gottscheds Charakter« verlas ihn Kästner am 12. 9. 1767 in der Göttinger Deutschen Gesellschaft. Gottscheds hartnäckiges, ja eitles Stehenbleiben bei den einmal erworbenen

Einsichten verschwieg er nicht, wie er auch vorher schon in seiner Kunst als Epigrammatiker gegen Gottsched gestichelt hatte.
Text nach: A. G. Kästner, Gesammelte Poetische und Prosaische Schönwissenschaftliche Werke, 2. Theil, Berlin 1841, S. 165–172.

43 JOHANN GOTTFRIED HERDER (25. 8. 1744 – 18. 12. 1803)
GOTTHOLD EPHRAIM LESSING (22. 1. 1729 – 15. 2. 1781)
Der Nachruf erschien in der März-Nummer des »Teutschen Merkur« 1781. Auf die Nachricht von Lessings Tod schrieb Herder am 21. 2. 1781 an Moses Mendelssohn: »Mir ist's noch immer, so entfernt wir voneinander arbeiteten und dachten, so leer zumute, als ob Wüste, weite Wüste um mich wäre.« Seit 1778 hatten Lessing und Herder in Briefwechsel gestanden. Dieser Nachruf, in dieser Betroffenheit geschrieben, wurde von Herder im Oktoberheft des »Teutschen Merkur« ergänzt durch einen größeren Aufsatz zu Lessings Leben und Werk, Mittelpunkt von »Denkmalen«, Lessing zwischen Johann Joachim Winckelmann und Johann Georg Sulzer. Herder schließt mit der Hoffnung einer Lessing-Gesamtausgabe, »ein kleiner Ersatz für sein zu frühes Ableben, für seinen auf lange Zeit unersetzten Verlust für Deutschland!« Verse aus Vergils Eklogen ». . . postquam te fata tulere/Ipsa Pales agros atque ipse reliquit Apollo . . .« runden die Würdigung ab.
Text nach: Johann Gottfried Herder, Sämmtliche Werke, hg. v. Bernhard Suphan, Bd. 16, Berlin 1888, S. 33–35.

47 JERECZEMBSKI
JACOB MICHAEL REINHOLD LENZ (12. 1. 1751 – 24. 5. 1792)
Notdürftig in seiner Heimat Riga geheilt, machte Lenz vergebliche Versuche, in Rußland eine Professur zu erhalten. Seit 1781 lebte er krank und in größter Armut in Moskau, selten einmal in einer Anstellung als Lehrer. In der Nacht zum 24. 5. 1792 starb er in den Straßen Moskaus, nachdem er durch eine Verwechslung mit Ludwig Friedrich Lenz schon 1780 totgesagt worden war. Der Nachruf, anonym im »Intelligenzblatt der Allgemeinen Litteratur-Zeitung« Nr. 99 vom 18. 8. 1792 erschienen, stammt von dem Pastor der evangelisch-lutherischen Gemeinde in Moskau. Er vereint »alle Elemente eines paradoxen Dichterbilds . . .: der psychopathologische Gelehrte, das abgewirtschaftete Genie, das sich in der falschen Umgebung weigert, die dort gültigen bürgerlichen und aristokratischen Normen zu akzeptieren und weiter aus den Träumen einer erfolgversprechenden Vergangenheit lebt, die allerdings kaum noch über die Namen der bekanntesten Werke greifbar ist.« (Erich Unglaub, »Das mit Fingern deutende Publicum«. Das Bild des Dichters J. M. R. Lenz, Frankfurt a. M. 1983, S. 236)
Text nach Erstdruck.

49 LUDWIG TIECK (31. 5. 1773 – 28. 4. 1853)
NOVALIS (2. 5. 1772 – 25. 3. 1801)
Am 23. 4. 1801 schrieb Ludwig Tieck an Friedrich Schlegel (beide werden 1802 Novalis' »Schriften« herausgeben): »So wie ich von seiner Krankheit hörte, hielt ich ihn für gestorben, ja seit ich ihn kenne, sah ich ihn als einen Todten an, und meine Ahnung hat mich nicht geirrt: doch hat mich diese Vorempfindung keineswegs abstumpfen können, ich war vorbereitet, um den Schmerz schon im voraus zu fühlen. Es ist bei mir nicht die Trennung, die Entfernung, was mich zerschneidet, denn darüber kann man sich leicht beruhigen, sondern es ist in meiner Seele, und so wird es dir auch sein, was dem Körper ein verlohrenes Glied ist: er war uns nothwendig, er war eins mit uns, Gedanken und Liebe hatten eine gemeinschaftliche Wurzel, für so vieles fehlt mir nun das Element, in dem es Leben gewinnen könnte, mir ist, als hätte die Liebe in mir einen Riß bekommen, es ist kein Verlust mehr, der mir bloß als Mensch geschehen ist ...« (Novalis, Schriften, Bd. 4, hg. v. Richard Samuel, Darmstadt 1975, S. 683 f.)
Tiecks Nekrolog erschien in der 3. Auflage der Schriften von 1815.
Text nach: Novalis, Schriften, hg. v. Jacob Minor, Bd. 1, Jena 1923, S. VIII-XXIII.

53 JEAN PAUL (21. 3. 1763 – 14. 11. 1825)
JOHANN GOTTFRIED HERDER (25. 8. 1744 – 18. 12. 1803)
Schon 1785 hatte Jean Paul versucht, mit Herder Verbindung aufzunehmen. Zehn Jahre später entwickelte sich dann ein von Seiten Jean Pauls ehrfürchtiges, dann freundschaftliches Verhältnis, besonders in den frühen Weimarer Jahren Jean Pauls, 1798–1800. Für Jean Paul schien Herders Kunstauffassung Gegenpol zu Goethe und Schiller zu sein, Herder wiederum sah Jean Paul als Antipoden zu Goethe und Schiller. Im Weimarer Streit stellte sich Jean Paul auf Herders Seite, wiewohl auch Goethe ihn umwarb. Dem verehrten Freund setzte Jean Paul das Denkmal in der letzten Cantate seiner »Vorschule der Ästhetik«, die 1804 erschien.
Text nach: Jean Paul, Werke, Bd. 5, hg. v. Norbert Miller, München 1963, S. 449–456.

58 FRIEDRICH CHRISTIAN RÜHS (1. 3. 1781 – 1. 2. 1820)
FRIEDRICH SCHILLER (10. 11. 1759 – 9. 5. 1805)
Dieser Nachruf erschien anonym im »Intelligenzblatt der Allgemeinen Litteratur-Zeitung« Nr. 98 vom 19. 6. 1805. Den Verfas-

ser hat erst 1983 Frau Dr. Renate Grumach, Berlin-Ost, entdeckt: Rühs war seit 1802 Privatdozent und Aufseher der Universitätsbibliothek in Greifswald; diese Mitteilung verdanke ich Herrn Professor Dr. Norbert Oellers, Bonn. Gerade dieser Nekrolog hatte eine nachhaltige Wirkung: »Er ist neben dem ebenfalls anonym erschienenen, von Friedrich Bouterwek stammenden Nachruf in der ›Neuen Leipziger Literaturzeitung‹ ... die gründlichste und gehaltvollste Würdigung, die durch Schillers Tod veranlaßt wurde, auch wenn die biographischen Daten nicht immer korrekt sind und die Erläuterungen zu Schillers Werken bei dem Versuch, mit Hilfe der theoretischen Schriften des Dichters seine Dramen zu beurteilen, allzu einseitig erscheinen.« (Norbert Oellers (Hg.): Schiller – Zeitgenosse aller Epochen, Bd. 1, Frankfurt a. M. 1970, S. 541)
Text nach: Ebd., S. 181–199.

90 ADAM HEINRICH MÜLLER (30. 6. 1779 – 17. 1. 1829)
HEINRICH V. KLEIST (18. 10. 1777 – 21. 11. 1811)
Adam Müller, Publizist, Mitherausgeber von Kleists Zeitschrift »Phoebus« (1808), lebte 1811 und 1812 im Hause des Erzherzogs Maximilian von Oesterreich-Este. Sein Artikel »Zum Tode Heinrich v. Kleist« erschien am 24. 12. 1811 anonym im »Österreichischen Beobachter«. Kleists Freitod war in der Presse heftig diskutiert worden, vor allem nach der Glorifizierung des Doppelselbstmordes durch Ernst Friedrich Peguilhen in der Vossischen Zeitung vom 26. 11. 1811: »Beide hinterlassen Freunde und Freundinnen, und dazu gehören nicht bloß diejenigen, welche so glücklich waren, mit ihnen zu leben, sondern die verwandten Geister aller Jahrhunderte; der Vergangenheit, der Gegenwart und der Zukunft.« Dieser Diskussion wollte Kleists Freund und Bewunderer aus der Berliner Zeit entgegentreten.
Text nach: Adam Heinrich Müller, Vermittelnde Kritik, hg. v. Anton Krätli, Zürich, Stuttgart 1968, S. 254–257.

96 JOHANN WOLFGANG GOETHE (28. 8. 1749 – 22. 3. 1832)
CHRISTOPH MARTIN WIELAND (5. 9. 1733 – 20. 1. 1813)
Goethes Rede »Zu brüderlichem Andenken Wielands« erschien als Einzeldruck unter dem Titel »Wieland's Andenken in der Loge Amalia zu Weimar gefeyert den 18. Februar 1813 von Goethe. Als Manuskript.« Zu dieser Zeit hatte Goethe enge Verbindung zum österreichischen Adel, besonders zur Kaiserin Maria Ludovica. »So bei der Wielandrede. In seiner wohlbegründeten alten Überzeugung, daß die Kultur Wiens, ja Süddeutschlands, auf Wieland beruhe, war er durch seinen Verkehr mit dem österreichischen Adel gewiß bestärkt worden. Wielands französisches Wesen mußte der

Kaiserin sympathisch sein, der Graziendichter mußte die graziöse Frau entzücken, und ihre Vorliebe für Wieland war Goethe gewiß nicht unbekannt.« Die Kaiserin schrieb dem Herzog nach Wielands Tode, der Herzog berichtete ihr von der Logenfeier und sandte Goethes Rede mit. Die Kaiserin antwortete am 30. 4. 1813: »Mille graces pour le livre que vous m'avez envoyez, Die Feyer Wielands, toute la ceremonie doit avoir ete bien touchante et le discour de Goëthe est non seulement une piece d'eloquence, mais il prouve d'avoire bien connu l'esprit et le gout du defunt; je l'ai lue avec un vrais interêt.« Zit. nach Goethe und Österreich. Briefe mit Erläuterungen 1. Teil, hg. v. August Sauer (Schriften der Goethe-Gesellschaft Bd. 17), Weimar 1902, S. LIV und LV.
Text nach: Goethe, Sämtliche Werke, Gedenkausgabe, Bd. 12, Zürich 1962, S. 693–716.

119 LUDWIG BÖRNE (6. 5. 1786 – 12. 2. 1837)
JEAN PAUL (21. 3. 1763 – 14. 11. 1825)
Börnes »Denkrede auf Jean Paul« wurde am 2. 12. 1825 im Frankfurter Museum vorgetragen. Börne, damals in Frankfurt a. M., war vom Vorstand des Frankfurter Museums dazu aufgefordert worden. Jean Paul war gleichfalls Mitglied gewesen. »Es war eine förmliche Trauerfeier ... veranstaltet. Erst eine Komposition von Fesca, welcher in der Musik eine annähernde Richtung mit Jean Paul gehabt haben soll. Dann trug Pfarrer Kirchner die Denkrede vor ... Die Rührung und der Beifall war allgemein; nur fühlte sich Kirchner verletzt, daß der Beifall sich auch in Applaudieren kund gegeben – in solcher Weihestunde, bei so hehrem Gegenstande.« Maximilian Reinganum, Aus Börnes Leben, 1862, Zit. nach L. Börne, Kritische Schriften, hg. v. Edgar Schumacher, Zürich, Suttgart 1964. S. 437.
Erstdruck in: Morgenblatt für gebildete Stände Nr. 294/295, 1825.
Text nach: Ludwig Börne, Sämtliche Schriften, hg. v. Inge und Peter Rippmann, Bd. 1, Düsseldorf 1964, S. 789–798.

127 FRIEDRICH V. MÜLLER (13. 4. 1779 – 21. 10. 1849)
JOHANN WOLFGANG GOETHE (28. 8. 1749 – 22. 3. 1832)
Goethes Beisetzung in der Weimarer Fürstengruft, seit 1827 ruhte dort auch Schiller, fand am 26. März statt. Die Leichenrede hielt Herders Nachfolger Oberhofprediger Johann Friedrich Röhr. Am 27. gab das Weimarer Hoftheather »Torquato Tasso« zum Andenken seines Autors. Friedrich v. Müller, Kanzler in Weimar und Freund der letzten Jahrzehnte, sprach einen »Epilog«, analog zu Goethes »Epilog zu Schillers Glocke«. Am 19. April fand eine zweite öffentliche Trauerfeier statt, vor allem musikalischen Charakters. Am 9. November, am Vorabend zu Schillers Geburtstag,

folgte als Schlußveranstaltung eine »Trauerloge« in der Loge »Anna Amalia«; Goethe hatte ihr seit 1780 angehört. Dort sprach der Schauspieler Karl Ludwig Oels Kanzler Müllers Gedächtnisrede. Müller selbst konnte vor Rührung nicht sprechen.
Text nach: Friedrich v. Müller, Goethes Persönlichkeit, hg. v. Wilhelm Bode, Berlin 1901, S. 19–48.

147 KARL FRIEDRICH GUTZKOW (17. 3. 1811 – 16. 12. 1878)
GEORG BÜCHNER (17. 10. 1813 – 19. 2. 1837)
Gutzkow war Büchner politisch und freundschaftlich verbunden; eine Abschrift der »Lenz«-Fragmente erhielt Gutzkow von Büchners Verlobter Minna Jaeglé. Gutzkow war stolz darauf, als erster Büchners Namen im literarischen Umgang genannt zu haben.
Erstdruck: Frankfurter Telegraph, Jg. 1837, Nr. 42–44.
Text nach: Gutzkows Werke, hg. v. Peter Müller, Bd. 3, Leipzig, Wien o. J., S. 117–129.

160 HEINRICH HEINE (13. 12. 1797 – 17. 2. 1856)
LUDWIG BÖRNE (6. 5. 1786 – 12. 2. 1837)
Beide lebten ihre letzten Lebensjahre in Paris, Börne seit September 1830 als Publizist, Heine seit 1. 4. 1831. Beide hatten ein spannungsreiches Verhältnis zueinander. Heines Nekrolog ist erst 1930 erschienen unter dem Titel »Meine Begegnung mit Ludwig Börne« in: Die Horen, hg. v. Hanns Martin Elster, Aug./Sep. 1930, S. 658ff. Vielleicht ist dieser polemische Nachruf der älteste Entwurf zu »Heinrich Heine über Ludwig Börne«; diese Denkschrift erschien 1840 und umfaßt sämtliche Begegnungen Heines mit Ludwig Börne seit ihrem Kennenlernen 1815 in Frankfurt a. M.
Text nach: Heinrich Heine, Sämtliche Schriften, hg. v. Klaus Briegleb, Bd. 5, München 1974, S. 46–50.

165 GUSTAV SCHWAB (19. 6. 1792 – 4. 11. 1850)
FRIEDRICH HÖLDERLIN (20. 3. 1770 – 7. 6. 1843)
Der Nachruf Gustav Schwabs, seit 1842 Dekan in Stuttgart, erschien in der »Schwäbischen Chronik«, Stuttgart, vom 20., 21. und 22. 6. 1843. Er stellt einen Auszug aus der Skizze »Lebensumstände des Dichters« dar, unter Hinzufügung der Bemerkungen über Tod und Begräbnis Hölderlins. Auffällig ist der nüchterne Ton, fast ganz auf die biographische Information begrenzt. Erstaunlich auch die nur indirekte Erwähnung des Diotima-Erlebnisses. Die Grabrede von Gustav Schwabs Sohn Christoph Theodor s. Friedrich Hölderlin, Sämtliche Werke, Bd. 7,3 (Dokumente), hg. v. Adolf Beck, Stuttgart 1974, S. 328–331. Zu Fehlern im Biographischen s. ebd. S. 364f.
Text nach: Ebd., S. 359–364.

173 ELISE RÜDIGER (7. 3. 1812 – 31. 1. 1899)
ANNETTE V. DROSTE-HÜLSHOFF (10. 1. 1797 – 24. 5. 1848)
Elise Rüdiger war vor allem im letzten Lebensjahrzehnt Annette v. Drostes mit der Dichterin befreundet und wurde nach der Trennung der Droste von Levin Schücking (1843) deren engste Vertraute. Drei Gelegenheitsgedichte hat ihr die Droste gewidmet, zu ihrem Geburtstag 1845 sowie zum gemeinsamen Namenstag am 19. 11. 1843 und am 19. 11. 1845.

An Elise
Am 19. November 1843

Du weißt es lange wohl wie wert du mir,
Was sollt' ich es nicht froh und offen tragen
Ein Lieben, das so frischer Ranken Zier
Um meinen kranken Lebensbaum geschlagen?
Und manchen Abend hab' ich nachgedacht,
In leiser Stunde träumerischem Sinnen,
Wie deinen Morgen, meine nahnde Nacht
Das Schicksal ließ aus einer Urne rinnen.

Zu alt zur Zwillingsschwester, möchte ich
Mein Töchterchen dich nennen, meinen Sprossen,
Mir ist, als ob mein fliehend Leben sich,
Mein rinnend Blut in deine Brust ergossen.
Wo flammt im Herzen mir ein Opferherd,
Daß nicht der deine loderte daneben,
Von gleichen Landes lieber Luft genährt,
Von gleicher Freunde frommen Kreis umgeben?

(Sämtliche Werke, hg. v. Günther Weydt und Winfried Woesler, Bd. I, München 1973, S. 120)
Text nach: Morgenblatt für gebildete Stände, Nr. 164–166 vom 10.–12. 7. 1848.

182 FRIEDRICH HEBBEL (18. 3. 1813 – 13. 12. 1863)
LUDWIG TIECK (31. 5. 1773 – 28. 4. 1853)
Hebbel verfaßte seinen Nachruf »Erinnerung an Ludwig Tieck« für die Wiener »Ost-Deutsche Post«, wo er in Nr. 104 am 4. 5. 1853 anonym erschien. In sein Tagebuch schrieb Hebbel am 2. 5. 1853: »TIECK ist hinüber! Gestern wurde es bei uns en passant von Frau v. R. erzählt, ungefähr so, wie man von Wind und Wetter spricht. Ich hoffte, ihn diesen Sommer wieder zu sehen und freue mich jetzt, ihn doch überhaupt im Leben noch gesehen zu haben.« (Friedrich

Hebbel, Sämmtliche Werke, hg. v. Richard Maria Werner, 1. Abt. Bd. 15, Berlin o. J., S. 243)
Text nach: Ebd., 1. Abt. Bd. 12, S. 22–24.

185 HEINRICH LAUBE (18. 9. 1806 – 1. 8. 1884)
HEINRICH HEINE (13. 12. 1797 – 17. 2. 1856)
Am 7. August 1846 hatte die »Deutsche Allgemeine Zeitung« berichtet, Heine sei in der Schweiz gestorben. Auf diese Nachricht hin schrieb Laube, seit 1833 mit Heine bekannt, bald auch befreundet, seinen Nekrolog für die »Augsburger Allgemeine Zeitung«. Am 19. 10. 1846 schrieb Heine an den liberalen Publizisten: »Liebster Laube! ... Schicken Sie mir doch meinen Nekrolog; eine solche Freude, ihren eigenen Nekrolog zu lesen, wird selten den Sterblichen geboten. Die falsche Todesnachricht hat mich jedoch sehr verstimmt, und es thut mir leid, daß auch meine Freunde dadurch affizirt wurden; zum Glück kam die rectifizirende Nachricht, wodurch mein Untod gemeldet ward, schnell hinterdrein.« (H. Heines Briefwechsel, hg. v. Friedrich Hirth, Bd. 2, München, Berlin 1917, S. 610)
Text nach: Gustav Karpeles, Heinrich Heine. Aus seinem Leben und aus seiner Zeit, Leipzig 1899, S. 309f.

190 JACOB GRIMM (4. 1. 1785 – 20. 9. 1863)
WILHELM GRIMM (24. 2. 1786 – 16. 12. 1859)
»Rede auf Wilhelm Grimm gehalten in der Königl. Akademie der Wissenschaften zu Berlin 5. Juli 1860«. Jacob Grimm war 1840 von Friedrich Wilhelm IV. als Mitglied der Akademie der Wissenschaften und Professor nach Berlin berufen. Der geistesverwandte Bruder und vertraute Mitarbeiter wurde ein Jahr später ebenfalls Mitglied dieser Akademie.
»Wie fast immer wenn er öffentlich zu sprechen hatte begann Jacob Grimm mit etwas heiserer, oft unterbrochener stimme, bis er allmählich in flusz kam. er war der letzte der in jener sitzung sprach und die zeit vorgerückt als er begann. viele werden sich seines anblicks noch erinnern, wie er die beschriebenen blätter gegen das fenster gewandt hielt um besseres licht zu erhaschen und wie der schein der dämmerung auf sein weiszes haar fiel.« Herman Grimm, in: Jacob Grimm, Reden und Abhandlungen, Berlin 1864, S. 178.
Text nach: Deutsche Bibliothek in Berlin, o. J., S. 69–85.

210 EMILIE V. BINZER (6. 4. 1801 – 9. 2. 1891)
ADALBERT STIFTER (23. 10. 1805 – 28. 1. 1868)
Emilie v. Gerschau hatte August Daniel v. Binzer geheiratet, Redakteur, Anfang der Vierziger Jahre Mitarbeiter der »Augsburger Allgemeinen Zeitung«. Stifter lernte sie 1846 bei einem gemeinsamen Essen mit Grillparzer und v. Zedlitz kennen. Als Stifter 1850 als Schulrat nach Linz versetzt worden war, entstand ein lebhafter, auch brieflicher Verkehr mit den ebenfalls dort lebenden Binzers. An Erzherzog Maximilian Ferdinand schrieb Emilie v. Binzer am 19. 2. 1856: »Adalbert Stifter gehört zu meinen Freunden, er ist ein trefflicher Mensch, zuverlässig, loyal, durch und durch gut ...« (A. Stifters Leben und Werk in Briefen u. Dokumenten, Frankfurt a. M. 1962, S. 369). Der Nekrolog erschien in der »Augsburger Allgemeinen Zeitung« vom 15. 12. 1868.
Text nach: Ebd.

217 HEINRICH LAUBE (18. 9. 1806 – 1. 8. 1884)
FRANZ GRILLPARZER (15. 1. 1791 – 21. 1. 1872)
Wohl kaum ein anderer als Laube, der Leiter des 1871 von ihm gegründeten Wiener Stadttheaters und Direktor des Burgtheaters von 1849 bis 1867, war berufen, den größten österreichischen Dramatiker im Nachruf zu ehren. Als Direktor des Burgtheaters hatte er Stücke Grillparzers selbst inszeniert und mit ihm darum gerungen, die noch nicht veröffentlichten Dramen aufführen zu dürfen. Grillparzer war Laube in Dankbarkeit verbunden. Laubes Nachruf erschien in der »Wiener Neuen Frei-Presse« vom 28. 1. 1872. Im gleichen Jahr hat Laube Grillparzers Werke erstmals gesammelt herausgegeben und 1884 seine Biographie geschrieben.
Text nach: Wiener Neue Frei-Presse vom 28. 1. 1872.

227 FRIEDRICH THEODOR VISCHER (30. 6. 1807 – 14. 9. 1887)
EDUARD MÖRIKE (8. 9. 1804 – 4. 6. 1875)
Seit seinem Studium der Philosophie und Theologie in Tübingen war Vischer mit Eduard Mörike befreundet. Sein Nekrolog ist der »Nachruf am Grab (6. Juni 1875)«. Am 5. Todestag hielt Vischer bei der Einweihung des Stuttgarter Mörike-Denkmals ebensfalls die Ansprache.
Text nach: Friedrich Theodor Vischer, Ausgewählte Werke, Bd. 7, hg. v. Theodor Kappstein, Leipzig o. J., S. 132–134.

230 DETLEV V. LILIENCRON (3. 6. 1844 – 22. 7. 1909)
THEODOR STORM (14. 9. 1817 – 4. 7. 1888)
Storm wurde am 6. 7. 1888 auf seinen Wunsch in aller Stille in seiner Heimatstadt Husum beigesetzt. Unter dem Eindruck des Todes

schrieb Liliencron seine Huldigung. Sie lernten sich 1884 auf Fernsicht bei Kellinghusen kennen; Liliencron schrieb darüber am 23. 5. 1886: »Dieser Gute, der sich schon, wenn er das Wort: ›Dichter‹ hört, übergiebt (Pardon), hatte die Gnade – es ist übrigens der Einzige ›Dichter‹, den ich bisher im Leben sah – mir zu sagen, indem er sich in seiner etwas wunderbaren Manier zu mir beugte: Sie haben den Punkt, lieber Baron! den Punkt, den Punkt! Auf den Punkt kommt es beim Dichten an.« (Neue Kunde von Liliencron, hg. v. Heinrich Spiero, Leipzig 1912, S. 45f.)
Text nach: Detlev v. Liliencron, Sämtliche Werke, Bd. 8, Berlin, Leipzig o. J., S. 8f.

232 OTTO BRAHM (5. 2. 1856 – 28. 11. 1912)
GOTTFRIED KELLER (19. 7. 1819 – 15. 7. 1890)
Der Kritiker und Theaterleiter Brahm führte 1889–1893 den von ihm mitgegründeten Verein »Freie Bühne«; 1890/91 war er auch Herausgeber der gleichnamigen Zeitschrift. Brahm begründete den deutschen Bühnenrealismus. Der Nachruf erschien in der »Freien Bühne für modernes Leben« vom 23. 7. 1890.
Text nach: Otto Brahm, Kritiken und Essays, hg. v. Fritz Martini, Zürich, Stuttgart 1964, S. 342–349.

241 MAXIMILIAN HARDEN (20. 10. 1861 – 30. 10. 1927)
THEODOR FONTANE (30. 12. 1819 – 20. 9. 1898)
Mit dem jungen Publizisten Maximilian Harden stand Fontane seit Dezember 1888 in achtungsvoller Verbindung, auch brieflich. Fontane wurde am 24. 9. 1898 auf dem Friedhof der Französischen Reformierten Gemeinde im Norden Berlins beigesetzt. Harden schrieb den Nekrolog für die 1892 von ihm in Berlin herausgegebene Wochenschrift »Die Zukunft«, in der in Bd. 25 auch Autobiographisches von Fontane gedruckt worden war.
Text nach: Ebd., 1898, S. 1–6.

251 LUDWIG THOMA (21. 1. 1867 – 26. 8. 1921)
WILHELM BUSCH (15. 4. 1832 – 9. 1. 1908)
1854–1864 hat Busch in München gelebt, 1859–1871 war er Mitarbeiter der »Fliegenden Blätter« und des »Münchner Bilderbogens«. Thoma wuchs mit Buschs Büchern auf, zum 70. Geburtstag des Verehrten gestaltete Thoma zusammen mit Thomas Theodor Heine eine »Simplizissimus«-Nummer zu einer Wilhelm Busch-Hommage und dichtete: »Erst dreimal Hoch und dann ein Tusch/Dem hochverehrten Meister Busch!/Da sitzt er nun seit manchem Tage/Beim Bienenkorb am Rosenhage,/Die laute Welt ist fremd für dich;/Du flötest nur mehr innerlich/Und hältst dich fern von dem Bestre-

ben,/Uns andern auch was abzugeben ...« (Bd. 8, S. 196). In drei Tagen waren 60000 Exemplare dieser Busch-Nummer vergriffen. Am Todestag setzte Thoma in Rießersee-Garmisch seinen »Nachruf« auf.
Text nach: Ludwig Thoma, Gesammelte Werke, Bd. 8, München 1956, S. 422–425.

256 ALBERT EHRENSTEIN (23. 12. 1886 – 7. 4. 1950)
GEORG TRAKL (3. 2. 1887 – 4. 11. 1914)
Trakl war am 4. 11. 1914 nach dem Erlebnis der Schlacht von Grodek, die er als Militärapotheker mitgemacht hatte, im Garnisonsspital in Krakau gestorben, durch Freitod mittels Drogen. Bei der Beerdigung war nur Trakls Bursche Mathias Roth anwesend. 1925 wurde Trakls Leichnam auf dem Friedhof von Mühlau beigesetzt. Albert Ehrenstein schrieb mehrmals zum Tode des österreichischen Kollegen, zuerst in der »Vossischen Zeitung« vom 30. 11. 1914, dann in den »Weissen Blättern« und »Vom jüngsten Tag. Almanach neuer Dichtung«.
Text nach: Albert Ehrenstein, Ausgewählte Aufsätze, hg. v. M. Y. Ben-gavriel, Heidelberg, Darmstadt 1961, S. 95–98.

260 JOHANNES URZIDIL (3. 2. 1896 – 2. 11. 1970)
FRANZ KAFKA (3. 7. 1883 – 3. 6. 1924)
Der jüngere Urzidil, Prager wie Kafka, war 1924 Pressebeirat der Deutschen Gesandtschaft in Prag, mit Kafka und Werfel befreundet. Urzidils »Rede zum Ehrengedächtnis Franz Kafkas« wurde bei der Trauerfeier in Prag gehalten. Nach seiner Überführung von Kierling bei Klosterneuburg nach Prag wurde Kafka am 11. 6. auf dem jüdischen Friedhof in Prag-Straschnitz beigesetzt.
Text nach: Das Kunstblatt, hg. v. Paul Westheim, Potsdam: Kiepenheuer, H. 8, August 1924, S. 250f.

262 KURT TUCHOLSKY (9. 1. 1890 – 21. 12. 1935)
MAXIMILIAN HARDEN (20. 10. 1861 – 30. 10. 1927)
Harden hatte 1892 in Berlin die politische Wochenschrift »Die Zukunft« gegründet, die er bis zum mißglückten Attentat von rechts 1923 führte. Danach zog Harden in die Schweiz. Tucholsky und Siegfried Jacobsohn (S. J.) waren mit der politisch linksgerichteten Wochenschrift »Die Weltbühne« verbunden. Jacobsohn starb am 3. 12. 1926; seinen Platz nahm Carl v. Ossietzky ein. Ein Jahr nach Jacobsohns Tod schrieb Tucholsky sein »Gedenken an Siegfried Jacobsohn«: »Tote leben fort – meist legendär; je länger ihr Scheiden zurückliegt, um so idealistischer wird ihre Persönlichkeit gesehen, aber man soll Tote nicht heilig sprechen. Besonders diesen nicht, der

eine so große Ehrfurcht vor wertvollem Leben hatte, daß er auf ölige Trauer pfiff; bei ihm feierten Dahingegangene fröhliche Urständ, wann es ihm behagte, und das meist außerhalb aller Kalendergedenktage. Sie lebten in ihm fort, viele waren für ihn nicht tot; sie wirkten in ihm. So wirkt auch er in einer Reihe seiner Freunde weiter – wir haben nicht nötig, ihn zu verklären.« (Die Weltbühne Nr. 45 vom 8. 11. 1927)
Text nach: Kurt Tucholsky, Gesammelte Werke, hg. v. Mary Gerold-Tucholsky u. Fritz J. Raddatz, Bd. 2, Reinbek 1972, S. 932–936; S. 958f.

268 ROBERT MUSIL (6. 11. 1880 – 15. 4. 1942)
RAINER MARIA RILKE (4. 12. 1875 – 29. 12. 1926)
Von Januar bis Juli 1927 hielt sich Musil in Berlin auf. Nach Rilkes Tod fand in dem von Rudolf Leonhardt gegründeten Literaturclub ein Gespräch darüber statt, ob zu Ehren Rilkes eine Trauerfeier stattfinden solle; Brecht u. a. sprachen sich dagegen aus. Die Feier fand schließlich am 16. 1. 1927 im Berliner Renaissance-Theater statt. Musils Rede erschien noch im gleichen Jahr in zwei Auflagen bei Rowohlt.
Text nach: Robert Musil, Gesammelte Werke, hg. v. Adolf Frisé, Bd. 8, Reinbek 1978, S. 1129–1142.

281 ALFRED DÖBLIN (10. 8. 1878 – 28. 6. 1957)
ARNO HOLZ (26. 4. 1863 – 26. 10. 1929)
Im »Journal 1952/1953« gedachte Döblin unter dem Kapitel »Meine Toten« auch Arno Holz', den er in Berlin kennengelernt hatte: »Ich lernte ihn näher erst in den 20er Jahren kennen, damals, als er bei mir erschien mit einer Luxusausgabe seines Phantasus. Er ging damit herum, sagte er, bei Behörden, und suchte Abnehmer. Kein leichtes Leben war ihm beschieden, er drang mit seiner Theorie nicht durch, und auch seine Dichtung hatte nur vorübergehenden Erfolg. Er blieb aber aufrecht und passierte so das dunkle Tor.« (A. Döblin, Autobiographische Schriften und letzte Aufzeichnungen, hg. v. Edgar Pässler, Olten 1980, S. 467f.)
Text nach: Alfred Döblin, Ausgewählte Werke, hg. v. Walter Muschg, Olten, Freiburg i. B. 1963, S. 133–138.

287 THOMAS MANN (6. 6. 1875 – 12. 8. 1955)
HUGO V. HOFMANNSTHAL (1. 2. 1874 – 15. 7. 1929)
Die beiden Autoren hatten sich im November/Dezember 1908 in Wien kennengelernt, im März 1923 in Rodaun ihre Bekanntschaft erneuert, eine innere Begegnung fand aber nicht statt. Manns Nekrolog »In memoriam H. v. Hofmannsthal« erschien zuerst in der

Wiener »Neuen Freien Presse« vom 21. 7. 1929, einer Zeitung, die Thomas Mann in dieser Zeit täglich las.
Text nach: Thomas Mann, Autobiographisches, Frankfurt a. M. 1968, S. 209–211.

293 HEINRICH MANN (27. 3. 1871 – 12. 3. 1950)
ARTHUR SCHNITZLER (15. 5. 1862 – 21. 10. 1931)
Heinrich Mann hielt seine »Gedächtnisrede« am 22. 11. 1931 im Staatlichen Schauspielhaus zu Berlin. Die beiden Schriftsteller waren sich 1907 in Wien erstmals begegnet, eine Freundschaft entstand, nicht ohne Kritik des Jüngeren an Schnitzlers Kampflosigkeit, mit der er den politischen und gesellschaftlichen Zustand, der sich auf den Weltkrieg hinentwickelte, hinnahm, so auch Manns Äußerungen über Schnitzler in »Ein Zeitalter wird besichtigt«.
Text nach: Heinrich Mann, Ausgewählte Werke, Bd. 11, hg. v. Alfred Kantorowicz, Berlin 1954, S. 445–449.

298 GOTTFRIED BENN (2. 5. 1886 – 7. 7. 1956)
STEFAN GEORGE (12. 7. 1868 – 4. 12. 1933)
Benn hatte diese »Rede auf Stefan George« als Nekrolog bei einer Trauerfeier der Sektion für Dichtkunst der Preußischen Akademie der Künste konzipiert, obwohl George trotz mehrfacher Bemühungen bis 1933 eine Mitgliedschaft in der Akademie abgelehnt hatte. Benns Rede wurde in »Die Literatur« (Das literarische Echo) XXXVI, 7. 4. 1934, S. 377–382, zuerst veröffentlicht mit der Anmerkung: »Hanns Johst als Präsident hatte Gottfried Benn beauftragt, bei der Trauerfeier der Deutschen Akademie der Dichtung für George die Gedächtnisrede zu halten. Die Feier fand aus äußeren Gründen nicht statt«, wohl aus der Distanz, die George und sein Kreis zum Nationalsozialismus hielt.
Text nach: Gottfried Benn, Gesammelte Werke, Bd. 1: Essays, Reden, Vorträge. Wiesbaden 1965, S. 464–477, 4. Aufl. 1977.

311 WALTER MEHRING (29. 4. 1896 – 3. 10. 1981)
KURT TUCHOLSKY (9. 1. 1890 – 21. 12. 1935)
Walter Mehring war Mitarbeiter an der »Weltbühne«. Nach Hitlers Machtergreifung, die letzte »Weltbühnen«-Nr. erschien am 7. 3. 1933, der Herausgeber Carl v. Ossietzky wurde verhaftet, lebte Mehring in Wien. Mit seinem Freund und Kollegen Tucholsky führte er weiterhin Korrespondenz, so gut es die Emigration erlaubte. Typisch für Mehring wie Tucholsky ist die von Mehring gewählte Briefform. Mehring später über Tucholskys Selbstmord: »Das ist sehr merkwürdig, ich habe Tucholsky in Erinnerung als einen sehr herzlich und lustig lachenden jungen Menschen. Obgleich er ja

etwas behäbig war. Ich habe erst als die Nachricht von seinem Tode kam, sehr erstaunt gemerkt, welch ein melancholischer Mensch Tucholsky gewesen ist. Das kam in seinen Schriften eigentlich kaum zum Ausdruck oder wir bemerkten es damals nicht. Tucholsky hatte die Augen eines immer lächelnden Primaners, das ist zu seinen Gunsten gemeint, und so habe ich ihn auch im Gedächtnis, ich habe den tragischen Tucholsky nie geahnt. Das haben wir alle nicht.« (Zit. n. Gerhard Zwerenz, Kurt Tucholsky, München 1979, S. 203)
Text nach: Das neue Tage-Buch, 4. Jg. H. 1, 1936, S. 18f.

315 CARL ZUCKMAYER (27. 12. 1896 – 18. 1. 1977)
ÖDÖN V. HORVÁTH (9. 12. 1901 – 1. 6. 1938)
Nach dem Einmarsch Hitlers in Österreich im März 1938 wurden beide Schriftsteller Emigranten, Zuckmayer zunächst in Chardonne am Genfer See, Horváth hatte noch keinen festen Wohnsitz; am 1. Juni 1938 befand er sich auf einer Fahrt von Amsterdam nach Zürich, in Paris unterbrach er die Reise zu Gesprächen. Zuckmayer erwartete ihn in der Schweiz, als die Nachricht von seinem Tod ihn erreichte. Ein Ast hatte ihn am Rond Point in Paris erschlagen. Am 7. 6. wurde Horváth auf dem Friedhof St. Quen im Norden von Paris beigesetzt. Neben Zuckmayer sprachen u. a. Franz Werfel und Walter Mehring, die gesamte in Paris lebende Emigration nahm daran teil. Zuckmayer hat ausführlich in »Als wär's ein Stück von mir« darüber berichtet.
Text nach: Carl Zuckmayer, Aufruf zum Leben, Frankfurt a. M. 1976, S. 215–219.

321 PETER SUHRKAMP (28. 3. 1891 – 31. 3. 1959)
OSKAR LOERKE (13. 3. 1884 – 24. 2. 1941)
Peter Suhrkamp trat 1933 als Herausgeber der »Neuen Rundschau« in den S. Fischer Verlag ein, den er seit 1936 als Teilverlag im Deutschen Reich leitete. Der Lyriker Loerke war seit 1917 Lektor bei S. Fischer in Berlin, 1934 sprach er den Nachruf auf Samuel Fischer. Neben Peter Suhrkamp sprach nur noch der Loerke befreundete Pfarrer Raekwitz am Grabe. Loerke hatte am 6. 2. 1940 »Letztwillige Bitten für den Fall meines Todes« aufgesetzt: »Alle meine Freunde wissen, daß ich nichts, was heilig ist auf Erden, verraten habe. Seit meinem bewußten Denken und Fühlen denke ich über menschliche Ehre und Würde genau wie heute, jede Sekunde bei Tag und Nacht. Ich habe das schwer büßen müssen. Darum hätte ich am liebsten bei meinem Begräbnis nur Menschen, die mit meiner Weltanschauung übereinstimmen ...« (O. Loerke 1884 · 1964, hg. v. Bernhard Zeller, Marbach a. N. 1964, S. 75f.)
Text nach: Peter Suhrkamp, Am Grabe Oskar Loerkes, Frankfurt a. M. 1951, S. 145–147.

323 FRANZ WERFEL (10. 9. 1890 – 26. 8. 1945)
STEFAN ZWEIG (28. 11. 1881 – 23. 2. 1942)
Stefan Zweigs Selbstmord zusammen mit seiner zweiten Frau Lotte in der brasilianischen Emigration, wo er sich seit August 1941 befand, löste in der literarischen Emigration einen Schock aus, da man gerade ihn gegen den Barbarismus des NS-Regimes gefeit glaubte. Gedenkfeiern fanden in London statt, am 28. 2. 1942 in New York unter der Schirmherrschaft des »Aufbau«; es sprachen Emil Ludwig, Klaus Mann, Berthold Viertel u. a. Einen Tag zuvor hatte die Zeitung »Aufbau« Beiträge von Hermann Kesten, Walter Mehring, Alfred Polgar und auch von Franz Werfel gebracht, der in Beverly Hills, Californien, dem westamerikanischen Zentrum der Emigration, lebte. Werfel kannte Zweig seit dem 1. Weltkrieg, da beide im Wiener Kriegspressequartier gedient hatten. Als österreichisch-jüdische Kollegen waren sie besonders im Exil eng verbunden. Zweig wurde auf dem Friedhof Petropolis bei Rio de Janeiro beigesetzt.
Text nach: Stefan Zweig im Zeugnis seiner Freunde, hg. v. Hanns Arens, München 1968, S. 208–216.

330 EMMY BALL-HENNINGS (17. 1. 1885 – 10. 8. 1948)
ELSE LASKER-SCHÜLER (11. 2. 1869 – 22. 1. 1945)
Else Lasker-Schüler starb verarmt in der Emigration, in Jerusalem. Nach Kriegsende wollte sie ins Tessin zu Freunden, darunter auch zu der Dichterin Emmy Hennings, Hugo Balls Frau. F. S. Groschut schrieb 1950: »Einsamkeit und Krankheit löschten sie aus ... Sie ist auf dem Ölberg in Jerusalem begraben. Das jüdische Volk verlor seine größte Sängerin. Die deutsche Literatur die größte Dichterin seit der Droste. Aber ihre Freunde den treuesten Freund, den sie je besaßen.« (Else Lasker-Schüler, Dichtungen und Dokumente, hg. v. Ernst Ginsberg, München 1951, S. 593)
Text nach: Ebd., S. 604–606.

334 HANS MAYER (19. 3. 1907)
GERHART HAUPTMANN (15. 11. 1862 – 6. 6. 1946)
Hans Mayer hatte Gerhart Hauptmann in der Weimarer Republik kennengelernt; essayistisch und wissenschaftlich hat sich Mayer immer wieder mit dem Werk Hauptmanns beschäftigt. »In memoriam Gerhart Hauptmann« war eine Radiosendung für Radio Frankfurt 1946. Zum 10. Todestag Hauptmanns hielt Mayer eine Gedenkrede in der Volksbühne Berlin »Gerhart Hauptmann – heute und hier«. Mayers und Hermlins literarische Sendungen erschienen 1947 unter dem Titel »Ansichten über einige Bücher und Schriftsteller«.
Text nach: Ebd., S [illegible]81.

341 MAX RYCHNER (8. 4. 1897 – 10. 6. 1965)
THOMAS MANN (6. 6. 1875 – 12. 8. 1955)
Der Essayist, Literaturhistoriker und Lyriker Max Rychner hat sich immer wieder mit Person und Werk Thomas Manns beschäftigt. »Thomas Mann hat ihn einmal als den am besten schreibenden Eidgenossen bezeichnet.« (Hans E. Holthusen, Auf den Tod des Kritikers Max Rychner, in: Plädoyer für den Einzelnen, München 1967, S. 265) – Die Schweizer Kunst-Stiftung »Alte Kirche Boswil« schloß ihre Veranstaltungsreihe am 14. 9. 1955 mit einer Gedenkfeier für Thomas Mann, die Gedächtnisrede sprach Max Rychner, der ein Jahr später Präsident der Thomas Mann-Gesellschaft wurde.
Text nach: Max Rychner, Abschied von Thomas Mann, in: Unsterblicher Genius. Deutsche Dichter im Gedenken ihrer Freunde, hg. v. Paul Schneider, Berlin, Darmstadt, Wien 1959, S. 371–378.

352 HANS EGON HOLTHUSEN (15. 4. 1913)
GOTTFRIED BENN (2. 5. 1886 – 7. 7. 1956)
Holthusens Rede wurde zu Benns 70. Geburtstag gehalten. Mit Recht wurde sie dann als Nachruf empfunden, als Benn zwei Monate später starb; gedruckt unter »In Memoriam«, Jahresring 56/57, S. 317–330. Holthusen stand Benn verehrend nahe, nahe auch durch beider Herkommen aus dem protestantischen Pfarrhaus. Mit Benn hat er sich immer wieder beschäftigt, u. a. in dem Essay »Das Schöne und das Wahre in der Poesie«, 1958, und in dem kritischen Versuch »Gott als Tabu ›Gottfried Benn‹«, 1954.
Text nach: Hans Egon Holthusen, Opus 19, München, Zürich 1983, S. 52–67.

370 JOHANNES R. BECHER (22. 5. 1891 – 11. 10. 1958)
BERTOLT BRECHT (10. 2. 1898 – 14. 8. 1956)
Am 17. 8. 1956 wurde am Grabe auf dem Berliner Dorotheenstädter Friedhof auf Wunsch des Toten keine Rede gehalten. Offiziell wurde dies am nächsten Tag als Staatsakt im Theatersaal des »Berliner Ensembles« am Schiffsbauerdamm nachgeholt. Für den Staat sprach Walter Ulbricht, stellvertretender Ministerpräsident. Nach dem Parteisekretär für Kultur Paul Wandel sprach Johannes R. Becher, nach ihm Georg Lukács. Hans Mayer in seiner Autobiographie »Ein Deutscher auf Widerruf«, 1984: »Johannes R. Becher sprach als Minister der Kultur. Da kam zum ersten Mal der Schriftsteller Brecht in einer Rede vor. Es wurde offenbar, daß Becher die Einzigartigkeit seines Freundes und

Genossen nicht wahrgenommen hatte oder nicht wahrnehmen wollte.«
Text nach: J. R. Becher [Trauer um Bertolt Brecht], in: Gesammelte Werke, Bd. 18, hg. v. Johannes-R.-Becher-Archiv der Akademie der Künste der DDR, Berlin, Weimar 1981, S. 564–569.

378 WALTER JENS (8. 3. 1923)
ALFRED DÖBLIN (10. 8. 1878 – 26.6. 1957)
Im Vorwort zu »Zueignungen«, seiner Sammlung von Nekrologen, die auch den auf Alfred Döblin enthält, schrieb Walter Jens: »Die jungen Autoren brauchen ein Beispiel; aber die Meister ... sie alle leben nicht mehr, und die jungen Autoren sind, auf geleerter Bühne, unter sich. In einem solchen Augenblick sei jener Poeten gedacht, die uns, wortwörtlich, zur Unzeit verließen.« (Zueignungen, München 1962, S. 5)
Text nach: Jahresring 58/59, Stuttgart 1958, S. 305–312.

388 STEPHAN HERMLIN (13. 4. 1915)
JOHANNES R. BECHER (22. 5. 1891 – 11. 10. 1958)
Nach der Rückkehr aus dem Exil war Hermlin kurze Zeit zusammen mit Hans Mayer für Radio Frankfurt tätig. 1947 übersiedelte er nach Berlin (Ost), wo Becher Präsident des Kulturbundes zur demokratischen Erneuerung Deutschlands war, 1953 Präsident der Deutschen Akademie der Künste, der auch Hermlin angehört, 1954 Minister für Kultur. 1968 sagte Hermlin »Becher gedenkend«: »Gekannt also zwölf Jahre, von denen ich aber die ersten zwei, drei abrechnen muß – ich sah ihn damals wenig, es gab unnötige Mißverständnisse, unnötigen Streit, eine Art diplomatischer Distanz. Aber auch das hatte etwas Faszinierendes für mich, Bechers Verhalten mir gegenüber nämlich, das bestimmt war von Interesse, Kameradschaft und einem ganz besonderen Zauber, der nur ihm eigen war und der mich entwaffnete und beschämte ... Meine Bewunderung galt vor allem ... der Frische und Jugendlichkeit seiner Empfindung, seiner Abneigung gegen die Phrase, seiner immer wachen Neugier, seiner Unvoreingenommenheit oder, besser seiner Disposition zur Unvoreingenommenheit, seiner Entdeckerfreude, seinem Haß auf Langeweile, Servilität und Nachbeterei. Ich teilte seinen Enthusiasmus für deutschen Barock, Hölderlin, Rimbaud.« (Stephan Hermlin, Lektüre, Berlin, Weimar 1973, S. 107f.)
Text nach: Der Tod des Dichters. In memoriam Johannes R. Becher, in: Stephan Hermlin, Gesammelte Gedichte, München o. J., S. 90f.

390 HANS ERICH NOSSACK (31. 1. 1901 – 2. 11. 1977)
HANS HENNY JAHNN (17. 12. 1894 – 29. 11. 1959)
Beide Hamburger Kollegen waren befreundet und voller Hochachtung voreinander wie Jahnns Rede auf Nossack beweist; s. Über H. E. Nossack, hg. v. Christof Schmid, Frankfurt a. M. 1970, S. 21–27.
Der im Nekrolog erwähnte Freund, der an Jahnns Grab sprach, war Nossack selbst; sie hatten sich gegenseitig versprochen, nur wenige ganz persönliche Abschiedsworte zu sprechen. Nossack schloß seine »Rede am Grabe«: »Lieber Hans Henny Jahn! Wir, die noch da sind, wollen nicht um Dich trauern. Aber wir wollen als Dein Vermächtnis die Traurigkeit hegen, die eigene. Das Heilig-Intime des Todes sollte nicht durch abgenutzte Vokabeln entweiht werden, so war es vereinbart. Auf daß sich Dein Engel nicht erbittert von uns abwende. Und so lasse ich nun Deine Frau die ersten Hände Erde auf Deinen Leib werfen – wie es sich gehört.« (In: H. H. Jahnn, Buch der Freunde, hg. v. Rolf Italiaander, Hamburg 1960, S. 75)
Text nach: Hans Erich Nossack, Nachruf auf Hans Henny Jahnn, in: Die schwache Position der Literatur, Frankfurt a. M. 1967, S. 114–121.

398 CURT HOHOFF (18. 3. 1913)
HERMANN HESSE (2. 7. 1877 – 9. 8. 1962)
Der Nachruf des Erzählers und Essayisten Curt Hohoff erschien unter dem Titel »Abschied von Hermann Hesse« in der »Süddeutschen Zeitung« vom 10. 8. 1962.
Text nach: Über Hermann Hesse, Bd. 1, hg. v. Volker Michels, Frankfurt a. M. 1976, S. 388–394.

406 WOLFGANG HILDESHEIMER (9. 2. 1916)
GÜNTER EICH (1. 2. 1907 – 20. 12. 1972)
Wie verwandt sich beide Autoren fühlten, beweisen neben diesen Gedichten, die Wolfgang Hildesheimer »Anstelle eines Nachrufs auf Günter Eich« überschrieb, Eichs Nachwort zu Hildesheimers Hörspiel »Herrn Walsers Raben«, 1960, und Hildesheimers Bezug auf Günter Eich in seinen »Frankfurter Vorlesungen«, 1967; dort in seinen Vorträgen »Die Wirklichkeit des Absurden« und »Das absurde Ich« wird ihm Eich geradezu zum Führer.
Texte nach: Günter Eich zum Gedächtnis, hg. v. Siegfried Unseld, Frankfurt a. M. 1973, S. 57–60.

410 HEINRICH BÖLL (21. 12. 1917)
INGEBORG BACHMANN (25. 6. 1926 – 16. 10. 1973)
Bölls Nachruf »Zum Tode Ingeborg Bachmanns« erschien zuerst im »Spiegel« vom 22. 10. 1973 unter dem Titel »Ich denke an sie wie an ein Mädchen«. Seit Winter 1965 lebte Ingeborg Bachmann in Rom; dort in ihrer Wohnung erlitt sie am 26. 9. 1973 schwere Verbrennungen. Beigesetzt wurde sie auf dem Friedhof in Klagenfurt-Annabichl, ihrer Heimat. Das Thema »Todesarten« war als Titel für einen geplanten Romanzyklus vorgesehen.
Text nach: Heinrich Böll, Essayistische Schriften, Reden 3, 1973–1978, hg. v. Bernd Balzer, Köln 1980. S. 62–64.

415 HERMANN KESTEN (28. 1. 1900)
ERICH KÄSTNER (23. 2. 1899 – 29. 7. 1974)
Beide Schriftsteller verstanden sich als Moralisten und Satiriker, ihre Freundschaft begann 1927 in Berlin. Kesten beschäftigte sich immer wieder mit Kästners Arbeiten, vor und nach der Nazi-Zeit, und Kästner mit Kestens Arbeiten, so: »Kesten ist der genaue Diagnostiker geblieben, und auch seine unverdrossene Zuversicht, der Patient namens Mensch sei heilbar, wurde nicht erschüttert. Aber er bezweifelt stärker, als er es früher tat, daß dieser Patient geheilt werden will. Dieser Zweifel hat den Schriftsteller nicht zum düsteren Pessimisten werden lassen, doch die einstige jugendliche Ungeduld des Moralisten ist einer wachsenden Gelassenheit gewichen.« (Zit. nach Hommage à Hermann Kesten, hg. v. Horst Bienek, Frankfurt a. M. 1980, S. 103) Kesten sprach seinen Nekrolog bei der Beisetzung am 5. 8. 1974 auf dem St. Georgs-Friedhof in München-Bogenhausen.
Text nach: Jahresring 75–76, Stuttgart 1976, S. 191–194.

421 JÖRG DREWS (26. 8. 1938)
ARNO SCHMIDT (18. 1. 1914 – 3. 6. 1979)
Jörg Drews, Kenner und Bewunderer des Werks von Arno Schmidt stellte seinen Nachruf unter den Titel »Der große Pan ist tot. Arno Schmidt starb im Alter von 65 Jahren«. »Der große Pan ist tot«, so beginnt auch die Trauerrede Lohensteins auf Hofmannswaldau, auf diese bezieht sich auch Magnus Daniel Omeis in seiner Abschiedsrede für Sigmund von Birken. Drews setzt die Tradition bewußt fort.
Text nach: Süddeutsche Zeitung vom 8. 6. 1979.

428 FRITZ J. RADDATZ (3. 9. 1931)
ALFRED ANDERSCH (4. 2. 1914 – 21. 2. 1980)
In seine »Leseerfahrungen mit zeitgenössischer Literatur« unter dem Titel »Die Nachgeborenen«, Frankfurt a. M. 1983, erschienen, hat Fritz J. Raddatz Alfred Andersch nicht aufgenommen. Litera-

turkritik ist eine Sache, Nachrufe eine andere. Aber hat nicht Michael Krüger Raddatz so als Literaturkritiker charakterisiert: er »ist vor allem ein Liebhaber der Literatur, der so weit geht, die Autoren der Bücher zu lieben, die er kritisiert. Er hat in der gegenwärtigen Literatur eine Art Liebes-Spur hinterlassen, die deutlich leuchtet.« (Süddeutsche Zeitung v. 15./16. 10. 1983) Betroffenheit wird wohl sichtbar durch die nachgetragene Verehrung im Titel: »Statt eines Nachrufs. Postume Liebeserklärung. Zum Tode von Alfred Andersch.«
Text nach: Die Zeit vom 29. 2. 1980.

433 KARL KROLOW (11. 3. 1915)
PETER HUCHEL (3. 4. 1903 – 1. 5. 1981)
»Landschaft« ist für beide Autoren ein »Schlagwort«. Damit beschäftigt sich Krolow bemüht und fast philologisch; zu kurz kommt dabei Huchels Verdienst um die literarische Zeitschrift »Sinn und Form« der DDR, die er von 1948 bis 1962 leitete; Huchel verließ die DDR für viele DDR-Schriftsteller befremdend. Stephan Hermlin überschrieb seinen Nachruf: »Aber wir sind doch Brüder«: »Jetzt, da ich ihm ins Nichts nachschaue, finde ich keinen Rest des langen, sinnlosen Grolls mehr in mir. Seine Gedichte liegen auf meinem Tisch. Mein Freund, mein unvergleichlicher Dichter ist tot. Adieu.« (Die Zeit vom 15. 5. 1981)
Text nach: Frankfurter Allgemeine Zeitung vom 7. 5. 1981.

439 MARCEL REICH-RANICKI (2. 6. 1920)
PETER WEISS (18. 11. 1916 – 11. 5. 1982)
Jüdisches Schicksal in deutscher Vergangenheit, in der Gegenwart bestimmt beide Autoren und widerspiegelt beider Positionen, gedruckt in der »Frankfurter Allgemeinen Zeitung« vom 12. 5. 1982.
Text nach: Manuskript Marcel Reich-Ranicki.

445 JOACHIM KAISER (18. 12. 1928)
UWE JOHNSON (20. 7. 1934 – 23./24. 2. 1984)
Freundschaft, nicht Pflicht des Kritikers oder Redakteurs, wird in Joachim Kaisers Nachruf spürbar. Ein Nekrolog ist Johnsons Werk selbst, ein »Deutscher Abschied«.
Text nach: Süddeutsche Zeitung vom 14. 3. 1984.

ZU DEN BILDERN

REGISTER

ZU DEN TEXTEN

Für die Genehmigung zum Abdruck der Texte (nähere Angaben s. jeweils in den Anmerkungen) danken wir den Verlagen Aufbau, Berlin/Weimar; Claasen, Düsseldorf; S. Fischer, Frankfurt a. M.; Klett-Cotta, Stuttgart; R. Piper & Co, München; Rowohlt, Reinbek bei Hamburg; Suhrkamp, Frankfurt a. M.; Walter, Olten; dem Leo Baeck Institute, New York; The Jewish National and University Library, Jerusalem sowie Frau Annemarie Schütt-Hennings, Agno, Tessin; Frau Claudia Mertz-Rychner, München, und allen Autoren, die uns persönlich den Abdruck ihrer Beiträge gestatteten.

INHALT

ANHANG